AF343814

STAGE DE L'INTENDANCE

1923-1924

TEXTILES ET TISSUS

COURS

PROFESSÉ AUX OFFICIERS STAGIAIRES DE L'INTENDANCE

PAR

M. LAGUARIGUE DE SURVILLIERS

SOUS-INTENDANT MILITAIRE DE 1ᵉʳ CLASSE

IIᴱ PARTIE

PARIS

IMPRIMERIE NATIONALE

1924

STAGE DE L'INTENDANCE.

TEXTILES ET TISSUS.

(2ᵉ PARTIE.)

TITRE IV.

TISSAGE, FOULAGE, APPRÊTS, TEINTURE.

CHAPITRE PREMIER.

TISSAGE.

§ 1ᵉʳ. — GÉNÉRALITÉS.

A. DÉFINITION D'UN TISSU.

Les fils une fois obtenus par les procédés de fabrication indiqués plus haut, il s'agit maintenant de les combiner, de les assembler, pour obtenir une étoffe.

On appelle étoffe un assemblage de fils constituant un plan plus ou moins flexible et d'épaisseur constante.

L'assemblage ou entrelacement des fils d'une étoffe peut être obtenu, comme nous l'avons déjà fait remarquer au début du présent travail, de différentes manières. A chacun de ces modes d'assemblage correspond une fabrication particulière nécessitant l'emploi de métiers spéciaux et donnant naissance à une industrie distincte.

C'est ainsi qu'on peut distinguer, parmi les étoffes, les tissus proprement dits, les étoffes de bonneterie, les dentelles, etc.

Nous n'étudierons ici que les tissus.

— 4 —

Un tissu est obtenu par l'entrelacement de deux séries de fils, les fils de chacune des deux séries étant disposés parallèlement entre eux, et les directions des deux séries de fil étant perpendiculaires l'une à l'autre.

On donne le nom de fils de chaîne, ou parfois, plus laconiquement, de fils, aux fils de la première série dirigés suivant le sens de la longueur du tissu. L'ensemble des fils de chaîne constitue la chaîne du tissu.

On donne le nom de fils de trame, ou encore de duites, aux fils de la deuxième série dirigés suivant le sens de la largeur du tissu. L'ensemble des fils de trame ou duites constitue la trame du tissu.

Tous ces fils, qu'il s'agisse de fils de chaîne ou de fils de trame, sont espacés uniformément dans le tissu terminé. Le nombre des fils de chaîne dans un centimètre du tissu découpé en largeur et le nombre des fils de trame dans un centimètre du tissu découpé en longueur sont l'un et l'autre constants.

Pour qu'il y ait entrelacement des fils de trame avec les fils de chaîne, condition essentielle de la formation du tissu, il faut, bien entendu, qu'un fil de trame quelconque ou un fil de chaîne quelconque passe au-dessus de certains des fils de chaîne ou de trame qu'il rencontre à angle droit et au-dessous de certains autres.

Quand on examine l'endroit du tissu, c'est-à-dire la partie de ce tissu qui se trouve placée en dessus lors de sa formation, la trame apparaît partout où les fils de trame ont passé au-dessus des fils de chaîne, la chaîne apparaît partout où les fils de trame ont passé au-dessous des fils de chaîne. C'est l'inverse qui se produit quand, au lieu d'examiner l'endroit, on examine l'envers du tissu.

On peut évidemment, tout en conservant aux fils de chaîne et aux duites leur direction rectiligne et leur croisement à angle droit, c'est-à-dire en respectant les caractéristiques essentielles du tissage, faire varier à l'infini l'entrelacement des fils de trame avec les fils de chaîne.

Deux tissus, par exemple, composés du même nombre de fils de chaîne et de trame respectivement identiques seront différents pour peu qu'à l'un quelconque des très nombreux points de croisement de la trame et de la chaîne le fil de trame ne se comporte pas de la même manière par rapport au fil de chaîne rencontré. Dans le premier tissu, par exemple, il passera au-dessus de ce fil de chaîne et dans le second au-dessous. On dit alors que les deux tissus, identiques par ailleurs, ont des « armures » différentes.

On appelle donc armure d'un tissu le mode particulier d'entrelacement des fils adopté pour sa fabrication, et il résulte de ce qui vient d'être dit que le nombre des armures est illimité.

Le *tissage* a pour objet l'étude des divers modes d'entrelacement ou armures différentes que l'on peut ainsi donner aux tissus, et des machines permettant de réaliser l'entrelacement désiré.

B. PRINCIPE DU TISSAGE.

Le principe du tissage est le suivant :

Avant tissage *tous* les fils de chaîne devant entrer dans la composition du tissu sont enroulés sur un cylindre ou rouleau qui reçoit le nom d'ensouple de chaîne. Chacun d'eux fait, bien entendu, plusieurs fois le tour de ce cylindre, la longueur totale ainsi enroulée devant correspondre à la longueur du tissu à réaliser.

Avant tissage également le fil devant servir à constituer la trame du tissu est enroulé sur des canettes : ces canettes sont le plus souvent les supports mêmes sur lesquels ce fil a été livré par la filature. Chaque canette ne contient qu'une longueur assez réduite de trame et ne pourra par suite concourir qu'à la formation d'une partie assez faible du tissu. Pour obtenir le tissu tout entier, avec la longueur que l'on entend lui donner, il faudra donc un nombre considérable de canettes.

Pour tisser l'étoffe (figure 1) on commence par faire tourner de quelques tours le

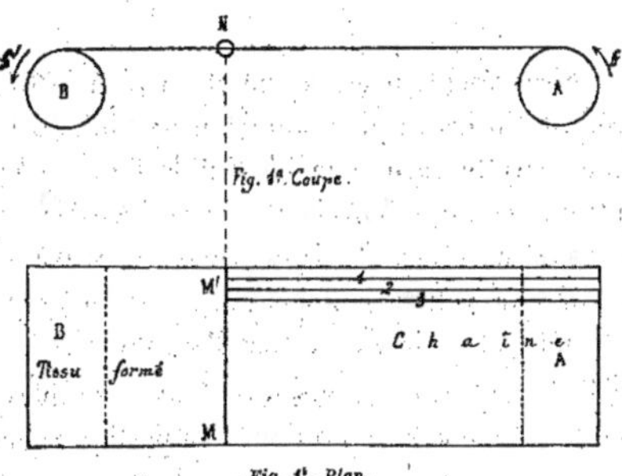

Fig. 1. — Avant schéma du tissage.

cylindre A formant ensouple de chaîne de façon à dégager l'extrémité des divers fils qui y sont enroulés. On place ces fils parallèlement les uns aux autres et on enroule leurs extrémités libres sur un second cylindre B qui reçoit le nom d'ensouple du tissu ou ensouple de devant.

Au cours du tissage, on fait tourner l'ensouple B autour de son axe d'un mouvement uniforme dans le sens de la flèche f'. Ce mouvement entraîne la rotation de l'ensouple A dans le sens de la flèche f et le déroulement des fils de chaîne qu'elle supporte.

Ainsi, pendant le tissage, les divers fils de la chaîne se déroulent de l'ensouple de chaîne pour aller s'enrouler sur l'ensouple du tissu. Entre l'ensouple de chaîne et l'ensouple du tissu ils s'allongent parallèlement les uns aux autres et à égale distance les uns des autres; enfin chacun d'eux se déplace d'un cylindre à l'autre avec une vitesse de translation uniforme.

Quant à la trame, elle va, toujours au cours du tissage, décrire continuellement, et alternativement dans un sens puis dans l'autre, la même ligne horizontale MM' perpendiculaire à la direction des fils de chaîne.

A cet effet la canette qui supporte le fil de trame est insérée dans une navette N, sorte de petit projectile oblong, qui se déplace de gauche à droite puis de droite à gauche en décrivant toujours cette même ligne MM'. Le fil sort par un œil pratiqué dans la navette.

A chaque course de la navette dans un sens puis dans l'autre correspondra l'insertion dans la chaîne d'une duite déterminée. Et, grâce au mouvement de translation de cette chaîne, cette duite qui se forme toujours sur la même ligne MM' vient bien prendre dans le tissu en cours de formation la place qu'elle doit y occuper régulièrement.

Les figures 1 a et 1 b représentent en coupe et en plan le fonctionnement du mécanisme de tissage réduit ainsi à sa plus simple expression et comprenant seulement deux ensouples et une navette garnie de fil. Sur la figure 1 b (plan) la chaîne non encore associée à la trame est figurée à droite de la ligne MM' et représentée par ses fils 1, 2, 3, etc. Sur la même figure le tissu formé se trouve à gauche de la même ligne MM'. C'est en MM' que le tissu se forme; et au fur et à mesure de sa formation, il se déplace vers la gauche et va s'enrouler sur l'ensouple B.

Mais il faut en réalité d'autres éléments que deux ensouples et une navette pour réaliser une machine de tissage même réduite à ses parties essentielles.

Les organes dont l'énumération suit sont encore indispensables :

1° Deux organes de propulsion, placés l'un à droite et l'autre à gauche de la machine destinés à chasser alternativement la navette vers la gauche puis vers la droite du métier.

2° Un organe diviseur, appelé peigne, entre les dents duquel s'insèrent les fils de chaîne avant leur arrivée au droit du chemin parcouru par la navette. Les fils se trouvent ainsi régulièrement disposés à la place qu'ils doivent occuper lors de la formation du tissu.

3° Un organe, appelé battant, dont le but est de chasser, refouler chaque duite une fois formée contre la partie du tissu déjà constituée.

4° Un quatrième organe est enfin nécessaire, et c'est le plus délicat de tous. C'est l'organe qui, à l'insertion de chaque duite, déterminera la levée de tous les fils de chaîne au-dessous desquels cette duite doit passer, et la baisse de tous les fils de chaîne qui doivent au contraire se tenir en dessous de cette duite.

Le principe des organes compris sous les rubriques 1, 2 et 3 ci-dessus est à peu près le même dans tous les métiers à tisser. Ces métiers se différencient en conséquence surtout par la façon dont est réalisée la levée ou la baisse des fils de chaîne à chaque nouvelle duite lancée.

Dans ce qui va suivre nous donnerons le schéma d'un métier dit à « lames », c'est-à-dire d'un métier où les fils de chaîne s'accrochent à des cadres verticaux ou lames. La montée ou la baisse des fils est alors déterminée par la montée ou la baisse des lames auxquelles ils sont accrochés.

La figure 2 a représente ce schéma. Les fils se déroulent de l'ensouple de chaîne A, passent sur un cylindre C appelé porte-fils qui leur donne une direction horizontale.

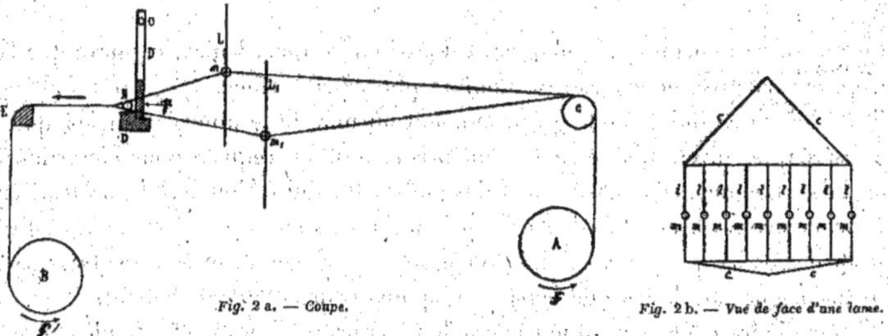

Fig. 2 a. — Coupe. Fig. 2 b. — Vue de face d'une lame.

Fig 2. — Schéma du tissage.

Puis ils se dirigent vers un groupe de cadres verticaux ou lames LL₁ placés un peu en arrière du métier proprement dit. Ils traversent des maillons m, m_1, c'est-à-dire de petits anneaux fixés à ces cadres, et se dirigent de là vers le peigne p. Ils passent entre les dents de ce peigne.

Le peigne lui-même est fixé à un battant D, mobile autour d'un axe horizontal supérieur O. Le battant porte à son extrémité inférieure une table servant d'appui à la navette N.

En E est une pièce appelée poitrinière. Le tissu formé après avoir passé sur la poitrinière va s'enrouler sur l'ensouple B ou ensouple de devant.

La séparation des fils de chaîne est réalisée par les lames L. Par les maillons de chacune de ces lames passent les fils de chaîne évoluant de la même manière par rapport à toutes les duites rencontrées, c'est-à-dire les divers fils de chaîne passant uniformément tous en dessus ou tous en dessous de *chacune* des duites quelles qu'elles soient qu'ils rencontrent.

Dans la figure 1 *a* on n'a représenté qu'un groupe de deux lames L. Mais il y en a le plus souvent bien davantage. Il faudra pour réaliser le tissu autant de lames qu'il y aura de fils de chaîne à évolution différente.

Ces lames reçoivent au moyen de mécanismes que nous étudierons par la suite, un mouvement de va-et-vient vertical approprié.

S'agit-il par exemple d'insérer une duite qui doit passer au-dessous de tous les fils passant à travers les maillons de la lame L et au-dessus de tous les fils passant à travers les maillons de la lame L_1.

La lame L va se soulever entraînant dans son mouvement d'élévation les fils qu'elle supporte. La lame L_1 va s'abaisser entraînant de même dans son mouvement de baisse les fils qui y sont accrochés. Et les mouvements de ces deux lames seront par ailleurs sans influence sur les fils qui ne traversent pas leurs maillons, ces fils passant simplement et sans s'y accrocher à travers le cadre à claire-voie constitué par ces lames.

Le même raisonnement s'appliquerait si au lieu de deux lames, l'armure que l'on veut donner au tissu en exigeait un nombre plus considérable.

Il résulte de ce qui précède qu'au moment où une duite nouvelle quelconque va être insérée, les divers fils de chaîne ont pris la position requise pour l'insertion de cette duite. Les uns, ceux au-dessous desquels cette duite doit passer, se trouvent, après avoir avoir traversé les dents du peigne, au-dessus de la navette. Les autres, ceux au-dessus desquels cette duite doit passer, se trouvent, après avoir traversé les dents du peigne, au-dessous de la navette, appuyés sur la table du battant.

L'angle dièdre mNm_1 constitué par ces deux séries de fil s'appelle « foule » et c'est dans cette foule qu'est lancée la navette.

Pour la formation de la duite qui suit s'abaisseront les lames supportant les fils qui doivent se trouver au-dessous de cette nouvelle duite et s'élèveront les lames supportant les fils qui doivent se trouver au-dessus de cette nouvelle duite, et ainsi de suite.

La formation d'une foule pour la formation d'une duite déterminée s'appelle ouverture du pas.

Le mouvement de la navette dans un sens puis dans l'autre est déterminé par des organes propulseurs très simples placés de chacun des côtés du métier. Arrivée d'un côté du métier la navette reçoit un choc qui la rejette de l'autre côté et ainsi de suite.

Enfin une fois chaque duite insérée, il convient de la serrer contre la partie du tissu déjà formé. Ce rôle incombe au battant mobile autour de l'axe O, qui après la formation de cette duite est ramené légèrement d'arrière en avant (c'est-à-dire de droite à gauche sur la figure 2 a). Il vient frapper la duite et l'insère ainsi fortement contre la partie du tissu déjà formée.

Nous avons dit plus haut que chacune des lames devait recevoir tous les fils de chaîne ayant même évolution par rapport à toutes les duites rencontrées. Il en résulte que le nombre des maillons que doit présenter chaque lame est égal au nombre de ces fils de même évolution. Si un tissu présente par exemple 2,400 fils en tout, et si on l'exécute avec 10 lames, cela veut dire que les 2,400 fils se partagent en 10 groupes de 240 ayant chacun une évolution déterminée par rapport aux diverses duites rencontrées. Chaque lame devra donc porter 240 maillons et si la largeur de la pièce sur métier est de 1 m. 20, par exemple, on devra compter deux maillons par centimètre de largeur de lame.

Les maillons sont accrochés à des fils verticaux appelés *lisses* fixés eux-mêmes aux bords horizontaux supérieur et inférieur de la lame. La figure 2 b représente une lame vue de face. Les lisses y sont représentées en $l, l \ldots$, les maillons en $m, m \ldots$ On a représenté en $cc \ldots$ les cordons qui rendent les lames solidaires du mécanisme qui provoque leur montée ou leur baisse.

L'ensemble des lames avec leurs maillons et leurs lisses constitue ce qu'on appelle le harnais ou l'équipage. On donne enfin souvent au peigne le nom de « ros ».

Ajoutons qu'il existe des métiers à tisser sans lames. Un autre système de suspension est alors adopté pour les fils.

On voit, d'après ce qui précède, que les parties fondamentales du métier à tisser, indépendamment des organes de propulsion qui seront étudiés plus tard, sont, dans l'ordre successif où elles se présentent d'arrière en avant, l'ensouple de chaîne, les lames ou plus généralement l'appareil de suspension des fils, le battant avec son peigne, la navette, enfin l'ensouple de devant.

On voit aussi que les cinq mouvements principaux que les organes de propulsion auront à réaliser sont les suivants :

1° Formation des foules successives par l'élévation et l'abaissement des lames ou plus généralement des organes de suspension des fils quels qu'ils soient ;

2° Lancement de la navette par les fouets ;

3° Mouvement de chasse de la duite contre les duites déjà formées par le battant et le peigne ;

4° Enroulement du tissu formé sur son ensouple ;

5° Déroulement de la chaîne.

Les divers mouvements compris sous les rubriques 2, 3, 4 et 5 s'exécutent très simplement par des procédés à peu près analogues pour tous les métiers à tisser. La formation des foules au contraire nécessite un mécanisme assez compliqué, et dont la complication croît avec celle de l'armure adoptée pour le tissu. C'est surtout par ce mode de formation des foules que se différencient les divers métiers à tisser.

Il est bien entendu que quand le fil de canette est épuisé on doit introduire dans la canette une nouvelle navette en arrêtant le métier. Il existe d'ailleurs des systèmes de chargement automatique à cet effet.

Le nombre de fils en chaîne que l'on peut placer sur le métier est évidemment à la disposition du fabricant, au moins dans de certaines limites. On peut serrer plus ou moins ces fils, diminuer ou augmenter leur espacement, faire varier en résumé leur nombre. Mais ce nombre ne saurait s'élever au delà d'une certaine limite. Il est bien évident en effet qu'étant donnés des fils de chaîne d'un numéro, c'est-à-dire d'un diamètre déterminé, on ne saurait en placer dans une largeur déterminée, un centimètre par exemple, plus que le quotient de cette largeur par ce diamètre. Encore ne peut-on aller jusque-là, car il faut tenir compte aussi de la place occupée par la trame entre les fils de chaîne. On voit donc tout de suite que le nombre maximum de fils de chaîne que l'on pourra placer sur le métier par unité de longueur dépend à la fois du numéro de ces fils et de l'armure adoptée pour le tissu. Nous reviendrons plus loin et avec plus de détails sur ce point.

Quant au nombre de fils de trame par unité de longueur, toujours dans le tissu sur métier, il dépend de la vitesse d'enroulement de la pièce et du nombre de coups de navette donné pendant l'unité de temps. Là encore il existe une limite dépendant du numéro du fil et de l'armure adoptée.

Mais le nombre de fils de chaîne que l'on compte dans un centimètre en largeur de la pièce sur métier, ou le nombre de fils de trame que l'on compte dans un centimètre en longueur de cette même pièce, ne sont pas respectivement égaux au nombre de fils de chaîne ou de trame par centimètre que l'on constate dans la pièce une fois sortie du métier. Ils leur sont inférieurs. Le tissu éprouve en effet lors du tissage une assez forte tension dans le sens de la largeur, tension qui lui est donnée par des organes appelés « templets » qui s'incrustent dans ses bords ou lisières. De même, au cours du tissage, il éprouve dans le sens de la longueur une tension plus ou moins accentuée par suite de l'enroulement sur l'ensouple.

Quand on enlève la pièce du métier elle éprouve, par suite de la disparition de cette double tension, un resserrement dans les deux sens, qui peut en moyenne varier de 6 à 10 p. 100 environ. Dans la pièce enlevée du métier on comptera donc plus de fils et de duites par centimètre qu'on n'en comptait dans la pièce sur métier.

On donne le nom de « toile » au tissu tel qu'il sort du métier, même s'il s'agit d'un tissu de laine.

Enfin s'il s'agit d'un tissu de laine que l'on doit fouler, ce tissu subira au foulage un nouveau resserrement dans les deux sens, beaucoup plus considérable que le resserrement signalé plus haut, et qui augmentera encore dans de fortes proportions le nombre ou « compte » de ses fils ou duites par centimètre.

Le fabricant devra tenir compte dans ses calculs de toutes ses modifications. S'il se propose d'obtenir par exemple un tissu de laine foulée présentant une fois fini en chaîne et en trame un nombre déterminé de fils au centimètre, il devra évaluer l'influence du double resserrement du tissu, d'abord à la sortie du métier, puis au foulage, et en déduire le nombre de fils de chaîne et de trame que devra comporter le tissu en formation.

Ajoutons enfin pour terminer que les tissus comportent généralement des lisières ou bandes longitudinales qui le bordent de chaque côté. Ces lisières qui protègent et délimitent le tissu, et qui reçoivent en cours de fabrication soit les pointes du templet, soit celles de la rameuse, sont fabriquées avec des fils en général plus gros que ceux qui constituent la chaîne normale du tissu.

Si le tissu est ainsi limité dans le sens de la largeur, il l'est aussi en général dans le sens de la longueur. Chaque pièce de tissu porte le plus souvent en tête un « chef » portant l'indication de l'usine où elle a été fabriquée, et parfois, à l'autre extrémité, un liteau dit « liteau de queue ».

C. ARMURES.

Nous avons dit plus haut qu'on appelle armure d'un tissu le mode d'entrelacement des fils adopté pour ce tissu.

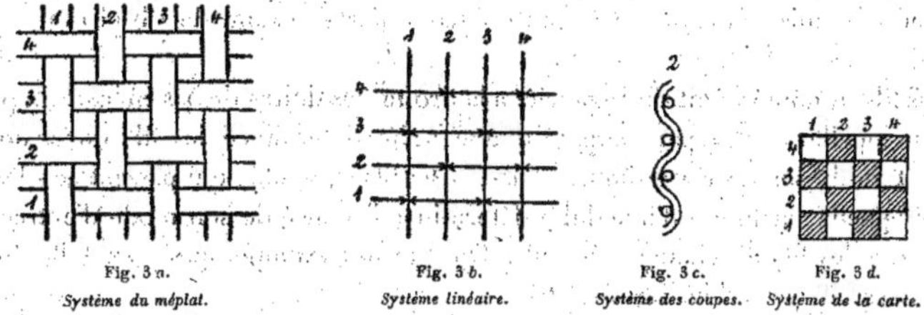

Fig. 3. — Divers modes de représentation des armures.

Représentation graphique des armures. — La représentation graphique des armures s'effectue de plusieurs manières différentes :

1° Par le système du « méplat » qui consiste à représenter les fils par des interlignes. Les fils de chaîne sont représentés par des traits verticaux et les fils de trame par des traits horizontaux (figure 3 a);

2° Par le système dit « linéaire » dans lequel les fils et duites sont représentés par de simples traits, verticaux pour les fils, horizontaux pour les duites. On indique le passage des fils de chaîne sur les duites par des croix placées à l'intersection des deux fils (figure 3 b);

3° Par le système des coupes. Dans le cas d'une coupe longitudinale du tissu les duites sont figurées par de petits cercles et les fils de chaîne par des ondulations (figure 3 c).

4° Par le système de la « carte » (figure 3 d). C'est le plus généralement employé, et c'est à l'aide de la représentation graphique adoptée pour ce système que nous allons étudier plus loin les principales armures utilisées dans le tissage.

On convient, dans le système de la carte, de représenter les fils de chaîne et de trame en épaisseur et se touchant les uns les autres, les premiers étant dirigés dans le sens vertical et les seconds dans le sens horizontal. On utilise pour cette représentation un papier quadrillé. Les fils de chaîne sont compris entre deux traits verticaux du quadrillage, les fils de trame entre deux traits horizontaux. Le croisement d'un fil quelconque de chaîne avec un fil quelconque de trame est donc représenté par un petit carreau du papier quadrillé. On convient de teinter en noir les carreaux correspondant au passage du fil de chaîne sur le fil de trame et de laisser en blanc les carreaux correspondant au passage du fil de chaîne sous le fil de trame. Les carreaux noirs représentent donc les parties du tissu où la chaîne est apparente à l'endroit, les carreaux non teintés les parties où c'est la trame au contraire qui ressort (figure 3 d).

Cette représentation graphique du mode d'entrelacement des fils dans le tissu s'appelle la « mise en carte » et l'épure obtenue porte le nom de « bref » ou « réduction ».

Les fils se numérotent de la gauche à la droite, les duites de bas en haut du papier.

On appelle « pris » par rapport à une duite déterminée les fils de chaîne qui passent au-dessus de cette duite, « laissés » les fils de chaîne qui passent au-dessous.

On appelle « rythme » d'une duite déterminée l'énoncé de son mode d'entrecroisement avec les fils de chaîne successifs. On dira par exemple que pour telle duite le rythme est un pris, deux laissés, etc.

On appelle « décochement » le glissement horizontal mesuré en nombre de carreaux du papier quadrillé qu'il faudrait faire subir à une duite pour rendre son rythme identique à celui de la duite qui l'a précédée.

Il est inutile, pour représenter une armure déterminée, de reproduire sur la carte ou bref tous les fils de chaîne et tous les fils de trame du tissu. Il ne serait pas impossible évidemment d'imaginer une armure dans laquelle chacun des fils de chaîne aurait par rapport aux diverses duites rencontrées une évolution distincte de celle de tous les autres fils. Mais en fait une telle armure n'existe pas. Dans presque tous les cas, on retrouve à partir d'un certain fil de chaîne des évolutions déjà obtenues. Le tissu comprendra d'abord n fils de chaîne à évolutions distinctes; puis le $(n+1)^e$ fil se comportera vis-à-vis des divers fils de trame qu'il rencontre comme le premier fil, le $(n+2)^e$ fil comme le second, etc., enfin le $(2n)^e$ fil comme le n^e. De même le $(2n+1)^e$ fil se comportera comme le premier ou le $(n+1)^e$ et ainsi de suite. Il en sera de la trame comme de la chaîne. Le tissu comprendra d'abord n' duites à évolutions distinctes. La duite $(n'+1)$ se comportera vis-à-vis des divers fils de chaîne rencontrés comme la duite 1, la duite $(n'+2)$ comme la duite 2, et ainsi de suite.

Il suffira donc pour représenter le tissu de figurer le carrelage correspondant à l'entrecroisement des n premiers fils de chaîne avec les n' premières duites. Pour avoir la représentation du reste du tissu, il suffira d'imaginer que l'on a accolé au rectangle ainsi dessiné une série d'autres rectangles identiques.

Les nombres de fils de chaîne et de trame ainsi strictement nécessaires pour donner l'image du tissu s'appellent « rapport chaîne » et « rapport trame ».

Le « rapport d'armure » est l'énoncé de l'ensemble de ces deux nombres. On dira par exemple que pour un tissu déterminé le rapport d'armure est de n fils en chaîne pour n' fils en trame.

Le plus souvent les tissus s'obtiennent en accolant les uns aux autres, non pas des éléments identiques de forme rectangulaire, mais bien des éléments identiques de forme carrée. Les deux nombres qui expriment le rapport chaîne et le rapport trame sont égaux et le bref ou réduction nécessaire pour représenter le tissu est un carré.

Il résulte de ce qui précède que le nombre de lames — ou plus généralement de supports provoquant la montée ou la baisse des fils — strictement nécessaire pour fabriquer un tissu déterminé est égal à son rapport chaîne. Une lame ou un support supportera les fils 1, $n+1$, $2n+1$, etc., qui évoluent de la même manière, s'élevant ou s'abaissant simultanément au passage de chaque duite rencontrée. Une seconde supportera les fils 2, $n+2$, $2n+2$, etc., enfin la dernière supportera les fils n, $2n$, $3n$, etc.

Il en résulte également que chacune de ces lames devra avoir décrit le cycle complet de ses mouvements après le passage des n' premières duites. Au moment où va être insérée la $(n'+1)^e$ duite la lame doit avoir la même position qu'au moment ou allait être insérée la première duite, et de l'insertion de cette $(n'+1)^e$ duite à l'insertion de la duite $2n'$ le mouvement des lames sera identique à leur mouvement pendant l'insertion des n' premières duites, etc.

Mais s'il est possible théoriquement de n'utiliser pour le tissage qu'un nombre de lames strictement égal au rapport chaîne il arrive souvent dans la pratique que l'on utilise en réalité un nombre de lames égal au double de ce rapport. On partage alors chaque groupe de fils évoluant d'une façon distincte en deux. Et l'on accroche à une lame distincte chacun des sous-groupes ainsi obtenus. En opérant ainsi on charge moins les lames et on assure une séparation des fils plus complète. Bien entendu les deux lames supportant chacune la moitié des fils du groupe devront alors avoir des évolutions identiques.

*Notons enfin pour terminer qu'il existe des exceptions à la règle plus haut formulée au sujet du nombre de lames strictement nécessaire pour représenter une armure donnée.

*Ce nombre de lames est bien toujours égal au nombre de fils de chaîne du tissu ayant une évolution distincte. Mais il peut être dans certains cas, d'ailleurs assez rares, inférieur au nombre de fils de chaîne strictement nécessaire pour représenter le tissu, c'est-à-dire à ce que nous avons appelé plus haut le rapport chaîne du tissu.

*Cela tient à ce qu'il faut parfois, pour représenter un tissu, un nombre de fils de chaîne supérieur au nombre de fils à évolution distincte.

*Imaginons par exemple un tissu tel que celui représenté sur la figure 4 par sa réduction.

*La réduction comporte 8 fils en chaîne et 5 en trame. Et cependant le nombre de fils de chaîne à évolution différente n'est que de 5, car dans cette réduction les fils 4 et 6, d'une part, 3 et 7, de l'autre, enfin les fils 2 et 8 évoluent de la même manière. Il suffira donc de monter le tissu sur cinq lames dont l'une recevra les fils 1, 9, etc., une autre les fils 2, 8, 10, 16, etc., une autre les fils 3, 7, 11, 15, etc., une autre enfin les fils 5, 13, etc.

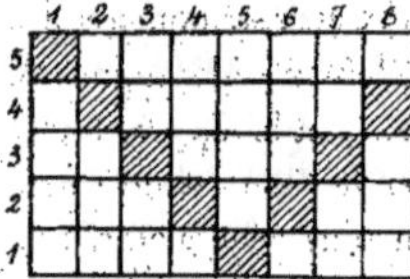

Fig. 4. — Armure chevron.

*Cette inégalité entre le nombre de fils à évolution distincte et le nombre de fils nécessaire pour représenter le tissu se remarque notamment dans les tissus qui, comme celui représenté par la figure 4, présentent deux dessins symétriques accolés formant chevron.

Diverses sortes d'armures. Armures principales.

On classe généralement les armures en armures principales et armures dérivées de ces armures principales. Bien que cette classification puisse prêter à la critique, car il n'est aucune armure qu'avec beaucoup de modifications on ne puisse faire dériver d'une autre, elle offre cependant cet avantage de faire ressortir sous le nom d'armures principales les armures les plus communément adoptées pour la fabrication des tissus.

Les armures considérées en général comme armures principales sont les suivantes :

1° L'armure *Toile* que l'on appelle encore « Uni » ou encore « mousseline » quand il s'agit de cotonnades, ou « drap » ou « lisse » quand il s'agit de lainages.

Le rythme adopté pour chaque duite de cette armure est « un pris, un laissé » avec décochement de un.

Chaque duite passe ainsi alternativement au-dessous et au-dessus de chacun des fils de chaine qu'elle rencontre, et il en est de même de chaque fil de chaine par

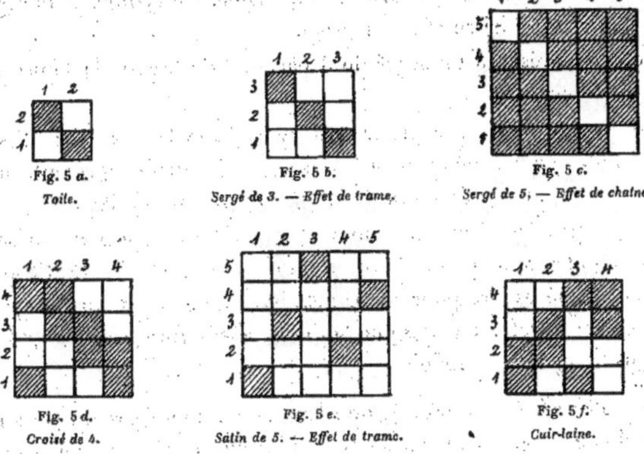

Fig. 5 a.
Toile.

Fig. 5 b.
Sergé de 3. — Effet de trame.

Fig. 5 c.
Sergé de 5. — Effet de chaine.

Fig. 5 d.
Croisé de 4.

Fig. 5 e.
Satin de 5. — Effet de trame.

Fig. 5 f.
Cuir-laine.

Fig. 5. — Représentation de diverses armures.

rapport aux différentes duites rencontrées. Du fait même de la disposition des fils il résulte que l'aspect du tissu sortant du métier est le même à l'envers qu'à l'endroit. On exprime ce fait en disant que la toile est un tissu sans envers.

La figure 5a représente l'armure toile. On voit que le rapport d'armure est de deux fils en chaine comme en trame. Il suffit de deux fils de chaine et de deux duites pour représenter tout le tissu.

Le rapport chaine étant de deux, il suffit théoriquement de deux lames pour tisser un tissu en armure toile. Dans la pratique on double généralement ce chiffre, conformément à la remarque faite plus haut et l'on tisse en armure toile avec quatre lames.

L'armure toile est celle qui présente le plus de points de liage entre la chaine et la trame.

C'est une des armures les plus répandues dans la fabrication des toiles de coton. On l'adopte aussi assez souvent dans la fabrication des lainages.

2° L'armure « Sergé ». Le sergé est une armure dont le rythme est « un pris et $n - 1$ laissés », le nombre n étant au moins égal à 3, avec un décochement de un. Un tel sergé est dit sergé de n.

On distingue donc des sergés de 3 pour lesquels le rythme est « un pris, deux laissés », des sergés de 4 pour lesquels le rythme est « un pris trois laissés », etc.

Le premier sergé, celui de 3, est plus spécialement appelé serge.

Les sergés tels qu'ils viennent d'être définis sont des sergés par effet de trame parce que dans ces sergés c'est la trame surtout qui est apparente.

Mais il existe aussi des sergés par effet de chaîne. Le rythme d'un sergé de n par effet de chaîne est « un laissé et $n - 1$ pris ».

La figure 5b représente un sergé de 3 par effet de trame, la figure 5c un sergé de 5 par effet de chaîne.

Le sergé est un tissu avec envers. Si on regarde l'envers d'un tissu sergé, le dessin n'apparaîtra pas le même qu'à l'endroit. Si l'endroit représente un sergé par effet de trame l'envers représentera un sergé par effet de chaîne.

Le rapport d'armure en chaîne comme en trame est de n pour un sergé de n. Il sera donc de 3 pour un sergé de 3, de 4 pour un sergé de 4, etc. Et le nombre de lames strictement nécessaire pour tisser l'étoffe sera de 3 pour un sergé de 3, de 4 pour un sergé de 4, etc. On désigne souvent ce nombre représentatif du rapport d'armure sous le nom de « module ».

3° L'armure « croisé ». Le croisé, que l'on ne considère pas toujours comme une armure principale et que l'on fait alors dériver du sergé, est une armure dont le rythme est « n pris n laissés » avec décochement de 1. Le croisé ainsi défini est un croisé de 2 n, et son rapport armure en chaîne comme en trame est de 2 n.

Le plus simple des croisés est le croisé de 4, représenté par la figure 5d, et dont le rythme est « deux pris, deux laissés » avec décochement de un. On l'appelle souvent « casimir » ou « batavia ». Son rapport, chaîne et trame, est de 4. Puis vient le croisé de 6 dont le rythme est « trois pris trois laissés », toujours avec décochement de un, etc.

Le croisé est, comme la toile, un tissu sans envers.

Il est adopté parfois comme armure pour les cotonnades, plus fréquemment pour les lainages. Il produit au surplus un effet de diagonale (voir plus loin) comme le sergé.

4° L'armure « Satin ». Le rythme pour cette armure est comme pour le sergé de « un pris et n laissés » par effet de trame ou de « un laissé et n pris » par effet de chaîne. Mais ici le décochement est supérieur à un. Dans les satins réguliers ce décochement est constant. Mais il existe aussi des satins irréguliers où le décochement est variable.

La figure 5e représente un satin de 5 par effet de trame.

Le satin est une étoffe avec envers.

Effet produit par ces différentes armures.

Quand on examine un tissu, l'œil distingue les parties du tissu où la chaine apparait d'avec les parties où c'est au contraire la trame qui ressort.

En résumé l'impression produite est analogue, quoique évidemment beaucoup moins accusée, à celle produite par l'examen de la réduction graphique du tissu avec ses carreaux teintés et ses carreaux restés blancs.

Bien entendu aussi l'impression sur l'œil est d'autant plus forte que la trame et la chaine sont plus dissemblables, soit qu'elles soient de numéros différents, soit qu'elles soient de couleur différente. Dans ce dernier cas en particulier, la chaine et la trame ressortent comme elles ressortaient sur la réduction. Mais, même constituées de fils identiques, la chaine et la trame se distinguent toujours l'une de l'autre.

Quand on examine une étoffe tissée avec l'armure « toile » en particulier, l'impression produite sur l'œil est celle d'un quadrillage. On aperçoit une série de petits carreaux accolés les uns aux autres, mais le dessin élémentaire est trop réduit pour qu'on ait l'impression des diagonales formées soit par les fils de chaîne, soit par les fils de trame.

Dans un tissu à armure sergé ou croisé, au contraire, on perçoit nettement ces diagonales ou sillons, surtout si le rapport d'armure n'est pas trop faible.

Enfin l'armure satin, en rompant l'ordre de liage, fait disparaître les diagonales, et l'œil perçoit comme des taches disséminées sur un fond différent.

Des croisures dans les sergés ou croisés.

*Nous verrons plus loin que parmi tous les éléments qui caractérisent un tissu terminé figure son compte de fils en chaine et en trame par unité de longueur, l'unité adoptée étant en général le centimètre. Par compte de fils en chaine on entend le nombre de fils de chaine existant dans l'unité de longueur adoptée et comptés perpendiculairement à leur direction, c'est-à-dire dans la direction de la trame. De même le nombre de fils de trame est compté dans la direction de la chaîne.

*L'armure, elle aussi, constitue, bien entendu, une caractéristique du tissu.

*Quand on commande à un fabricant un tissu sergé par exemple, on lui fixe le nombre de fils en chaine et en trame que doit présenter par unité de longueur le tissu terminé, et on lui indique en outre le module de ce sergé. On lui commande par exemple un sergé de 5 comportant 3o fils par centimètre en chaîne et 3₂ en trame.

*Mais, dans certaines régions, une habitude ancienne subsiste qui consiste à indiquer aussi le nombre des « croisures » par unité de longueur ou centimètre.

*On entend par croisures les sillons ou diagonales produites par l'armure sergé ou l'armure croisé. Et, de même que pour les fils de chaîne ou de trame, le nombre de ces sillons est compté dans une direction perpendiculaire à leur direction.

*Or, pour un sergé d'un module déterminé, il existe une relation entre le compte des fils en chaîne, le compte des fils en trame et le compte des croisures, ces trois comptes étant calculés pour la même unité de longueur.

*Considérons par exemple le sergé représenté par la figure 6. Soit m son module (dans le cas de la figure, $m = 5$). Soient C et C′ les comptes de fils de chaîne et de trame par unité de longueur, l et l' l'épaisseur respective des fils de chaîne et de trame. Soit enfin H le compte de croisures par unité de longueur.

*La figure 6 donne une représentation exacte du tissu, les fils de chaîne et de trame y étant reproduits avec leur diamètre respectif. Elle se distingue sur ce point seulement de ce que nous avons appelé plus haut la « réduction » du tissu, réduction, où, par convention, fils et duites sont représentés avec la même épaisseur.

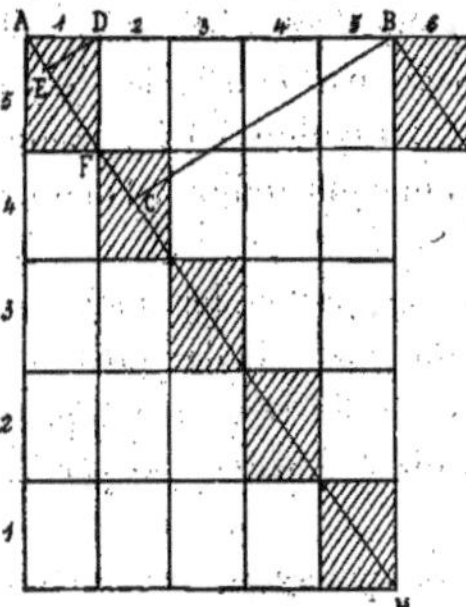

Fig. 6. — Calcul du nombre de croisures d'un sergé.

*La distance qui sépare deux sillons successifs est la longueur BC mesurée sur la perpendiculaire abaissée de B sur la diagonale AM. Et le compte de croisures par unité de longueur s'obtiendra en divisant cette unité de longueur par B C. On aura donc :

$$H = \frac{1}{BC}$$

*De même on aura :

$$l = \frac{1}{C}$$

$$l' = \frac{1}{C'}$$

*Menons par D la parallèle DE à BC. Les triangles semblables ADE et ABC donnent :

$$\frac{BC}{DE} = \frac{AB}{AD}$$

*Or $\frac{AB}{AD}$ est égal au module m du sergé. On a donc :

$$BC = m\,DE.$$

*D'autre part, le triangle rectangle ADF donne :

$$\overline{DE}^2 = AE \times FE.$$

*Mais

$$AE = \frac{\overline{AD}^2}{AF} = \frac{l^2}{\sqrt{l^2 + l'^2}},$$

et

$$FE = \frac{\overline{DF}^2}{AF} = \frac{l'^2}{\sqrt{l^2 + l'^2}}.$$

*On a donc

$$DE = \frac{l \times l'}{\sqrt{l^2 \times l'^2}},$$

et par suite

$$BC = \frac{m \times l \times l'}{\sqrt{l^2 + l'^2}}.$$

*En remplaçant, dans cette dernière équation BC, l et l' par $\frac{1}{H}$, $\frac{1}{C}$ et $\frac{1}{C'}$ on obtient :

$$\frac{1}{H} = \frac{m \times \frac{1}{C} \times \frac{1}{C'}}{\sqrt{\frac{1}{C^2} + \frac{1}{C'^2}}},$$

ou

$$\frac{1}{H} = \frac{m}{\sqrt{C^2 + C'^2}}.$$

*D'où l'on déduit :

(1)
$$H = \frac{\sqrt{C^2 + C'^2}}{m}.$$

*Ainsi le nombre des croisures à l'unité de longueur s'obtiendra en divisant par le module du sergé la racine carrée de la somme des carrés des nombres de fils de chaîne et de trame pour la même unité.

*Il suit de là que pour un sergé de module m déterminé on ne peut se donner arbitrairement les trois éléments H, C et C'. Deux d'entre eux étant choisis, le troisième se trouve déterminé par l'équation (1).

Armures dérivées.

*En dehors des armures principales étudiées plus haut, il existe une infinité d'autres armures que l'on peut considérer comme dérivées de ces armures principales.

*C'est ainsi qu'avec l'armure toile on peut obtenir des *reps* en amplifiant soit en hauteur, soit en largeur, le rapport d'armure, et des *nattés* en amplifiant ce rapport à la fois en hauteur et en largeur, etc. Le satin principalement fournit une très grande variété d'armures dérivées.

*Il existe une armure dérivée qu'il faut connaître parce qu'elle se présente assez souvent en draperie. C'est l'armure « cuir-laine ».

*Dans l'armure cuir-laine le rythme est différent pour les duites de rang impair et les duites de rang pair. Pour les premières il est « deux laissés, deux pris », pour les secondes il est « un laissé, un pris ». Cette armure représentée par la figure 5 *f* tient donc à la fois de la toile et du croisé. C'est une étoffe sans envers.

D. RELATION ENTRE LE NOMBRE ET LE NUMÉRO DES FILS DE CHAÎNE ET L'ARMURE D'UN TISSU.

*Le nombre de fils à l'unité de longueur d'un tissu terminé, soit en chaîne, soit en trame, dépend du nombre de fils à l'unité de longueur de ce tissu sur métier et du double resserrement qu'il a éprouvé, d'abord à sa sortie du métier, puis, éventuellement, lors de son passage au foulon.

*Supposons par exemple qu'il s'agisse de fabriquer un tissu de laine foulé présentant, une fois terminé, et par centimètre, 20 fils en chaîne et 20 en trame. Supposons que le double resserrement dont il a été question plus haut soit de 40 p. 100 en largeur et 20 p. 100 en longueur. Le tissu une fois terminé ne présentera en conséquence en largeur que les 60/100 de la largeur du tissu sur métier, en longueur que les 80/100 de cette longueur.

*Le nombre de fils par centimètre du tissu sur métier devra donc être de $20 \times 0{,}6 = 12$ en chaîne, et de $20 \times 0{,}8 = 16$ en trame.

*Mais encore faut-il que l'on puisse placer sur le tissu sur métier ces 12 fils en chaîne et ces 16 fils en trame.

*Pour la trame que le battant serre vigoureusement contre la partie du tissu déjà terminée à chaque nouvelle duite que l'on insère, la question ne se pose généralement pas. Mais elle se pose souvent pour la chaîne, et il convient en conséquence de rechercher quel est le nombre maximum de fils de chaîne que l'on peut placer par unité de longueur sur le métier.

*Il est bien évident *a priori* que ce nombre maximum de fils par unité ne doit dépendre que de deux éléments :

*1° Le *numéro* des fils. Plus ce numéro sera élevé, moins les fils seront gros, et plus on pourra en placer sur une largeur déterminée du métier.

*2° L'*armure* adoptée pour le tissu. Il ne suffit pas en effet de réserver sur le métier la place nécessaire pour les fils de chaîne. Il faut aussi réserver la place nécessaire pour les fils de trame qu'ils enserrent. Or il y a un fil de trame inséré dans la chaîne chaque fois que la trame passe à travers le tissu de dessous en dessus ou inversement. Les armures présentant un nombre restreint de ces passages, c'est-à-dire celles caractérisées par de longs « flottés » de la trame en dessus ou au-dessous de la chaîne permettront donc de placer un nombre de fils de chaîne plus grand que celui permis par les armures caractérisées par de fréquentes traversées de la trame.

*Il doit donc exister une formule liant le nombre maximum de fils en chaîne aux numéros des filés d'une part, à l'armure de l'autre. C'est cette formule que nous allons tenter d'établir.

*Nous admettrons tout d'abord que le nombre maximum des fils en chaîne sera atteint quand les deux conditions suivantes seront réalisées :

*1° Aux points du tissu où ne passe pas la trame deux fils de chaîne consécutifs quelconques se toucheront, seront tangents l'un à l'autre,

*2° Aux points du tissu par où passe la trame les deux fils de chaîne consécutifs entre lesquels elle pénètre seront écartés de la quantité strictement nécessaire pour permettre son passage. Chacun d'eux sera donc tangent à ce fils de trame.

Fig. 7 a.
Armure toile.

Fig. 7 b.
Armure batavia.

Fig. 7. — Entrecroisement de la chaîne et de la trame.

*Les figures 7 représentent deux coupes transversales d'un tissu sur métier ainsi resserré au maximum. La figure 7 a représente cette coupe pour l'armure toile, la figure 7 b pour l'armure batavia. Les fils de chaîne y sont représentés par de petits cercles teintés de noir, le fil de trame par sa coupe longitudinale laissée en blanc.

*Il résulte de l'hypothèse faite plus haut sur la position des fils lors du resserrement maximum que la longueur occupée par un nombre quelconque de fils de chaîne est égale à la somme des diamètres de ces fils de chaîne, augmentée de la somme des diamètres des fils de trame qu'ils enserrent.

*Ceci posé, imaginons une armure quelconque. La seule hypothèse que nous ferons sur cette armure est la suivante : *tous* les fils de trame de la réduction du tissu traversent l'étoffe le même nombre de fois; autrement dit, pour tous ces fils de trame de la réduction le nombre total des passages, soit au-dessus soit au-dessous de la chaîne, est le même. Cette condition est remplie au surplus pour toutes les armures usuelles. Soit a' ce nombre total de passages de la trame à travers la chaîne.

*Nous définirons l'armure par ce nombre a' de passages et par son rapport — chaîne ou nombre de fils en chaîne de la réduction que nous désignerons par a.

*Soient en outre d et d', n et n', les diamètres et numéros respectifs des fils de chaîne et de trame.

*La largeur sur métier occupé par les a fils de chaîne de la réduction est égale, comme nous venons de le dire, à la somme des diamètres de ces a fils augmentée de la somme des diamètres des fils de trame qu'ils enserrent.

*Cette largeur sur métier est donc égale à :

$$ad + a'd'$$

*et la largeur *moyenne* sur métier occupée par un de ces a fils est :

$$\frac{ad + a'd'}{a}.$$

*C'est bien là au surplus la largeur *moyenne* d'un fil de chaîne pour *tout* le tissu, puisque ce tissu se compose d'une série de tissus élémentaires, tels que les représente la réduction, accolés à la suite les uns des autres.

*Or le nombre de fils de chaîne que l'on peut placer dans l'unité de longueur adoptée s'obtient en divisant cette unité par la largeur moyenne ainsi calculée.

*Ce nombre maximum N de fils est donc donné par la formule :

$$N = \frac{a}{ad + a'd'}.$$

*D'autre part, on sait que les numéros des fils varient pour une matière textile déterminée en raison inverse de leurs sections, c'est-à-dire du carré de leurs diamètres.

*On peut donc poser :

$$n = \frac{K^2}{d^2},$$

$$n' = \frac{K^2}{d'^2},$$

K étant une constante.

On en déduit :

$$d = \frac{K}{\sqrt{n}},$$

$$d' = \frac{K}{\sqrt{n'}},$$

*Et la formule établie plus haut devient :

$$(1) \qquad N = \frac{a}{K} \times \frac{1}{\dfrac{a}{\sqrt{n}} + \dfrac{a}{\sqrt{n'}}}.$$

*Telle est l'équation qui relie, pour une matière textile déterminée caractérisée par le coefficient K, le nombre N maximum de fils que l'on peut placer en chaîne par unité de longueur, d'une part aux numéros n et n' des fils en chaîne et en trame, d'autre part à l'armure adoptée caractérisée par les nombres a et a'.

*On peut tout d'abord faire à propos de cette formule les deux remarques suivantes :

*1° Elle devient tout à fait générale et ne nécessite même pas l'hypothèse faite plus haut au sujet de l'égalité du nombre de passages des diverses duites de la réduction pour peu que l'on désigne par a' non plus ce nombre constant de passages, mais le nombre de ces passages pour la duite de la réduction qui en présente le plus grand nombre.

*2° Le nombre K n'est pas en réalité une constante rigoureuse pour une matière textile déterminée. Nous avons vu en effet plus haut que la formule $d^2 = \frac{K^2}{n}$ n'était pas rigoureusement exacte, la densité de la matière variant en réalité avec la torsion, c'est-à-dire avec le numéro lui-même. De plus ce nombre K dépend aussi de la façon dont la filature a été conduite : des fils lisses, comme des fils peignés, occuperont en réalité une place moindre que des fils échevelés, comme des fils cardés.

*La même formule montre en outre que N croît quand les numéros des fils de chaîne et de trame augmentent, ce qui confirme le raisonnement *a priori* fait plus haut en ce qui concerne l'influence de ces numéros.

*On peut d'autre part écrire cette formule de la façon suivante :

$$N = \frac{1}{K} \times \frac{1}{\dfrac{1}{\sqrt{n}} + \dfrac{a}{\sqrt{n'}}}.$$

*On voit que N diminue quand le rapport $\frac{a'}{a}$ augmente. Or ce rapport $\frac{a'}{a}$ représente le quotient du nombre de passage de la trame à travers la chaîne pour a fils de chaîne précisément par ce nombre a de fils de chaîne. Il mesure donc les « flottés » plus ou moins accentués de l'armure. Et l'on voit que plus ces flottés seront courts et moins on pourra placer de fils en chaîne. Le deuxième raisonnement *a priori* fait plus haut en ce qui concerne l'influence de l'armure se trouve ainsi confirmé.

*La formule établie plus haut se simplifie beaucoup quand on suppose que la chaîne et la trame sont constitués avec des fils de même numéro : soit n ce numéro commun.

*La formule devient

$$N = \frac{a\sqrt{n}}{K(a+a')}.$$

*D'autre part, pour toutes les armures courantes (toile, sergés, croisés satins), le nombre total de passages de la trame au cours de la réduction est de 2. Pour ces armures courantes on a donc $a' = 2$ et la formule devient

$$(1) \qquad N = \frac{a\sqrt{n}}{K(a+2)} = \frac{\sqrt{n}}{K} \times \frac{1}{1+\frac{2}{a}}.$$

*Cette formule simplifiée conduit aux conclusions suivantes :

*1° Pour tous les tissus à armures usuelles composés d'une trame et d'une chaîne de numéro identique, le nombre maximum de fils de chaîne que l'on peut placer par centimètre de largeur du métier est proportionnel à la racine carrée de ce numéro, l'armure restant la même.

*Si l'on peut placer par exemple 8 fils en chaîne par centimètre avec le numéro 7, on pourra en placer 16 avec le numéro 28.

*2° Pour ces mêmes tissus, le numéro en chaîne et en trame restant constant et l'armure variant, ce nombre maximum de fils est inversement proportionnel à : $1+\frac{2}{a}$, où a désigne le rapport chaîne de l'armure. Le rapport chaîne augmentant, le nombre de fils augmente.

*C'est avec l'armure toile que le rapport chaîne atteint son minimum qui est égal à 2, et c'est avec cette armure que l'on pourra placer le moins de fils en chaîne. Le rapport $1+\frac{2}{a}$ est ici égal à 2.

*Pour une armure quelconque caractérisée par son rapport chaîne a, le rapport du nombre de fils que l'on pourra placer avec cette armure au nombre de fils que l'on peut placer avec l'armure toile, est donc de :

$$\frac{2}{1+\frac{2}{a}}.$$

*Si $a = 3$ (sergé de trois) ce rapport devient :

$$\frac{2}{1+\frac{2}{3}}=\frac{6}{5}.$$

*Ainsi, toutes choses égales d'ailleurs, on pourra placer en adoptant une armure sergée, c'est-à-dire l'armure qui, après la toile, présente le moins de flottés, un nombre de fils en chaîne qui sera les 6/5 de celui qu'on pouvait placer avec cette armure toile.

*Si $a = 4$ (sergé de 4, croisé batavia) le coefficient de multiplication devient :

$$\frac{2}{1+\frac{2}{4}}=\frac{8}{6}=\frac{4}{3}.$$

*Si $a = 5$ (sergé de 5) il devient égal à 10/7, etc.

Remarquons que $1+\frac{2}{a}$ qui part de son maximum égal à 2 pour l'armure toile ne décroît pas au delà de toute limite. Son minimum pour a infini est égal à 1. Et la formule devient dans ce cas :

$$N=\frac{\sqrt{n}}{K}=\frac{1}{d},$$

ce qui était bien évident *a priori*.

*En fait, quand a croît, N commence par croître assez rapidement. Le gain en fils est considérable. Mais a continuant à croître, N croît moins rapidement, et, à partir d'une armure présentant des flottés assez accusés, on ne gagne plus grand chose à augmenter la longueur de ces flottés.

*Ceci tout au moins d'après la formule. Mais en réalité cette formule ne s'applique plus pour des armures présentant de très longs flottés.

*Pour l'établir, nous avons supposé en effet que les fils de chaîne s'échelonnaient dans un plan à peu près horizontal. Or, si l'armure offre de très longs flottés, il n'en sera pas ainsi, et les fils de chaîne, mal séparés par les fils de trame, pourront se grouper à la fois en largeur et en hauteur dans tout l'intervalle entre deux passages consécutifs de la trame. La formule ne sera plus applicable et le nombre de fils de chaîne par centimètre pourra être très supérieur au nombre par elle donné.

*En résumé, la formule plus haut établie n'est qu'une formule approximative, et applicable seulement à des armures ne présentant pas de trop longs flottés.

*Reste à déterminer le coefficient K. Pour les fils de *laine* en particulier, il paraît résulter d'expériences faites que l'on peut placer par *centimètre* en adoptant l'armure toile 3 fils, 5 du numéro 1 s'il s'agit de fils cardés, et 4 fils, 1 du numéro 1 s'il s'agit de fils peignés.

*En faisant $n = 1$ et $a = 2$ dans la formule (1) elle devient :

$$N = \frac{1}{2 K}.$$

*Si $N = 3,5$ (fils cardés) elle donne :

$$K = \frac{1}{2 \times 3,5} = \frac{1}{7} = 0,143 \text{ environ.}$$

*Si $N = 4,1$ (fils peignés) elle donne :

$$K = \frac{1}{2 \times 4,1} = \frac{1}{8,2} = 0,122 \text{ environ.}$$

*Ainsi, pour les tissus en laine à armures usuelles ne présentant pas des flottés trop accusés, la formule générale donnant le nombre maximum de fils que l'on peut placer par centimètre de largeur de métier est

$$N = \frac{a\sqrt{n}}{0,143 (a + 2)},$$

s'il s'agit de tissus cardés, et

$$N = \frac{a\sqrt{n}}{0,122 (a + 2)},$$

s'il s'agit de tissus peignés.

*On peut à l'aide de ces formules calculer le nombre maximum de fils pour les armures les plus simples et pour un certain nombre de numéros de filés et l'on obtient ainsi les deux tableaux suivants :

1. DRAP CARDÉ.

NUMÉRO DES FILÉS.	ARMURES.			
	TOILE.	SERGÉ DE 3.	SERGÉ DE 4 ou Batavia.	SERGÉ DE 5.
1..........	3,5	4,2	4,6	5,0
4..........	7,0	8,4	9,3	10,0
9..........	10,5	12,6	14.0	15,0
16..........	14,0	16,8	18,6	20,0
25..........	17,5	21,0	23,3	25,0

2. DRAP PEIGNÉ.

NUMÉRO DES FILÉS.	ARMURES.			
	TOILE.	SERGÉ DE 3.	SERGÉ DE 4 ou Batavia.	SERGÉ DE 5.
1..........	4,1	4,9	5,5	5,9
16..........	16,4	19,7	21,9	23,4
25..........	20,5	25,6	27,3	29,2
36..........	24,6	29,5	32,8	35,1
49..........	28,7	34,4	38,3	42,0

§ 2. — OPÉRATIONS PRÉPARATOIRES AU TISSAGE.

Nous avons vu plus haut sous quelles formes le fil était livré par la filature. Il l'est sous forme de canettes de tissage ou de bobines de filature, c'est-à-dire suivant le mode d'enroulement compliqué, s'il s'agit de fils obtenu sur métier renvideur ou encore sur métier à anneau et curseur pour laine et coton. Il l'est sous forme de bobines cylindriques, c'est-à-dire suivant le mode d'enroulement simple, s'il s'agit de fil obtenu sur métier à ailette ou encore sur métier à anneau et curseur pour lin et chanvre. En résumé, les fils de laine et de coton sont livrés suivant le mode d'envidage compliqué, les fils de lin et de chanvre suivant le mode d'envidage simple. Enfin, si l'on fait après filature de la teinture en fil, le fil une fois teint est livré au tisseur en écheveaux.

Nous avons vu également que le mode d'enroulement compliqué s'imposait pour la trame de façon à permettre au fil de se dévider sans éboulement dans la direction de l'axe même de la canette. Il en résulte que quand le fil de trame se présente au tissage sous une forme autre que celle d'une canette de tissage (fil de trame en lin par exemple ou fil teint en écheveau) il faudra commencer par l'enrouler sous cette forme. C'est ce qu'on appelle procéder au canetage de la trame, opération qui s'exécute sur des appareils appelés « canetières » ou « coconneuses ».

Si le fil de trame est au contraire livré sur canettes de tissage, ces canettes seront toutes prêtes pour le tissage. Il n'y aura aucune opération préparatoire au tissage à leur faire subir, et l'on pourra placer immédiatement chaque canette dans la navette qui insérera le fil de trame à travers le tissu.

Parfois cependant pour bien *fixer* le fil, pour l'empêcher de se détordre au tissage, on mouille les canettes au préalable, puis on les essore, ou, ce qui vaut mieux encore, on les vaporise avant de les porter au métier à tisser.

Notons cependant que, de plus en plus, se répand l'habitude de dévider la trame, même lorsqu'elle arrive au tissage sous forme de canettes, pour l'envider à nouveau sur d'autres canettes. Cette opération a pour but unique d'éprouver le fil de trame avant usage en révélant par les ruptures qui se produisent les parties faibles de ce fil. Si cette habitude se généralisait, il n'y aurait plus aucune raison de faire livrer le fil par les métiers à filer sous sa forme compliquée, puisque aussi bien le dévidage ultérieur de ce fil deviendrait, aussi bien pour la trame que pour la chaîne, la règle générale adoptée.

Ce dévidage du fil s'impose en effet pour la chaîne quelle que soit la forme d'enroulement sous laquelle il a été livré.

La chaîne doit être disposée pour le tissage, comme nous l'avons vu plus haut, sur une ensouple d'où elle se déroulera au cours même de l'opération en nappe composée de fils équidistants et parallèles. Or, pour permettre d'enrouler chacun des fils de chaîne sur cette ensouple à la place qu'il doit occuper, il faut que ce fil se déroule d'une bobine cylindrique en contenant une quantité suffisante. La forme cylindro-conique des bobines de filature ne conviendrait pas ici, et d'autre part les bobines cylindriques livrées par le métier à ailette ou le métier continu à anneau et curseur pour lin sont de dimensions trop réduites. Dans tous les cas, il faudra donc commencer par dévider la chaîne des supports (ou des écheveaux) quels qu'ils soient sur lesquels elle est livrée au tissage pour l'envider sur des supports mieux appropriés. C'est l'opération du *bobinage* qui a en outre pour autre résultat heureux d'éprouver le fil comme il a déjà été dit plus haut pour la trame. Et ici l'épreuve est beaucoup plus nécessaire, la chaîne ayant à supporter au tissage des efforts beaucoup plus accentués que la trame.

Après bobinage, on procède à *l'ourdissage* de la chaîne, c'est-à-dire que l'on dispose les divers fils de chaîne parallèlement les uns aux autres et séparés par des intervalles égaux sur l'ensouple d'où ils se dérouleront au cours du tissage. On doit enrouler sur cette ensouple la même longueur uniforme pour tous ces fils et cette longueur doit correspondre à la longueur de chaîne nécessaire pour la formation complète de la pièce (ou des pièces) de tissu à fabriquer.

Il faut en outre, en raison des efforts auxquels elle va se trouver exposée au cours du tissage, augmenter artificiellement la résistance de la chaîne et il faut aussi la *fixer*, empêcher sa détorsion dans la limite possible.

Pour fixer la chaîne on la soumet assez souvent après filature au vaporisage. De plus, on lui incorpore une matière étrangère agglutinante et collante qui fixe toutes les spires décrites par les fibres élémentaires et les empêche ainsi de se déformer. L'adjonction de cette matière étrangère augmente en outre le poids et la solidité du fil, lui permet de résister mieux aux frottements des dents du peigne et aux efforts qui s'exercent du fait du mouvement du battant. C'est l'opération du « parage » ou de « l'encollage ».

Enfin les fils de chaîne doivent être introduits à travers les maillons des lames : c'est l'opération du « remettage », puis entre les dents du peigne : c'est l'opération du « rentrage » ou « piquage en ros ».

Ainsi, faisant abstraction de l'opération éventuelle du vaporisage, les opérations que doivent subir les fils de chaîne pour être disposés pour le tissage sont les suivantes : bobinage, ourdissage, parage ou encollage, remettage et rentrage.

Bobinage. — Le bobinage a pour but de dérouler le fil provenant d'écheveaux, de bobines de filature ou de bobines cylindriques, pour l'enrouler sur des bobines cylindriques d'assez grand format, d'où on pourra les dérouler facilement lors de l'opération de l'ourdissage.

On utilise à cet effet soit des bobinoirs horizontaux, soit des bobinoirs verticaux. Ces appareils très simples ne méritent pas grand développement.

Dans le bobinoir horizontal les buots sur lesquels doit s'enrouler le fil sont placés horizontalement à la suite les uns des autres, et reçoivent par friction leur mouvement de rotation d'un arbre horizontal commun. En regard de chacun d'eux se trouve la bobine de filature à dévider (ou l'écheveau à dévider disposé sur un asple). Un guide dirige le fil qui s'enroule sur le buot.

Dans le bobinoir vertical, les buots sur lesquels doit s'enrouler le fil sont placés verticalement à côté les uns des autres. Le mouvement est donné à tous les buots par un arbre horizontal agissant sur l'axe vertical de chacun d'eux au moyen d'une corde qui enveloppe une noie calée sur cet axe. Là encore le fil est guidé, le mouvement de va et vient du guide étant calculé dans ce cas de façon à donner à la bobine une forme bombée. En regard de chaque buot se trouve la bobine de filature ou l'écheveau monté sur asple à dévider.

Ourdissage. — Le principe de l'ourdissage est le suivant :

Chaque fil de chaîne à disposer sur l'ensouple se déroule d'une bobine. Les différentes bobines b, b, b sont portées par un râtelier R appelé encore « châssis » « cadre » ou « cantre » (figure 8).

Les fils passent par groupes dans un premier peigne P, puis isolément à travers un second peigne P' qui est le peigne proprement dit. Le nombre des dents du peigne

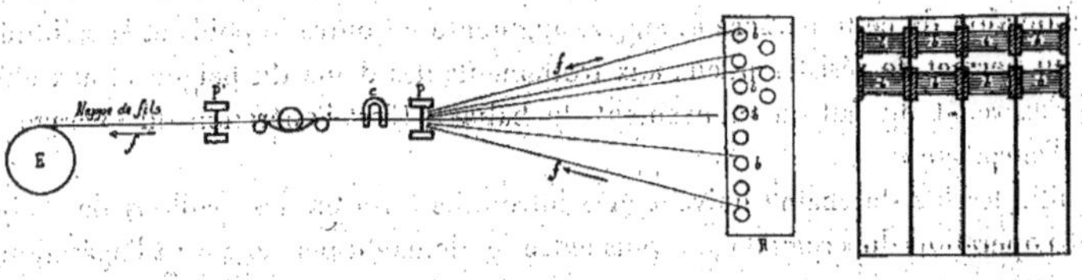

Fig. 8. — Schéma de l'ourdissage.

P' est donc égal au nombre des fils à enrouler sur l'ensouple. Entre les deux peignes sont disposés une série de rouleaux entre lesquels passent les fils et qui les maintiennent bien tendus. Enfin ils vont s'enrouler sur l'ensouple E qui reçoit à cet effet un mouvement de rotation approprié. Entre le second peigne P' et l'ensouple est disposée une baguette garnie d'étoffe (panne ou velours de laine) qui nettoie le fil.

On adjoint le plus souvent à l'appareil un système dit « casse-fils » permettant l'arrêt automatique du métier dès qu'un fil vient à se casser. L'ouvrière avertie peut alors procéder aux recherches et réparer aussitôt l'accident. A cet effet on munit chaque fil d'un cavalier C, sorte de petite tige en fer. Si le fil se casse, le cavalier tombe entre deux cylindres, entraînant ainsi au moyen d'un mécanisme approprié l'arrêt de l'arbre qui fait mouvoir l'ensouple.

Il ne serait évidemment pas impossible lors de l'ourdissage d'enrouler sur l'ensouple E tous les fils dont doit se composer la chaîne du tissu. Il ne serait pas non plus impossible de faire passer tous ces fils dans le bain d'encollage ou entre les cylindres de la pareuse (voir plus loin) avant de les enrouler sur cette ensouple. On aurait ainsi réalisé d'un seul coup et sur une seule machine à la fois l'ourdissage total et l'encollage.

En fait on préfère le plus souvent procéder à l'ourdissage de la chaîne par fractions. Si la chaîne doit comprendre en tout 2,400 fils par exemple, on procède à l'ourdissage par fractions de 600 fils. L'ensouple E ne recevra donc que 600 fils. Quand on procédera à l'encollage ou au parage on placera derrière l'encolleuse ou la pareuse quatre ensouples semblables contenant 600 fils chacune. Et la formation définitive de la chaîne se fera sur une autre ensouple placée à l'autre extrémité de l'encolleuse ou de la pareuse et sur laquelle viendront s'enrouler, après encollage ou parage, les 2,400 fils provenant des quatre ensouples élémentaires de 600 fils.

En procédant ainsi on évite de trop serrer les fils avant l'encollage et ces fils peuvent ainsi s'imprégner de colle sur toute leur surface et sécher sans s'agglutiner, sans se coller les uns aux autres.

Encollage et Parage. — Dans la pratique on confond souvent parage ou encollage. Ce sont néanmoins des opérations assez distinctes. Le parage a pour but d'*enduire* les fils, de les recouvrir d'une substance agglutinante qui les polit, en couche les duvets et leur donne en même temps une certaine consistance. L'encollage a pour but de pénétrer au contraire complètement les fils de cette matière agglutinante. La quantité de colle absorbée sera alors plus considérable et le fil plus raide. Le poids du tissu, si aucune opération ultérieure ne vient enlever la colle ainsi introduite, pourra s'en trouver singulièrement augmenté. C'est ce qui arrive pour certains tissus de coton.

Il n'y a d'ailleurs pas de règle fixe pour l'emploi soit du parage, soit de l'encollage. Les pareuses semblent être de moins en moins employées pour faire place aux encolleuses. On peut cependant poser comme principe d'une façon générale qu'on « pare » les chaînes fines et qu'on « encolle » les grosses chaînes.

Parage. — La matière collante utilisée dans l'opération du parage s'appelle le parement.

Les parements sont à base de farine ou de fécule de pomme de terre ou d'amidon. On ajoute à ces matières encollantes des matières adoucissantes telles que la glycérine, des savons, des matières antiseptiques destinées à éviter les moisissures telles que le sulfate de cuivre, enfin souvent des matières destinées seulement à donner du poids, à charger l'apprêt telles que le kaolin, la craie, etc. En un mot la composition des parements est très complexe. Elle varie d'ailleurs à l'infini, et chaque établissement a sa recette particulière.

Le parement est cuit dans des autoclaves. Il ne doit pas être préparé trop longtemps à l'avance.

La figure 9 représente le schéma d'une machine à parer. Les fils provenant du nombre de rouleaux d'ourdissage voulu pour constituer la chaîne (4 rouleaux par exemple si la chaîne doit avoir 2,400 fils et si l'on a ourdi par groupe de 600) passent entre deux cylindres, le cylindre de pâte P et le cylindre de pression O. Le

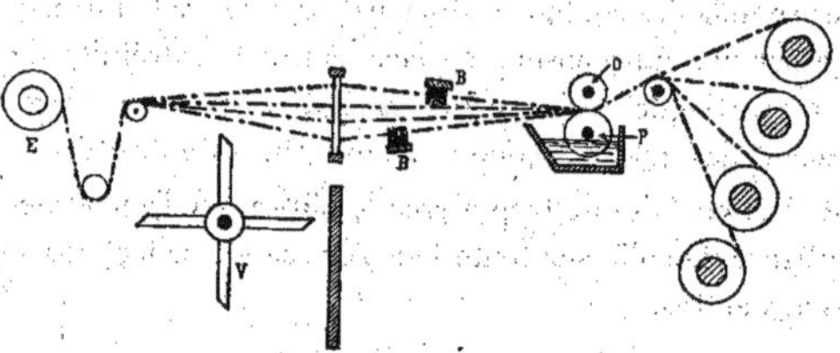

Fig. 9. — Pareuse.

premier tourne dans la cuve du parement. Les fils ne sont donc pas immergés dans cette cuve comme dans l'opération d'encollage qui sera décrite plus loin, mais reçoivent simplement la pâte par l'intermédiaire d'un cylindre plongeant dans cette pâte. Ils sont ensuite soumis à l'action de deux brosses B, B qui les lissent dans le sens contraire de leur mouvement, puis sont séchés par des ventilateurs V et vont enfin s'enrouler sur l'ensouple chaîne du métier à tisser.

Encollage. — La composition des apprêts pour l'encollage est à peu près la même que celle des parements employés pour le parage. Mais la proportion est plus forte. Les fils de coton par exemple sont encollés de 8 à 10 p. 100 jusqu'à 50 p. 100 et même davantage. Les fils de laine sont moins encollés ; la proportion normale moyenne peut être de 5 p. 100 environ. Enfin, les grosses chaînes de filés de laines cardés ne sont pas encollés (numéros 6 et au-dessous).

Il existe de nombreuses variétés d'encolleuses mais qui peuvent se ramener à deux types : les encolleuses à tambour et les encolleuses à air chaud. Dans les premières,

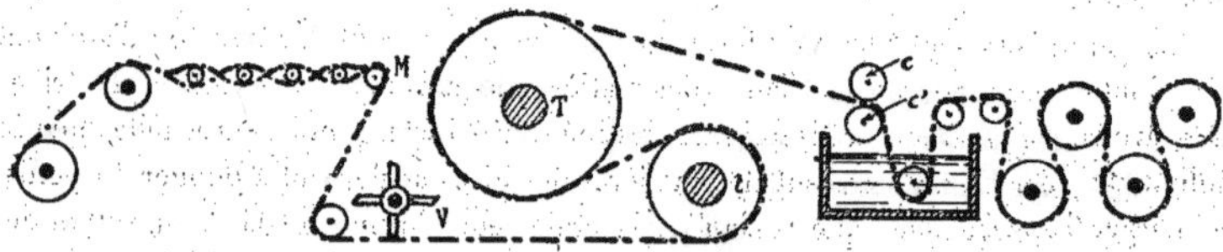

Fig. 10. — Encolleuse à tambour.

le fil est séché en passant à la surface de gros tambours chauffés, dans les secondes le séchage est obtenu par l'action de ventilateurs amenant de l'air chaud sur le fil pendant son passage dans une grande chambre dite chambre de chaleur.

Les premiers permettent une surveillance plus facile de l'opération. La figure 10 en représente le schéma. Les fils provenant de rouleaux d'ourdissoir passent dans la bâche à colle maintenue à une température constante au moyen de la vapeur que l'on introduit par un serpentin. Les fils plongent complètement dans la bâche et y sont maintenus au moyen de rouleaux. Il y a donc une sorte de cuisson de fil, qui permet sa pénétration par la matière encollante beaucoup plus profondément que lors de l'opération précédemment décrite du parage.

Au sortir de la bâche les fils passent entre deux cylindres c, c' dont l'un est garni de drap et qui enlèvent l'excès de colle, puis sont séchés par leur passage sur deux tambours T, t chauffés par la vapeur. Un ventilateur V achève la dessiccation.

L'encollage est une opération assez délicate qui demande à être surveillée. Il faut éviter les places insuffisamment encollées, les parties dures, les taches d'apprêts, etc.

Remettage et rentrage. — On a défini plus haut le remettage ou l'opération qui consiste à rentrer les fils de chaîne dans les maillons des lisses. Elle s'exécute à la main et n'offre rien de particulier.

Le rentrage ou piquage en ros est l'opération qui consiste à rentrer les fils dans les dents du peigne ou ros.

Le rôle du peigne est à la fois de maintenir les fils de chaîne à leur place rigoureusement invariable et à des distances bien égales et, d'autre part, comme on l'a vu plus haut, de chasser chaque duite nouvelle sur le tissu déjà formé.

Dans chaque dent du peigne on a fait passer soit un, soit plusieurs fils. Il ne faut pas que ce nombre soit trop considérable, c'est-à-dire que les fils soient trop serrés en dent, sinon les nœuds des fils réparés, et les grosseurs accidentelles ne passeraient pas.

Ajoutons enfin qu'on appelle nouage ou rappondage l'opération qui consiste à nouer les fils d'une nouvelle chaîne aux bouts des fils subsistants d'une ancienne chaîne de même compte et de même empeignage.

Toutes ces opérations préliminaires achevées, la chaîne est prête pour le tissage, dont nous avons donné plus haut le principe et que nous allons reprendre avec plus de détail en examinant les divers métiers à tisser.

§ 3. — MÉTIERS À TISSER.

A. GÉNÉRALITÉS.

Nous avons déjà dit plus haut que les cinq mouvements principaux à réaliser par tout métier à tisser étaient les suivants :

1° Formation des foules successives par l'élévation et l'abaissement des lames, ou, d'une façon plus générale, par l'élévation et l'abaissement des organes de suspension des fils, quelle que soit la forme de ces organes;

2° Lancement de la navette par les fouets;

3° Mouvement de chasse de la duite contre les duites déjà formées par le battant et le peigne;

4° Enroulement du tissu formé sur son ensouple;

5° Déroulement de la chaîne.

Et nous avons ajouté que les mouvements compris sous les rubriques 2, 3, 4 et 5 s'exécutaient d'une façon assez simple et par des procédés à peu près les mêmes pour tous les métiers à tisser mécaniques. Ces divers métiers à tisser mécaniques se différencient donc surtout par le mode de formation des foules successives.

On peut établir trois classifications différentes des métiers à tisser.

I. Dans une première classification, on distingue :

1° Les métiers mécaniques, dans lesquels tous les mouvements sont exécutés mécaniquement;

2° Les métiers à main dans lesquels un assez grand nombre de ces mouvements sont exécutés par l'ouvrier.

II. Dans une seconde classification on distingue :

1° Des métiers dans lesquels les mouvements de baisse ou de montée des fils sont donnés au passage de chaque duite par un organe agissant isolément sur le groupe de fils de même évolution qu'il doit diriger;

2° Des métiers dans lesquels un organe unique agit à chaque duite successive insérée pour faire lever ou laisser immobiles les fils ou groupes de fils pris ou laissés par cette duite.

III. Enfin dans une troisième classification on pourrait distinguer :

1° Des métiers à lames dans lesquels les fils sont suspendus, par groupes présentant la même évolution, à des lisses supportées par des lames placées les unes derrière les autres.

2° Des métiers à suspension par collets dans lesquels les lames sont supprimées, chaque fil étant suspendu à une lisse individuelle, suspendue à un collet, et le même collet pouvant, au surplus, supporter plusieurs lisses.

En combinant ces trois classifications on obtient :

a. Des métiers à la main à marches (I_2-II_1-III_1);

b. Des métiers à la main à mécanique d'armure (I_2-II_2-III_1);

c. Des métiers à la main à mécanique Jacquard (I_2-II_2-III_2);

d. Des métiers mécaniques à excentrique (I_1-II_1-III_1);

e. Des métiers mécaniques à tapettes (I_1-II_1-III_1);

f. Des métiers mécaniques à mécanique d'armure (I_1-II_2-III_1);

g. Des métiers mécaniques à mécanique Jacquard (I_1-II_2-III_2).

Enfin les divers métiers à tisser, appartenant aux catégories précédentes, peuvent encore se distinguer les uns des autres par l'adjonction d'organes accessoires : c'est ainsi qu'on distingue des métiers à changement de boîtes pour le tissage des tissus de couleur, des métiers mécaniques automatiques dans lesquels l'alimentation en trame s'effectue d'une façon continue, etc.

Dans ce qui va suivre nous ne parlerons pas des métiers à tisser à la main. Le tissage à la main a été à peu près partout remplacé par le tissage mécanique. Il subsiste cependant encore dans certaines campagnes à proximité de centres industriels, et en outre presque tous les tissages d'étoffes fantaisie en possèdent encore quelques exemplaires. Le métier à tisser à la main est en effet le métier d'échantillonnage par excellence. Il évite, quand on veut se rendre compte de l'effet que produira un nouveau tissu à lancer, l'aménagement long et compliqué du métier mécanique sur lequel, en cas de succès, on l'exécutera plus tard en grand.

Nous ne parlerons pas non plus des métiers mécaniques à tapettes, peu usités, et assez analogues au surplus comme fonctionnement aux métiers mécaniques à excentrique.

Nous nous contenterons, en conséquence, d'étudier le métier mécanique à excentriques avec quelques détails, en donnant ainsi : 1° selon la remarque précédemment faite, une vue d'ensemble de la façon dont sont réalisés dans tous les métiers mécaniques les mouvements compris sous les rubriques 2 à 5 inclus de l'énumération qui précède; 2° le principe de la formation des foules dans ce métier à excentriques. Puis, ces deux points acquis, nous ne ferons qu'esquisser le principe de la formation de ces foules par la mécanique d'armure ou le Jacquard.

B. — MÉTIER A EXCENTRIQUES.

Nous avons donné plus haut le schéma général d'un métier à tisser. Nous allons décrire maintenant, avec un peu plus de détails, le métier mécanique à excentriques.

Par longueur du métier nous entendons la dimension parallèle à la direction des fils de chaîne, par largeur du métier la dimension parallèle à la direction des fils de trame.

L'arrière du métier sera la partie du métier qui se trouve du côté de l'ensouple de chaîne, l'avant du métier, la partie qui se trouve du côté de l'ensouple du tissu.

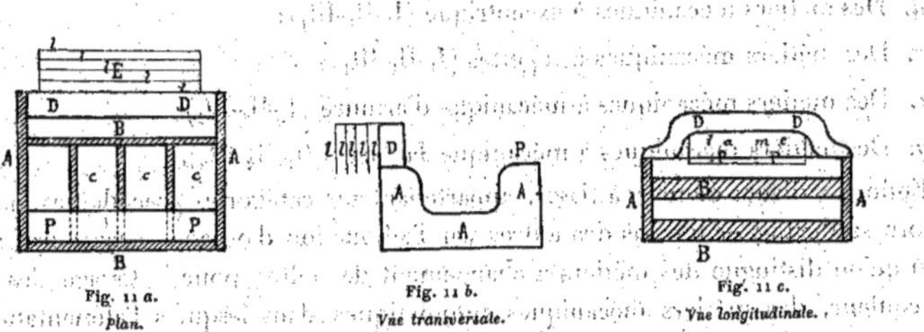

Fig. 11. — Bâti du métier à tisser et lames.

Bâti. — Le bâti en fonte du métier qui supporte les divers organes est constitué essentiellement par les organes suivants :

1° Deux châssis ajourés A, A, disposés dans le sens de la longueur.

2° Deux traverses principales B, B, dirigées dans le sens de la largeur, l'une d'avant, et l'autre d'arrière, réunissant les deux châssis A, A.

3° Des traverses secondaires C, C, C dirigées dans le sens de la longueur et réunissant les traverses principales.

4° La poitrinière P.

5° Une pièce placée au-dessus et vers l'arrière du métier. Cette pièce D présente une partie horizontale médiane supérieure et repose par ses deux parties extrêmes en forme de col de cygne sur les deux châssis du métier. C'est sur la partie horizontale de cette pièce D que se fixe le dispositif E servant de support aux lames.

La figure 11 représente en plan, en vue transversale et en vue longitudinale le métier à tisser réduit ainsi à son bâti. Sur les trois schémas on a représenté en outre les lames l.

Organes moteurs. — Les différents mouvements à réaliser le sont au moyen des trois arbres suivants :

1° L'arbre principal ou arbre à vilebrequin, ou arbre à manivelles, représenté en M, M, M sur la figure 12. Cet arbre reçoit, au moyen de la poulie V, le mouvement de l'arbre de l'atelier, et c'est lui qui transmet ce mouvement directement ou indirectement à tous les organes du métier. Il présente, à l'intérieur du bâti et près de ce bâti, deux coudes formant manivelles dont nous verrons plus loin le rôle. L'arbre principal fait mouvoir directement le battant. Il fait mouvoir, en outre, les deux arbres suivants:

2° L'arbre des cames représenté en N, N, N sur la figure 12. Cet arbre reçoit son mouvement de l'arbre principal par l'intermédiaire des engrenages a, a'. La roue a' a

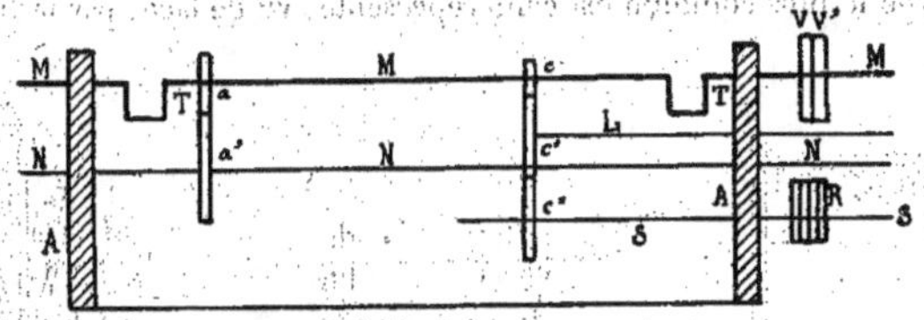

Fig. 12. — Les trois arbres du métier à tisser.

un diamètre double de celui de la roue a. L'arbre des cames tournera donc deux fois moins vite que l'arbre à vilebrequins. Nous verrons tout à l'heure pourquoi. Le rôle de l'arbre des cames est de chasser la navette de gauche à droite, puis de droite à gauche du métier. A cet effet il porte, vers chacune de ces extrémités, une came qui agit au moment opportun sur l'organe de lancement de la navette;

3° L'arbre à excentriques représenté en S, S sur la figure 12. Cet arbre reçoit son mouvement de l'arbre principal par l'intermédiaire des engrenages c, c', c''. En modifiant les roues c, c' on peut faire varier la vitesse de rotation de l'arbre à excentriques. Nous verrons en effet tout à l'heure qu'il est nécessaire de faire varier cette vitesse suivant l'armure adoptée (vitesse relative par rapport à celle de l'arbre principal).

Le rôle de l'arbre à excentriques est de déterminer le mouvement de baisse ou de levée des lames à chaque duite nouvelle insérée. A cet effet, il porte vers une de ses extrémités, en général en dehors du bâti, une série d'excentriques représentés en R sur la figure 12. Il y a autant d'excentriques accolés que de lames à faire mouvoir.

Exécution des cinq principaux mouvements à réaliser. — Ces cinq mouvements sont réalisés dans le métier à tisser à excentriques de la façon suivante:

1° *Mouvement de chasse de la duite.* — Nous savons que ce mouvement est réalisé à l'aide du battant. C'est le battant qui, une fois la duite insérée, vient frapper cette duite d'arrière en avant et la serre par suite contre la partie du tissu déjà formée.

Dans la figure 2 a qui précède, nous avons représenté un battant D avec sa masse ou sommier D et son peigne p mobile autour d'un axe O horizontal supérieur. C'est la disposition que l'on trouve dans les métiers à tisser à la main. Mais dans les métiers à tisser mécaniques l'axe horizontal, autour duquel oscille le battant, est situé au contraire vers le bas du métier. Le battant oscille non pas au-dessus, mais au-dessous de l'étoffe.

Les types de battant sont assez variés. On en rencontre parfois comprenant quatre épées au lieu de deux.

*Mais le type le plus commun est celui représenté, vu de face, par la figure 13.

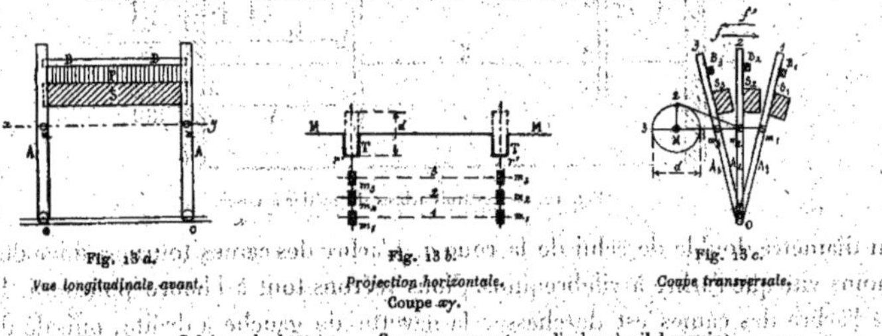

Fig. 13. — Schéma du battant. — Son mouvement par l'arbre à vilebrequins.

*Il se compose essentiellement de deux épées A, A oscillant autour de l'axe horizontal inférieure OO et réunies vers leur extrémité supérieure par une traverse BB formant chapeau. Ces deux épées supportent la masse ou sommier S, sur la table supérieure de laquelle se déplacera la navette, et le peigne P maintenu entre le sommier et le chapeau. L'ensemble du battant constitue donc une sorte de claie (figure 13 a).

*Nous avons dit plus haut que le battant recevait directement son mouvement de l'arbre à vilebrequin. A cet effet les deux coudes de l'arbre à vilebrequin, formant manivelle, présentent un évidement sur lequel se placent des bielles m, r_1 reliées respectivement aux deux épées du battant en m_1, m (figures 13 a, b et c).

*Il résulte de cette disposition que, lorsque l'arbre à vilebrequin exécutera un tour complet, les points d'attache m vont se déplacer de m_1 (fig. 13 b et 13 c), position la plus éloignée de MM, pour venir en m_3, position la plus éloignée de MM et revenir ensuite en m_1. Dans la première partie de sa course le battant se déplace dans le sens de la flèche f' (fig. 13 c), dans la seconde partie dans le sens de la flèche f (même fig.). Il chasse la duite insérée, l'appuie contre la partie du tissu déjà formée quand le point d'attache revient de m_3 en m_1.

A chaque tour complet de l'arbre à vilebrequin correspond donc un mouvement complet, aller et retour, du battant correspondant à l'insertion d'une duite et à la chasse de cette duite sur le tissu formé.

*Les figures 13 *a*, *b* et *c* représentent le mouvement du battant. La figure 13 *a* en donne une vue longitudinale avant, la figure 13 *b* une coupe horizontale, la figure 13 *c* une coupe transversale. Ces deux dernières figures représentent le battant dans ses deux positions extrêmes (positions m_1, m_3 des points d'attache des épées, position A_1, A_3 des épées) et aussi une position intermédiaire m_2 des points d'attache et A_2 des épées.

2° *Mouvement de chasse de la navette.* — La projection de la navette à travers le tissu à chaque nouvelle duite formée est obtenue au moyen d'un taquet.

La navette arrivant à l'extrémité de sa course, soit à droite, soit à gauche du métier, pénètre dans une boîte B (boîte à navette) par l'ouverture A. La face latérale

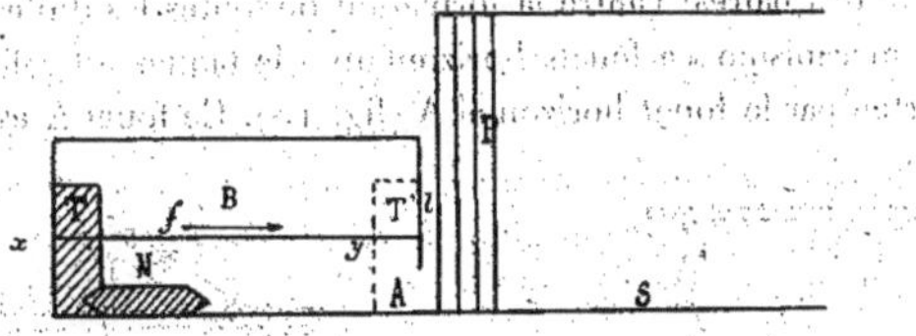

Fig. 14. — Projection de la navette par le taquet.

arrière de cette boîte à navette est située exactement dans le prolongement du peigne et son fond se trouve exactement dans le prolongement de la table ou sommier S qui a servi de chemin à la navette (fig. 14).

La navette pénétrant dans sa boîte rencontre un taquet T′ présentant à sa partie inférieure une alvéole, et s'engage dans cette alvéole par sa pointe. En vertu de la force acquise, elle repousse ce taquet qui peut glisser sur la broche xy jusqu'à ce que, arrêté par la boîte, ce taquet vienne prendre sa position extrême T. A cette position extrême correspond la position N de la navette.

Il suffira alors, par un moyen de propulsion quelconque, de ramener le taquet vers la droite pour obtenir le mouvement de chasse de la navette. Le taquet glissant sur sa broche dans le sens de la flèche *f* repoussera la navette. Il s'arrêtera en T′ arrêté par la boîte. Mais la navette, passant par l'ouverture de cette boîte, continuera son chemin en décrivant une nouvelle duite.

Arrivée à l'extrémité de sa course elle pénétrera dans la boîte de droite en repoussant le taquet de cette boîte, puis ce taquet, rejeté vers la gauche par un second organe propulseur, lui fera décrire une troisième duite et ainsi de suite.

Ainsi le problème de la propulsion de la navette se trouve ramené au problème de la propulsion des taquets.

Il devra y avoir deux organes de propulsion, l'un à droite et l'autre à gauche, actionnant chacun un taquet au moment voulu.

Ces deux organes de propulsion sont des cames portées par l'arbre des cames, l'une vers la droite et l'autre vers la gauche du métier, et transmettant le choc nécessaire aux taquets par l'intermédiaire des mécanismes dits « à fouets horizontaux » ou à fouets verticaux ».

Comme un tour complet de l'arbre à vilebrequin (voir plus haut) correspond à l'insertion d'une duite et d'une seule, et comme un tour complet de l'arbre des cames correspond à l'insertion de deux duites, l'arbre des cames devra tourner deux fois moins vite que l'arbre à vilebrequin. Il exécute un demi-tour seulement par chaque tour de l'arbre à vilebrequin. Sa came de droite et sa came de gauche seront décalées l'une par rapport à l'autre de 180°, l'une de ces cames déterminant la formation de toutes les duites paires, l'autre la formation de toutes les duites impaires.

*Dans le mécanisme « à fouets horizontaux » le taquet est relié à une lanière en cuir B supportée par le fouet horizontal A (fig. 15). Ce fouet A est monté à la partie

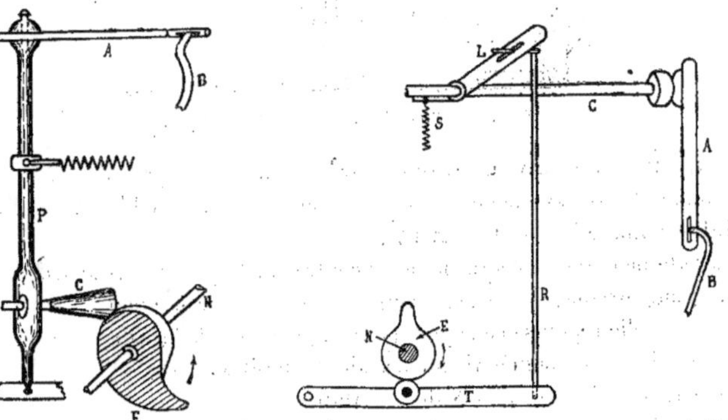

Fig. 15. — Fouet horizontal.   Fig. 16. — Fouet vertical.

supérieure de l'arbre vertical P. La came E, montée sur l'arbre des cames N, présente un bec qui, à chaque tour de rotation de l'arbre N, arrive au contact d'un galet conique C' boulonné sur l'arbre P et le repousse. Le fouet se trouve alors chassé brusquement vers le centre du métier et la navette est projetée.

*Dans le mécanisme à fouets verticaux (fig. 16) le fouet A vertical est monté sur l'arbre horizontal C. Le mouvement d'oscillation de cet arbre, correspondant à la chasse de la duite, s'obtient par la rotation de la came E portée par l'arbre des cames N. A chaque tour de cet arbre des cames, la came E vient appuyer son bec sur un galet porté par un levier T. Celui-ci en s'abaissant abaisse la tringle R et le levier L, fixé à l'arbre C. Le fouet A se trouve ainsi ramené brusquement vers le centre du métier et il entraîne le taquet de boîte par l'intermédiaire de la lanière B.

3° et 4°. *Mouvement de l'ensouple du tissu et mouvement de l'ensouple de chaîne.* — L'ensouple de chaîne ne reçoit assez souvent aucun mouvement qui lui soit propre. Ce sont alors les fils de chaîne eux-mêmes qui, attirés par le mouvement donné à l'ensouple du tissu font à leur tour tourner l'ensouple de chaîne. Dans ce cas, on se contente de bien assurer au cours du tissage la tension de la chaîne en entourant l'ensouple de chaîne d'une corde à friction, à l'extrémité de laquelle on suspend des poids variables.

Parfois, cependant, l'ensouple de chaîne reçoit un mouvement propre. On dit alors que la chaîne se déroule « à déroulement positif ». Mais il faudra alors, bien entendu, combiner les deux mouvements donnés aux deux ensouples de façon que la longueur de chaîne déroulée de l'ensouple de chaîne corresponde à la longueur de chaîne absorbée par la formation du tissu.

Quant au mouvement de l'ensouple du tissu, déterminant l'enroulement de ce tissu, il est commandé le plus souvent par le mouvement du battant lui-même, parfois cependant directement par l'arbre à vilebrequin. Les deux systèmes de transmis-

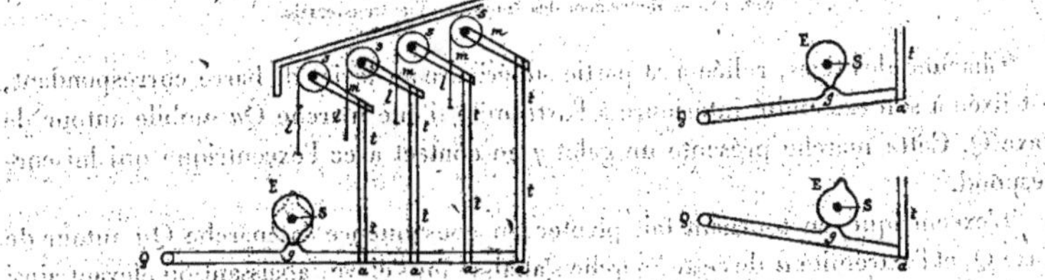

Fig. 17. — Mouvement des lames. — Coupe longitudinale.

sion généralement utilisés portent le nom de « régulateur à pignon de rechange » et de « régulateur à poids ». L'un et l'autre permettent de faire varier la vitesse d'enroulement (et par suite le nombre de duites par centimètre dans le tissu terminé). Dans le premier cas on choisit le pignon de rechange, dans le second cas le poids variable pour obtenir le résultat désiré.

5°. Mouvement des lames. — Les lames *l, l, l, l* (fig. 17 et 18) sont suspendues à des poulies *s, s, s, s* calées sur des barres *p, p*. Ces barres, soutenues à leurs deux extrémités par les montants longitudinaux d'un cadre qui se fixe à la partie horizontale DD du col de cygne, peuvent tourner en faisant ainsi hausser ou baisser les lames.

*Ce mouvement de rotation leur est communiqué par des tiges t, t, t, t agissant à l'extrémité de leviers m, m, m, m calés à leur autre extrémité sur des barres. Il résulte de ce dispositif qu'une tige baissant la lame correspondante va s'élever. La tige montant, il y aura au contraire abaissement de la lame.

*Enfin, le mouvement de hausse et de baisse des tiges leur est communiqué par des excentriques E, E, E, E.

*Ces excentriques sont calés sur un manchon faisant corps avec une roue VV (fig. 18) solidaire elle-même de l'arbre des excentriques S.

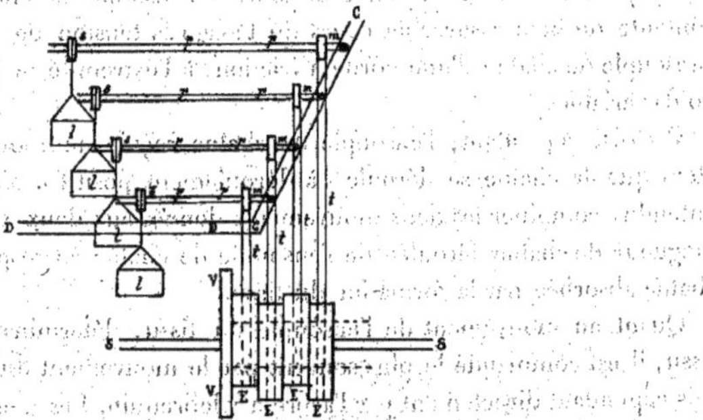

Fig. 18. — Mouvement des lames. — Vue transversale.

*Chacune des tiges, reliée à sa partie supérieure au levier de barré correspondant, est fixée à son extrémité inférieure à l'extrémité d'une marche Qa mobile autour de l'axe Q. Cette marche présente un galet g en contact avec l'excentrique qui lui correspond.

*L'excentrique en tournant fait pivoter en conséquence la marche Qa autour de l'axe Q, et l'extrémité a de cette marche s'abaisse ou s'élève, abaissant ou élevant ainsi la tige t, et provoquant par suite le mouvement de montée ou de baisse des lames. Il suffira de donner un tracé convenable à cet excentrique pour faire monter la lame au passage des duites qui doivent rester au-dessous des fils de chaîne supportés par elle, et pour la faire baisser au passage des duites qui doivent rester au-dessus de ces mêmes fils de chaîne.

Le nombre des excentriques nécessaires pour réaliser un tissu présentant une armure déterminée sera donc égal au nombre de lames, lui-même égal en général au nombre de fils de chaîne évoluant différemment ou au rapport chaîne du tissu. Chaque excentrique agira sur la lame correspondante par l'intermédiaire d'une marche, d'une tige et d'une barre.

Ainsi pour tisser l'armure toile il faudra deux excentriques, il en faudra quatre pour tisser un sergé de trois, etc.

D'autre part, chaque excentrique doit communiquer à la lame dont il dirige les mouvements pendant chacun de ses tours de rotation autour de l'arbre M autant de positions particulières qu'il y a de fils de trame à évolution différente, c'est-à-dire de fils de trame dans le rapport d'armure. Si le rapport d'armure en trame est de 5, par exemple, un excentrique quelconque actionnant une lame quelconque devra effectuer un tour complet autour de son axe pendant le laps de temps correspondant à la formation de 5 duites. Une fois les 5 premières duites formées, l'excentrique, revenant à sa position première, reprendra le cycle de son opération en reformant les 5 duites suivantes, etc.

Il résulte de ce qui précède que, si le rapport d'armure est de N duites en trame, l'arbre à excentriques devra tourner d'un tour pendant le laps de temps nécessaire à la formation de N duites, c'est-à-dire pendant que l'arbre à vilebrequin aura tourné de N tours. Pour un tour de l'arbre à vilebrequin il devra donc tourner de $\frac{1}{N}$ de tour.

Ainsi, si le rapport d'armure est de 2 duites en trame, l'arbre à excentriques devra effectuer un 1/2 tour pour 1 tour de l'arbre à vilebrequin. Il aura alors la même vitesse de rotation que l'arbre des cames qui produit le lancement de la navette. Dans ce cas, et dans ce cas seulement, les deux arbres pourront n'en constituer qu'un, et c'est sur cet arbre unique tournant deux fois moins vite que l'arbre à vilebrequin que seront montés excentriques et cames.

Dès que le rapport d'armure dépasse deux duites en trame les deux arbres doivent être distincts, l'arbre des cames tournant toujours avec une vitesse de rotation moitié de la vitesse de rotation de l'arbre à vilebrequin, tandis que la vitesse de rotation de l'arbre à excentriques est 1/3, 1/4, 1/5, etc. de celle de l'arbre à vilebrequin, suivant que le nombre de duites du rapport d'armure est de 3, 4, 5, etc.

En résumé, le mécanisme des métiers à excentriques est le suivant :

1° Un arbre à vilebrequin actionnant directement le battant et tournant avec une vitesse de rotation V;

2° Un arbre des cames actionné par l'arbre à vilebrequin et actionnant les deux organes de lancement de la navette. Cet arbre tourne avec une vitesse $\frac{V}{2}$;

3° Un arbre à excentriques actionné par l'arbre à vilebrequin et actionnant les lames. Si N et N' sont les nombres de fils et duites du rapport de l'armure à reproduire il y aura N lames à faire fonctionner, et par suite l'arbre à excentriques portera N excentriques, dont chacun actionnera une lame. La section droite de chaque excentrique devra être tracée de façon que, pour chaque tour de l'arbre à excentriques, les fils de chaîne actionnés par la lame correspondant à cet excentrique évoluent par rapport aux N' duites du rapport d'armure comme l'indique le bref ou réduction. Enfin la vitesse de l'arbre à excentriques doit être de $\frac{V}{N'}$:

Dans la pratique N = N', le bref étant toujours représenté par un carré pour les divers tissus que l'on tisse avec le métier à excentriques.

Tracé des excentriques.

*Il vient d'être dit que l'on doit établir le tracé de l'excentrique de façon que les fils de chaîne actionnés indirectement par cet excentrique évoluent par rapport aux différentes duites du bref comme l'indique ce bref ou cette réduction. Mais cela ne veut pas dire qu'à un tour de l'excentrique doivent correspondre autant de mouvements de la lame correspondante que le rapport d'armure comprend de duites, ni surtout que le mouvement de cette lame doive être continu, et qu'elle doive s'abaisser sitôt relevée ou inversement.

*Il peut se faire en effet, et cela arrivera en fait très fréquemment pour les armures principales plus haut étudiées, que la lame doive rester levée ou abaissée pour le passage de deux ou plusieurs duites successives. Pendant le laps de temps correspondant à l'insertion de ces duites, le tracé de la partie de l'excentrique qui se trouve en regard du galet doit être tel qu'il maintienne ce galet à la même place de façon à assurer l'immobilité de la lame. Il faudra donc que la section de droite de l'excentrique soit pour cette partie un arc de cercle ayant son centre sur l'axe des excentriques.

*De même, s'il est bien inséré une duite et une seule dans le tissu pendant le temps correspondant à chaque aller et retour du battant (coup de battant), c'est-à-dire pendant le temps mis par l'arbre à vilebrequin à tourner d'un tour, la période d'insertion proprement dite de la navette n'occupe pas toute cette période. En fait on peut estimer en moyenne que la navette parcourt toute la largeur du métier pendant que l'arbre à vilebrequin effectue un demi-tour. Et, pendant cette durée d'insertion proprement dite, les lames doivent rester immobiles. La section de l'excentrique correspondant à cette période doit donc être encore représentée par un arc de cercle. Les mouvements des lames, quand ils seront nécessaires, ne devront s'effectuer que pendant le deuxième demi-tour de l'arbre à vilebrequin.

*Il résulte de ces considérations que le tracé de la section droite des excentriques sera représenté par des arcs de cercle raccordés entre eux par des courbes. Les arcs de cercle correspondent à des périodes d'immobilité des lames et les courbes à des périodes de montée ou de baisse.

*Par exemple s'il s'agit de l'armure « toile » « unie » « lissé » ou « drap » le tracé de l'excentrique se déterminera comme suit.

*Cette armure n'a que deux duites dans son rapport. Il ne sera donc utile d'envisager que les mouvements à réaliser pendant que l'arbre à vilebrequin effectue deux tours.

*1ᵉʳ *tour de l'arbre à vilebrequin.* — Pendant le premier demi-tour, la duite est insérée, la lame doit rester immobile. Pendant le deuxième demi-tour la lame s'abaisse.

*2ᵉ *tour de l'arbre à vilebrequin.* — Pendant le premier demi-tour la duite est insérée, la lame doit rester immobile. Pendant le deuxième demi-tour, la lame s'élève.

*Chacun de ces demi tours de l'arbre à vilebrequin correspondant à un quart de tour de l'arbre à excentrique.

*Pour obtenir le tracé de l'excentrique, il suffira en conséquence de décrire deux circonférences concentriques telles que la différence de leurs rayons représente la « course » que l'on veut donner à l'excentrique, c'est-à-dire la longueur qui doit séparer les deux positions extrêmes du galet. On mène ensuite deux diamètres perpendiculaires. Le tracé de l'excentrique se composera du quart de chacune des deux circonférences, grande et petite, ainsi tracées, raccordées entre elles par deux courbes (figure 19).

*Le tracé de ces courbes elles-mêmes variera suivant que l'on veut que le mouvement de la lame dans les périodes de montée ou de baisse soit uniforme ou non.

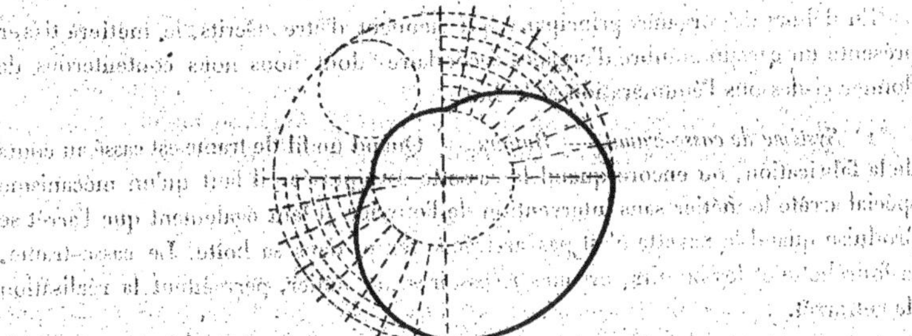

Fig. 19. — Tracé de l'excentrique pour l'armure toile.

*Si l'on veut un mouvement uniforme, on déterminera les divers points de chaque courbe de raccordement en divisant l'angle droit correspondant à cette courbe en un certain nombre d'angles égaux, puis en divisant la longueur qui représente la course en un même nombre de parties égales, et traçant des arcs de cercle passant par ces divisions. L'intersection de ces arcs de cercles avec les côtés des divisions angulaires correspondants donnera les différents points de la courbe.

*Mais, en général on se propose de donner à la lame non pas un mouvement uniforme, mais un mouvement uniformément accéléré jusqu'au milieu de sa course, puis uniformément retardé jusqu'à la fin. Au lieu de diviser la « course » en parties égales, on la divisera alors en parties croissantes jusqu'au milieu, puis décroissantes ensuite.

*Si au lieu de l'armure « toile » on envisageait l'armure « batavia » le tracé de l'excentrique s'établirait d'après des considérations analogues. Seulement, ici, le rapport d'armure étant de quatre duites en trame, on serait conduit à envisager quatre tours de l'arbre à vilebrequin dont l'ensemble correspond à un tour de l'arbre à excentriques. Chaque demi-tour de l'arbre à vilebrequin correspondrait à 1/8e de tour de l'arbre à excentrique.

*En reprenant le raisonnement fait plus haut pour l'armure toile, on constate aisément que le tracé de l'excentrique doit comprendre deux arcs de cercle opposés dont les rayons ont pour différence la « course » de l'excentrique, comme dans le cas précédent, mais dont l'angle d'ouverture n'est plus un angle droit mais bien les 3/2 d'un angle droit, ces deux arcs étant raccordés par deux courbes correspondant à un angle de 45 degrés.

*On déterminerait par des raisonnements analogues le tracé des excentriques du sergé et, d'une façon générale, le tracé de toutes les armures quelles qu'elles soient.

Organes secondaires du métier.

*En dehors des organes principaux qui viennent d'être décrits, le métier à tisser présente un certain nombre d'organes secondaires dont nous nous contenterons de donner ci-dessous l'énumération et le but.

*1° *Système de casse-trame.* — *Butoirs.* — Quand un fil de trame est cassé au cours de la fabrication, ou encore quand la cassette est épuisée. il faut qu'un mécanisme spécial arrête le métier sans intervention de l'ouvrier. Il faut également que l'arrêt se produise quand la navette n'est pas arrivée à temps dans sa boîte. Le casse-trame, la fourchette et les butoirs, organes accessoires du métier, permettent la réalisation de cet arrêt.

*2° *Système de casse-chaîne.* — Le casse-chaîne, d'un emploi moins fréquent, permet de même l'arrêt automatique du métier quand un fil de chaîne vient à se rompre.

*3° *Frein.* — Le frein permet l'arrêt rapide du métier.

*4° *Templets.* — Les templets assurent la tension de l'étoffe en largeur au cours du tissage.

*5° *Porte-fil vibrateur.* — Au moment où la foule se forme, les fils de chaîne subissent un allongement angulaire correspondant à l'angle de cette foule; il se produit à ce moment un déroulement de la chaîne sur l'ensouple. Mais les fils redevenant horizontaux par la préparation de la foule qui suit, il en résulterait un flottement dans la nappe de chaîne si l'on ne remédiait à ce flottement à l'aide d'un mécanisme appelé porte-fil vibrateur.

Métiers à changement de boîtes.

*Il arrive souvent que l'on ait à tisser une pièce dont toutes les duites ne sont pas identiques. Tel est le cas lorsqu'on tisse des tissus à rayures. Les différentes duites n'ayant pas les mêmes couleurs et devant se succéder dans le tissu dans un ordre fixé, on est conduit à les faire lancer par des navettes différentes se présentant aux organes de projection dans un ordre régulier. Tel est le cas également, au surplus plus rare, quand ou veut produire dans le tissu certains effets par l'emploi de duites de différentes grosseurs.

*Il faut alors disposer d'autant de navettes qu'il y a de sortes de fils différents à lancer. Ces navettes sont disposées chacune dans une boîte ou compartiment, et ce compartiment, grâce à un mécanisme approprié, vient se placer au moment voulu dans la position requise pour que la navette soit actionnée par le fouet.

*Il faut, bien entendu, alors que le taquet qui chasse la navette soit ramené par un dispositif spécial, une fois la navette chassée, à sa première position vers l'extérieur du métier, ce mouvement de recul ne s'effectuant plus ici, comme il s'effectuait dans les métiers à boîte simple, par le simple retour de la navette elle-même.

*Les compartiments ou boîtes de navettes sont ou bien placés autour d'un barillet qui pivote sur lui-même, et le métier est dit alors métier à revolver, ou bien placés les uns au-dessus des autres, et le métier est dit alors métier à boîtes montantes.

Métiers automatiques.

*On désigne sous le nom de métiers automatiques des métiers à tisser dans lesquels l'alimentation en fil de trame s'effectue de façon continue et automatique au moyen d'un dispositif spécial. Quand la trame vient à manquer et aussi quand elle se casse, une autre trame vient automatiquement poursuivre le tissage.

*Ces métiers sont surtout utilisés pour le tissage des tissus de coton. Ils procurent une économie de main-d'œuvre considérable en permettant à une seule ouvrière de soigner simultanément un nombre assez élevé de métiers.

*Le plus répandu de ces métiers automatiques est le métier *Northrop*. Dans le *Northrop* une nouvelle canette est introduite dans la navette quand la précédente canette est épuisée. Le changement automatique est commandé par le casse-trame. Il en résulte malheureusement une faute en trame à chaque changement, mais l'inconvénient n'est pas grave quand il s'agit de fabriquer des articles ordinaires en coton.

Production des métiers.

La production d'un métier en mètres pour un temps déterminé est d'autant plus considérable que le nombre de duites par centimètre est moindre. Elle est d'autant moins considérable que le nombre de coups de battant donné dans cet espace de temps est moindre.

Elle est, en résumé, proportionnelle au nombre de coups donnés à la minute et inversement proportionnelle au nombre de duites par centimètre.

Par exemple un métier battant 150 coups à la minute pour 30 duites au centimètre produirait, s'il fonctionnait sans arrêts pendant une journée de 10 heures :

$$\frac{10 \times 60 \times 150}{30 \times 100} = 30 \text{ mètres.}$$

Mais il faut tenir compte pratiquement des pertes de temps pour arrêts, rattaches de fils cassés et accidents divers, qui réduisent cette production dans une proportion qui peut varier en moyenne de 25 à 30 p. 100.

Quant au nombre de coups donnés par minute, il est d'autant plus faible que la largeur d'empeignage est plus grande. Il varie d'ailleurs assez notablement avec le genre de métier utilisé.

A titre d'approximation moyenne on peut admettre que pour des tissus en laine le nombre de coups par minute pourra varier comme suit :

Empeignage de 100 centimètres................... 200 coups.

Empeignage de 150 centimètres............... 160 —

Empeignage de 200 centimètres.............. 120 —

Empeignage de 235 centimètres.............. 80 —

Par exemple la production par journée de 10 heures d'un métier fabricant du drap de troupe cardé et foulé en 140 de laize une fois fini, la largeur d'empeignage (largeur du drap sur le métier) étant supposée de 2 m. 35 et le drap présentant 16 duites au centimètre, sera :

$$\frac{70}{100} \times \frac{10 \times 60 \times 80}{16 \times 100} = 21 \text{ mètres.}$$

Pour un travail de 8 heures seulement il sera de 16 à 17 mètres.

L'ouvrière qui soigne ce métier aura effectué dans une journée de 10 heures :

$$\frac{70}{100} \times 10 \times 60 \times 80 = \frac{70}{100} \times 48{,}000 \text{ duites}$$

ou 33,000 duites environ, et 26,000 environ si la durée du travail n'est que de 8 heures.

Son salaire journalier est calculé, pour une laize déterminée, bien entendu, au millier de duites produites. Elle a donc intérêt à perdre le moins de temps possible.

Il résulte des considérations qui précèdent que le prix de la main-d'œuvre du tissage proprement dit, compte non tenu de la préparation, est proportionnel pour une laize donnée au nombre de duites par centimètre du tissu.

C. MÉTIERS À MÉCANIQUE D'ARMURE.

*En raison de l'encombrement présenté par les excentriques dès que leur nombre se multiplie, on ne peut tisser au métier à excentriques que des tissus à armure relativement simple ne présentant pas un rapport chaîne trop élevé.

*Quant il s'agit d'obtenir des tissus à armure plus compliquée on est conduit à utiliser d'autres métiers qui sont soit des métiers à mécanique d'armure, soit des Jacquard.

*Le métier à mécanique d'armure comporte des lames comme le métier à excentriques, le nombre de ces lames qui s'étalent, comme dans ce métier, les unes derrière les autres, dans le sens de la largeur du métier, pouvant être ici beaucoup plus considérable. Ce nombre peut varier de 10 à 32 environ : pour que l'équipage reste peu encombrant, ces lames sont très plates, leur épaisseur étant réduite au minimum possible.

*Le métier à mécanique Jacquard dont il sera question un peu plus loin ne comporte pas de lames. Chaque fil est suspendu à une lisse individuelle, maintenue elle-même par une ficelle appelée collet qui se pose sur la boucle d'un crochet. On peut au surplus suspendre plusieurs fils au même collet.

*Mais malgré cette différence dans le mode de suspension des fils, le métier à mécanique d'armure se rapproche, par le principe même du mode de formation des foules, beaucoup plus du métier Jacquard que du métier à excentriques.

*Dans le métier à excentriques nous avons vu que le mouvement de chaque lame était commandé par un organe distinct qui est l'excentrique correspondant à cette lame. Chaque excentrique, pour communiquer à la lame qu'il commande le mouvement convenable, doit, à l'insertion de chaque nouvelle duite, se placer dans la position voulue pour que cette duite passe, suivant le rythme de l'armure adoptée, soit au-dessous, soit au-dessus des fils de chaîne qu'il commande.

*Le principe des métiers à mécanique d'armure ou des métiers Jacquard est tout différent. Ici nous ne trouvons pas d'organe spécial affecté au mouvement de *chacun* des groupes de fils de chaîne à même évolution. Nous ne trouvons qu'un mécanisme d'évolution *commun* à tous les fils qui les ferait *tous* monter au passage de chacune des duites insérées, si un autre mécanisme appelé le *carton* n'intervenait à temps pour soustraire à ce mouvement d'élévation général ceux de ces fils qui doivent rester au-dessous de la duite insérée. Il devra donc y avoir un carton spécial pour chaque duite à évolution distincte insérée, et le nombre total des cartons sera égal au rapport-trame de l'armure. Ces divers cartons seront placés à la suite les uns des autres formant un chapelet ou une chaîne sans fin, et chacun d'eux se présentera au moment voulu, c'est-à-dire au moment où va être insérée la duite à laquelle il cor-

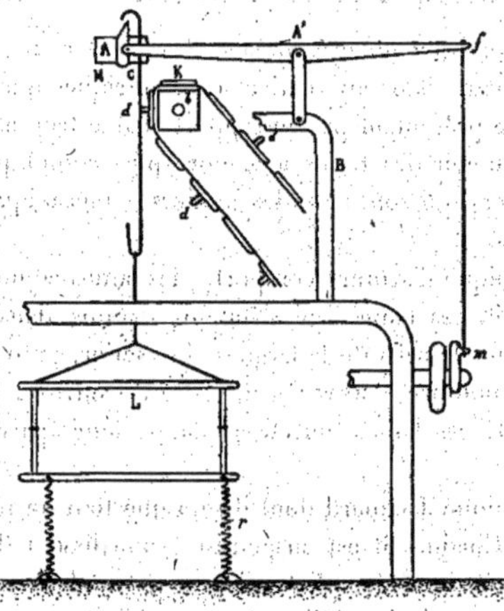

Fig. 20. — Schéma de la mécanique d'armure à simple lève.

respond, devant les mécanismes de support des fils de chaîne, laissant certains d'entre eux obéir au mouvement de montée générale (fils pris), soustrayant au contraire les autres à ce mouvement (fils laissés). En résumé, au lieu d'avoir, comme dans les métiers à excentriques, une commande par *fils de chaîne* se pliant aux mouvements des duites successives, on aura ici une commande par *duites* se pliant aux mouvements des divers fils de chaîne.

*La figure 20 représente le schéma très simplifié d'une mécanique d'armure (coupe transversale du métier).

*Chacune des lames L est suspendue à la boucle inférieure d'un crochet C. Il y a donc autant de crochets que de lames à faire mouvoir, et ces divers crochets verticaux sont alignés dans le sens de la longueur du métier. La partie supérieure recourbée de ces crochets peut reposer ou non sur le couteau A, porté lui-même par la pièce M, solidaire de l'extrémité de gauche du balancier A'.

*Le balancier A' reçoit son mouvement au moyen d'une manivelle m calée sur l'arbre principal du métier (arbre à vilebrequin).

*Les cartons K, en nombre égal au nombre des duites du rapport d'armure, forment un chapelet ou chaîne sans fin, venant s'enlacer autour du cylindre b à quatre faces.

*Ce cylindre tourne d'un quart de tour à chaque nouvelle duite insérée. A chaque nouvelle duite insérée un nouveau carton vient donc s'appliquer sur la face verticale de gauche du cylindre b, c'est-à-dire sur la face de ce cylindre qui se trouve placée en regard des crochets c.

*Sur chaque carton on peut disposer une série de chevilles mobiles $d, d\ldots$ destinées chacune à agir sur un crochet déterminé, et disposées par conséquent dans une direction perpendiculaire au plan de la figure. Toute cheville placée en regard d'un crochet aura pour effet de le repousser vers la gauche en soumettant sa partie recourbée supérieure à l'action du couteau A. S'il n'existe pas de cheville en regard du crochet, ce dernier échappera au contraire à l'action du couteau A.

*L'arbre principal tournant d'un tour pour l'insertion d'une duite, l'extrémité f du balancier A' va commencer par baisser pour se relever ensuite et revenir à sa position primitive. La pièce M solidaire de l'autre extrémité du balancier va se déplacer au contraire en s'élevant d'abord, puis en s'abaissant ensuite. Dans son mouvement ascensionnel elle entraînera en même temps que le couteau A tous les crochets solidaires de ce couteau, c'est-à-dire tous les crochets qui ont été repoussés par les chevilles d du carton en place au moment où l'ascension va commencer, et laissera au contraire les autres en place. Il suffira donc de placer sur ce carton des chevilles d en regard de tous les crochets correspondant aux lames de « fils pris » et d'éviter d'en mettre en regard des crochets correspondant aux lames de « fils laissés » pour obtenir la foule correspondant à l'insertion de la duite.

*La masse M redescendant un nouveau carton s'appliquera sur la face verticale de gauche du cylindre, carton correspondant à l'insertion d'une nouvelle duite, et ainsi de suite.

*Il suffira en résumé, pour réaliser une duite quelconque, d'opérer à l'aide de chevilles le pointage du carton correspondant à cette duite : on mettra sur ce carton des chevilles aux points qui doivent se présenter en regard des crochets supportant

4 A

les fils à prendre; on s'abstiendra d'en mettre aux points qui doivent arriver en regard des crochets supportant les fils à laisser.

D. MÉTIER À MÉCANIQUE JACQUARD.

*Malgré les perfectionnements apportés à la mécanique d'armure, on est forcé d'y renoncer lorsque l'armure devient très compliquée. Au delà de 32 lames, c'est-à-dire de 32 fils de chaîne à évolution différente, on remplace en général la mécanique d'armure par la mécanique Jacquard.

*Dans la mécanique Jacquard il n'existe plus de lames, mais des lisses individuelles supportant chacune un fil de chaîne. Ces lisses peuvent se suspendre, soit indi-

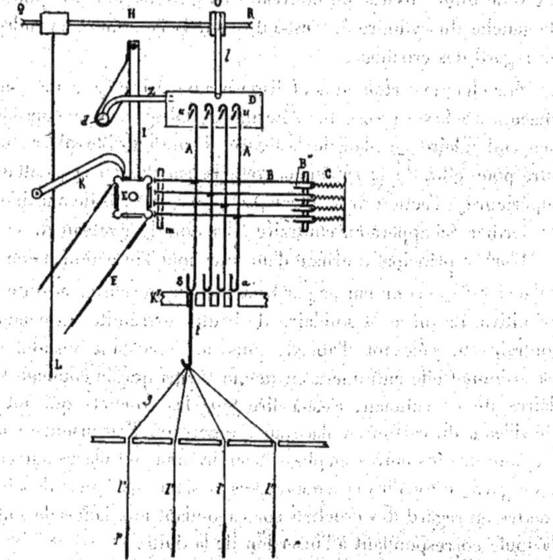

Fig. 21. — Schéma de la mécanique Jacquard.

viduellement, soit par groupes, à des cordes supportées par des crochets. Chaque crochet supporte donc indirectement un ou plusieurs fils. Ici, les lames étant supprimées, ces crochets de suspension verticaux peuvent s'étaler, non seulement dans le sens de la longueur du métier, mais aussi dans le sens de la largeur. On peut en placer en conséquence un nombre très considérable, jusqu'à 3.000 et plus. On dépasse donc de beaucoup le nombre maximum de 32 (ou parfois 36) fils à évolutions différentes permis par la mécanique d'armure, et l'on conçoit qu'on puisse exécuter au Jacquard des tissus très compliqués, même ceux présentant les dessins les plus variés.

*Par ailleurs le principe de la mécanique Jacquard est le même que celui de la mécanique d'armure. Là encore un mouvement d'élévation générale entraînerait tous les crochets, si certains d'entre eux, ceux qui correspondent aux fils à laisser, ne restaient en place, échappant, grâce au carton, à cet entraînement général. Là encore chaque carton correspondra à la formation d'une duite, et il y aura autant de cartons que de duites dans le rapport-trame.

*La figure 21 représente le schéma très simplifié d'une mécanique Jacquard (coupe longitudinale du métier parallèle à la direction des fils de chaîne).

*Les lisses individuelles l, l' supportant les fils sont suspendues à des fils dits fils d'arcade g, chacune d'elles étant munie d'un plomb p. Les divers fils d'arcade g correspondant aux fils de chaîne à même évolution sont reliés au porte-mousqueton d'une ficelle t reposant elle-même sur l'extrémité inférieure recourbée d'un crochet vertical A.

*Par son autre extrémité également recourbée, le crochet A peut s'appuyer ou non sur un couteau u oblique porté par la pièce D que l'on appelle la griffe, la masse ou le mouton. C'est le mouvement vertical de cette masse de bas en haut qui détermine le mouvement de levée des fils.

*Chaque crochet traverse une boucle portée par une tige horizontale B appelée aiguille.

*Il y aura autant d'aiguilles que de crochets, les crochets s'alignant par exemple de l'avant à l'arrière du métier suivant quatre rangées verticales (cas de la figure) comprenant chacune n crochets et les aiguilles s'alignant (dans le même cas) de bas en haut suivant quatre rangées horizontales comprenant chacune également n aiguilles. Quant au nombre des couteaux il sera de quatre (toujours dans le cas de la figure) et correspondra par conséquent au nombre des rangées verticales de crochets.

*Chaque aiguille traverse par son extrémité de gauche une planchette m. C'est contre cette extrémité que s'exercera le cas échéant l'action des cartons. De l'autre côté elle se trouve constamment repoussée vers m par un ressort C.

*La masse griffe ou mouton D qui porte les couteaux est suspendue par une lanière l à une poulie O calée sur l'arbre H. Une autre poulie Q, calée sur le même arbre, est reliée par une corde L et une manivelle à l'arbre principal de l'appareil. Il en résulte que, cet arbre tournant d'un demi-tour au moment où la branche horizontale de la manivelle occupe sa position la plus élevée, la corde L va faire tourner

— 54 —

l'arbre H en élevant grâce à la poulie O et à la danière *l* la griffe D. Puis l'arbre
exécutant son deuxième demi-tour, la griffe retombera par son propre poids. En
résumé, à chaque duite insérée la griffe s'élèvera entraînant avec elle les couteaux *u*,
puis retombera. Elle est guidée dans ces mouvements de lève et de baisse par des
rainures pratiquées dans des montants verticaux placés de chaque côté du métier.

*Le cylindre E, sur lequel s'enroule la chaîne sans fin formée par les cartons
successifs, est un long prisme quadrangulaire en buis percé sur chacune de ses quatre
faces d'autant de trous qu'il y a d'aiguilles et par suite de crochets à faire mouvoir.
Chaque trou se trouve bien en regard (lorsque la face du cylindre envisagée vient
occuper la position verticale de droite de la figure) de l'aiguille correspondante.

*Les cartons de papier fort F sont eux aussi percés de trous qui se trouveront en
regard des aiguilles quand chaque carton viendra occuper sur le cylindre la position
verticale de droite de la figure. Mais il n'y aura pas de trous en regard de *chaque*
aiguille. Il n'y en aura qu'en regard des aiguilles correspondant à des crochets
auxquels sont suspendus des fils à soulever ou à « prendre ». Il n'y en aura donc pas
en regard des aiguilles correspondant à des crochets auxquels sont suspendus des fils
à « laisser ». Chaque carton aura donc « un pointé » spécial correspondant au pointé
de la duite qui lui correspond.

*Le cylindre E est relié à un battant I qui permet de le rapprocher et de l'éloigner
de la planchette *m*. A cet effet ce battant porte une bande de fer pliée en S appelée
« col de cygne » dans laquelle se trouve engagé un galet *d* relié à la griffe D par la
pièce S. La griffe remontant, le battant et par suite le cylindre vont s'éloigner de la
planchette *m*. La griffe redescendant, ils vont s'en rapprocher.

*Enfin le mouvement de rotation du cylindre E, consistant en un quart de tour à
chaque nouvelle duite insérée, mouvement nécessaire pour que chaque carton vienne
se présenter successivement devant la planchette *m*, est obtenu de la façon suivante.
Le cylindre est prolongé à l'une de ses extrémités par une lanterne présentant sur
chaque face un fuseau. Quand la griffe montera, le cylindre s'éloignera de la planchette, amenant le fuseau contre le loquet K, ce qui produira la rotation désirée.

*Le fonctionnement de l'appareil est le suivant :

*L'arbre principal exécutant le premier demi-tour dont il a été question plus haut,
la griffe D monte. Le battant I et le cylindre E s'éloignent, le loquet K agissant sur le
fuseau de la lanterne fait pivoter le cylindre d'un quart de tour, et un nouveau
carton se présente en face des aiguilles.

*La griffe redescendant, le cylindre et, par suite, le carton se rapprochent de la
planchette *m*. Le carton repousse toutes les aiguilles dont l'extrémité gauche n'est pas
en présence d'un trou, il est sans action sur les autres qui pénètrent dans le trou
percé pour les recevoir et dans le trou correspondant du carton.

*Les crochets correspondant aux aiguilles repoussées vont donc pivoter autour de leur extrémité inférieure fixe prise dans la planche à collet K. Leur bec supérieur échappera donc aux couteaux *a* lorsque, pour la formation de la duite qui va suivre, on lèvera à nouveau la griffe supportant ces couteaux.

*Les crochets correspondant aux aiguilles non repoussées resteront au contraire en place et seront entraînés par les couteaux lors du mouvement ascensionnel de cette griffe.

*Les fils suspendus aux crochets du premier groupe resteront donc au-dessous de la nouvelle duite à insérer, les fils suspendus aux crochets du premier groupe s'élèveront au-dessus de cette duite.

*Il n'y a donc qu'à percer chaque carton conformément aux indications de la réduction pour obtenir l'effet désiré.

*Les cartons une fois percés sont enlacés les uns à la suite des autres.

§. 4. — DU PAS DANS LA FORMATION D'UN TISSU.

*Les fils de chaîne et de trame s'entrecroisant lors de la formation d'un tissu, il en résulte qu'un fil quelconque, soit de chaîne soit de trame, ne pourra conserver une direction absolument rectiligne. Un fil de chaîne quelconque par exemple s'élèvera

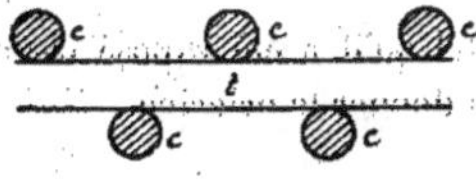

Fig. 22 *a*. — *Pas ouvert.*

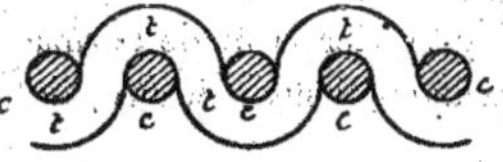

Fig. 22 *b*. — *Pas fermé.*

Fig. 22. — Pas ouvert et pas fermé.

à certains moments en passant au-dessus d'un des fils de trame rencontrés, puis s'abaissera en passant au-dessous d'un des fils de trame suivants. Dans tout tissu la chaîne contournera la trame et la trame contournera la chaîne.

*Mais par la façon dont on procède au tissage on peut se proposer d'accentuer ou réduire les boucles ainsi décrites soit par la chaîne, soit par la trame.

*Si on accentue les boucles de la chaîne on diminue celles de la trame et inversement.

*Les deux cas extrêmes sont représentés par la figure 22 *a* et *b*.

*Dans la figure 22 *a*, qui représente une coupe transversale du tissu, le fil de trame est complètement tendu. Ce fil de trame est représenté en *t* et les fils de chaîne sont représentés par leurs coupes ombrées *c*, *c*. Dans un pareil tissu la trame est droite et les boucles de la chaîne sont poussés au maximum.

4 c

*Dans la figure 2 2 *b*, qui représente également une coupe transversale du tissu, c'est au contraire la chaîne représentée par les coupes *c*, *c* qui se trouve complètement tendue. Dans un pareil tissu, la chaîne est droite, et les boucles de la trame *t* sont poussées au maximum.

*Dans la pratique on ne réalisera jamais ni l'un ni l'autre de ces cas extrêmes, mais on pourra s'en rapprocher en faisant varier le moment où l'on donne le coup de battant.

*Dans le premier cas on le donne alors que la foule qui s'est ouverte pour la formation de la duite reste encore franchement ouverte. La duite pourra alors se loger librement et contournera peu la chaine. Dans le second cas on le donne au moment où, la foule s'étant refermée, une nouvelle foule commence à se préparer pour la formation de la duite qui suit. Au moment où elle est repoussée, la duite se trouve déjà enlacée dans une légère croisure de la chaine. Elle ne pourra plus se loger librement et sera forcée de contourner largement la chaine.

*Dans les tisus tissés à *pas ouvert*, la chaine contournant, la trame apparaîtra plus que la trame. Dans les tissus tissés à *pas fermé*, la trame, contournant la chaine, apparaîtra au contraire plus que la chaine.

§ 5. — QUELQUES GENRES DE TISSUS SPÉCIAUX.

*En faisant varier le mode normal de tissage tel qu'il a été exposé ci-dessus, on obtient quelques tissus spéciaux dont nous allons donner le principe.

A. — TISSUS DOUBLE FACE.

*On appelle tissus double face des tissus qui comprennent deux trames pour une seule chaine ou deux chaines pour une seule trame. Dans le premier cas on a des tissus double face en trame et dans le second cas des tissus double face en chaine.

*Le résultat que l'on se propose en créant de pareils tissus est double : augmenter le poids du tissu et par suite la protection qu'il offre contre le froid ; rendre, dans un but d'esthétique, entièrement différentes ses faces d'envers et d'endroit. Suivant les cas, c'est l'un ou l'autre de ces deux résultats qui prédomine.

*Dans un tissu double face en trame par exemple, il existera deux trames distinctes, l'une supérieure d'endroit, l'autre inférieure d'envers. On ne devra apercevoir à l'endroit du tissu que la trame d'endroit, à l'envers du tissu que la trame d'envers. La trame supérieure d'endroit devra donc recouvrir *partout* la trame inférieure d'envers.

*Il est bien évident que, pour que la superposition des deux trames soit très accentuée, il faudra que la trame supérieure d'endroit décrive d'assez longs flottés *au-dessus* des fils de chaîne, et que la trame inférieure d'envers décrive d'assez longs flottés *au-dessous* de ces fils.

*Cependant, quelle que soit la longueur de ces flottés, l'une et l'autre des deux trames devront de temps en temps traverser la chaîne pour se lier à elle. La trame supérieure passera au-dessous de la chaîne à ces points de liage et la trame inférieure au-dessus.

*Pour que la superposition soit complète il faudra que tout point de liage de la trame supérieure tombe dans un flotté de la trame inférieure et inversement, autrement dit tout fil « pris » par la trame supérieure devra l'être également par la trame inférieure, et tout fil laissé par cette dernière trame devra être laissé également par la trame supérieure.

*La figure 23 donne le schéma d'un tissu double face par trame. L'armure de la face supérieure d'endroit est un sergé de quatre par effet de trame (trois laissés, un pris), l'armure de la face inférieure d'envers est un sergé de quatre par effet de chaîne (trois pris, un laissé). Les figures 23 *a* et 23 *b* représentent respectivement ces

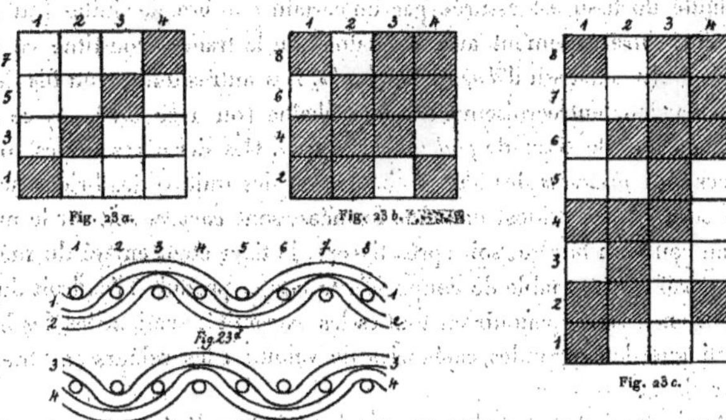

Fig. 23 *a*.

Fig. 23 *b*.

Fig. 23 d

Fig. 23 e

Fig. 23 *c*.

Fig. 23. — Sergés double face.

faces d'envers et d'endroit. La figure 23 *c* représente la réduction générale du tissu. Ce tissu aura quatre fils dans son rapport chaîne, et huit dans son rapport trame, les duites 1, 3, 5, 7 servant à constituer la face d'endroit, les duites 2, 4, 6, 8 la face d'envers. La duite 1 se trouve au-dessus de 2, la duite 3 au-dessus de 4, etc.

*Enfin les figures 23 *d* et 23 *e* représentent des coupes transversales du tissu au droit des duites 1 et 2 d'une part, 3 et 4 de l'autre.

*Dans un pareil tissu les duites d'endroit seront fournies par tous les coups impairs, les duites d'envers par tous les coups pairs.

*Le principe de la formation des tissus double face chaîne est analogue à celui des tissus double face trame.

*Dans un tissu double face chaîne il y a une face d'endroit constituée par l'entrelacement de la trame avec la chaîne supérieure, et une face d'envers constituée par l'entrelacement de cette trame avec la chaîne inférieure. Les deux chaînes, supérieure et inférieure, sont montées sur deux ensouples distinctes.

*Ces tissus sont plus difficiles à réaliser que les tissus double face trame en raison du grand nombre de lames qu'ils exigent, et de la complication résultant du passage d'un double fil de chaîne à travers les dents du peigne.

*Enfin il existe des tissus double face composés de *deux* chaînes et de *deux* trames. Chacun d'eux se compose donc de *deux* tissus superposés, réunis par quelques points de liage.

<h3 align="center">B. VELOURS.</h3>

*On appelle velours des tissus, soit de soie, soit de laine, soit de coton, obtenus par le procédé de tissage suivant.

*La solidité du tissu est assurée par un certain nombre de duites (ou de fils de chaîne) dont l'entrecroisement avec la chaîne (ou la trame) constitue ce qu'on est convenu d'appeler « le tissu d'*âme* ou de *fond* ». Les autres duites (ou fils de chaîne) produisent par leur entrecroisement avec la chaîne (ou avec la trame) ce qu'on est convenu d'appeler « le tissu de *poil* ou de *figure* ». Ces dernières duites (ou fils de chaîne) décrivent *au-dessus* des fils de chaîne (ou des duites) des brides accentuées. Et le plus souvent ces brides, une fois formées, sont *coupées* soit sur le métier lui-même et au cours du tissage, soit après tissage, le tissu étant enlevé du métier pour pour être porté sur une table de coupe. Cette coupe produit à l'endroit du tissu un effet de poil en faisant épanouir en touffes les extrémités sectionnées des brides.

*On distingue deux grandes catégories de velours : les velours par trame et les velours par chaîne.

*Les velours par chaîne sont obtenus avec deux chaînes distinctes provenant chacune d'une ensouple. Dans ces velours les boucles sont formées par les fils de chaîne faisant partie de la chaîne de poil à leur rencontre avec certaines « fausses duites » constituées par des fers de forme spéciale. Le velours, s'il est coupé, devra donc l'être au droit de ces fausses duites, c'est-à-dire dans le sens transversal (sens de la largeur du tissu). Cette coupe sera donnée sur le métier lui-même et au cours même de l'opération du tissage.

*Les velours par trame sont obtenus par un mode d'entrelacement de la chaîne et de la trame qui se traduit par la formation au-dessus de certains fils de chaîne débrides constituées par les duites du tissu de poil. La coupe de ces velours devra donc être faite le long de ces fils de chaine. Ce sera une coupe longitudinale (sens de la longueur de la pièce), et elle ne pourra s'exécuter qu'une fois le tissage terminé.

*La première classe de velours, velours par chaine, comprend uniquement des velours de laine et de soie. On coupe ces velours transversalement sur métier, ou encore on laisse intactes les brides, en supprimant ainsi la coupe. Dans ce dernier cas on obtient des velours dits bouclés ou frisés, ou épinglés.

*La deuxième classe de velours, velours par trame, comprend surtout des velours de coton. Néanmoins certains velours de laine sont eux aussi des velours par trame. Le velours par trame est toujours coupé. Il l'est dans le sens longitudinal après tissage et sur une table de coupe appropriée.

*Dans ce qui va suivre, nous ne ferons qu'esquisser le mode de formation du velours par chaine. Nous indiquerons un peu moins sommairement le mode de formation du velours par trame en prenant pour exemple le velours de coton dit velours uni.

Velours par chaîne.

*La figure 24 donne le schéma de la formation d'un velours par chaine. Cette figure représente une coupe transversale du tissu, les duites étant représentées par de petits

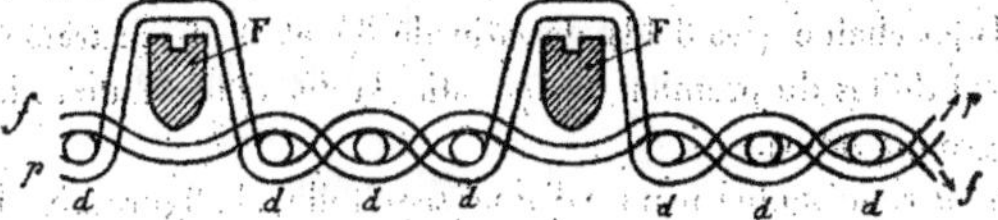

Fig. 24. — Schéma du velours par chaîne.

cercles d. A intervalles réguliers se trouve un fer F remplaçant une duite. Dans le cas de la figure on trouve un fer pour trois duites.

*La même figure représente un fil de *poil p* et un fil de *fond f*. On voit que le fil de poil passe au-dessus des fers F alors que le fil de fond passe en dessous.

*Le fer est un fer à rainure du genre de celui représenté par le croquis s'il s'agit d'obtenir un velours coupé. Dans ce cas la lame du « rabot » à l'aide duquel on procédera à la coupe sur le métier lui-même sera guidée par la rainure. Le fer est au contraire un fer rond ordinaire si les brides ne doivent pas être coupées, c'est-à-dire s'il s'agit de réaliser un velours bouclé, frisé ou épinglé.

Velours par trame. — Velours de coton uni.

*Il existe un assez grand nombre de catégories distinctes de velours par trame. Les deux plus répandues sont le velours uni et le velours à côtes. Nous donnerons ci-dessous le principe de la formation du velours de coton uni.

*Dans le velours de coton uni l'armure d'âme ou de fond est généralement soit l'armure « toile », soit l'armure « sergé » de « trois ».

*Dans le schéma de la figure 25 nous supposerons que cette armure soit l'armure toile. Quant à l'armure de poil, elle est constituée par l'entrecroisement avec la chaîne de deux groupes semblables de trois duites, empruntées à la réduction d'un satin de 6.

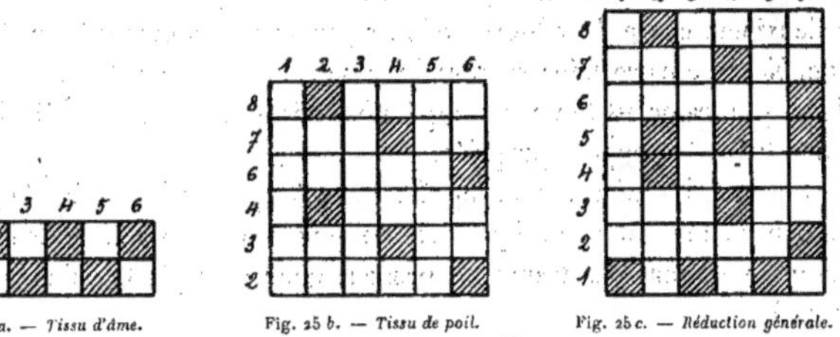

Fig. 25 a. — *Tissu d'âme.* Fig. 25 b. — *Tissu de poil.* Fig. 25 c. — *Réduction générale.*

Fig. 25. — Schéma de la formation du velours par trame.

Chacun de ces groupes de trois duites se trouvera intercalé dans la réduction générale entre les deux duites de l'armure toile. La réduction générale du tissu comprendra donc 6 fils en chaîne (les 6 fils de satin de 6) et 8 fils en trame (la première duite toile, les 3 duites du premier groupe satin, la deuxième duite toile, les 3 duites du deuxième groupe satin).

*La figure 25 a représente l'armure d'âme (tissu toile), la figure 25 b l'armature de poil (tissu satin), la figure 25 c la réduction générale du tissu.

*La figure 26 a est une coupe transversale du tissu sur laquelle est figurée la projection de tous les fils de trame à évolution distincte. Il n'y a en réalité que 5 duites à évolution distincte : d'abord les deux duites 1 et 5 du tissu d'âme, puis les duites 2, 3 et 4 du tissu de poil. Les duites 6, 7 et 8 du même tissu ont en effet respectivement les mêmes évolutions que les duites 2, 3, 4.

*Sur la figure 26 a on a représenté par de petits cercles les fils de chaîne. On en a représenté 12, c'est-à-dire deux répétitions de 6 fils chacune du rapport chaîne. Les fils 1, 3 et 5 sont restés en blanc, les fils 2, 4, 6 ont été teintés en noir.

*Pour ne pas compliquer la figure les duites ont été représentées par de simples traits, les duites 1 et 5 du tissu d'âme en pointillé, les duites 2-6, 3-7, 4-8 du tissu de poil en plein.

*La coupe va se faire suivant des lignes parallèles aux fils de chaîne passant par les points a_1, a_2, a_3, a_4, a_5, a_6 de la figure 26 a, c'est-à-dire au droit des fils 2, 4 et 6 ou des fils *pairs* de la réduction.

*Ces lignes horizontales a_1, a_2, etc., forment comme les clefs de voûte d'une série de petits tunnels dont les parois sont constituées par les brides formées par les duites de poil. En engageant une lame tranchante sous a_1 par exemple on coupera les brides 3-7 et 2-6. En continuant de proche en proche on achèvera ainsi de couper tout le tissu.

*Nous venons de dire que ces lignes a_1, a_2, etc., se trouvaient en regard des fils pairs 2, 4 et 6. Ce sont aussi ces fils pairs qui les retiennent une fois la coupe effec-

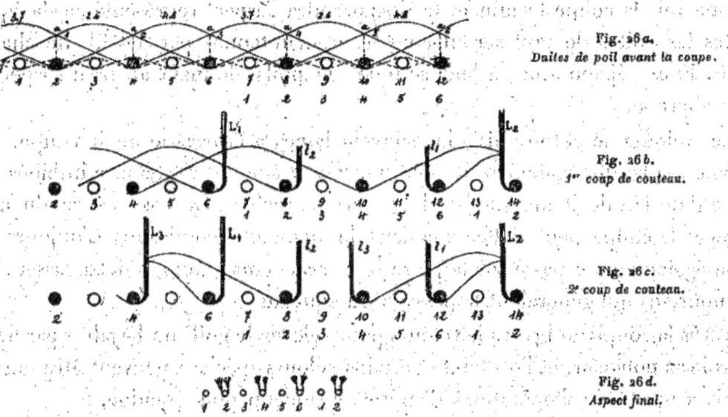

Fig. 26. — Velours coton uni par trame.

tuée. Si l'on coupe en a_3 par exemple, c'est-à-dire au droit du fil 6, on détermine dans les duites 4-8 deux tronçons retenus par les fils 2, et dans les duites 3-7 deux tronçons retenus par les fils 4. En résumé la coupe se fait au droit des fils de chaîne pairs, et ce sont ces fils de chaîne pairs qui maintiennent le tissu de poil, les fils impairs n'ayant pour rôle que d'augmenter la solidité du tissu d'âme.

*Imaginons que, pour couper le velours (sur table après tissage), l'ouvrier introduise en premier lieu le tranchant de son couteau sous la voûte a_3 par exemple. Il va trancher d'un seul coup de couteau toutes les duites 2-6 et 4-8.

*Chacune des duites 2-6 va donner naissance à deux tronçons sectionnés qui vont se relever à la surface du tissu en formant deux pompons. L'un de ces pompons, le plus court, se trouvera en l_1 (figure 26 b) retenu par le fil 12 (6), l'autre le plus long se trouvera en L_1 retenu par le fil 6.

*De même les duites 4-8 fourniront deux autres séries de pompons l_2 et L_2 retenues respectivement par les fils 8 (2) et 14 (2).

*La coupe se poursuivant ensuite en a_4, le couteau ne va plus rencontrer que les duites 3-7 puisque les duites 2-6 ont déjà été sectionnées au coup précédent. Le deuxième coup de couteau ne coupera donc qu'une des trois duites à évolution distincte du tissu de poil, au lieu de deux. Et il en sera de même des coups de couteau suivants. Le deuxième coup de couteau donne naissance aux pompons l_3 et L_3 soutenus par les fils 10 (4) et 4 (figure 26 c).

*La coupe se continuera ainsi de proche en proche, chaque coup de couteau à partir du second ne sectionnant plus qu'une des trois duites de poil à évolution distincte.

*Une fois la coupe terminée, le tissu prendra l'aspect représenté par la figure 26 d. Toutes les duites de poil seront coupées et maintenues par les fils de chaîne pairs 2-4-6. Elles s'épanouiront à leur sommet en poils, donnant au tissu l'aspect velours uni recherché.

*Les velours de coton unis sont souvent lainés à *l'envers* avant la coupe.

*Avant la coupe également ils sont souvent *enchaussés*, c'est-à-dire imbibés avec une brosse d'un lait de chaux que l'on laisse ensuite sécher. Le tissu est rendu ainsi plus ferme et la coupe peut s'effectuer dans de meilleures conditions. Toujours avant la coupe également on passe sur la pièce une carde à main pour la débarrasser de toutes les impuretés qui gêneraient le passage du couteau.

*Après la coupe on brosse le velours pour relever le poil, on l'égalise par une tonte, on brosse à nouveau, et l'on teint. Certains velours spéciaux peuvent être, au surplus, soumis à une série d'opérations d'apprêts beaucoup plus étendue.

C. GAZES.

*En réduisant à la fois les comptes des fils en chaîne et en trame par centimètre, on peut arriver à obtenir des tissus très clairs, transparents, utilisés pour rideaux, voiles, etc.

*On fait usage assez fréquemment pour fabriquer ces tissus d'un procédé de tissage spécial dit « tissage sinueux » et l'on donne plus spécialement le nom de « gazes » aux tissus obtenus par ce procédé.

*Le principe de la fabrication des gazes est le suivant. Alors que dans les tissus fabriqués suivant le mode normal de tissage, tous les fils de chaîne, contournant plus ou moins la trame, s'alignent dans une série de plans verticaux parallèles, chacun de ces plans étant parallèle au sens de la longueur du tissu, dans les gazes certains fils de chaîne dévient par rapport à la direction générale de ces plans, formant à leur droite et à leur gauche des ondulations. Ces fils s'appuient pour décrire ces ondulations sur d'autres fils de chaîne qui, eux, sont fixes et ne bougent pas au cours des opérations de tissage. Il y aura donc dans les tissus gazes deux catégories de fils de chaîne, les fils fixes d'une part, les fils dits « de tour » de l'autre, ces derniers tournant autour des fils fixes.

*Les figures 27 *a* et 27 *b* représentent en coupe longitudinale et en plan le plus simple des tissus gaze. Les duites y sont représentées en d_1, d_2, d_3, d_4, les fils de tour en *t* et les fils fixes en *f*.

*On voit que le fil de chaîne fixe reste *au-dessous* de toutes les duites, le fil de tour restant *au-dessus* de toutes ces duites. Le fil de tour enserrant la première duite d_1

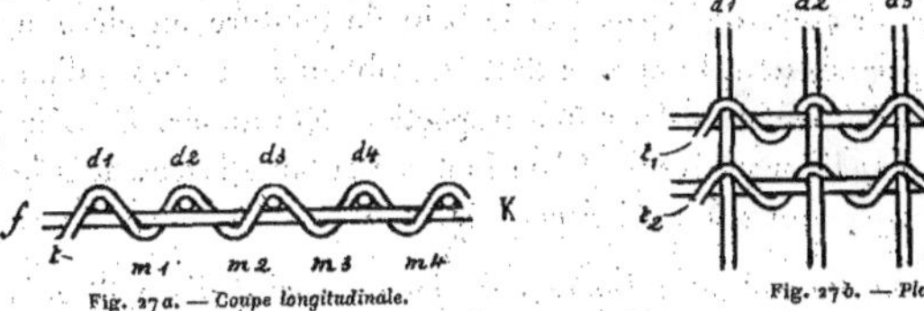

Fig. 27 *a*. — Coupe longitudinale.

Fig. 27 *b*. — Plan.

Fig. 27. — Schéma du tissu gaze.

(fig. 27 *a*) se trouve à gauche du fil fixe pour un observateur placé en K et regardant dans la direction de ce fil fixe. Puis arrivé en m_1, il passe à droite de ce fil fixe, enserre la deuxième duite en d_2 en restant toujours à droite de ce fil, repasse en m_2 de nouveau à gauche du fil fixe, et ainsi de suite. A chaque nouvelle duite insérée il décrit donc un demi-tour dit demi-tour anglais autour du fil fixe et chaque duite se trouve serrée en haut par le fil de tour, en bas par le fil fixe et chaque duite se trouve serrée en haut par le fil de tour, en bas par le fil fixe.

*On réalise cette rotation du fil de tour autour du fil fixe par un procédé spécial de tissage dont nous ne ferons qu'indiquer le principe. Tous les fils fixes sont supportés (pour bien les soutenir et les tendre) par une lame fixe. Tous les fils de tour sont supportés par une lame mobile. Pour obtenir la rotation désirée on fait traverser en outre à ces fils des boucles formées par le passage à travers les maillons (maillons doubles) d'une troisième lame (dite lame anglaise) de demi-lisses fixées à une quatrième lame (dite demi-lame).

CHAPITRE II.

FOULAGE ET APPRÊTS.

§ 1ᵉʳ. — AVANT-PROPOS.

Les tissus tels qu'ils sortent du métier à tisser n'ont pas encore (du moins la grande majorité d'entre eux) leur forme et leur aspect définitifs.

1º Un certain nombre de ces tissus devront passer par le foulon, où ils subiront une modification profonde, se traduisant par un resserrement dans les deux sens accompagné d'une augmentation d'épaisseur :

2° Un grand nombre de ces tissus devront être teints. Il n'y aura d'exception à cette règle que pour les tissus déjà teints avant tissage, c'est-à-dire pour les tissus teints soit en bourre, soit en fils. Mais les tissus teints en fils sont assez rares. Et la teinture en bourre n'est guère pratiquée que sur une catégorie peu nombreuse de draps cardés, et sur une catégorie encore bien plus restreinte de draps peignés. On teint en bourre les draps cardés épais que le bain de teinture en pièce pénétrerait mal, ou les draps peignés dont la nuance doit être obtenue au moyen d'un mélange de diverses nuances élémentaires dans une proportion déterminée. Dans le premier cas la teinture (et les mélanges éventuels) se font sur la laine lavée, dans le second, teinture et mélanges se font sur la laine peignée.

3° Certains tissus devront être *blanchis* de façon à faire disparaître la nuance naturelle, souvent jaunâtre et un peu sale de la fibre textile, et à lui substituer un blanc pur ou une nuance azurée.

4° D'autres devront être imperméabilisés pour empêcher l'eau de les traverser, d'autres (tissus de coton ou de lin) devront être imprimés, c'est-à-dire devront recevoir à la machine d'impression la reproduction de dessins de nuances variées, d'autres enfin, dans des cas très rares, devront être rendus incombustibles.

5° Mais en dehors des opérations *éventuelles* décrites plus haut, opérations très fréquentes comme la teinture, moins fréquentes comme le foulage, le blanchiment ou l'impression, ou très rares comme l'imperméabilisation, il existe une série d'autres opérations par lesquelles passent la plupart des tissus à la sortie du tissage et auxquelles on donne le nom *d'apprêts*.

Ces opérations d'apprêts ont pour but de donner à l'étoffe ses dimensions et surtout son aspect final, de la rendre plus séduisante à l'œil et plus agréable au toucher, que le tissu, souvent assez grossier, livré par le métier à tisser.

Dans ce qui va suivre nous ne parlerons pas de l'impression des tissus. Nous ne ferons qu'esquisser les procédés mis en œuvre pour imperméabiliser un tissu. Enfin la teinture fera l'objet d'un chapitre à part. Le chapitre II qui suit sera en conséquence consacré principalement au foulage et aux apprêts proprement dits.

Nous commencerons par le foulage, que nous étudierons d'une façon complète. Puis nous passerons aux apprêts proprement dits en indiquant tout d'abord leur but et le principe général des machines permettant de réaliser ce but. Enfin, reprenant chaque catégorie de tissus, tissus de laine cardée, tissus de laine peignée, tissus de coton ou de lin, nous indiquerons par quelle série de machines d'apprêts déjà étudiées précédemment dans leur principe général on les fait successivement passer.

§ 2. — FOULAGE.

A. PRINCIPE DU FOULAGE. SON EFFET SUR LE TISSU ET SUR LES FILS.

Nous avons dit plus haut au titre Ier que, seule de tous les textiles, la laine était susceptible, sous la triple influence de la chaleur, de l'humidité et d'une action mécanique plus ou moins accentuée, de se transformer en feutre, c'est-à-dire en une masse compacte formée de la réunion de toutes les petites fibres élémentaires venues s'agglomérer, se serrer les unes contre les autres.

A vrai dire, et si l'on considère comme matière textile les poils des animaux en général, et non plus seulement la laine du mouton, ces poils sont eux aussi susceptibles de feutrer. Mais ici le feutrage ne se produit plus spontanément. Il faut pour le provoquer procéder à une opération préparatoire désignée sous le nom de « secrétage »;

Le feutrage de la laine se traduit par une augmentation de densité de la matière. Le brin de laine au cours du feutrage se contracte en longueur et s'affine. La matière feutrée, compte non tenu des vides, occupera donc un volume moindre que la matière avant feutrage et, comme d'autre part le feutrage a pour effet de réduire les vides dans une proportion très considérable, l'encombrement final de la masse feutrée sera faible comparé à l'encombrement de la masse de laine qui lui a donné naissance.

Nous avons tenté de donner plus haut (titre Ier) une explication du feutrage, et nous avons vu que cette explication tenait compte des deux facteurs principaux qui déterminent en fait un bon feutrage : nombre et accentuation des écailles du brin, vrillage plus ou moins accentué du même brin. Comme les laines fines sont en général les laines les plus ondulées, et aussi celles présentant le plus d'écailles, nous en avons déduit que, sauf de rares exceptions, les laines devaient présenter des propriétés feutrantes croissant avec la finesse de leur fibre.

Cette aptitude à feutrer de la laine se maintient quand la matière brute a été transformée en fils, et quand ces fils à leur tour ont été transformés en tissus.

Si l'on soumet un tissu de laine à l'action de la chaleur et de l'humidité, et si on exerce en outre sur lui une action mécanique par chocs, friction ou compression, on constate que les fils se serrent les uns contre les autres, que la surface du tissu diminue dans les deux sens et que son épaisseur augmente. En poursuivant l'opération pendant un temps très long, on parviendrait à changer complètement l'aspect du tissu. Au lieu d'un canevas de fils serrés les uns contre les autres, mais perceptibles à l'œil, on finirait par obtenir une surface plane compacte, où les fils ne se distingueraient plus les uns des autres, et qui ne différerait pas beaucoup à la vue du feutre ordinaire obtenu par le simple entrelacement des brins non filés.

Pour chacun des fils élémentaires dont se compose le tissu, le foulage se traduit, comme se traduisait le feutrage sur la fibre élémentaire, par une augmentation de densité, un serrage général de la matière. Le fil foulé aura une longueur moindre que le fil non foulé, son poids à l'unité de longueur sera plus considérable, son numéro moins élevé.

Les fils de chaîne, en se raccourcissant, entraînent une diminution dans la longueur du tissu qui a pour effet de rapprocher les fils de trame. De même les fils de trame en se raccourcissant entraînent une diminution dans la largeur du tissu, et rapprochent ainsi les fils de chaîne les uns des autres. Il se produit en résumé un resserrement général de la matière : les fils entrent en quelque sorte les uns dans les autres, leur section se déforme, cesse d'être à peu près circulaire et regagne en hauteur ce qu'elle a perdu en largeur. En résumé le tissu se resserre en surface, souvent dans des proportions très considérables, en même temps que son épaisseur augmente.

B. CONDITIONS REQUISES POUR LE FOULAGE.

Nous venons de dire que, pour fouler une pièce de drap, il fallait soumettre cette pièce à une action mécanique dans une atmosphère humide et chaude. Mais pour obtenir un bon foulage il faut aussi l'action d'un lubréfiant. Avant de fouler la pièce on l'imprègne en conséquence de savon. Le savon favorise le glissement des fils, leur permet de se serrer plus facilement les uns contre les autres. Les carbonates alcalins qui tendent à augmenter la frisure des brins favorisent eux aussi le foulage.

S'il s'agit de fouler un drap cardé ensimé à l'oléine, on peut même à la rigueur se passer de savon. En aspergeant la pièce de carbonate de soude au cours même du foulage, on provoque par cela même la formation, sous forme d'oléate de soude, du savon nécessaire au foulage.

C. INFLUENCE DE LA MATIÈRE PREMIÈRE ET DE LA FABRICATION SUR LE FOULAGE.

La laine est la seule matière textile susceptible d'être véritablement foulée.

Mais les tissus fabriqués avec des fibres végétales ne sont pas cependant complètement insensibles à l'action de l'humidité. Ils rentrent tous plus ou moins au lavage, subissant ainsi en fait une sorte de foulage peu accentué.

*Les laines elles-mêmes présentent, comme nous l'avons déjà dit, des propriétés feutrantes très variables suivant le nombre de dentelures ou d'ondulations de leurs brins.

*La nature de la matière première utilisée influe donc beaucoup sur le foulage.

*Mais la façon dont cette matière a été travaillée, transformée en fils d'abord, puis en tissu, a, elle aussi, son influence.

*Un fil se comporte d'autant mieux au foulage qu'il est plus touffu, plus enchevêtré, qu'il présente à sa surface plus de filaments ou fibres flottant sur la masse centrale, et susceptibles d'agir en quelque sorte comme autant de crochets de liaison facilitant son rapprochement avec les fils voisins.

*Or les fils sont d'autant plus touffus, d'autant plus chevelus, qu'ils ont été constitués de fibres élémentaires moins bien parallélisées, et qu'ils ont reçu une torsion moins accentuée.

*Mais nous savons d'autre part que le parallélisme des éléments est beaucoup plus parfait dans les fils de laine peignée que dans les fils de laine cardée. Nous savons aussi que l'on tord en général moins les fils cardés que les fils peignés, surtout lorsque l'on se propose de fouler fortement le tissu réalisé à l'aide de ces fils cardés.

*Nous pouvons en déduire que les tissus de laine cardée se comporteront beaucoup mieux au foulage, pourront être foulés beaucoup plus que les tissus de laine peignée.

*Bien entendu, la différence s'atténuera si au lieu d'envisager un tissu de laine cardée obtenu par le procédé normal du « cardage en travers » (voir titre III, filature) nous envisageons un tissu de laine cardée obtenu par le procédé du « cardage en long » qui permet d'obtenir un parallélisme plus accentué des éléments. Elle s'atténuera aussi, si, pour un motif quelconque, on augmente la torsion normale donnée habituellement aux fils cardés.

*En résumé, si l'on se propose de fouler très fortement un tissu, on devra le constituer en filés cardés très ouverts, obtenus en pratiquant une faible torsion et en cardant en travers. Si l'on se propose, au contraire, de réaliser un tissu peu ou pas foulé, on pourra le constituer soit en fils cardés plus tordus et plus réguliers, soit, le plus souvent, en fils peignés.

*En fait, les tissus de laine peignée ne sont généralement que peu ou pas foulés, et les tissus cardés sont soumis pour la plupart à un foulage plus ou moins accentué.

*Les matières étrangères incorporées soit à la laine pour faciliter la filature (matière d'ensimage), soit au fil de chaîne pour faciliter le tissage (matières d'encollage) agissent au point de vue du foulage dans le même sens que la torsion. Elles ont pour effet de rendre le fil plus lisse, de faire disparaître, en les collant contre la masse centrale, les bavures ou filaments flottant à la surface et jouant, comme il a

été dit plus haut, le rôle de crochets de liaison. De là la nécessité de faire disparaître avant foulage toutes ces matières grasses ou agglutinantes. Elles subsistent
toutes, matières d'ensimage et matières d'encollage, dans le drap cardé à sa sortie
du métier. Les matières d'encollage subsistent seules (au moins en principe) au contraire dans le drap peigné à sa sortie du même métier, les matières d'ensimage ayant
dû, pour ce drap, être éliminées lors de la filature même et à l'opération du lissage
(voir titre III, filature). Quoi qu'il en soit, avant tout foulage, on devra faire disparaître ces matières par l'opération du *dégraissage* pour les draps cardés, du *désencollage* pour les draps peignés.

*Enfin, pour achever l'étude de l'influence de la filature sur le foulage, il reste à
remarquer que des filés d'inégale grosseur se comporteront d'une façon différente au
foulage. C'est dans cette différence d'aptitude à feutrer de ces filés d'inégale grosseur ou d'inégal numéro qu'il faut rechercher l'explication des ribaudures que l'on
constate trop souvent dans un tissu à sa sortie du foulon. La pièce d'étoffe examinée
de profil n'apparaît pas plane. Elle forme des plis, et ces plis sont dus le plus souvent
à l'utilisation, par suite d'une erreur commise à la filature, de filés de numéros différents (ou parfois de torsion différente) qui se sont comportés par suite d'une façon
différente au foulage, entraînant des retraits inégaux dans les différentes parties de
la pièce.

*Mais la façon dont la filature a été conduite n'est pas le seul élément pouvant
influer sur le foulage. L'armure adoptée pour le tissage exerce elle aussi son
influence.

*A vrai dire cette influence est loin d'être aussi accusée que celle de la filature, et
elle se traduit surtout par une diminution du temps nécessaire pour réaliser un foulage déterminé, c'est-à-dire une réduction déterminée dans les dimensions de la
pièce.

*Il est bien évident tout d'abord qu'étant donnée une pièce ayant à sa sortie du
métier une certaine largeur L, on pourra d'autant plus rapidement amener par le
foulage cette pièce à n'avoir plus qu'une largeur l, inférieure à L (que l'on s'est fixée
d'avance), que les fils seront plus espacés, moins serrés les uns contre les autres sur
la pièce à sa sortie du métier.

*Pour se rendre compte de l'influence de l'armure sur le foulage, il faut donc étu-
dier le problème « toutes choses égales par ailleurs », c'est-à-dire partir de deux
pièces ayant la même largeur L à la sortie du métier, constituées avec le même
nombre de fils identiques et également espacés, mais tissées avec des armures différentes.

*On se rend compte dans ces conditions que la pièce que l'on pourra amener le
plus rapidement à la largeur recherchée l est celle qui est constituée avec l'armure

la plus lâche, celle qui offre le moins de points de liage de la chaîne avec la trame.

*On peut résumer de la façon suivante tout ce qui vient d'être dit plus haut au sujet de l'influence sur le foulage, de la nature de la matière première utilisée et de la façon dont la fabrication a été conduite :

*Un drap pourra être d'autant plus facilement foulé :

*1° Qu'il aura été constitué avec des laines plus feutrantes, c'est-à-dire avec des laines plus ondulées, présentant plus d'écailles, et, généralement, plus fines;

*2° Qu'il aura été constitué avec des filés moins tordus, présentant des éléments moins bien parallélisés, et mieux débarrassés de toute trace de matière grasse ou encollante;

*3° Qu'il aura été tissé en adoptant une armure plus lâche.

D. DEGRÉ D'INTENSITÉ DU FOULAGE. — DURÉE DU FOULAGE.

Si l'on soumet au foulage une pièce de tissu provenant du métier à tisser, on constate qu'elle commence à se rétrécir assez rapidement dans les deux sens. Puis, au fur et à mesure que les fils se rapprochent, le pourcentage de réduction, et *a fortiori* la réduction absolue réalisée dans un temps donné, va naturellement en diminuant. En continuant à fouler la pièce il arrive un moment où l'on ne gagne pratiquement plus rien dans les deux sens. On est parvenu ainsi, au bout d'un temps plus ou moins long, aux dimensions minima qu'il soit possible de réaliser.

Ces dimensions minima, et surtout le temps nécessaire pour les atteindre, dépendent, bien entendu, à la fois des procédés mis en œuvre pour le foulage, de la nature des laines, du mode de filature, enfin de l'armure adoptée.

En pratique d'ailleurs on reste toujours au-dessus de ces dimensions minima et on ne pousse pas l'opération jusqu'au bout.

Le pourcentage de réduction par rapport aux dimensions primitives que l'on se propose d'obtenir dépend du but que l'on s'est proposé.

Si l'on veut fabriquer un drap très clos, épais et chaud on foulera beaucoup. On foulera moins si on cherche à obtenir un tissu plus souple et moins épais.

Bien entendu également, la réduction à réaliser dépendra de l'espacement des fils sur la pièce à sa sortie du métier. Pour obtenir le même resserrement sur deux pièces constituées avec des fils identiques mais inégalement espacés sur métier, il faudra évidemment faire subir à la pièce tissée « au large » une réduction plus forte que celle à imprimer à la pièce tissée à « l'étroit ».

En fait, comme nous l'avons déjà dit, on ne foule généralement pas les draps peignés, et, quand on les foule, on ne leur donne le plus souvent qu'un léger foulage.

Quant au foulage des draps cardés il varie dans de très fortes proportions, depuis les foulages légers de 15 à 20 p. 100 jusqu'à des foulages très accentués, pouvant atteindre en largeur, pour certains draps militaires fabriqués avant la guerre, 45 p. 100 et même davantage.

Quant au temps nécessaire pour le foulage, il varie aussi dans de très fortes proportions. De quelques minutes pour certains draps peignés très légèrement foulés, il peut peut atteindre six, huit heures et même davantage pour de gros draps cardés très fortement foulés.

E. **MACHINE À FOULER ET À DÉGRAISSER.**

On ne foule guère, comme nous l'avons vu, que des tissus cardés, draps ou couvertures. Et pour ces tissus cardés, l'opération du foulage se lie d'une façon assez intime à celle du dégraissage, les deux opérations s'effectuant en général séparément, mais pouvant à la rigueur s'effectuer simultanément suivant la nature de la matière grasse introduite à l'ensimage. Les deux opérations du dégraissage et du foulage doivent donc faire, en ce qui concerne cette catégorie de tissus, l'objet d'une étude d'ensemble.

Pour ne plus revenir sur la question du foulage éventuel des tissus de laine peignée, disons que ces tissus passent avant foulage par des bains de désencollage, dégraissage et dégorgeage, où ils se débarrassent d'abord par l'eau tiède, puis par la soude et éventuellement par le savon, de toutes les matières agglutinantes introduites à l'encollage et des matières grasses d'ensimage qui peuvent subsister dans le fil malgré l'opération du lissage.

Le drap dégraissé et savonné est soumis au foulage soit, exceptionnellement, dans un foulon à action puissante du genre de ceux que l'on emploie pour le foulage des draps cardés, soit, le plus souvent, dans un foulon à action plus douce, du type dit à maillets.

Le principe du foulon à maillets est le même que le principe des appareils à fouler employés de toute antiquité pour le foulage des draps. Pour fouler un drap on le disposait autrefois dans une fosse roulé en paquet et on le frappait à coups de maillets. Le foulage s'effectuait simultanément en largeur et en longueur sous l'influence des chocs imprimés au drap. On opérait en présence de la terre à foulon qui absorbait l'huile ajoutée à l'ensimage.

Les foulons à maillets modernes agissent de la même manière, c'est toujours par une série de chocs qu'est obtenu le foulage du drap. Et ces chocs lui sont imprimés par des maillets mus mécaniquement qui viennent successivement frapper à intervalles réguliers le drap roulé en paquet.

En ce qui concerne les draps cardés, le dégraissage et le foulage constituent également le plus souvent deux opérations distinctes.

Cependant, si l'on a utilisé comme matière d'ensimage de l'oléine, les opérations de dégraissage et de foulage peuvent être à la rigueur conduites simultanément. En traitant le drap au foulon par un carbonate alcalin, carbonate de soude en général, l'oléine se combine à la soude pour former de l'oléate de soude, c'est-à-dire le savon nécessaire au foulage. On peut donc ainsi et du même coup dégraisser le drap et obtenir le savon qui permettra son foulage.

Néanmoins, même dans ce cas, on préfère en général séparer les deux opérations du dégraissage et du foulage.

On commence par dégraisser le drap dans des appareils dit « dégraisseuses laveuses » en présence de carbonate de soude, et éventuellement de savon et de terre à foulon. Puis le drap, une fois dégraissé, est porté au foulon après avoir été savonné. Il est en outre humecté le plus souvent de carbonate de soude au cours même de l'opération du foulage.

On peut au lieu de carbonate de soude utiliser du carbonate de potasse. Mais on donne en général la préférence au carbonate de soude en raison de son prix de revient moins élevé.

Comme savon on peut employer des savons à base de soude ou de potasse. Les savons à base de soude produisent au début un foulage plus rapide. Mais, une fois ce premier retrait obtenu, les savons de potasse reprennent l'avantage et permettent de conduire l'opération plus loin. On devra donc donner la préférence aux premiers, si l'on n'a en vue qu'un foulage léger et rapide. Si on se propose au contraire de fouler très fortement le drap, il vaudra mieux employer des savons de potasse.

Enfin la terre à foulon employée dans le dégraissage ou le foulage du drap est préparée avec de l'argile smectique onctueuse fortement triturée dans de l'eau avant usage, puis filtrée pour éliminer tous graviers.

Dégraisseuses-laveuses. — Ces appareils, appelés encore dégorgeuses, servent à la fois à dégraisser le drap avant foulage, à le laver ou dégorger après dégraissage et à le laver encore après foulage.

Le principe de ces appareils consiste à faire passer le drap dans la composition dégraissante, puis à le comprimer en le faisant passer entre deux cylindres animés d'un mouvement de rotation, et ainsi de suite, pendant un temps plus ou moins long. A cet effet le drap cousu aux deux bouts forme une courroie sans fin dont une partie plonge à chaque instant dans le liquide.

On distingue les dégraisseuses-laveuses ordinaires qui dégraissent le drap plié en quatre, et les dégraisseuses-laveuses « à plat » ou « au large » qui le dégraissent sans être plié, étalé par conséquent sur toute sa largeur.

La figure 28 représente une dégraisseuse-laveuse ordinaire.

Le drap plié en quatre DD... passe dans la composition dégraissante au fond de la laveuse, puis à travers la lunette L, au-dessus du cylindre de soutien R, et est exprimé en passant entre les cylindres mobiles P et Q.

Un tuyau T muni d'un robinet R permet de projeter de l'eau sur le drap à son passage en c.

La cuvette A reçoit le liquide exprimé du drap. Au cours du dégraissage ce liquide retombe par un orifice a au fond de l'appareil.

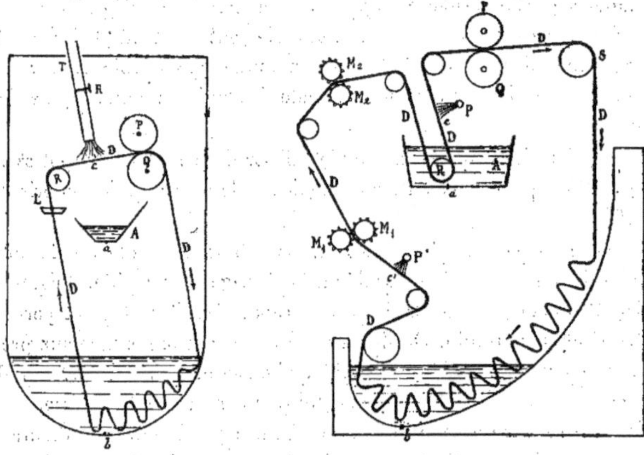

Fig. 28.

Dégraisseuse-laveuse ordinaire.

Fig. 29.

Schéma de la dégraisseuse-laveuse au large.

L'opération terminée, on ferme a et l'on vide la cuvette A au moyen d'un autre orifice qui la fait communiquer avec l'extérieur. On vide le fond de l'appareil par l'orifice b. Puis on procède au lavage au moyen de l'eau amenée par le tuyau T.

La figure 29 représente une dégraisseuse-laveuse au large.

Le drap DDD..., étalé au large, circule dans le sens des flèches. Il passe, conduit par le rouleau R, dans la composition dégraissante contenue dans la cuvette A, est exprimé entre les rouleaux mobiles P et Q, le rouleau supérieur exerçant sur l'inférieur une compression par le moyen de ressorts à boudin. Puis il passe sur le cylindre de soutien S et retombe verticalement sur la paroi inclinée de l'appareil. Il forme une série de plis dans le fond de cet appareil en plongeant à nouveau dans la composition dégraissante, tombée de A par l'orifice a, et achève son circuit en passant sur des rouleaux d'appel, puis entre deux paires de rouleaux cannelés M_1, M_1, M_2, M_2.

Avant son entrée dans le bain dégraisseur en c', et après sa sortie de ce bain en c, il passe devant des tuyaux munis de robinets P′ et P qui permettent de l'arroser d'eau à volonté.

Foulons. — Dans le foulon à maillets, le foulage s'obtient par percussion. C'est par une série de coups de maillets, verticaux ou inclinés, imprimés à la pièce roulée en paquet, qu'on obtient son resserrement dans les deux sens.

Dans les foulons employés pour le foulage des draps cardés on n'agit plus par percussion, mais bien par compression.

La pièce au lieu de recevoir, immobile, une série de chocs se déplace d'une façon continue sous forme de courroie sans fin, comme dans les laveuses-dégraisseuses, et

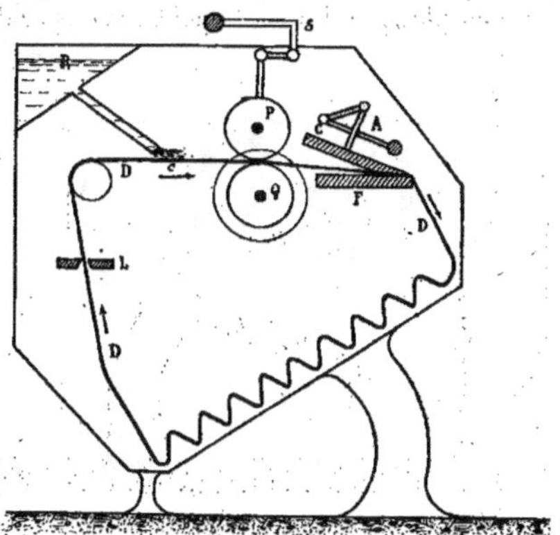

Fig. 3o. — Schéma de la fouleuse à une paire de cylindres.

doit dans cet état traverser une lunette, passer entre des rouleaux compresseurs, ou se frayer un chemin sur une table en soulevant un poids ou un ressort qui tend à s'opposer à son passage.

Le passage à travers la lunette et entre les rouleaux compresseurs produit surtout le foulage en largeur. Le passage sur la table produit le foulage en longueur.

Pour que le passage entre les rouleaux compresseurs soit véritablement efficace et se traduise par un foulage en largeur accentué, il faut que la pièce soit maintenue dans le sens de la largeur. A cet effet le rouleau inférieur est muni de deux rebords à ses extrémités faisant gorge et empêchant la pièce de déborder en largeur.

Il existe un assez grand nombre de modèles de fouleuses.

Dans la fouleuse à une paire de cylindres représentée par la figure 3o le drap à fouler DD..., replié sur lui-même, passe dans la lunette L, au-dessus du cylindre de renvoi D, reçoit en C le sel de soude provenant du réservoir R, puis passe entre le cylindre de pression P et le cylindre à gorge Q. La pression s'obtient au moyen du système à contrepoids S. L'action de ces deux cylindres se traduit principalement par un foulage dans le sens de la largeur,

Puis le drap pénètre dans le clapet-butteur. Le fond F et les parois verticales de ce clapet-butteur sont fixes. Mais le couvercle est mobile, et un système à contrepoids A tend à appuyer ce couvercle sur le fond.

Pour passer, le drap doit soulever le couvercle du butteur, et c'est l'effort ainsi excercé dans le sens de la chaîne qui produit le foulage en longueur désiré.

Dans un autre type de fouleuse, plus perfectionné, les pressions produisant le foulage sont obtenues, non plus par des contrepoids, mais par des ressorts dont on

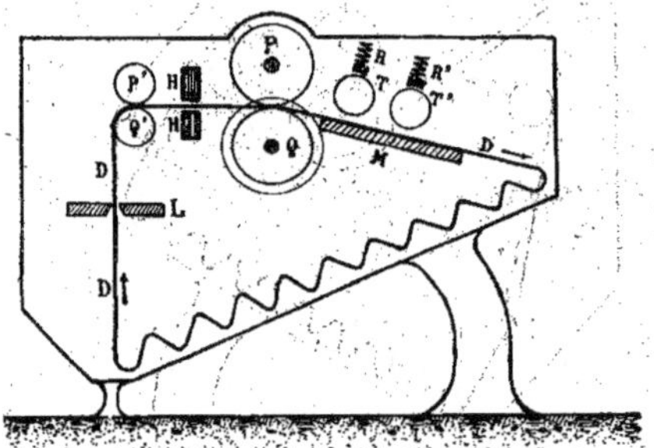

Fig. 31. — Schéma de la fouleuse à ressorts.

peut régler la tension à volonté. De plus il y a deux paires de cylindres horizontaux au lieu d'une et il existe en outre une paire de cylindres compresseurs verticaux.

La figure 31 représente ce type de fouleuse perfectionné. Le drap, au sortir de la lunette, passe entre les cylindres horizontaux P', Q' puis entre les cylindres verticaux P, Q. La pression de P et P' sur Q et Q' s'exerce au moyen de ressorts à effet variable.

Au sortir de la paire principale P, Q, le drap passe sur une table D. Pour avancer sur cette table il doit soulever les cylindres T et T' que des ressorts R, R' tendent à appuyer constamment sur elle. On obtient ainsi le foulage en longueur par un procédé analogue à celui étudié plus haut à propos de la fouleuse à une paire de cylindres. Mais ce procédé est plus régulier et donne de meilleurs résultats. A la sortie de la fouleuse, le drap subit un nouveau lavage à la dégraisseuse.

Action de foulage produite par les dégraisseuses. — Dans les dégraisseuses laveuses, la pièce passe, comme dans les fouleuses, à travers une lunette et entre deux cylindres superposés. Il se produit donc dans les dégraisseuses un certain foulage, beaucoup moins accentué que dans les fouleuses, mais néanmoins appréciable. Et la pièce de drap à la sortie de la dégraisseuse présente par suite soit en longueur, soit en largeur, des dimensions inférieures à ses dimensions à l'entrée dans cette machine.

§ 3. — BUT ET PRINCIPE DES OPÉRATIONS D'APPRÊTS.

A. BUT DES OPÉRATIONS D'APPRÊTS.

Sous le terme général d'apprêts, on désigne des opérations de natures très diverses, qui ont pour but :

1° De donner au tissu l'aspect final et les dimensions finales que l'on s'est proposé de réaliser;

2° De rendre le résultat ainsi obtenu définitif en *fixant* le tissu dans cet aspect et dans ces dimensions.

Compris dans leur sens le plus général les « apprêts » comprendront donc, outre les apprêts proprement dits dont nous entreprenons l'étude :

a. Le foulage déjà étudié qui modifie profondément les dimensions du tissu et sa contexture intime même;

b. La teinture, le blanchiment et l'impression qui modifient son aspect.

Aspect final du tissu. — L'aspect final que l'on entend donner au tissu dépend évidemment de la nature de la fibre textile utilisée. Tel aspect, facilement réalisable avec un textile déterminé, ne le sera pas ou le sera difficilement avec un autre textile. Pour un textile déterminé l'aspect final dépendra également de la qualité exacte de ce textile. On pourra, par exemple, donner à des draps cardés obtenus avec des laines très fines, en soumettant ces draps à des apprêts très minutieux, un aspect qu'il serait impossible de donner à des draps cardés constitués avec des laines grossières, même en poussant aussi loin que possible ces mêmes opérations d'apprêts. Aussi bien, le fini qu'il convient d'apporter à un tissu dépend évidemment de la valeur de ce tissu, et l'apprêt des tissus communs ne doit pas logiquement être conduit aussi loin que l'apprêt des étoffes très fines.

Néanmoins, étant donnée une matière textile d'une qualité bien déterminée, il reste possible de donner au tissu fabriqué avec cette matière des apprêts de genres parfois très différents, et, pour le même genre d'apprêts, de réaliser le résultat désiré plus ou moins parfaitement en prolongeant plus ou moins la série des opérations.

Parfois le genre d'apprêts adopté est logique en ce sens qu'il répond à l'usage auquel le tissu est destiné : c'est ainsi, pa exemple, que les draps cardés lourds, fortement foulés, destinés avant tout à la confection de vêtements chauds, sont recouverts, lors des apprêts, d'un poil uniforme épais qui vient encore augmenter la protection qu'ils offrent contre le froid. Mais parfois aussi le genre d'apprêts adopté n'a pour but que de rendre le tissu plus séduisant, plus agréable à l'œil et au toucher. Et comme le sentiment du beau est variable, au moins pour la masse, suivant les époques, comme il dépend essentiellement de l'accoutumance souvent très rapide à telle ou telle mode nouvelle, il en résulte que le but que se propose l'apprêteur, l'aspect final qu'il entend donner au tissu sorti du métier à tisser, variera essentiellement suivant les époques, et sera non seulement affaire de logique, mais aussi, et peut-être même avant tout, affaire de mode.

C'est en cela que les opérations d'apprêts se distinguent très nettement des opérations de filature et de tissage préalablement étudiées. Dans la filature comme dans le tissage on se propose d'atteindre un but nettement déterminé et commandé par la seule logique. Dans l'apprêtage, le but est parfois moins net et, loin d'être entièrement commandé par la raison, il peut dans certaines circonstances paraître au contraire nettement en contradiction avec l'usage normal auquel le tissu est destiné. Le tissage et la filature sont donc des sciences, l'apprêtage est plutôt un art, soumis, comme la plupart des arts, aux caprices de la mode.

Mais, une fois déterminé le but à réaliser, la logique reprend, au moins en partie, ses droits, pour la détermination des diverses opérations par lesquelles on doit faire passer le tissu pour atteindre ce but désiré. Ces opérations paraissent tout d'abord très nombreuses si l'on s'en tient aux dénominations variées sous lesquelles on les désigne. Mais quand on les examine de plus près, on constate que nombre d'entre elles, portant des noms différents, ont en réalité le même but et les mêmes résultats et que, quoique réalisées parfois sur des appareils assez différents, elles sont basées sur le même principe.

Il est donc possible de sérier ces diverses opérations en quelques groupes principaux, peu nombreux, et d'exposer le principe des opérations de chacun de ces groupes. C'est ce que nous tenterons de faire dans le paragraphe suivant.

Mais là encore il ne pourra être question d'explications rigoureuses comme celles que l'on peut donner à propos de la filature ou du tissage, mais seulement d'explications approchées. Là encore l'apprêtage se révèle plutôt comme un art que comme une science. Et la preuve, si quelque doute subsistait encore à ce sujet, peut en être trouvée dans les modifications apportées au cours des âges dans les procédés d'apprêts, telle façon d'opérer, en honneur autrefois, étant abandonnée pendant un temps plus ou moins long, pour être reprise ensuite sans que l'on puisse attribuer à cet abandon ou à cette reprise d'autre motif que celui de l'ignorance du procédé absolument exact qui conduirait de la façon la plus certaine et la plus rapide au résultat désiré.

Comme nous venons de le dire, l'aspect final que l'on entend donner au tissu terminé est essentiellement variable. On peut cependant distinguer trois genres principaux d'apprêts différents :

1° L'apprêt *ras*. Dans l'apprêt ras, on se propose de faire ressortir l'armure du tissu. Pour cela on élimine tout le duvet qui peut courir à sa surface. Le tissu à sa sortie de l'apprêt ras offre une assez grande analogie avec le tissu à sa sortie du métier à tisser. Mais les fils sont encore plus apparents, l'armure ressort mieux et l'aspect final de l'étoffe est beaucoup plus séduisant ;

2° L'apprêt *lainé* ou drap. C'est le genre d'apprêts entièrement opposé à celui qui vient d'être décrit. Bien loin de chercher à faire ressortir l'armure, on la dissimule au contraire sous une couche de poils régulière. On ne fait donc pas, comme dans l'apprêt ras, la chasse au duvet qui peut courir à la surface du drap. On détermine au contraire la production d'un duvet supplémentaire, en quantité suffisante pour obtenir le poil, et ce poil ainsi obtenu est aligné sur le tissu en couche bien régulière. L'aspect du tissu, à sa sortie de l'apprêt lainé, est entièrement différent de son aspect à la sortie du métier à tisser. Les fils sont cachés sous la couche de poils produite aux apprêts, et l'armure est entièrement dissimulée ;

3° L'apprêt *gommé*. Le gommage consiste à incorporer au tissu des matières étrangères, colles, gommes, etc. On peut pousser le gommage plus ou moins loin. On peut introduire ces matières par l'envers du tissu, de façon à en pénétrer sa masse, sans qu'elles arrivent à recouvrir sa face d'endroit. Dans ces conditions l'armure du tissu n'est pas cachée sous une couche superficielle de ces produits étrangers, et l'on peut alors combiner le gommage avec l'un ou l'autre des procédés d'apprêtage figurant aux rubriques 1 et 2 ci-dessus. On peut, au contraire, pousser le gommage plus loin et recouvrir entièrement le tissu de la matière d'apprêtage incorporée.

Le gommage peut avoir pour but d'améliorer l'aspect et le toucher de tissus fins. Mais le plus souvent il ne sert qu'à dissimuler la médiocrité de certaines étoffes, ou à augmenter artificiellement leur poids. La « laine, le coton ou le lin d'apprêteur » incorporés ainsi au tissu, suivant l'expression consacrée, ne sont le plus souvent que le manteau destiné à voiler, souvent pour bien peu de temps, sa pauvreté intrinsèque.

Les tissus de laine peignée reçoivent le plus souvent l'apprêt « ras », les tissus de laine cardée l'apprêt « lainé » ou « drap ». Les uns et les autres peuvent en outre être gommés. Le gommage des draps peignés, même fins, est une opération pratiquée assez fréquemment. On ne gomme guère en ce qui concerne les cardés que des draps très inférieurs dont on veut rendre ainsi la vente possible. Dans l'un et l'autre cas l'opération de gommage n'est pas poussée généralement à fond, c'est-à-dire que l'on évite le plus souvent de recouvrir l'endroit du tissu du produit étranger ainsi incorporé.

Quant aux tissus de coton il est assez rare qu'on leur donne l'apprêt lainé. Cet apprêt est cependant pratiqué parfois pour certains tissus pour chemises, jupons, etc., que l'on veut rendre ainsi un peu plus chauds.

La plupart de ces tissus de coton et tous les tissus de lin, ou bien ne subissent après tissage d'autres apprêts que ceux qui ont pour but de les fixer à leurs dimensions définitives (*voir* plus loin), ou bien sont soumis en outre au blanchiment et éventuellement à la teinture, ou passent, blanchis ou non, ou teints ou non, par le gommage. Le gommage est une opération beaucoup plus fréquente pour ces derniers tissus que pour les tissus de laine. Souvent aussi, il est poussé beaucoup plus à fond, et conduit de façon à recouvrir la face d'endroit tout entière de la matière d'apprêtage adoptée.

La règle donnée plus haut au sujet du mode d'apprêtage des tissus de laine cardée d'une part, des tissus de laine peignée de l'autre, n'est pas immuable. S'il est vrai que les tissus de laine peignée conservent en général à leur sortie des apprêts l'aspect « ras » à armure apparente qu'ils avaient, quoique à un moindre degré, à leur sortie du tissage, et s'il est vrai aussi que les tissus de laine cardée présentent en général au contraire, une fois les apprêts terminés, l'aspect « drap » entièrement différent de celui qu'ils offraient après tissage, il existe néanmoins des exceptions assez fréquentes à cette règle générale.

C'est ainsi que certains tissus cardés au lieu de recevoir l'apprêt « drap » habituel reçoivent au contraire l'apprêt « ras » des draps peignés. Tel est le cas, par exemple, des cheviottes ou des draperies fantaisie. C'est ainsi également que l'on donne à certains tissus peignés l'apprêt « drap » des draps cardés.

Mais, dans le premier cas, on ne foule que légèrement le drap cardé auquel on veut donner l'aspect habituel des tissus peignés. Dans le second, on foule, le plus souvent assez légèrement, le drap peigné auquel on veut donner l'aspect classique des tissus cardés. Dans les deux cas en conséquence, à la modification introduite dans le procédé normal d'apprêtage, vient s'ajouter une modification corrélative dans le procédé normal du foulage.

Lustre. — Qu'il s'agisse de l'apprêt « ras », de l'apprêt « drap ou lainé » ou de apprêt « gommé », on s'efforce, dans la plupart des cas, de donner au tissu rasé, lainé ou gommé, un lustre plus ou moins accentué. Ce lustre est donné au fil, s'il s'agit de l'apprêt ras, au poil, s'il s'agit de l'apprêt lainé, à la matière étrangère d'apprêtage incorporée, s'il s'agit de l'apprêt gommé; ceci dans le cas tout au moins où l'incorporation de cette matière d'apprêtage a été poussée assez loin pour l'amener à recouvrir la face d'endroit du tissu.

Dimensions finales. — Mais, comme nous l'avons dit plus haut, les opérations d'apprêt n'ont pas pour seul but de donner au tissu son aspect final. Elles doivent aussi lui donner les dimensions finales, en largeur et en longueur, désirées. De là, la nécessité de soumettre le tissu à des opérations de « rentrage », dont la plus énergique est le foulage, donné éventuellement, et dont les autres, plus légères, se réalisent en soumettant le tissu à l'action de l'humidité.

Fixage. — Enfin le tissu, auquel on a donné son aspect et ses dimensions définitives, doit être fixé dans cet aspect et dans ces dimensions. Il ne doit à l'usage, ni se déformer en perdant la touche finale qu'on lui a ainsi imprimée, ni se raccourcir dans l'un ou dans l'autre sens sous l'influence de l'humidité. Ou, du moins, les modifications qu'il pourra subir à l'usage devront-elles être réduites au minimum possible. Tel est le but des opérations de fixage, par le moyen desquelles on se propose de maintenir le plus longtemps possible au tissu l'aspect et les dimensions qu'on a entendu lui donner.

Ces opérations de fixage terminent normalement la série des opérations d'apprêts. On les pratique cependant parfois, au cours même de ces opérations d'apprêt, quand on veut donner à la pièce un *fixage provisoire* devant lui permettre de supporter sans trop se déformer une des opérations qui suit. Le cas se présente notamment pour l'apprêtage des tissus de laine peignée à teindre en pièce. En dehors du fixage final ces tissus reçoivent un fixage provisoire avant teinture leur permettant de ne pas se déformer notablement dans ce bain de teinture.

B. PRINCIPE DES PRINCIPALES OPÉRATIONS D'APPRÊT.

Les principales opérations d'apprêt à envisager résultent des considérations développées plus haut. On pourra distinguer en conséquence :

1° Les opérations ayant pour but de donner au tissu son aspect final : aspect lainé, aspect ras, aspect gommé, ou autres aspects éventuels ;

2° Les opérations ayant pour but de lui donner son lustre final ;

3° Les opérations ayant pour but de lui donner ses dimensions finales ;

4° Les opérations ayant pour but de *fixer* l'aspect final et les dimensions finales ainsi obtenues;

5° Enfin on peut noter encore certaines opérations accessoires de désencollage, dégraissage, séchage, etc.

Nous allons passer successivement en revue ces diverses opérations et indiquer comment on les réalise.

Mais la plupart d'entre elles reposent sur un même principe d'ordre général qu'il convient en conséquence de commencer par exposer.

Quand on soumet une fibre textile à l'action de l'eau, un double phénomène se produit. Tout d'abord la fibre, si elle présente des vrilles (cas de la laine ou du coton), tend à se dévriller, à perdre sa forme en tire-bouchon, à redevenir droite. Sa longueur de ce chef tend donc à augmenter. Mais, en même temps, il se produit une augmentation de densité, un tassement de la matière, déjà signalé plus haut à propos du feutrage de la laine, qui tend au contraire à réduire sa longueur.

Si, au lieu d'une fibre, il s'agit d'un fil constitué, l'allongement résultant de la suppresssion plus ou moins accentuée des vrilles disparaissant ici en grande partie du fait même de la torsion imprimée, le résultat net sera une réduction de la longueur du fil.

En même temps la fibre devenue humide acquiert des propriétés plastiques accentuées : elle peut, beaucoup plus facilement qu'à l'état sec, se plier à tel ou tel effort ayant pour but d'achever de la redresser ou encore de la coucher dans une direction régulière.

C'est surtout en ce qui concerne la laine que ces considérations sont exactes.

Le brin de laine sec est cassant, manque de plasticité. Il se plie mal à toute action ayant pour but de lui assigner dans la masse une place déterminée. L'effort ainsi exercé sur lui risque de le briser. Enfin, cet effort cessant, le brin, sous l'influence des vrilles, tend à reprendre sa position désordonnée primitive.

Le brin de laine humide, dont les vrilles ont été redressées, obéit au contraire facilement à cet effet. Il ne se brise pas au cours de l'opération, prend facilement la place qu'on a entendu lui assigner, et la garde une fois l'action terminée.

On peut comparer la laine humide à une chevelure mouillée qui se sépare et se couche facilement sous l'action du peigne, alors que la même chevelure à l'état sec résiste à cette action et reprend, dès qu'elle cesse, son aspect primitif hérissé.

Il résulte de ce qui précède qu'un tissu mouillé se rétrécira toujours plus ou moins dans les deux sens, le retrait étant beaucoup plus considérable au surplus pour les tissus de laine que pour les tissus de fibres végétales. Si à l'action de l'eau on joint pour ces tissus de laine une action mécanique par chocs, compressions ou frictions, on pourra réduire leurs dimensions dans des proportions considérables. C'est là le principe du foulage étudié déjà plus haut. Mais pour tout tissu, quel qu'il soit, il y aura rentrage, c'est-à-dire léger foulage dès qu'on le soumettra à l'action de l'eau.

Il en résulte également qu'un tissu mouillé, devenu plastique, sera placé dans les meilleures conditions possibles pour obéir à toute action ayant pour but de lui donner son aspect ou ses dimensions finales. C'est là le principe de l'opération du ramage (opération d'extension du tissu), de l'apprêt lainé (opération qui a pour résultat de coucher les fibres dans une direction régulière), du décatissage au rouleau ou vaporisage à la colonne (opération qui consiste à enrouler le tissu sur un rouleau muni d'orifices livrant passage à la vapeur), etc.

Mais cette contexture finale donnée ainsi au tissu, il faut qu'il la conserve à l'usage, même après disparition de l'humidité anormale introduite aux apprêts.

C'est ici qu'un troisième élément intervient, la chaleur. Si, pour imprimer au tissu sa contexture finale, on le soumet à une action mécanique quelconque en présence, non plus seulement de l'humidité mais de la chaleur et si on le laisse ensuite se refroidir, on réalise ainsi une sorte de trempe de l'étoffe. Le tissu ainsi traité ne perdra plus, sous l'influence d'une dessiccation ultérieure, la contexture finale qui lui a été donnée. Les variations de l'état hygrométrique seront sans influence sur lui ou du moins n'auront qu'une influence modérée. C'est là le principe du fixage.

Pour détruire cet effet de fixage il sera nécessaire de porter l'étoffe à une température supérieure à la température à laquelle le fixage a été donné. Pour être assuré d'un effet permanent, ou du moins assez prolongé, il suffira donc d'adopter une température de fixage assez élevée.

On peut résumer ce qui précède sous le raccourci suivant :

Pour donner à une étoffe l'aspect et les dimensions désirées, on la soumet à l'état humide à une action mécanique appropriée. Le tissu (particulièrement le tissu de laine) devenu plastique sous l'influence de l'humidité se prête facilement à cette action. Pour fixer l'aspect et les dimensions ainsi réalisées, on porte le tissu à une haute température, de préférence en présence de l'humidité, et on le laisse se refroidir.

Production de l'apprêt lainé.

On donne l'apprêt lainé (à un drap ou, éventuellement à un tissu de coton) en faisant agir sur ce drap des aiguilles ou des chardons métalliques, ou encore des chardons naturels disposés de façon que leurs pointes viennent appuyer sur la surface du drap.

La disposition prise pour effectuer le lainage peut être, par exemple, celle représentée par la figure 32.

Cette figure donne le schéma d'une laineuse simple pour drap à un contact.

Elle se compose d'un tambour A dont la surface est recouverte de cadres métalliques garnis de chardons M. Ce cylindre tourne toujours dans le même sens.

Le drap est enroulé sur une ensouple de bois B. Il passe sur un rouleau d'appui D, puis se présente à l'action des chardons, et va ensuite s'enrouler sur une deuxième ensouple C après avoir passé sur le second rouleau d'appui E. Quand il est complètement enroulé sur C, on change le sens de rotation des ensouples et le drap revient de C en B.

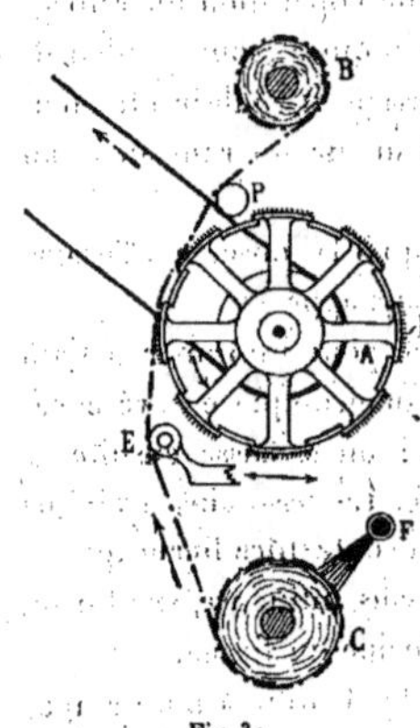
Fig. 32.
Laineuse simple.

Parallèlement à l'axe du rouleau C se trouve un tuyau F percé de trous sur toute sa longueur qui permet l'arrosage du drap.

L'action des pointes des chardons qui viennent successivement attaquer le tissu se traduit par un garnissage de l'étoffe. Les fils de chaîne attaqués dans le sens de leur longueur, et les fils de trame attaqués plus énergiquement par le travers, laissent extraire de leur masse les filaments qui vont constituer le duvet ou poil recherché.

Mais une précaution essentielle pour obtenir ce duvet ou ce poil consiste à pratiquer le lainage ou le garnissage sur le drap *mouillé*. De là l'introduction dans la machine du tuyau F qui permet un arrosage à volonté. Sans cette précaution essentielle, il serait impossible d'obtenir le résultat désiré.

Le grattage des draps par les chardons de la laineuse produit en effet suivant qu'il est pratiqué sur le tissu humide ou sec des résultats tout différents.

On le pratique sur le tissu humide quand on veut lainer ou garnir le tissu ; c'est-à-dire provoquer à sa surface la production d'un poil abondant. Le but recherché est alors de ne détruire aucun des filaments isolés flottant déjà avant lainage à la surface de l'étoffe, et en outre de multiplier le nombre de ces filaments de façon à obtenir la densité de duvet voulue.

On le pratique au contraire *parfois* sur le tissu *sec*, quand, loin de vouloir garnir ou lainer l'étoffe, on se propose de lui donner l'aspect ras, c'est-à-dire de la débarrasser de tout le duvet qu'elle peut présenter après tissage.

Dans le premier cas, et suivant le principe général exposé plus haut, l'action des chardons ne se traduit pas par l'enlèvement du duvet préexistant. Ce duvet est simplement couché à la surface du tissu, et il en est de même du duvet supplémentaire que les pointes des chardons extraient des différents fils composant l'étoffe.

Dans le second cas au contraire le duvet préexistant résiste à l'action des chardons. Une partie de ce duvet se brise et disparaît par suite d'un brossage ultérieur. Ce qui reste est, non pas couché, mais recroquevillé à la surface du tissu, et il en est de même du duvet supplémentaire produit pas le grattage de l'étoffe, duvet dont on ne recherche pas au surplus la production. puisque, loin de le conserver, on va ensuite l'enlever complètement, ainsi que le duvet préexistant non brisé, par une tonte poussée à fond.

Dans l'apprêt lainé, on pratique aussi une tonte après lainage. Comme il s'agit ici non de faire disparaître le poil, mais de le régulariser, la tonte n'est pas poussée à fond, et a seulement pour but de couper tous les duvets constituant le poil à la même hauteur voulue.

Le principe de la tonte des tissus est le suivant (fig. 33).

Le tissu DD. . . guidé par la table T arrive au contact de lames hélicoïdales L, L coupantes portées par un cylindre tournant C. Ces lames hélicoïdales sont dites lames

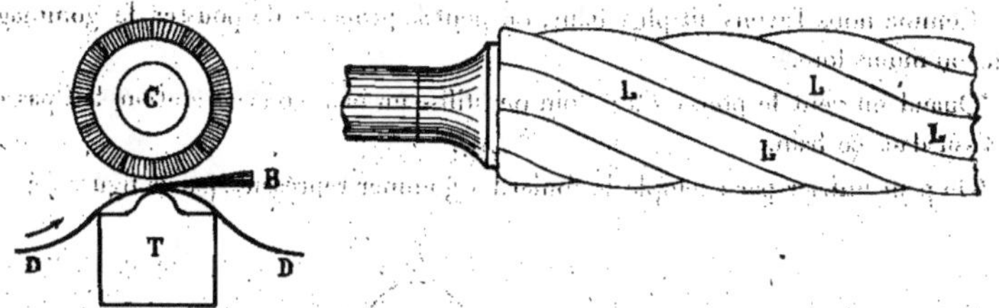

Fig. 33. — Schéma du mécanisme de tonte.

supérieures ou mâles. Le duvet se trouve en outre maintenu par une lame inférieure B dite lame femelle, placée de façon à réaliser la hauteur de coupe voulue. Il se trouve ainsi coupé comme avec une paire de ciseaux.

Enfin pour bien coucher le poil dans la direction voulue on procède à son brossage au moyen de strickeuses (voir plus loin apprêt des draps cardés).

Pour obtenir un résultat parfait on reprend souvent la série des opérations qui précèdent, lainage, tonte, brossage, et on répète ces opérations le nombre de fois qui apparaît comme nécessaire.

Production de l'apprêt ras.

On obtient l'apprêt ras par le grillage ou flambage ou par la tonte pratiquée alors au ras.

Nous venons de donner le principe de la tonte.

Quant au grillage ou au flambage, il consiste simplement à faire passer le tissu au-dessus d'une flamme (rampe à gaz, etc.) ou au-dessus d'une plaque chauffée (grillage à la plaque).

Le grillage comme la tonte élimine les filaments isolés flottant à la surface du tissu.

Ils sont fréquemment utilisés l'un et l'autre au cours des opérations d'apprêts des tissus ras.

Avant la tonte on pratique *parfois* un grattage à la laineuse. Mais comme nous venons de le voir, ce grattage à la laineuse s'effectue alors au *sec*, et, loin de tendre à garnir, à lainer le tissu, il a pour but au contraire de faciliter la tonte au ras en disposant les filaments flottants dans les meilleures conditions possibles pour être éliminés par les lames de la tondeuse.

Production de l'apprêt gommé.

*Comme nous l'avons dit plus haut, on peut se proposer de pousser le gommage plus ou moins loin.

*Quand on veut le pousser très loin on utilise un bain concentré et on fait passer le tissu dans ce bain.

*On peut utiliser par exemple le foulard à gommer représenté par la figure 34.

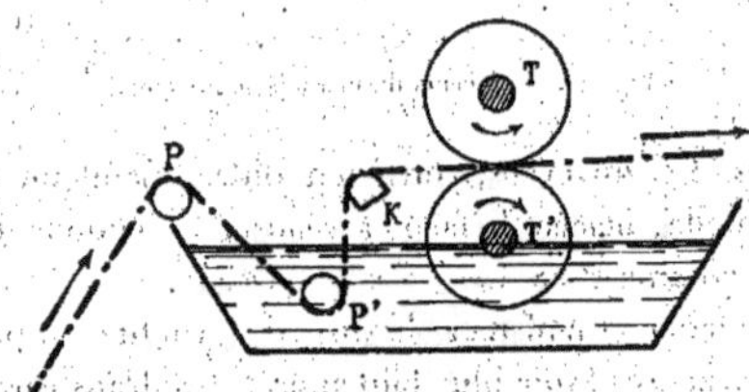

Fig. 34. — Foulard à gommer.

*Le tissu passe sur un rouleau p, puis pénètre dans le bain, passe au-dessous du rouleau p', puis sur une surface rugueuse K, enfin entre deux gros rouleaux T et T'.

*Quand on veut éviter que la matière étrangère incorporée vienne recouvrir la face d'endroit du tissu on ne fait pas plonger le tissu dans le bain. Le gommage s'obtient alors en faisant passer l'étoffe entre deux cylindres, dont l'un, le cylindre inférieur, plonge seul dans le bain.

*L'appareil généralement utilisé pour le gommage des tissus dans ces conditions porte le nom de pérotine.

*La figure 35 en donne le schéma.

*Le tissu S passe entre deux rouleaux de pression dont l'un G gravé, en bronze, s'imbibe de colle à sa surface en passant dans un bac à colle M, et dont l'autre R reçoit le tissu.

*Entre ce dernier et l'étoffe se trouve une toile T ou un feutre sans fin qui circule avec elle et qui empêche la colle de se fixer sur l'autre face du tissu et, par suite, de

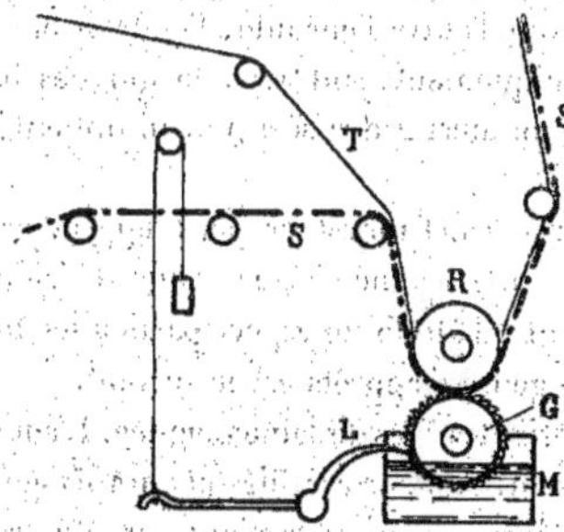

Fig. 35. — Pérotine.

l'imbiber complètement. Des cylindres sécheurs sèchent immédiatement cette toile qui arrive toujours à l'état sec au rouleau R. Une racle L permet de régler la quantité de colle à la surface du cylindre G.

*Les matières étrangères ainsi incorporées varient avec la nature de la fibre textile entrant dans la composition du tissu.

*S'il s'agit de tissus de coton ou de lin on utilise les substances épaississantes comme l'amidon, la fécule de pomme de terre, ou des substances grasses comme le savon, les cires, les huiles diverses, ou des substances chargeantes minérales comme le kaolin, le talc, la baryte. La fécule est la plus employée de toutes ces substances, et entre dans presque toutes les recettes d'apprêts.

*S'il s'agit de tissus de laine on n'emploie guère que des colles ou gommes solubles, colles à base de gélatine, de glycérine et parfois de glucose, gomme du Sénégal, gomme adragante, etc.

Autres genres d'apprêts.

*Les trois genres d'apprêts que nous venons d'étudier sont de beaucoup les plus répandus. On peut au surplus les pousser plus ou moins loin, et combiner d'autre part l'apprêt gommé avec l'apprêt ras ou lainé, ce qui conduit à un assez grand nombre de sous-catégories d'apprêts différentes.

*De plus les tissus de coton ou de lin que l'on a gommés passent en général après gommage par l'une ou l'autre des machines d'apprêt définitives, que nous énumérons plus loin, et dont chacune leur imprime un aspect final différent.

*Pour épuiser ce sujet signalons enfin deux genres d'apprêts spéciaux, dont l'un dérive de l'apprêt lainé et dont l'autre, tout spécial, mérite une mention particulière.

*Le premier genre d'apprêt est l'apprêt dit « velours » donné parfois au tissu de laine cardée. Après lainage énergique du tissu, la pièce tendue entre deux rouleaux, dont l'un la déroule tandis que l'autre l'enroule, l'endroit en dessus, est battue, soit avec des battes mues mécaniquement, soit avec de longues baguettes mues manuellement. Les fibres se trouvent ainsi redressées, et on obtient de la sorte une surface à poils debout.

*Le second genre d'apprêts est l'apprêt crêpé. L'apprêt crêpé est appliqué assez fréquemment aux tissus de laine peignée légers pour développer à leur surface des reliefs ou bosselures donnant à l'étoffe un aspect particulier fort en vogue à certaines époques. Le principe de ce genre d'apprêts est le suivant.

*Le plus souvent on vaporise les filés de laine peignée. L'action de la chaleur humide suivie du refroidissement se traduit sur ces filés par un fixage suivant le principe posé plus haut. Les filés ainsi traités, surtout s'ils n'ont pas été trop tordus, n'auront pas tendance à se détordre au cours des diverses opérations d'apprêts et échapperont par suite au vrillage.

*Si au contraire on ne procède pas au vaporisage de ces filés, et si de plus on leur donne une très forte torsion, ils auront tendance, une fois transformés en tissus, à se détordre et à vriller. Ce vrillage ne se produit pas tant que les filés restent chargés de la matière d'encollage qui les agglutine. Mais il suffit de les plonger dans un bain, de préférence acide, pour éliminer cette matière, et obtenir l'effet de relief désiré.

Production du lustre.

L'effet de lustre produit à la surface d'un tissu dépend tout d'abord de la nature des fils entrant dans sa composition. Le lustre est d'autant plus parfait que la lumière se réfléchit mieux à la surface de l'étoffe, et des filés de laine peignée par exemple, filés bien lisses en général, donneront un effet de lustre supérieur à celui présenté par des filés de laine cardée, beaucoup moins réguliers et à surface beaucoup moins nette.

Mais, quel que soit le lustre naturel de la matière, on se propose en général de le développer, et cela quel que soit également le mode d'apprêt donné, apprêt ras, apprêt lainé ou apprêt gommé.

Dans le premier cas, l'effet de lustrage s'exerce sur le fil, dans le second cas sur le poil, dans le troisième cas sur la matière incorporée elle-même, en admettant toutefois que cette matière ait été introduite en quantité suffisante pour recouvrir la face d'endroit du tissu.

Dans les trois cas, c'est par un effort de compression que l'on atteint le but désiré.

On conçoit en effet que le tissu étant soumis à cet effort de compression, chacun des fils de chaîne ou de trame va prendre sa place régulière dans l'étoffe. Notons à ce sujet que cette sorte d'alignement des fils de chaîne et de trame, cette sorte d'incorporation de ces fils dans le tissu, sera d'autant plus nécessaire que l'armure du tissu sera moins liée, que chaque fil de chaîne par exemple décrira autour des fils de trame qu'il rencontre des ondulations plus accentuées. Plus l'armure du tissu présentera de flottés et plus il faudra comprimer le tissu pour aplatir ces flottés et former une véritable étoffe du canevas livré par le tissage.

Si, au lieu d'un tissu à apprêt ras, il s'agit de traiter un tissu à apprêt lainé, la compression agira sur les fils de ce tissu (fils non apparents) comme dans le cas précédent. Mais en même temps elle agira sur le poil qui recouvre les fils et fera rentrer dans la masse tous les filaments qui tendraient à en sortir.

En résumé, dans tous les cas, la compression se traduira par le résultat suivant : elle aplanira l'étoffe et lui donnera une surface régulière réfléchissant bien la lumière. Cette compression peut se donner à froid ou à chaud, à sec ou en présence de l'humidité.

Le meilleur procédé consiste à la donner à chaud et en présence de l'humidité. Nous savons en effet que l'humidité augmente la plasticité de la fibre, la rend plus docile aux efforts exercés. Les fils, le poil prendront donc plus facilement la place qu'ils doivent occuper dans le tissu s'ils sont comprimés au mouillé au lieu de l'être au sec. L'action de l'eau achèvera en outre de donner à l'étoffe ses dimensions finales.

Enfin si on opère à température élevée le tissu après refroidissement se trouvera « fixé » conformément à ce qui a été dit plus haut, et l'on aura ainsi rendu durable l'effet de lustre recherché. Une seule opération aura permis de réaliser le lustre, de le rendre durable et de donner au tissu ses dimensions finales.

En fait, la compression est très rarement donnée à froid. On la donne presque toujours à chaud, ce qui est logique, mais assez souvent à sec, ce qui l'est moins.

Les machines utilisées pour produire le lustre désiré sont assez nombreuses. On peut les ranger dans les catégories suivantes :

1° *Presse hydraulique.* — Dans la presse hydraulique utilisée pour les étoffes en laine, la compression est donnée le plus souvent à chaud et au sec (fig. 36).

On dispose d'abord sur une fausse presse le drap à presser plié dans le sens de la largeur. Entre chaque plis de l'étoffe est interposé un carton glacé, à surface bien lisse par conséquent, et que l'on a préalablement chauffé.

La fausse presse comporte un plateau inférieur AB et un plateau supérieur CD. Des montants EF, GH relient les deux plateaux. Au début de l'opération ces montants ne sont pas fixés à leur partie supérieure par des écrous, et les deux plateaux peuvent en conséquence se rapprocher. A la fin de l'opération on place ces écrous, et la distance verticale qui sépare ces deux plateaux se trouve ainsi fixée.

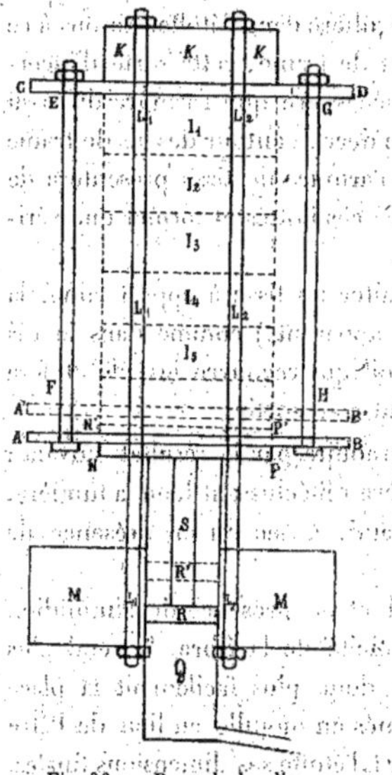

On dispose successivement les pièces à traiter les unes au-dessus des autres entre les deux plateaux AB et CD de la fausse presse de façon à remplir tout l'intervalle entre ces plateaux. Les pièces occupent les positions I_1, I_2, I_3, I_4, I_5, chacune d'elles étant pliée comme il vient d'être dit, et un carton glacé étant placé dans l'intérieur de chaque pli.

Cette opération préliminaire effectuée, la fausse presse est conduite à la presse hydraulique proprement dite.

Cette presse se compose d'un butoir supérieur K, de colonnes très solides L_1 et L_2 assurant la fixité de ce butoir en le reliant à une masse M fixée elle-même au sol, d'un plateau inférieur NP, enfin d'un cylindre Q dans lequel se meut un piston R. Ce piston R est relié par la partie cylindrique S au plateau inférieur NP. En comprimant l'eau dans le cylindre Q, on fait monter le piston R et par suite le piston NP.

Fig. 36. — Presse hydraulique.

C'est sur ce plateau NP que l'on dispose le plateau AB de la fausse presse au début de l'opération.

Le piston R monte jusqu'en R', le plateau NP jusqu'en N'P' et le plateau AB jusqu'en A'B'.

Comme le plateau supérieur EF de la fausse presse se trouve maintenu par le butoir K, cette montée se traduit par une compression générale de l'étoffe.

Quand la pression est suffisante on place les écrous sur les montants EF et GH, et la pression donnée se trouve ainsi fixée.

On retire alors la fausse presse de la presse hydraulique et on laisse le drap sous pression pendant le temps voulu, souvent dix ou douze heures

2° *Presse continue.* — La presse hydraulique ne permet pas de travailler d'une façon continue. On presse à chaque fois un métrage déterminé de drap.

Il existe d'autres systèmes de presse, au surplus moins énergiques, permettant de presser le drap d'une façon continue.

Dans ces appareils le drap passe soit une fois entre un cylindre C et une cuvette A (figure 37 a), soit deux fois entre le même cylindre, et deux cuvettes successives A, A,

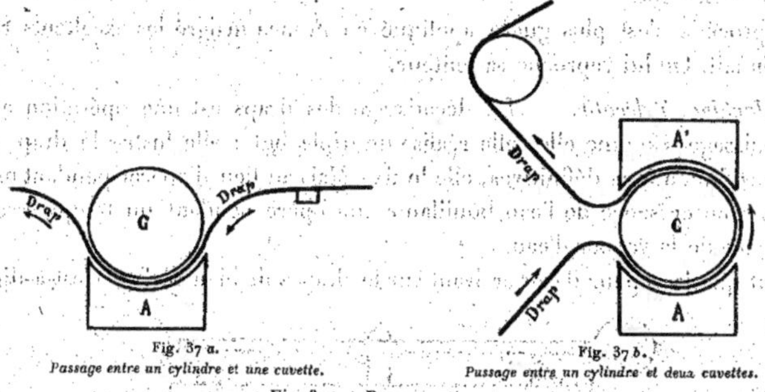

Fig. 37 a.
Passage entre un cylindre et une cuvette.
Fig. 37 b.
Passage entre un cylindre et deux cuvettes.
Fig. 37. — Presse continue.

(figure 37 b). Le cylindre et la ou les cuvettes sont fortement serrés les uns contre les autres. Ils sont chauffés à la vapeur. Enfin le drap est généralement humecté à son entrée dans l'appareil.

Ces appareils agissent non seulement par compression, mais aussi par friction.

3° Machines à cylindrer et à calandrer. — Ce sont des machines utilisées dans l'apprêt des tissus coton.

*Dans la machine à cylindrer le tissu passe entre deux cylindres superposés (parfois entre plusieurs paires), l'un en fonte, l'autre en papier comprimé. Le cylindre en fonte est creux et chauffé à la vapeur. Dans sa marche le tissu, préalablement humecté, se trouve appuyé contre ce cylindre par sa face d'endroit. Les deux cylindres sont fortement appuyés par pression l'un sur l'autre.

*Dans la machine à calandrer on procède à l'enroulage du tissu sur des rouleaux en bois, et l'on soumet les rouleaux à une très forte pression.

*La première machine agit par compression et friction, la dernière par compression.

4° Bouillissage ou ébrouissage des draps. — Sous le nom d'ébrouissage on désigne une opération appliquée très fréquemment autrefois en France pour réaliser le triple but indiqué plus haut : donner du lustre aux draps (surtout aux draps peignés), leur donner leur retrait définitif, enfin « fixer » les draps dans l'aspect final et les dimensions finales ainsi réalisées.

*L'ébrouissage consiste à enrouler la pièce à traiter sur un rouleau en bois, en la serrant très fortement de façon à assurer une forte compression par suite de l'enroulement lui-même. Au cours de l'opération on tire sur la pièce dans le sens de la largeur pour bien la tendre et superposer bien exactement les lisières. Puis le rouleau ainsi constitué est introduit dans une cuve d'eau bouillante, dans laquelle on le maintient pendant un certain temps, l'eau continuant à bouillir. On le laisse ensuite refroidir lentement.

*Ce procédé n'est plus guère appliqué en France malgré les excellents résultats qu'il donnait. On lui reproche sa lenteur.

5° *Machines à décatir.* — Le décatissage des draps est une opération analogue à l'ébrouissage. Comme elle, elle réalise un triple but : elle lustre le drap, elle lui donne ses dimensions définitives, elle le fixe. Mais au lieu d'opérer pendant un temps assez long en présence de l'eau bouillante, on opère pendant un temps assez court en présence de la vapeur d'eau.

Il faut que la vapeur d'eau arrivant sur le drap soit bien sèche, c'est-à-dire assez

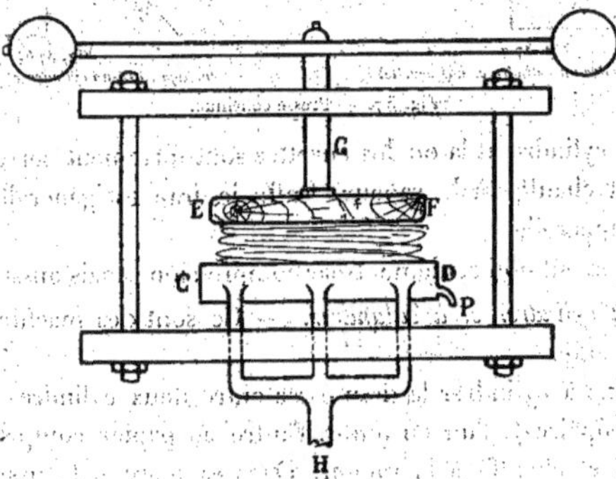

Fig. 38. — Table à décatir.

éloignée du point de condensation. Autrement dit, elle ne doit commencer à se condenser qu'après avoir imprégné entièrement le drap dans lequel elle pénètre par l'une de ses faces. Dans le cas contraire on risquerait, par la production prématurée de gouttes d'eau sur telle ou telle partie de la pièce, de voir ces parties saisies avant le reste de l'étoffe, ce qui se traduirait à la vue par des taches à la surface du tissu.

Les machines à décatir comprennent les deux types principaux suivants :

a) *Table à décatir.* — La table à décatir comprend une table métallique CD percée d'un grand nombre de trous (figure 38). C'est sur cette table que l'on place le drap plié dans le sens de sa largeur.

On le maintient fortement serré au moyen d'un plateau en bois EF appuyé contre le drap par la vis de pression G. La vapeur arrive par le tuyau H, puis pénètre à travers les plis du drap par les orifices de la table. L'eau de condensation est évacuée par des purgeurs P.

b) *Rouleau ou colonne de décatissage.* — Dans la table à décatir la pression est donnée par un plateau comme dans la presse continue.

Dans le rouleau ou dans la colonne de décatissage la pression résulte de l'enroulement du tissu lui-même sur un rouleau comme dans les machines à calandrer ou dans les machines d'ébrouissage. Parfois cette pression due à l'enroulement est accrue par la pression même de la vapeur.

Dans un premier système de décatissage à la colonne on fait traverser le tissu enroulé sur un rouleau creux par de la vapeur venant d'une tuyauterie intérieure au rouleau.

Dans un second système de beaucoup préférable, on force par l'action du vide la vapeur à traverser le tissu enroulé de l'extérieur vers l'intérieur du rouleau. Le tissu enroulé sur le rouleau creux est placé dans un autoclave contenant la vapeur bien sèche. On fait le vide ensuite dans l'intérieur du rouleau. La vapeur attirée par le vide traverse le tissu de l'extérieur vers l'intérieur. Le tissu se trouve ainsi comprimé par l'action de la vapeur elle-même et, d'autre part, il se trouve placé dans les meilleures conditions possibles pour être traversé par cette vapeur même à basse pression.

En résumé le lustre s'obtient par la compression du tissu qui s'exerce soit par le moyen de plateaux (presse hydraulique, table à décatir) appliqués sur l'étoffe repliée sur elle-même, soit par suite de l'enroulement même du tissu sur un support (ébrouissage, machine à calandrer, colonne ou rouleau de décatissage), soit par compression et friction simultanées en faisant passer le tissu entre deux surfaces serrées l'une contre l'autre (presses discontinues, machines à cylindrer).

Toutes ces machines opèrent à chaud (sauf cependant parfois les presses). La plupart d'entre elles opèrent à l'état humide. Il n'y a guère que les presses qui opèrent généralement au sec.

Opérant à chaud et à l'état humide elles donnent non seulement le lustre, mais le retrait définitif du tissu dans les deux sens et opèrent en outre son fixage.

Opérations ayant pour but de donner au tissu ses dimensions finales.

On réduit les dimensions d'un tissu en le soumettant à l'action de l'humidité.

S'il s'agit d'un tissu en laine on peut avoir en vue de réduire ces dimensions dans des proportions très accusées. On le soumet alors au foulage.

Dans tous les autres cas, on constate au cours des diverses opérations d'apprêts un faible retrait chaque fois que le tissu se trouve en présence de l'eau soit sous forme liquide, soit sous forme de vapeur. Ce retrait peut ne pas être intentionnel; il se produira naturellement, et sans qu'on l'ait cherché, chaque fois que le tissu se trouvera plongé dans un bain de désencollage, dégraissage, teinture, etc. Il peut au contraire être intentionnel, et avoir pour but d'éviter qu'à l'usage, à la suite de lavages réitérés par exemple, ou simplement en présence de l'humidité, le tissu, transformé en effet, ne vienne à se rétrécir d'une façon fâcheuse. On lui donne donc avant de le livrer à la confection son retrait final. Ce retrait se donne pour les tissus cotons non apprêtés par une immersion plus ou moins prolongée dans un bain d'eau chaude (décatissage) ou dans un bain de savon (lessivage). Pour les tissus de laine cardée il se donne à la clôture des opérations d'apprêts. C'est le décatissage final obtenu sur les machines à décatir à la vapeur que nous venons d'étudier plus haut.

Mais parfois, et au cours même des opérations d'apprêts, on étire au contraire intentionnellement le tissu dans les deux sens de façon à le redresser, à obtenir des lisières bien droites. C'est l'opération du ramage.

Cette extension de l'étoffe s'effectuera suivant les principes exposés plus haut dans les meilleures conditions possibles si on opère à chaud et en présence de l'humidité, la laine en particulier étant éminemment plastique et se pliant facilement dans cet état aux efforts exercés sur elle.

Les appareils d'extension sont très nombreux. Nous ne citerons que les principaux d'entre eux.

a) L'élargisseur Palmer, utilisé fréquemment dans l'apprêtage des tissus de coton ou de laine peignée, comprend deux disques recouverts d'une couronne de caou-

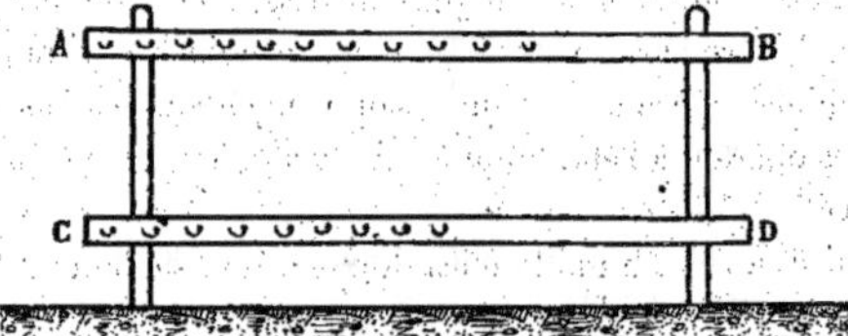

Fig. 39. — Rameuse à air libre.

tchouc à leur circonférence et sur laquelle vient appuyer une chaîne métallique. Les deux lisières du tissu sont pincées entre le caoutchouc et la chaîne, et maintenues à la distance voulue.

b) La rameuse à air libre (figure 39) se compose de deux perches de bois horizontales montées sur des poteaux verticaux. Ces perches ou rames ont une longueur égale à celle de la pièce à ramer. La distance verticale qui les sépare est égale à la largeur du drap. On peut d'ailleurs faire varier cette distance pour tendre le drap à volonté ; à cet effet la rame inférieure est mobile et peut être descendue à volonté le long des poteaux. Chaque rame est munie de forts crochets recourbés que l'on enfonce dans les lisières.

c) La rameuse mécanique se compose d'une longue chambre métallique ABCD (figure 4o). Le drap circule dans cette chambre dans le sens indiqué par les flèches.

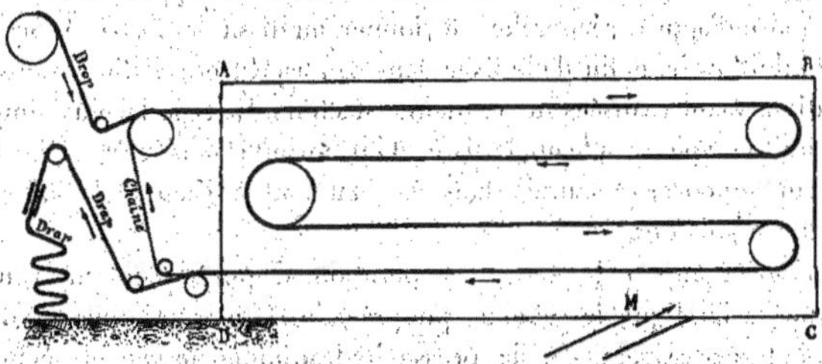

Fig. 4o. — Rameuse mécanique.

Il est fixé par des crochets pénétrant dans ses lisières à des chaînes guidées elles-mêmes par des coulisses. Les chaînes se déplacent sur les coulisses, entraînant ainsi le drap dans leur mouvement.

La pièce avant son entrée dans l'appareil reçoit un jet de vapeur. L'appareil lui-même est chauffé à la vapeur et aussi par un courant d'air chaud arrivant en M.

d) Signalons enfin les rameuses immergées dans lesquelles l'extension du tissu dans les deux sens s'effectue, l'appareil à ramer étant ainsi plongé dans de l'eau très chaude. Le tissu ainsi traité se fixe lors du refroidissement et ne rentre presque plus aux lavages ultérieurs. On utilise des rameuses de ce genre quand on veut obtenir des flanelles à peu près irrétrécissables.

Opérations de fixation du tissu.

Nous avons indiqué plus haut le principe du fixage. On fixe un tissu dans ses dimensions et dans son aspect final en lui donnant cet aspect final en présence de la chaleur humide. S'il s'agit d'un tissu de laine cardée en particulier, on terminera la série des opérations d'apprêts par un décatissage ou vaporisage à chaud. Le tissu après refroidissement se trouvera à peu près définitivement fixé. Il ne rétrécira plus à l'usage, au moins d'une façon appréciable, et conservera son lustre pendant un certain temps. Remarquons que l'on pourrait au lieu de décatir le tissu le traiter par l'eau bouillante après enroulement sur un support; mais comme nous l'avons fait remarquer plus haut, ce vieux procédé de l'ébrouissage n'est plus guère en honneur aujourd'hui.

Résumé des considérations qui précèdent.

En résumé pour apprêter un tissu il suffirait théoriquement : 1° de lui donner le genre d'apprêts adopté, à l'aide de laineuses et tondeuses s'il s'agit de l'apprêt lainé, à l'aide d'appareils à griller et de tondeuses s'il s'agit de l'apprêt ras, etc.; 2° une fois réalisé, le genre d'apprêt recherché de donner au tissu le lustre et les dimensions finales qu'il doit avoir, enfin de le fixer dans son aspect et ses dimensions finales, ces trois opérations étant réalisées sur la même machine. Le type le plus simple de cette machine serait le type à rouleau, le tissu étant enroulé bien serré et les lisières bien droites sur un support, et soumis dans cet état soit à l'action de la vapeur, soit à celle de l'eau bouillante.

En fait pour la plupart des tissus les opérations d'apprêts sont un peu plus compliquées que ne l'indique le schéma qui précède. C'est ainsi que les draps cardés lourds passent successivement à la presse hydraulique chaude et sèche, puis à la table à décatir, que les draps peignés passent souvent par la colonne de décatissage, la presse continue et la presse hydraulique, etc.

§ 3. — APPRÊTS LES PLUS USITÉS DES DIFFÉRENTES SORTES DE TISSUS.

A. OPÉRATIONS COMMUNES POUVANT ÊTRE CONSIDÉRÉES COMME DES OPÉRATIONS ACCESSOIRES DU TISSAGE.

Les tissus subissent après tissage certaines opérations destinées à remédier aux défauts légers du tissage.

Ces opérations sont les suivantes :

L'énopage qui consiste à enlever les nœuds que peut présenter le tissu;

L'épincetage qui consiste à enlever avec une petite pince les pailles et gratterons qui peuvent subsister;

Le **rentrayage** qui consiste à réparer à la main les déchirures ou trous du tissu; déchirures ou trous produits au tissage ou produits encore par les deux opérations qui précèdent.

Souvent ces opérations sont répétées si le besoin s'en fait sentir, au cours même des opérations d'apprêts. Pour les draps foulés en particulier il faut le plus souvent procéder à un épincetage après foulage, les pailles n'apparaissent bien que quand le tissu a été débarrassé par le dégraissage de la matière grasse introduite à l'ensimage.

Remarquons que l'épincetage devra être poussé plus ou moins loin suivant que l'on sera en présence d'une matière plus ou moins épurée. Si un tissu de laine par exemple a été réalisé avec une matière bien épaillée au préalable (voir titre I), l'épincetage devient inutile.

B. **APPRÊTS DES DRAPS CARDÉS.**

Comme nous l'avons vu, les draps cardés sont généralement foulés et reçoivent le plus souvent l'apprêt « lainé » ou « drap ». C'est ce genre d'apprêts que nous allons décrire ci-dessous.

Pour donner à un drap cardé sorti du foulage l'apprêt lainé, la suite des opérations est la suivante :

On commence par garnir ou lainer l'étoffe à la laineuse, en opérant à l'*état humide*. Puis on procède (pas toujours) au « gitage », opération qui consiste à coucher le poil à la brosse dans une seule direction. Puis on essore le drap qui a été mouillé avant lainage. On le fait ensuite sécher à la rameuse. On le brosse à nouveau. On le porte à la tondeuse qui coupe le poil à hauteur uniforme.

Ces divers apprêts sont répétés généralement plusieurs fois (à l'exception du ramage qui n'est donné le plus souvent qu'une fois), le nombre des répétitions étant d'autant plus grand que l'on se propose d'obtenir un drap mieux apprêté.

On appelle « voie » dans le travail de garnissage le passage des chardons d'un bout à l'autre de l'étoffe. La pièce qui a présenté successivement toutes ses parties à l'action des chardons a donc reçu une voie.

On fait passer en fait plusieurs fois la pièce devant les chardons. Elle a donc reçu plusieurs voies avant d'être portée à la tondeuse. La tondeuse elle-même lui donne souvent successivement plusieurs coupes.

On dit que le drap a reçu une « eau » quand il a été ainsi soumis successivement à l'action de la laineuse et de la tondeuse. Le nombre d'eaux reçues par un drap indiquera donc combien de fois ont été répétées la série des opérations (ramage excepté) décrites plus haut.

Une fois la série de ces opérations répétées le nombre de fois jugé nécessaire, on procède aux derniers apprêts qui sont :

Le « gitage » ou « strickage » définitif qui couche définitivement le poil dans le sens voulu ;

Le « pressage » qui donne le lustre désiré ;

Le « décatissage » qui achève d'amener le tissu à ses dimensions définitives, et le fixe après refroidissement.

Parfois l'on donne plus d'un décatissage. Le ou les décatissages supplémentaires se placent alors entre les différentes eaux données au tissu.

Le plus souvent on ne garnit et on ne tond que la face d'endroit du tissu. S'il s'agit de tissus fins, on pourra néanmoins apprêter également la face d'envers.

*Dans tout ce qui précède il n'a été question ni d'épaillage (voir titre I) ni de teinture.

*La question ne se pose pas :

*1° Pour *l'épaillage*, s'il s'agit d'un drap fabriqué avec des laines déjà épaillées, ou, tout au moins, suffisamment propres pour qu'on puisse se contenter pour enlever les pailles d'un simple épincetage ;

*2° Pour *la teinture*, s'il s'agit d'un drap teint en bourre (cas assez fréquent pour les draps cardés) ou en fil (cas très rare).

*Mais si le tissu lui-même doit être épaillé, ou s'il doit être teint en pièce, il convient de marquer la place de l'une et l'autre de ces deux opérations dans la série des opérations postérieures au tissage.

*Épaillage. — Les produits utilisés pour l'épaillage sont surtout l'acide sulfurique, l'acide chlorhydrique et certains chlorures. Ces produits peuvent agir ou non sur la couleur suivant que l'on a utilisé pour réaliser cette couleur tels ou tels colorants.

*Dans le cas où ils agissent sur la couleur on ne devra pas procéder à l'épaillage en pièce s'il s'agit d'un tissu teint en bourre. On procédera dans ce cas à l'épaillage de la laine elle-même avant teinture (voir titre I). Dans le même cas et s'il s'agit d'un tissu teint en pièce on procède à l'épaillage avant de procéder à la teinture. On place alors *l'épaillage* soit avant, soit après le foulage.

*Dans le cas où ces mêmes produits sont sans action sur la teinture, on pourra placer l'épaillage en pièce après la teinture. En fait on le place généralement avant, soit après, soit avant foulage comme dans le cas précédent.

*Teinture. — La teinture en pièce des tissus cardés se place après le foulage. Le drap parfaitement dégraissé au foulage se trouve dans les conditions requises pour bien prendre la teinture. Mais souvent pour *fixer* provisoirement le drap pour l'empêcher de se déformer par trop dans le bain de teinture, on procède entre le foulage et la teinture, surtout s'il s'agit d'un drap léger, à un décatissage-fixage provisoire. Enfin parfois encore pour ces draps légers on intercale également une ou plusieurs « eaux » entre le foulage et la teinture. Le drap sera dans ce dernier cas foulé, puis lainé et tondu, puis décati, puis teint. Après teinture il sera à nouveau lainé et tondu, puis passera à la strickeuse, à la presse et à la machine à décatir finale.

*En résumé la suite des opérations *pourra* être la suivante, suivant les catégories de draps envisagées :

1° Draps à ne pas épailler et à ne pas teindre en pièce.

*Dégraissage, foulage, une ou plusieurs eaux, comprenant le plus souvent un seul ramage, gitage définitif, pressage, décatissage final.

2° Draps à ne pas épailler en pièce mais à teindre en pièce.

*a) *Draps lourds.* — Dégraissage, foulage, décatissage (à la colonne), teinture, une ou plusieurs eaux, gitage définitif, pressage, décatissage final;

*b) *Draps fins légers.* — Dégraissage, foulage, une ou plusieurs eaux, décatissage (à la colonne), teinture, une ou plusieurs eaux, gitage définitif, pressage, décatissage final.

3° Draps à épailler en pièce mais à ne pas teindre en pièce.

*Dégraissage, foulage, épaillage *ou* épaillage, dégraissage, foulage *puis* : une ou plusieurs eaux, gitage définitif, pressage, décatissage final.

4° Draps à épailler en pièce et à teindre en pièce.

*a) *Draps lourds.* — Dégraissage, foulage, épaillage *ou* épaillage, dégraissage, foulage, *puis* : décatissage (à la colonne), teinture, une ou plusieurs eaux, gitage définitif, pressage, décatissage final;

*b) *Draps fins légers.* — Dégraissage, foulage, épaillage *ou* épaillage, dégraissage, foulage. *puis* : une ou plusieurs eaux, décatissage (à la colonne), teinture, une ou plusieurs eaux, gitage définitif, pressage, décatissage final.

Lainage. — Les laineuses utilisées pour l'apprêt classique des draps cardés se divisent en deux catégories :

1° **Laineuses à chardons** : chardons naturels ou métalliques;

2° **Laineuses métalliques** : à aiguilles en laiton.

1° **Laineuses à chardons.** — Les laineuses de la première catégorie peuvent être soit des laineuses simples à un contact du genre de celle représentée par la figure 32 ci-dessus, soit des laineuses doubles à contacts multiples. Il est bien entendu que dans l'une ou l'autre des deux catégories les cadres à chardons (chardons naturels ou artificiels) sont mobiles et peuvent être remplacés, si le besoin s'en fait sentir, par d'autres cadres garnis d'avance.

La figure 41 représente une laineuse double. Cette laineuse possède deux tambours au lieu d'un seul, et le drap formant toile sans fin passe quatre fois au contact

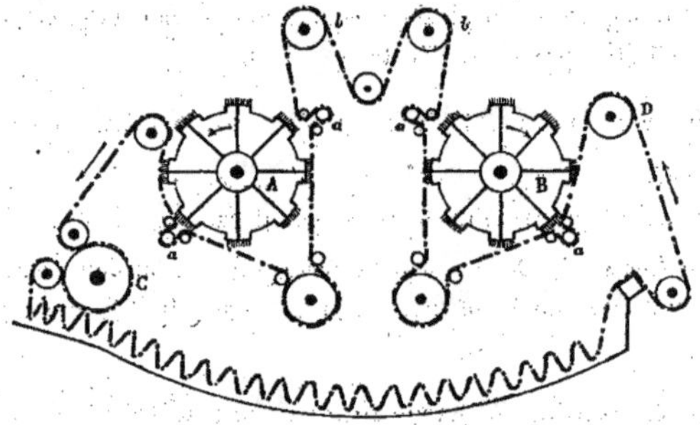

Fig. 41. — Laineuse double.

des chardons portés par chaque tambour. Le nombre des contacts est donc de 8 au lieu d'un et cette laineuse aura par suite un rendement très supérieur à celui de la laineuse simple.

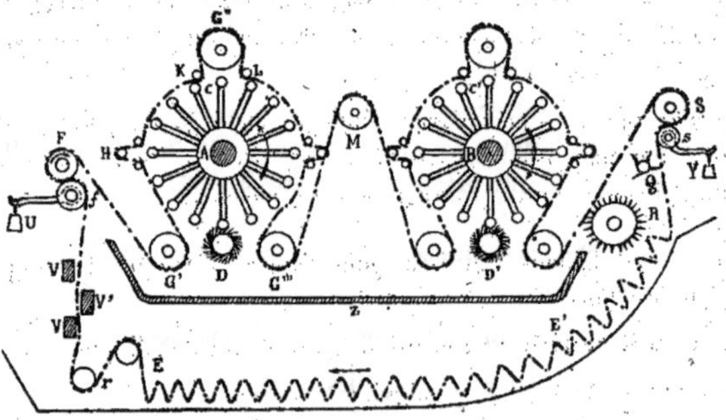

Fig 42. — Laineuse métallique.

2° **Laineuses métalliques.** — La figure 42 donne le schéma d'une laineuse métallique. Ici le mécanisme est assez différent de celui précédemment décrit pour les laineuses à chardon. Ce ne sont plus des chardons naturels ou métalliques qui vont gratter ou lainer le drap, mais de très fines aiguilles en laiton portées par une série de petits cylindres parallèles appelés travailleurs.

Ces petits cylindres sont disposés à la périphérie d'un grand cylindre ou tambour. Ils sont entraînés par la translation circulaire de ce grand tambour, mais sont en même temps animés d'un mouvement de rotation qui leur est propre.

A cet effet chacun d'eux porte à son extrémité une petite poulie. Une courroie commande les poulies des divers travailleurs et reçoit au moyen d'une commande spéciale une vitesse variable.

On conçoit qu'en faisant varier les vitesses respectives du grand tambour, des petits travailleurs et du drap lui même, on puisse obtenir des effets d'ordre plus ou moins accentué.

L'action de chaque travailleur, sur le drap ne dure qu'un instant. En effet, quand un de ces travailleurs arrive au contact du drap, il frappe l'étoffe; mais, dès que le contact s'est établi, le frottement du drap sur le travailleur l'empêche de tourner. Le travailleur roule sur l'étoffe tandis que sa poulie glisse sur la courroie de commande. L'action de l'ensemble des travailleurs se traduit donc par une série de chocs successifs imprimés à l'étoffe.

La laineuse comprend deux tambours représentés en A et B sur la figure 42. Les petits cylindres entraînés par ces tambours sont représentés en *c*, *c'*. Les deux tambours tournent en sens inverse l'un de l'autre travaillant le drap l'un dans le sens du poil, l'autre dans le sens du contre-poil. Des brosses représentées en D, D' nettoient les travailleurs. Enfin le drap passe en quittant le deuxième tambour devant une brosse R qui lisse et couche le poil.

Strickage, gitage ou brossage. — On donne toujours un strickage, gitage ou brossage définitif à la fin des opérations de dernière eau. Souvent aussi on en donne un par chaque eau donnée et avant chaque tonte. On se contente du gitage définitif quand on utilise pour le lainage des laineuses métalliques qui couchent suffisamment le poil. Dans le cas contraire on donne en outre un gitage par chaque « eau » donnée. On peut utiliser pour ces gitages provisoires la laineuse elle-même dans laquelle on introduit des chardons usés. Mais, même dans ce cas, il vaut mieux utiliser la strickeuse, toujours employée au surplus pour l'opération du gitage définitif.

La strickeuse (figure 43) se compose d'un gros tambour horizontal C animé d'un mouvement lent autour duquel le drap s'enroule à plat, et de plusieurs brosses telles que B, B' en chiendent, animées d'un mouvement rapide de rotation en sens inverse de celui du cylindre. L'action très énergique de ces brosses sur le drap bien appuyé

7 A

couche le poil dans le sens voulu. Le drap avant de s'enrouler sur le tambour s'humecte d'eau en traversant une cuve H.

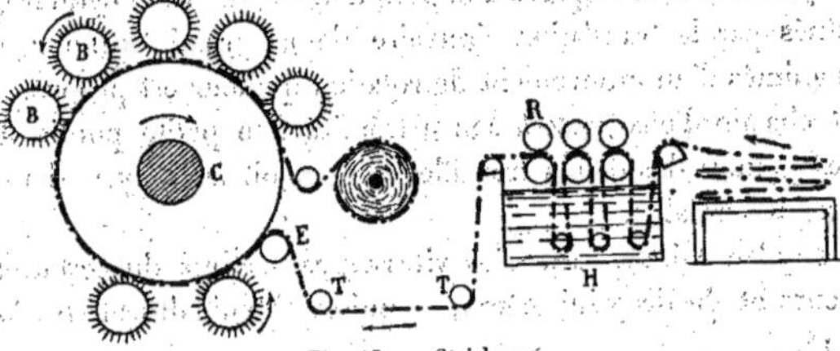

Fig. 43. — Strickeuse.

Une fois le strickage définitif donné, le drap a un *sens de poil*. En passant la main dans ce sens parallèlement aux lisières, on n'éprouve aucune résistance. Le poil résiste au contraire quand on passe la main sur le tissu toujours dans la direction des lisières, mais dans le sens opposé.

Tonte. — La tonte s'effectue sur des tondeuses dont nous avons indiqué plus haut le principe. Elle peut être pratiquée sur des tondeuses simples comprenant un seul cylindre tondeur, ou sur des tondeuses doubles, à plus fort rendement, comprenant deux cylindres tondeurs successifs.

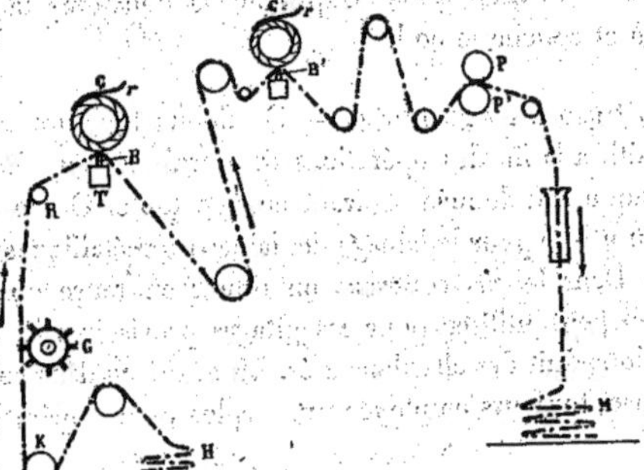

Fig. 44. — Tondeuse mécanique.

La figure 44 représente une tondeuse double. Les cylindres tondeurs sont représentés en C, C'.

Avant d'arriver au premier cylindre tondeur C, le drap passe devant une brosse G qui le nettoie, puis devant un rouleau R garni de velours, qui, en tournant et agissant ainsi sur l'envers de l'étoffe, relève le poil à la surface du tissu.

A sa sortie du second cylindre tondeur il passe devant une seconde brosse qui couche le duvet et débarrasse l'étoffe de la bourre ou tontisse qui la recouvre.

Pour obtenir un bon travail il faut des lames bien aiguisées et bien réglées. Pour éviter leur échauffement on doit en lubréfier la surface au moyen d'un cuir imbibé d'huile représenté en *r* sur la figure 44.

Ramage. — Le ramage est donné sur des rameuses à air libre ou des rameuses mécaniques dont nous avons donné plus haut le principe.

Pressage. — Le pressage est donné à la presse hydraulique dont le fonctionnement a été indiqué plus haut.

Décatissage. — Le décatissage se donne le plus souvent sur la table à décatir. Parfois cependant il est donné au rouleau ou à la colonne (voir plus haut).

Il est bien entendu que le genre d'apprêts que nous venons de décrire, susceptible au surplus de variantes, est ce que l'on peut appeler « l'apprêt lainé classique » des draps cardés. Mais suivant la remarque déjà faite, les draps cardés peuvent, assez exceptionnellement il est vrai, être apprêtés de façon à présenter non plus l'aspect lainé, mais l'aspect ras, que l'on réserve habituellement aux draps peignés. Ils peuvent aussi recevoir l'apprêt velours (voir plus haut) qui n'est qu'une variété de l'apprêt lainé. Ils peuvent être gommés, etc.

C. APPRÊTS DES DRAPS PEIGNÉS.

*L'apprêt décrit ci-dessous est « l'apprêt ras classique » des draps peignés, susceptible au surplus d'encore plus de variantes que l'apprêt lainé classique des draps cardés. Mais là encore nous devons remarquer que tous les draps peignés ne reçoivent pas cet apprêt ras. Certains d'entre eux, au surplus assez rares, principalement ceux auxquels on donne un certain foulage, reçoivent l'apprêt lainé des draps cardés.

*Les tissus peignés étant le plus souvent teints en pièce, nous intercalerons dans le schéma qui va suivre la teinture au cours des opérations d'apprêts. Nous supposerons en résumé qu'il s'agisse d'apprêter, suivant l'apprêt ras, un drap peigné non foulé à teindre en pièce.

*La teinture divise alors en deux groupes les opérations d'apprêts. Celles du premier groupe, antérieures à la teinture, constituent ce qu'on appelle « *le traitement* *humide*. Elles ont pour but de préparer le tissu pour la teinture. Celles du deuxième groupe, postérieures à la teinture, constituent les apprêts proprement dits.

Traitement humide. — Pour que le tissu puisse bien prendre la teinture il faut qu'il soit parfaitement débarrassé des matières grasses introduites à l'ensimage (et ayant échappé à l'opération du lissage) et des matières agglutinantes incorporées à la chaîne lors de l'encollage. Il faut en outre que les fils soient débarrassés de tous duvets ou filaments flottants.

Pour que le tissu ne se déforme pas dans le bain de teinture il faut en outre qu'il soit *fixé* avant teinture.

De là trois opérations à pratiquer dans le traitement humide : enlèvement des duvets, désencollage, dégraissage, dégorgeage, fixage.

C'est toujours au grillage que l'on a recours pour l'enlèvement des duvets lors du traitement humide. Nous verrons plus loin que l'on a au contraire généralement recours à la tonte (précédée ou non d'un lainage *à sec* préalable) pour se débarrasser, lors des apprêts proprement dits, du duvet nouveau qui s'est développé dans le bain de teinture.

Le désencollage-dégraissage en rendant les fibres plus libres (elles ne sont plus maintenues que par la torsion) produit toujours une certaine quantité de duvet. Il serait donc logique de ne procéder au grillage qu'après le désencollage-dégraissage. Néanmoins en fait c'est toujours par le grillage que l'on commence.

Après grillage l'ordre des opérations varie. Parfois on commence par fixer, puis l'on dégraisse ensuite. Néanmoins, le plus souvent, on dégraisse d'abord et on fixe ensuite, de sorte que l'ordre le plus habituel des opérations est le suivant :

1° Grillage ;

2° Désencollage, dégraissage, dégorgeage.

3° Fixage.

Le grillage s'effectue soit à la plaque, soit le plus souvent en faisant passer le tissu au-dessus d'une rampe à gaz.

Le désencollage et le dégraissage, suivis du dégorgeage à l'eau, s'effectuent en faisant passer le tissu dans des bains successifs d'eau tiède (désencollage) de carbonate de soude et de savon (dégraissage).

On peut utiliser pour ces opérations soit des crécelles (fig. 45) qui ne diffèrent guère des dégraisseuses laveuses ordinaires étudiées plus haut, soit des foulards analogues au foulard à gommer, représenté par la figure 34, soit des appareils dans lesquels le tissu passe successivement d'un bain à l'autre et qui permettent ainsi de réaliser l'ensemble des opérations de désencollage, dégraissage et dégorgeage d'une façon continue.

*Quant au fixage il s'obtient par un procédé analogue à celui que nous avons décrit plus haut sous le nom d'ébrouissage. Là aussi le tissu est soumis à l'action de l'eau chaude. Mais, au lieu d'être refroidi lentement à l'air, il est refroidi brusquement par

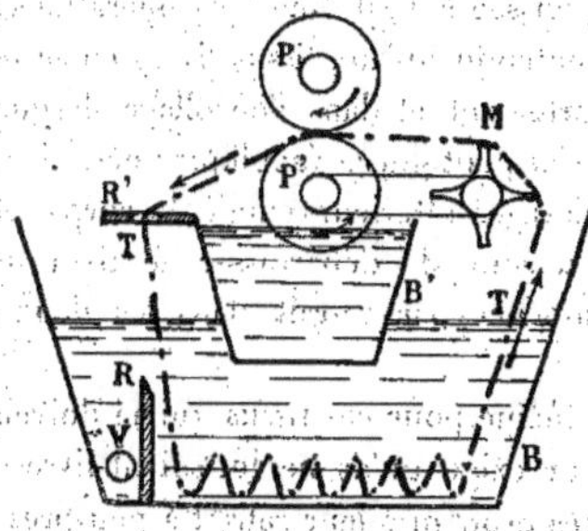

Fig. 45. — Crécelle.

un passage à l'eau froide. Une autre différence entre les deux procédés consiste en ce que le fixage des draps peignés s'effectue d'une façon continue, le drap passant successivement dans une série de bacs remplis d'eau très chaude, puis dans un dernier bac rempli d'eau froide où il se refroidit. L'appareil très simple constitué par cette série de bacs de fixage porte le nom de « foulard parisien » ou « parisien ».

*On peut au surplus disposer les bacs du parisien à la suite des bacs de désencollage, dégraissage, dégorgeage (si on a effectué le dégraissage au continu) et on n'a plus alors qu'une machine unique opérant successivement le désencollage, dégraissage, dégorgeage, puis le fixage.

Apprêts proprement dits après teinture.

*La teinture a produit à la surface des fils un nouveau duvet. On s'en débarrasse généralement par la tonte, précédée parfois d'un lainage *à sec*.

*Après la tonte vient le gommage si cette opération doit être pratiquée.

*Le tissu passe ensuite par une rame élargisseuse, subit un vaporisage à la colonne, passe par une rame finisseuse, par la presse continue et enfin par la presse hydraulique à chaud.

*Bien entendu, il existe d'innombrables variantes à ce schéma pour toutes les opérations qui suivent la tonte et le gommage éventuel. Très souvent le tissu est décati ou vaporisé plusieurs fois, il est parfois décati à la table à décatir, etc.

7 c

D. APPRÊTS DES TISSUS DE COTON ET DE LIN.

*Certains tissus de coton ou de lin ne reçoivent aucun apprêt et sont livrés à l'acheteur tels qu'ils sortent du métier à tisser après avoir subi seulement les opérations d'énopage, épincetage et rentrayage décrites plus haut.

*Cette simplification poussée à l'extrême des opérations postérieures au tissage ne peut s'appliquer bien entendu qu'aux tissus livrés en écru. S'il s'agit de tissus de coton que l'on encolle fortement et dans l'encollage desquels entrent souvent des matières putrescibles, elle ne peut guère s'appliquer non plus qu'à des tissus destinés à subir d'assez fréquents lavages ultérieurs (linge de corps, etc.). Dans ce cas on s'en remet à ces lavages du soin de débarrasser le tissu des matières encollantes et du soin aussi de l'amener par retrait dans les deux sens à ses dimensions définitives.

*Mais le plus souvent, même pour ces tissus qui ne doivent recevoir aucun apprêt proprement dit, l'acheteur exige qu'ils ne lui soient livrés qu'après décatissage et lessivage, c'est-à-dire après avoir pris leur retrait à peu près définitif, et après avoir été débarrassés de la majeure partie des matières étrangères introduites à l'encollage.

*Les autres tissus de coton doivent ou passer simplement par le blanchiment, ou passer par le blanchiment, puis par la teinture, ou, blanchis ou non, ou teints ou non, être lainés (cas assez rares), ou être gommés, et passer après gommage par une des machines d'apprêt final dont nous donnerons l'énumération plus loin, et dont chacune lui communique un aspect final différent.

*Si, on doit teindre le tissu, et même si on doit simplement le blanchir, il faut le débarrasser soigneusement de toutes matières qui s'opposeraient à la pénétration des agents de blanchiment ou de teinture. On commencera donc par faire passer le tissu dans des bains appropriés qui enlèveront toutes ces matières introduites à l'encollage, puis on le rincera.

*C'est avant teinture également que l'on procède éventuellement à l'opération (assez rare) du lainage, ou à celle du grillage qui s'impose quand on veut obtenir l'apprêt glacé.

*Puis vient la teinture, précédée ou non du blanchiment, ou le simple blanchiment.

*Le tissu une fois teint, ou une fois blanchi, ou une fois blanchi et teint, peut être livré à l'acheteur dans cet état. Mais très souvent on le fait en outre passer après teinture aux apprêts proprement dits.

*Ces apprêts consistent tout d'abord à gommer le tissu. Mais le gommage du tissu lui communique un aspect dur et rugueux. Aussi le plus souvent poursuit-on encore plus loin les opérations, et fait-on après gommage passer le tissu (séché après gommage, élargi à la rame ou au Palmer puis humecté d'eau) par une des machines dont l'énumération suit :

*1º et 2º **Machines à cylindrer ou à calandrer**. — Ces machines dont nous avons donné plus haut le principe donnent du lustre au tissu, la première agissant par compression et friction, la dernière par compression.

*3º **Machines à gaufrer**. — Le gaufrage a pour but de donner au tissu de coton l'aspect de certains tissus de soie. La machine se compose de deux cylindres en acier gravé, les gravures en relief de l'un correspondant aux gravures en creux de l'autre, entre lesquels passent le tissu. L'un de ces cylindres est chauffé à l'intérieur à la vapeur.

*4º **Machines à glacer**. — Les tissus glacés sont utilisés en général comme doublures. Le but du glaçage est de donner du brillant sans écraser la côte. Pour réaliser le glaçage on fait passer le tissu entre une molette d'acier, à arêtes horizontales polies et arrondies, et un morceau de bois dur.

*5º **Machines à beetler**. — Le beetlage donne aux tissus de coton un brillant et une souplesse qui les font ressembler à la soie.

*L'article de coton « satinette » destiné à remplacer la doublure de soie est un article beetlé.

*Le beetlage consiste en un martelage du tissu qui assouplit les fibres. Il se réalise en enroulant le tissu autour d'un rouleau, animé d'un double mouvement de rotation et de translation. Ce double mouvement permet de présenter successivement toutes les parties du tissu à l'action du marteau.

§ 4. — BLANCHIMENT DES TISSUS.

*Le blanchiment a pour but de faire disparaître la nuance naturelle, souvent sale, des textiles. Le tissu une fois blanchi présente une nuance blanche assez pure. On peut lui conserver cette nuance. On peut aussi, par une teinture très légère, la transformer en un blanc azur. Dans les deux cas le blanchiment suivi, ou non d'une très légère teinture, apparaît comme une opération définitive.

*Il apparaît au contraire comme une opération préparatoire quand il précède une véritable teinture, et non pas un simple azurage. Il ne s'impose pas, bien entendu, et on ne le pratique pas en fait quand la teinte à réaliser est suffisamment foncée. Mais s'il s'agit de réaliser une nuance très claire, une nuance crème par exemple, cette nuance ne pourra être convenablement réalisée que si le textile a été débarrassé au préalable de sa nuance sale naturelle par un blanchiment préalable.

Le blanchiment est une opération très fréquente pour les tissus de lin et de coton.

Elle est beaucoup moins fréquente pour les tissus de laine. Ce n'est qu'assez exceptionnellement qu'on blanchit de pareils tissus.

*Les agents de blanchiment les plus communément utilisés sont : le chlorure de chaux, l'acide sulfureux ou l'acide sulfurique, l'eau oxygénée.

*Le blanchiment des tissus de lin ou de coton s'effectuait autrefois et s'effectue encore parfois au pré. Les toiles sont étendues sur une prairie et restent exposées à l'action de l'air, de l'eau et de la lumière. De temps en temps on les retire pour les soumettre à une lessive alcaline.

*Mais le procédé est très long. Aussi quand on veut blanchir rapidement des tissus de lin et de coton, les fait-on passer par une série plus ou moins nombreuse de bains alcalins, de bains à base de chlorure de chaux et de bains à base d'acide sulfurique.

*Le blanchiment des tissus de laine s'effectue soit à l'acide sulfureux, le tissu passant alors dans une étuve dans laquelle on brûle du soufre ou dans un bain sulfureux, soit, de préférence, à l'eau oxygénée, le tissu passant alors dans un bain contenant de l'eau oxygénée. Souvent, après passage dans ce bain d'eau oxygénée, le tissu passe par un second bain sulfureux.

§ 5. — IMPERMÉABILISATION DES TISSUS.

*L'imperméabilisation des tissus s'obtient par deux procédés différents :

*1ᵉʳ procédé. — On provoque le dépôt sur le tissu d'un sel insoluble dont l'acide est un acide gras.

*2ᵉ procédé. — On provoque le dépôt sur le tissu de matières grasses telles que paraffine, vaseline, résines, huile de lin, etc., ou encore d'une couche de caoutchouc dissous mélangé à de l'huile de lin, de la paraffine, etc.

*Très souvent l'imperméabilisation du tissu s'obtient en combinant les deux procédés ci-dessus.

*Les acides gras utilisés dans le premier procédé peuvent être l'acide stéarique, l'acide oléique, l'acide margarique. La base peut être l'alumine, le cuivre, le fer, etc. Le plus souvent c'est à l'acide stéarique que l'on donne la préférence et la base la plus communément utilisée est l'alumine.

*Pour faire déposer sur le tissu le sel insoluble on fait passer l'étoffe par deux bains. Dans le premier de ces bains elle s'imprègne d'un sel constitué par la combinaison d'un acide puissant (acide sulfurique ou acide acétique en général) avec la base qui doit se combiner ultérieurement à l'acide gras (alumine en général). L'autre bain contient l'acide gras (acide stéarique en général) et un sel alcalin (carbonate de soude ou de potasse). Lorsqu'on plonge dans ce second bain le tissu imprégné par son passage dans le premier, il se produit une double réaction entre les éléments des deux bains. L'acide sulfurique se combine à la potasse ou à la soude du sel alcalin, et la base (alumine, etc.) mise en liberté forme avec l'acide gras le sel insoluble.

*C'est dans ce second bain que l'on ajoute éventuellement la matière grasse ou résineuse dont il a été question plus haut à propos du second procédé d'imperméabilisation, quand on veut, ce qui arrive fréquemment, réaliser l'imperméabilisation du tissu en combinant les deux procédés décrits ci-dessus.

*On peut au surplus intervertir l'ordre des bains, faire passer d'abord le tissu dans le bain d'acide gras et de sel alcalin, puis dans le bain de sulfate ou acétate d'alumine. Bien entendu aussi, on peut, au lieu d'acide gras et d'une base alcaline, introduire dans l'un de ces bains un savon, constitué par la combinaison de ces deux éléments.

*Pour imperméabiliser un tissu de coton par le premier procédé on peut, par exemple, le faire passer par un premier bain d'acétate d'alumine à 3 degrés Beaumé, puis dans un second bain contenant environ 20 grammes de savon dur (à 60 ou 70 p. 100 d'acide gras) par litre. Dans le bain de savon on peut ajouter de la cire, de la résine, etc. On peut aussi utiliser un savon à la résine. La température des deux bains peut être de 40 à 50 degrés. On laisse le tissu un certain temps dans les deux bains en l'agitant pour bien l'imprégner. On rince après le second bain.

*Les procédés résumés ci-dessus sont des procédés d'imperméabilisation du tissu lui-même. On peut encore s'il s'agit de tissus de laine essayer de réaliser l'imperméabilisation d'une façon plus ou moins parfaite en imperméabilisant, non plus le tissu terminé, mais la matière textile elle-même. A cet effet on introduit dans l'ensimage certaines matières grasses non saponifiables ne devant pas en conséquence s'éliminer complètement au foulage. Mais on obtient ainsi un drap gras au toucher.

*Au surplus tous ces procédés présentent le même inconvénient. Ils produisent bien, s'ils sont réalisés dans les conditions décrites, l'imperméabilité du tissu à l'eau, mais c'est au détriment de sa perméabilité à l'air. L'effet confectionné avec le tissu traité protége bien de la pluie, mais cause à la longue à l'homme qui le porte une sensation d'étouffement en empêchant la respiration cutanée. Et si, pour obvier à cet inconvénient, on modifie le procédé d'imperméabilisation, si on ne le pousse pas à fond, on obtient alors un tissu perméable à l'air, mais qui n'est plus suffisamment imperméable à l'eau.

*En résumé on n'a jamais pu jusqu'ici, et il paraît bien peu probable qu'on y parvienne jamais, réaliser un tissu protégeant de la pluie tout en laissant passer l'air. Comme, d'autre part, le tissu parfaitement imperméable à l'eau, et par suite malheureusement à l'air, produit à la longue une impression d'étouffement, il en résulte qu'un vêtement imperméable ne pourra jamais être qu'un vêtement complémentaire qu'on endosse quand la pluie tombe et qu'on retire une fois l'averse terminée.

CHAPITRE III.

TEINTURE ET COLORANTS.

§ 1ᴱᴿ. — DIVERS MODES DE TEINTURE.

On appelle corps transparents les corps qui se laissent traverser par la lumière ; corps opaques, ceux qui s'opposent à son passage.

Les corps parfaitement transparents sont invisibles, les corps opaques sont visibles et, suivant la façon dont ils réfléchissent ou absorbent la lumière, nous apparaissent avec des colorations différentes.

La lumière blanche du soleil ou d'une source lumineuse artificielle est formée par la superposition de rayons diversement colorés que l'on peut séparer en les faisant passer à travers un prisme transparent. On obtient ainsi un spectre solaire dans lequel on distingue dans l'ordre où elles s'étalent, les sept couleurs dites fondamentales : violet, indigo, bleu, vert, jaune, orangé, rouge.

Cette lumière blanche tombant sur un corps opaque, trois cas peuvent se présenter :

1° Le corps réfléchit tous les rayons élémentaires colorés sans en absorber aucun. Ou du moins il réfléchit la lumière sans altérer les proportions des diverses couleurs du spectre. Le corps nous apparaît alors blanc.

2° Le corps absorbe entièrement la lumière reçue. On dit alors qu'il est noir.

3° Le corps réfléchit une partie des rayons élémentaires et absorbe les autres. Il nous apparaît alors *coloré* et sa couleur est celle produite par la réunion des rayons qu'il réfléchit. Un corps qui ne réfléchit que des rayons rouges apparaît coloré en rouge, un corps qui ne réfléchit que des rayons bleus et jaunes apparaît coloré en vert, etc.

On peut transformer en corps colorés des corps incolores ou faiblement colorés en provoquant le dépôt à leur surface des parcelles d'un autre corps coloré dans la nuance que l'on se propose de réaliser.

La teinture des textiles en particulier est l'opération qui consiste à incorporer à la fibre textile le colorant choisi.

Cette teinture peut s'effectuer, comme nous le savons, soit en bourre, c'est-à-dire sur la matière première elle-même, soit en fil, c'est-à-dire sur la matière semi-fabriquée, soit en pièce, c'est-à-dire sur la matière arrivée à son stade de transformation final, sur la matière sous forme de tissu.

Les appareils très simples utilisés pour la teinture varient légèrement suivant qu'elle doit être donnée à un stade plus ou moins avancé de la fabrication.

S'il s'agit de teinture en bourre par exemple, la matière textile est plongée dans des cuves ou bacs contenant une dissolution de la matière colorante portée à la température voulue. S'il s'agit de teinture en pièce, on suspend la pièce formant chaîne sans fin à un rouleau horizontal placé au-dessus du bac ou foulard de teinture, et on fait tourner ce rouleau. Les diverses parties de la pièce viennent ainsi plonger successivement dans le bain de teinture, pour en sortir ensuite, s'y replonger à nouveau, etc.

Mais, quel que soit le mode d'immersion adopté, le principe reste le même : il consiste à mettre le textile brut ou travaillé en présence de la dissolution de la matière colorée que l'on veut introduire dans ses fibres.

Il existe cinq façons différentes de parvenir au résultat désiré, et l'on utilise l'une ou l'autre de ces façons suivant les affinités du textile pour le colorant, ou suivant le plus ou moins de solubilité de ce colorant lui-même dans le bain de teinture.

Ces cinq façons ou procédés de teinture sont les suivants :

1° Teinture directe;

2° Teinture sur mordants;

3° Teinture à développement par le mordançage;

4° Teinture à la cuve;

5° Teinture à développement sur la fibre.

1° **Teinture directe.** — C'est la plus simple de toutes. La matière textile est plongée dans le bain contenant le colorant dissous. Ce colorant se fixe sur les fibres.

Mais la teinture directe n'est pas réalisable dans tous les cas. Certaines matières colorées peuvent ne teindre aucune des matières textiles que l'on vient à plonger dans leur dissolution. Elles peuvent aussi teindre certaines de ces matières textiles et pas d'autres. Le succès de l'opération dépendra donc à la fois de la nature de la matière colorée et de la nature de la fibre textile elle-même.

D'une façon générale les fibres textiles animales, laine et soie, prennent beaucoup plus facilement la teinture que les fibres végétales, coton, lin, chanvre ou jute.

Alors qu'un très grand nombre de matières colorées teignent directement la laine par exemple, le nombre de celles qui constituent des colorants directs pour coton est au contraire assez réduit.

2° Teinture sur mordants. — Quand il n'est pas possible de fixer directement sur la fibre la matière colorée, on tourne souvent la difficulté par le mordançage. Avant de passer le textile dans le bain de teinture proprement dit on le fait passer dans un premier bain contenant une substance appelée *mordant* qui pénètre ainsi dans la fibre. Lorsqu'on immerge ensuite le textile mordancé dans le second bain ou bain de teinture proprement dit, il se forme par réaction chimique entre le mordant et le colorant une combinaison insoluble et colorée que l'on appelle laque et qui reste incorporée à la fibre.

En somme, ce procédé revient à présenter au colorant non pas la fibre textile pure pour laquelle il n'a pas d'affinité, mais une fibre textile imprégnée d'une matière pour laquelle ce colorant a, au contraire, une grande affinité.

La couleur réalisée ainsi finalement peut, pour un même colorant, varier avec le mordant utilisé. C'est ainsi que la garance donne sur mordant d'alumine une laque rouge, sur mordant de chrome une laque grenat, et sur mordant de fer une laque violette.

Le procédé du mordançage est connu de toute antiquité. Et les mordants que l'on utilise communément de nos jours sont les mêmes que ceux que l'on utilisait autrefois.

On peut les diviser en deux classes : mordants métalliques et mordants organiques.

Comme mordants métalliques on peut citer les sels de chrome, d'alumine, de fer, d'étain, etc. Ces mordants agissent par la base (oxyde) qu'ils renferment. Les mordants au chrome et à l'alumine sont les plus employés.

Comme mordants organiques on connaît : 1° les mordants au tanin (noix de galle, acide gallique, extrait au tanin, etc.); 2° certaines matières grasses telles que les huiles tournantes, c'est-à-dire les huiles d'olives rances, contenant de l'acide oléique libre, et les sulforicinates.

Ces dernières matières (matières grasses) ne sont utilisées que pour le mordançage du coton dans certains cas particuliers. Leur rôle dans la fixation des colorants n'est pas encore au surplus très nettement établi.

Quant aux autres mordants, soit à caractère basique comme les mordants métalliques, soit à caractère acide comme les mordants au tanin, ils peuvent être utilisés, au moins théoriquement, aussi bien pour le mordançage de la laine que pour celui des textiles végétaux tels que le coton.

Mais, en fait, comme on n'utilise guère plus de colorants basiques pour la teinture de la laine (voir plus loin), on ne mordance la laine qu'aux oxydes métalliques. Le coton, au contraire, se mordance, suivant les cas, soit aux oxydes métalliques, soit au tanin (voir plus loin).

3° **Teinture à développement par le mordançage.** — On teint assez souvent la laine en la trempant dans deux bains, l'un contenant le colorant proprement dit, l'autre le mordant, comme dans le cas précédent. Mais ici l'ordre de passage du textile dans les deux bains est modifié. C'est par le bain de teinture que l'on commence et c'est par le bain de mordançage que l'on termine. La matière colorante qui a pénétré dans la fibre lors du passage de la matière textile dans le premier bain se trouve fixée par le passage de cette même matière textile dans le bain de mordançage.

Ce procédé applicable à certains colorants de la classe des azoïques (voir plus loin) tend à se généraliser de plus en plus. Il donne des teintures très solides, résistant bien à l'action de la plupart des agents de détérioration.

4° **Teinture à la cuve.** — Nous avons supposé dans ce qui précède que la matière colorée à fixer sur la fibre était soluble.

Mais il peut se faire qu'elle ne le soit pas.

Le cas se présente par exemple pour l'indigo. L'indigo bleu n'est pas soluble. Pour parvenir à le fixer sur la fibre on est conduit par suite à le transformer par réduction en indigo blanc, ou leuco-indigo, soluble dans les alcalis. Par réoxydation ultérieure au contact de l'air, le phénomène inverse se produit : l'indigo blanc soluble se transforme à son tour en indigo bleu insoluble, et le colorant bleu se trouve ainsi fixé sur la fibre.

Ce procédé de teinture s'appelle teinture à la cuve parce que c'est dans une cuve de grandes dimensions que l'on produit, ou que l'on produisait au moins autrefois, la réduction de l'indigo. Cette réduction s'obtient en faisant agir sur l'indigo bleu des produits susceptibles de produire de l'hydrogène : de là les procédés dits de la cuve à fermentation, de la cuve à hydrosulfite, etc.

Il ne s'applique pas seulement à l'indigo, mais aussi à un certain nombre de colorants dérivés de l'indigo et, enfin, à une certaine catégorie de colorants dérivés de l'anthracène.

Le produit de réduction peut être incolore. Tel est le cas pour l'indigo, et l'on obtient alors un leuco-dérivé qui, par oxydation ultérieure à l'air, régénérera la matière colorée primitive. Un assez grand nombre de matières colorées présentent en effet cette particularité de devenir incolores par réduction, pour se régénérer avec leur couleur primitive par une réoxydation ultérieure.

Mais dans certains cas, plus rares, le produit de réduction est coloré, le plus souvent, dans une teinte différente de celle du produit primitif. La réoxydation reproduit cette matière colorante primitive avec sa nuance propre.

En résumé, ce procédé dit de teinture à la cuve peut être défini comme suit : procédé permettant de fixer une matière colorée insoluble sur une fibre, en la transformant par réduction en un dérivé soluble (incolore ou non), susceptible par suite de se fixer sur la fibre, et reproduisant par oxydation ultérieure à l'air la matière colorée primitive.

5° **Teinture à développement sur fibre.** — Ce procédé de teinture consiste à former par des procédés chimiques dans les bains par lesquels on fait passer la matière textile le colorant que l'on veut fixer sur la fibre. Ce colorant n'existe donc pas tout préparé à l'avance. On l'obtient au cours même des opérations de teinture.

§ 2. — THÉORIE DE LA TEINTURE.

*Les procédés de teinture décrits aux rubriques 4 et 5 ci-dessus reviennent par des détours au procédé de teinture directe décrit à la rubrique 1°.

*Le procédé décrit sous la rubrique 3° peut se ramener de même à celui décrit sous la rubrique 2° : procédé de teinture sur mordants.

*Il ne reste donc finalement que deux procédés de teinture vraiment distincts : le procédé de teinture directe, d'une part, le procédé de teinture sur mordants, de l'autre.

*La teinture par le second procédé (teinture sur mordants) est due sans contestation possible à une action d'ordre chimique. Il y a réaction chimique entre le mordant d'une part, la matière colorante de l'autre. Et c'est ce qui explique que, suivant la nature du mordant utilisé, on peut obtenir avec la même matière colorante des laques colorées de nuances différentes. L'insolubilité de ces laques leur permet de résister à la plupart des agents de détérioration, et les teintures sur mordants sont par suite le plus souvent des teintures solides.

*D'autre part, il convient de se rappeler que, laissant de côté les mordants gras pour coton d'un usage restreint, le mordant déposé sur la fibre lors de son passage dans le premier bain est soit une base (cas des mordants métalliques), soit un acide (cas des mordants riches en tanin) Il est donc naturel de supposer, puisqu'il y a réaction entre les deux éléments, que la matière colorante doit présenter de son côté des propriétés acides dans le premier cas, basiques dans le second.

*C'est ce que l'on constate en effet. Les diverses matières colorantes capables de teindre les fibres textiles, soit directement, soit par l'intermédiaire de mordants, ont des propriétés soit basiques, soit acides.

*Les premières, appelées colorants basiques, résultent de la combinaison des bases organiques avec des acides minéraux (ou quelquefois avec des acides organiques).

*Les secondes, appelées colorants acides, résultent de la combinaison d'acides organiques colorés avec des bases minérales.

*Et l'on constate qu'une matière colorée présente des propriétés tinctoriales d'autant plus accentuées que ses propriétés acides ou basiques sont plus marquées. Un composé neutre dans lequel les deux tendances acides et basiques se contrebalancent n'est pas le plus souvent un colorant, ou tout au moins n'est le plus souvent qu'un colorant inférieur.

*Le mordançage consiste donc à incorporer à la fibre la base (oxydes métalliques) ou l'acide (mordants à tanin) capable de réagir sur la matière colorante, acide ou basique. On mordancera aux oxydes si cette matière colorante est acide, on mordancera au tanin si elle est basique.

*Il résulte de là qu'une matière textile capable de se combiner directement à un colorant acide, par exemple, ne le sera plus une fois qu'elle aura été mordancée au tanin. On constate, en effet, que la laine mordancée au tanin ne peut plus fixer les colorants acides, alors qu'elle fixe très facilement la plupart d'entre eux sans mordançage préalable.

*On peut être tenté d'étendre la théorie de la teinture sur mordants à la teinture directe de la fibre sans mordançage préalable.

*Puisque les matières colorantes présentent, pour la plupart, soit un caractère acide soit un caractère basique, il paraît naturel d'admettre que, lorsqu'elles agissent directement sur la fibre, il y a là encore un phénomène d'ordre chimique, et que, par suite, la fibre elle-même doit présenter un caractère basique dans le premier cas, acide dans le second.

*Ces conclusions paraissent s'accorder avec ce que l'on sait de la constitution chimique des diverses fibres textiles.

*La constitution chimique de la laine se rapproche de celle de la peau. Comme la peau, elle présente à la fois des fonctions acides et des fonctions basiques, les dernières étant au surplus plus développées que les premières. La laine pourra donc se combiner directement soit aux colorants basiques, soit aux colorants acides et de préférence à ces derniers. En la mordançant soit aux oxydes, soit au tanin, on augmentera soit ses fonctions basiques, soit ses fonctions acides, et l'on rendra par suite plus facile sa combinaison avec certains colorants acides ou certains colorants basiques. Mais, dans nombre de cas, ce mordançage n'est pas indispensable. La laine peut être teinte directement par un très grand nombre de colorants.

*Le coton, au contraire, est de la cellulose presque pure, corps neutre, sans réaction acide ou basique, et qui doit être, par suite, indifférent à la plupart des colo-

— 114 —

rants soit basiques, soit acides. C'est bien ce que confirme l'expérience. Il existe relativement peu de colorants directs pour coton ou, d'une façon générale, pour fibres végétales. Le plus souvent, pour teindre le coton, on est forcé de le mordancer : mordançage aux oxydes, s'il s'agit d'une teinture par colorant acide, mordançage au tanin, s'il s'agit d'une teinture par colorant basique.

*Mais, si la théorie chimique de la teinture sur mordants paraît universellement adoptée, il n'en n'est pas de même de la théorie chimique de la teinture directe, quelle que puisse être la valeur des considérations sommaires plus haut développées.

*Quand on entre dans le détail, en effet, on constate que cette théorie ne répond pas à toutes les objections.

*Aussi d'autre théories ont-elles été mises en avant.

*Certains auteurs ont soutenu que la fixation des matières colorantes était un phénomène d'ordre purement mécanique. Le colorant pénètrerait dans la fibre textile en raison de sa porosité, et se fixerait dans ses petits canaux capillaires par attraction moléculaire. La fibre colorée serait donc comme revêtue d'une gaine de matière colorante maintenue en place par la cohésion. C'est là la *théorie mécanique* de la teinture.

*Enfin, pour d'autres auteurs, la teinture résulterait d'une solution d'un corps solide, le colorant, dans un autre corps solide, la fibre. Le textile prendrait la teinture toutes les fois que le colorant serait plus soluble dans la fibre que dans le bain de teinture lui-même. C'est là la *théorie de la dissolution*.

*On admet en général aujourd'hui que la teinture directe sur fibre résulte à la fois d'une réaction chimique et d'un phénomène de dissolution.

§ 3. — CLASSIFICATION DES COLORANTS D'APRÈS LEUR MODE D'EMPLOI EN TEINTURE.

*La classification des colorants d'après leur mode d'emploi en teinture résulte des considérations exposées plus haut.

*Nous avons vu qu'il existait des colorants capables de teindre directement telle ou telle fibre textile, et d'autres qui ne pouvaient la teindre qu'avec intervention d'un mordant.

*De là deux grandes catégories de colorants, colorants *directs* d'une part (que l'on appelle encore parfois *substantifs*) et colorants pour mordants (que l'on appelle encore parfois *adjectifs*) de l'autre.

*Dans chacune de ces catégories on pourra envisager deux sous-catégories distinctes, colorants acides ou colorants basiques.

*Enfin, dans chacune de ces sous-catégories, on pourra encore distinguer suivant la nature de la matière textile à teindre les colorants pour laine ou pour laine et soie, et les colorants pour coton (ou plus généralement pour fibres végétales).

*On arriverait ainsi théoriquement à 8 groupes, sans compter les groupes de colorants dits de cuve, celui des colorants à développement par le mordançage (voir plus haut), et enfin celui des colorants au soufre dont il sera question plus loin, soit en tout 11 groupes différents.

*Mais en fait le nombre de ces groupes peut être réduit par les considérations suivantes :

*1° Bien que la laine puisse être teinte directement ou après mordançage par certains colorants basiques, on n'utilise plus guère en fait ces colorants qui donnent des teintures peu stables.

*On n'aura donc pratiquement en fait de colorants pour laine à envisager que des colorants acides. Ceux de ces colorants teignant directement seront dits « colorants acides », ceux de ces colorants teignant après mordançage préalable seront dits « colorants pour mordants ». Enfin ceux de ces colorants se développant par mordançage pratiqué après la teinture proprement dite seront dits « colorants chromatables » ou « chromables »;

*2° Quant à la teinture du coton (ou des fibres végétales plus généralement) elle peut être réalisée soit directement, soit, le plus souvent, après mordançage préalable. La teinture directe peut être obtenue soit par des colorants dits « directs pour coton » (le mot direct étant réservé pour le coton), soit par des colorants dits « au soufre » qui sont aussi des colorants directs mais obtenus par des procédés particuliers. Et la teinture après mordançage peut être soit une teinture aux colorants basiques (que l'on n'utilise pas pour la laine), et alors le colorant est dit « colorant basique », soit une teinture aux colorants acides, et alors le colorant est dit « colorant pour mordants » et entre dans la même catégorie que les « colorants pour mordants » pour laine.

*Enfin les colorants destinés à la teinture à la cuve, soit de la laine, soit du coton, forment une catégorie spéciale dite colorants de cuve ou colorants pour cuve.

*Quant aux colorants à développement sur fibre (assez rares), on ne les considère généralement pas comme formant une catégorie spéciale et on les range suivant leur nature dans une des catégories qui précèdent.

*Dans ces conditions la classification généralement admise est la suivante :

*1° *Colorants dits « acides »*. — Ce sont des colorants acides directs pour laine (ou soie);

*2° *Colorants dits « acides chromatables »*. — Ce sont des colorants acides pour laine à développement par le mordançage;

*3° *Colorants dits « basiques ».* — Ce sont des colorants basiques pour coton.

*Ils teignent le coton mordancé sur tanin.

*4° *Colorants dits « directs pour coton ».* — Ils teignent le coton directement;

*5° *Colorants dits « pour mordants ».* — Ce sont des colorants acides, soit pour laine, soit pour coton. Ils teignent la laine ou le coton suivant les cas, et souvent à la fois la laine ou le coton, mordancés préalablement aux oxydes (mordants de chrome ou d'alumine le plus souvent);

*6° *Colorants dits « au soufre ».* — Ils teignent directement le coton;

*7° *Colorants dits de « cuve ».* — Ils teignent le coton et la laine par le procédé de la réduction suivi de réoxydation à l'air comme il a été dit plus haut.

*Il est bien entendu que cette classification n'est pas absolue. Parmi les colorants dits « basiques » par exemple figurent certains colorants directs pour laine, au surplus peu employés. Mais, d'une façon générale, elle répond à peu près à la réalité.

*1° **Colorants acides.** — On les utilise très fréquemment pour la teinture de la laine, peut-être plus fréquemment encore que les colorants pour mordants (voir plus loin) qui donnent cependant des nuances en général plus résistantes.

*Le nombre de ces colorants est très considérable. Ce sont des colorants nitrés, azoïques, des dérivés du triphénylméthane, etc. Les colorants commerciaux sont généralement des sels de soude, de chaux ou d'ammoniaque.

*On monte le bain de teinture avec l'addition d'un acide de façon à libérer l'acide du colorant qui s'unit à la fonction basique de la laine.

*L'acide utilisé est l'acide sulfurique quand, ce qui arrive très fréquemment, les colorants utilisés contiennent le groupement sulfonique, l'acide acétique à très faible dose quand ils renferment un groupement phénolique.

*Ces colorants acides sont malheureusement peu solides en général au lavage.

*2° **Colorants acides chromatables.** — Ce sont des colorants azoïques obtenus par des procédés spéciaux (voir plus loin). Ils donnent des teintures très solides par mordançage au chrome après teinture et sont fort en faveur aujourd'hui.

*3° **Colorants basiques.** — Ce sont les plus anciens colorants synthétiques connus. Mais ils ont peu d'affinité pour la laine, et on ne les utilise guère que pour le coton.

*Dans les cas exceptionnels où on peut se servir encore de ces colorants pour la teinture de la laine, ils agissent alors comme colorants directs. On teint en bain neutre, l'alcalinité de l'eau étant neutralisée par une légère addition d'acide acétique. *Utilisés pour la teinture du coton, ce qui est le cas normal, ils agissent comme colorants pour mordants.

*On mordance alors le coton au tanin. Mais on obtient des laques plus résistantes en faisant passer la matière textile d'abord dans le bain de tanin, puis dans l'émétique. Il se forme ainsi sur la fibre du tannate d'antimoine qui servira de mordant. L'absorption de la teinture par la fibre s'effectuera ainsi plus lentement et le résultat final sera meilleur.

*4° **Colorants directs pour coton.** — Le premier découvert a été le rouge Congo obtenu en 1884 en partant de la benzidine. Depuis lors, leur nombre s'est accru dans des proportions assez fortes. On les désigne encore sous le nom de colorants salins, parce qu'ils se fixent, sous forme de sels alcalins, sur la fibre végétale non mordancée.

*Ils présentent une gamme de nuances très vives et très variées. Mais ces nuances sont malheureusement peu solides à la lumière.

*5° **Colorants pour mordants.** — Les colorants d'alizarine constituent le type des colorants pour mordants.

*Ces colorants donnent des teintes très solides, mais il faut prendre des précautions minutieuses pour éviter, lors de la teinture, les taches provenant de leur précipitation trop rapide sur la fibre.

*6° **Colorants au soufre.** — Ces colorants, envisagés au point de vue de leur mode d'action, se rapprochent à la fois des colorants directs pour coton et des colorants de cuve.

*Comme les colorants directs pour coton ils teignent directement les fibres végétales sans intervention de mordants.

*Mais, comme les colorants de cuve, la teinture nécessite une réduction préalable suivie d'une réoxydation. Les colorants sulfurés sont en effet des poudres amorphes colorées insolubles dans l'eau. Mais, sous l'influence de réducteurs (en général le sulfure de sodium ou le glucose), ils se dissolvent dans les solutions alcalines à froid en donnant des solutions colorées. (Une réduction plus énergique par les hydrosulfites entraînerait la décoloration.) La fibre textile plongée dans cette solution absorbe la matière colorante, et la fixation par réoxydation commence dès le bain de teinture. On le complète en général par un traitement au bichromate.

*Ces colorants au soufre s'obtiennent en chauffant les substances organiques les plus diverses avec du soufre ou un mélange de soufre et de sulfures alcalins. Le premier découvert fut *le cachou de Laval*, puis vint *le noir Vidal*, etc.

*Ces colorants donnent des teintures plus solides que celles données par les « colorants directs pour coton ». Mais ils présentent l'inconvénient de communiquer au coton un toucher un peu rude;

*7°. **Colorants de cuve ou pour cuve.** — Nous avons déjà indiqué plus haut le mode d'action de ces colorants qui sont soit l'indigo et ses dérivés, soit un certain nombre de colorants de date récente dérivés de l'anthracène.

*Ils donnent en général des teintures très solides. Cependant la teinture à l'indigo sur coton est notablement moins solide que la teinture à l'indigo sur laine.

*Enfin la teinture à l'indigo, même sur laine, très résistante en général à la plupart des agents de détérioration extérieure, résiste mal au frottement.

§ 5. — CLASSIFICATION DES MATIÈRES COLORANTES D'APRÈS LEUR ORIGINE.

Suivant leur origine on divise les matières colorantes en :

1° Matières colorantes minérales;

2° Matières colorantes organiques.

Le deuxième groupe, de beaucoup, le plus important, comprend lui-même deux sous-groupes :

a) Matières colorantes organiques naturelles;

b) Matières colorantes organiques artificielles.

A. MATIÈRES COLORANTES MINÉRALES.

*Très employées autrefois, ces substances n'ont plus au point de vue de la teinture proprement dite qu'un usage des plus restreints. Nous nous contenterons d'en donner une énumération sommaire.

*1° *Jaune de chrome ou chromate de plomb* employé encore dans l'impression;

*2° *Sulfure de cadmium* donne un beau jaune résistant;

*3° *Chromate de baryum et de zinc* donne une nuance jaune un peu terne;

*4° *Jaune rouge ou chamois au fer* obtenu en traitant la fibre avec un mordant au fer;

*5° *Bleu d'outre-mer* employé encore dans l'impression et pour azurer le coton, découvert il y a près d'un siècle par Guimet;

*6° *Bleu de Berlin* obtenu en précipitant une solution de ferro-cyanure de potassium par le chlorure ferrique.

*On l'emploie pour le velours coton pour obtenir des reflets bleus. On commence par donner au coton un fond noir, et on recouvre ensuite avec un mélange de bleu de Berlin et d'huile de lin. Le bleu se fixe par séchage;

*7° *Bistre de manganèse*, beau brun, solide à la lumière, qui est du peroxyde de manganèse et qu'on utilise encore dans l'impression;

*8° *Chamois*. — La couleur chamois est réalisée à l'aide d'oxyde de fer fixé sur les fibres. A cet effet les tissus sont imprégnés avec de l'acétate de fer, puis passés à la vapeur. On peut ainsi obtenir une gamme de nuances très solides à la lumière et très résistantes au savon, allant du jaune crème au brun. Mais ces nuances sont peu solides aux acides, et l'acide chlorhydrique les décompose.

*Le *kaki* est une variété du chamois obtenu avec un mélange d'acétate de fer et d'acétate de chrome que l'on fixe par une exposition à la vapeur. Le kaki est lavable et solide à la lumière. Les acides, comme l'acide chlorhydrique, le décolorent facilement.

*Citons encore comme matières non colorées mais utilisées comme base de la préparation de matières colorées :

*1° Le blanc de zinc ou oxyde de zinc ;

*2° Le sulfate de baryum.

B. MATIÈRES COLORANTES ORGANIQUES.

*Alors qu'un assez grand nombre de corps faisant partie du domaine de la chimie minérale, corps simples ou composés, sont colorés, comme les sels de fer, de chrome, de nickel, etc., ou comme l'iode, le soufre, le phosphore, assez rares sont au contraire les corps colorés du domaine de la chimie organique, c'est-à-dire les corps résultant de la combinaison du carbone avec l'oxygène, l'hydrogène, l'azote et le soufre. Ces composés sont en grande majorité incolores ou blancs.

*Il est donc d'autant plus curieux de rencontrer parmi eux un certain nombre de corps à coloration intense.

*Lorsqu'on étudie de près ces composés organiques très colorés on constate que leur coloration ne dépend pas, au moins uniquement, de leur composition centésimale en carbone, hydrogène, etc. Des corps très voisins, ayant presque la même composition centésimale, pourront être l'un incolore et l'autre coloré. Bien plus, deux corps pourront avoir identiquement la même composition centésimale, comprendre, l'un et l'autre, le même pourcentage de carbone, hydrogène, etc., et le premier présenter une coloration intense et brillante alors que le second est incolore. Il est donc légitime de supposer que la coloration d'un composé organique tient surtout à la façon dont des atomes sont liés les uns aux autres dans l'édifice moléculaire.

*En fait, en examinant les formules de constitution des corps organiques colorés, on constate la présence de certains groupements atomiques. On a été conduit par suite à attribuer à ces groupements la cause même de la coloration.

*Witt a donné à ces groupements le nom de groupements « chromophores ». Mais pour qu'ils puissent produire toute leur action, il faut qu'ils se trouvent en présence d'une substance organique riche en carbone. C'est pour cette raison que l'on trouve surtout des corps colorés parmi les dérivés des carbures du type de la benzine, de la naphtaline et de l'anthracène, c'est-à-dire parmi les carbures de la série dite aromatique.

*Si dans la molécule d'un de ces carbures on parvient à introduire un groupe « chromophore, » on obtient un corps coloré dit « chromogène »,

*Mais ce corps coloré n'est pas forcément un colorant. Pour qu'il le devienne il faut, comme nous l'avons vu plus haut, qu'il présente des propriétés acides ou basiques. Or il est assez rare qu'il les possède par lui-même, au moins à un degré suffisant. De là la nécessité d'introduire dans sa molécule un ou plusieurs radicaux acides ou basiques que l'on désigne sous le nom « d'*auxochromes* ».

*, En résumé, l'introduction d'un chromophore dans une molécule organique fournit un composé coloré, un chromogène, et celui-ci deviendra une matière colorante si l'on introduit en certains endroits de sa molécule des auxochromes convenablement choisis (1) ».

*Les groupements chromophores sont très nombreux. On peut citer le groupe NO^2 pour les colorants nitrés, le groupe N-N pour les azoïques, le groupe CO pour les matières colorantes dérivées de l'anthracène, etc.

*Quant aux groupements auxochromes ce sont des groupes salifiables qui peuvent être acides comme OH, SO^3H, COOH, ou basiques comme NH^2, NHR, NR^2.

*Les chromophores les plus simples donnent des matières colorantes jaunes, puis, à mesure qu'ils deviennent plus compliqués, on obtient du rouge puis du bleu.

*Quant aux auxochromes, ou bien ils communiquent seulement des propriétés tinctoriales à la molécule chromogène sans modifier sa nuance, comme COOH et SO^3H, ou bien au contraire lui communiquent des propriétés tinctoriales tout en modifiant la nuance finale obtenue, comme OH, NH^2 ou NR^2.

---

(1) André Wahl, *L'industrie des matières colorantes organiques.* L'ouvrage de cet auteur a été très largement mis à contribution dans les pages qui précèdent et qui suivent.

*Les considérations qui précèdent ne sont pas de pures spéculations théoriques. Elles ont eu pour résultat pratique de guider dans la voie des découvertes les nombreux inventeurs qui depuis 60 ans environ ont créé de toutes pièces la chimie des matières colorantes organiques artificielles, inexistante jusqu'en 1856. Elles ont pu permettre à nombre d'entre eux d'éviter bien des travaux inutiles en leur indiquant par avance la voie où il était le plus rationnel de chercher.

*Jusqu'en 1856 en effet on n'utilisait pour la teinture des textiles, en dehors de quelques matières minérales, que des matières organiques naturelles d'origine végétale ou parfois animale. En 1856 le chimiste anglais Perkin, étudiant l'oxydation de l'aniline par le bichromate de potasse, découvre la mauvéine, ouvrant ainsi la voie à toutes les découvertes qui allaient suivre.

*En 1859 le chimiste français Verguin découvre la *fuchsine*.

*Un peu plus tard le pharmacien-major Roussin tente la synthèse de l'alizarine que l'on retirait jusqu'ici des racines de la garance. Mais, par suite d'une erreur régnant à cette époque sur la composition exacte de l'alizarine, que l'on croyait être un dérivé de la naphtaline alors qu'elle dérive en réalité de l'anthracène, il découvre non pas l'alizarine ou dioxyanthraquinone, mais bien la dioxynaphtaquinone.

*L'honneur de réaliser la synthèse de l'alizarine devait revenir en 1869 aux chimistes allemands Groebe et Liebermann.

*En 1873 Croissant et Bretonnière découvrent le premier colorant au soufre.

*En 1875 le même Roussin découvre le premier colorant azoïque, puis, successivement, un grand nombre de colorants appartenant à la même classe.

*Malheureusement, à partir de cette date, c'est en Allemagne que se font les découvertes. Alors qu'en France la chimie nouvelle n'a guère dépassé le laboratoire, en Allemagne se sont créées de puissantes usines pour exploiter des découvertes, françaises pour la plupart, et ce sont des usines, servant à leur tour de laboratoires gigantesques, qui vont permettre de réaliser des synthèses de plus en plus nombreuses.

*C'est ainsi que de 1875 à 1895 de nombreux colorants azoïques viennent s'ajouter à ceux déjà inventés par Roussin.

*En 1897 la Badische Anilin und Soda Fabrik réalise la synthèse de l'indigo.

*En 1901 paraissent les colorants de cuve dérivés de l'anthracène.

*Enfin c'est en Allemagne que se multiplient à partir de 1895-1900 les colorants au soufre dont la découverte appartient cependant à des Français, Croissant et Bretonnière, qui avaient, en 1873, trouvé le premier colorant de cette classe, le cachou de Laval, et Vidal qui en 1893 avait découvert le noir pour coton qui porte son nom.

*Bref en 1914, au moment où la guerre éclata, l'Allemagne monopolisait à peu près la fabrication des colorants destinés à la consommation de l'industrie textile du monde entier. Son industrie, après bien des sacrifices largement récupérés par la suite, énergiquement soutenue par le Gouvernement allemand, avait réussi à s'imposer partout.

*De là bien des difficultés rencontrées au cours des dernières hostilités dans les divers pays alliés pour parvenir à fabriquer les colorants que l'on achetait à l'Allemagne en temps de paix.

*Ces difficultés ont été vaincues, et les diverses nations alliées sont parvenues à réaliser la fabrication des colorants nécessaires aux besoins de leurs armées, et aussi à ceux de la population civile. Mais il aurait été sans doute préférable de les prévoir et de les résoudre à l'avance.

*Actuellement la situation n'est plus ce qu'elle était avant la guerre. Les principales nations, France, Angleterre, États-Unis, ont maintenant une industrie chimique des matières colorantes nationale, et ne sont plus réduites à recevoir leurs produits tinctoriaux d'Allemagne.

*Les diverses matières colorantes organiques artificielles ont une origine commune, le goudron de houille. Ce sont les carbures aromatiques que l'on retire de ce goudron, benzine, naphtaline, anthracène, qui servent de base à leur préparation.

*Nous donnerons un résumé sommaire de la fabrication de ces colorants synthétiques au paragraphe VI suivant.

*Mais auparavant nous dirons quelques mots des matières organiques naturelles qui n'ont pas complètement disparu devant l'invasion de ces colorants synthétiques, et dont un certain nombre sont encore couramment utilisées.

§ 5. — MATIÈRES COLORANTES ORGANIQUES NATURELLES.

Ces matières peuvent être d'origine animale ou végétale.

Matières d'origine animale.

Elles sont très peu nombreuses. La seule encore utilisée est la *cochenille*.

La cochenille est le résultat de la dessiccation de la larve d'un petit insecte qui vit sur les cactus.

Originaire du Mexique la cochenille a été acclimatée aux Canaries, aux Indes et en Algérie.

La majeure partie de la cochenille du commerce vient du Honduras et des Canaries.

Celle du Honduras ou cochenille noire est la plus estimée. La cochenille grise a moins de valeur.

Le principe colorant de la cochenille est l'acide carminique. La cochenille peut renfermer 10 p. 100 environ d'acide carminique.

En teignant au mordant d'alumine on obtient avec la cochenille une nuance cramoisi.

En teignant au mordant d'étain on obtient une nuance écarlate.

La cochenille donne un écarlate très résistant à la lumière, mais malheureusement sensible au savon. On ne peut donc laver au savon, sous peine de voir la couleur changer et tirer sur le violet, des draps teints à la cochenille.

Citons encore pour mémoire comme colorant d'origine animale la laque-dye, autrefois utilisée pour la teinture en écarlate, qui est un conglomérat résinoïde qui exsude de certains arbres de l'Inde quand ils ont été piqués par un certain insecte.

Matières d'origine végétale.

Elles sont beaucoup plus nombreuses. Deux d'entre elles en particulier, la garance et l'indigo, avaient autrefois une importance capitale, la première pour la teinture de la laine en rouge, la seconde pour la teinture de la laine et du coton en bleu.

La synthèse de l'alizarine, principe colorant de la garance, a porté un coup mortel à la garance dont la culture a été partout abandonnée. L'indigo naturel au contraire n'a pas disparu devant l'indigo synthétique. Mais, bien entendu, sa production a diminué dans des proportions considérables.

1° **Garance.** — Comme nous venons de le dire, la garance n'a plus qu'un intérêt historique.

Son usage remonte à la plus haute antiquité.

En France on l'a cultivée d'abord en Alsace, puis en Provence, dans le département du Vaucluse. On la cultivait aussi en Hollande et en Silésie.

Le principe colorant de la garance est l'alizarine ou dioxyanthraquinone dont la synthèse fut réalisée par Graebe et Libermann en 1869.

C'est de la racine que l'on extrayait le colorant après broyage du moulin.

La garance n'est pas un colorant direct pour laine. On teignait la laine à la garance après mordançage préalable à l'alumine en général, parfois à l'étain.

2° **Indigo.** — L'indigo, soit naturel, soit surtout artificiel, est la matière colorante la plus employée du monde entier.

L'indigo est une matière bleue extraite des feuilles de l'indigotier. L'indigotier est un arbuste originaire de l'Inde, mais sa culture s'est répandue dans tous les pays tropicaux. L'indigo du Bengale reste d'ailleurs le plus renommé.

Le principe colorant de l'indigo est l'indigotine qui a pour formule $C^{16} H^{10} N^2 O^2$. L'indigotine n'existe pas toute formée dans les feuilles de l'indigotier. Elle se développe par fermentation.

Le principe préexistant dans les feuilles de l'indigotier est l'indican $C^{14} H^{17} N O^6 + H^2 O$ qui se dédouble sous l'influence d'un ferment en glucose et en *indoxyle* $C^8 H^7 N O$.

L'indoxyle par oxydation donne l'indigo.

$$2 (C^8 H^7 N O) + 2 O = C^{16} H^{10} N^2 O^2 + 2 H^2 O.$$

Pour préparer l'indigo on commence donc par couper la plante, puis on la place dans des cuves, où elle fermente en présence de l'eau. La solution est alors dirigée sur des cuves plus vastes où on l'agite. On produit ainsi l'oxydation nécessaire pour la formation de l'indigotine qui se dépose en flocons bleus. On décante, on comprime la matière, et on découpe en morceaux que l'on fait sécher.

L'indigo ainsi obtenu n'est pas de l'indigotine pure. Il contient suivant les espèces d'indigotier soumises à la fermentation, et aussi suivant la façon dont cette fermentation est conduite, de 20 à 90 p. 100 d'indigotine. Le reste est constitué par de l'indirubine, colorant rouge isomère de l'indigotine, des gommes, et des matières minérales.

*Les oxydants détruisent l'indigotine en donnant de l'isatine.

*Les réducteurs (corps produisant de l'hydrogène) transforment l'indigotine bleue insoluble en son leuco-dérivé, indigo blanc soluble $C^{16} H^{12} N^2 O^2$. Cet indigo blanc soluble s'appelle encore indigo réduit.

Par réoxydation à l'air il reproduit l'indigo bleu insoluble.

Nous avons déjà vu que c'est grâce à cette double réaction que l'on parvenait à fixer l'indigo sur la fibre textile, animale ou végétale.

Les réducteurs que l'on fait ainsi agir sur l'indigo bleu pour le transformer en indigo blanc soluble sont assez nombreux.

On peut tout d'abord utiliser des matières organiques assez diverses, son, glucose, fécule, qui, par fermentation, produiront l'hydrogène nécessaire à la réduction.

On peut utiliser le sulfate de fer, le zinc, l'hydrosulfite de soude.

Il faut en outre ajouter au bain la base, soude, etc., nécessaire, l'indigo blanc étant soluble dans les solutions alcalinisées.

De là les procédés suivants :

a. *Cuve à fermentation.* — Cuve à glucose et soude par exemple. Le procédé de la cuve à fermentation est le plus anciennement connu.

b. *Cuve à sulfate de fer et chaux.*

c. Cuve à zinc et alcali.

d. Cuve à l'hydrosulfite de soude et soude. — Ce dernier procédé est le meilleur. C'est celui qui donne les résultats les plus rapides. L'hydrosulfite de soude lui-même s'obtient par l'action de la poudre de zinc sur le bisulfite de soude. On ajoute ensuite un lait de chaux ou du carbonate de soude pour précipiter les sels de zinc.

3° **Gaude.** — La gaude est une plante herbacée des climats tempérés. En France on la rencontre en Normandie. Toute la plante et surtout les sommités fleuries renferment le principe colorant qui est la *lutéoline.*

On trouve la gaude dans le commerce sous forme d'extrait. Elle teint la laine mordancée à l'alumine en un beau jaune solide. Avec les sels de fer on obtient des tons verdâtres.

4° **Cachou.** — *Gambir ou Gambier.*

Le *cachou* s'obtient en concentrant des décoctions de noir d'arec, fruit du palmier aréquier. Par fixation au bichromate il donne des nuances brunes extrêmement solides. Il est encore utilisé fréquemment pour la teinture des toiles.

Le *gambir* ou *gambier* ressemble beaucoup au cachou et on le confond souvent commercialement avec lui. On l'extrait des feuilles de l'*Uncaria gambir* que l'on rencontre dans l'Inde et dans l'Indochine.

*5° **Bois de campêche.** — C'est le bois d'un arbre américain que l'on trouve au Mexique, dans l'Amérique centrale et méridionale et aux Antilles.

On isole du bois de campêche l'hématine. Mais l'hématine n'est pas le principe colorant du campêche. Ce principe colorant est l'hématéine qui donne sur mordant d'étain des laques violettes, sur mordant d'alumine des laques bleues, sur mordant de fer, de cuivre et de chrome des laques noires à reflets bleuâtres.

On peut teindre au campêche en partant soit du bois lui-même, soit d'extraits industriels solides (secs) ou liquides. Il existe aussi des extraits dit « oxydés » qui renferment l'hématéine déjà préparée.

L'action des agents extérieurs altère les teintures noires au campêche et les fait verdir. Pour éviter cet inconvénient on donne souvent une première teinture à l'indigo, ce qui s'appelle donner un *pied d'indigo*, puis on remonte au noir avec le campêche.

La teinture au campêche est peu solide. Elle est très sensible à l'action des acides.

*6° **Bois jaune.** — C'est le bois d'un arbre qui croît dans l'Amérique du Sud et dans les Antilles. Il contient deux principes colorants : le *morin* et la *maclurine.* La maclurine donne des laques avec les oxydes métalliques. On vend le bois jaune dans le commerce sous forme d'extraits dits « extraits de Cuba ».

Sur mordant de chrome, l'extrait de Cuba donne des teintures jaune brun assez solides.

*7° **Bois de Santal.** — C'est le bois d'un arbre que l'on rencontre à Ceylan, dans l'Inde, dans l'Indochine, dans un certain nombre de contrées d'Afrique, à Madagascar. Le principe colorant est la *santaline*.

Il est peu employé en teinture, sauf pour nuancer le campêche, le cuba et l'indigo.

*8° **Bois rouge.** — C'est le bois d'un arbre que l'on rencontre aux Antilles, au Brésil et aussi en Asie : Japon, Cochinchine, Java. On en extrait la *brésiline* incolore qui, par oxydation, donne la *brésiléine,* principe colorant rouge du bois.

La brésiléine donne des laques roses avec l'alumine, violettes avec le chrome, violet gris ou pourpre avec le fer.

On la trouve dans le commerce sous forme d'extraits tinctoriaux.

Les teintures au bois rouge n'ont pas la moindre solidité.

*9° **Écorces de quercitron.** — C'est l'écorce d'un chêne de l'Amérique du Nord. Le principe colorant, la *flavine,* donne avec les mordants d'alumine un jaune brun, avec le fer un olive brun, avec l'étain un orangé brillant. On trouve dans le commerce des extraits de quercitron.

Il donne des teintures moyennement solides.

*10° **Autres colorants.** — Signalons enfin le *bois de fustet ou fustel* qui donne des teintures jaunes peu solides, certaines baies dites *graines de Perse* qui donnent des nuances analogues à celle du cuba, le *sumac* feuille d'une plante cultivée en Sicile qui donne certaines nuances claires et délicates, l'*orseille* que l'on retire des lichens et qui donne des nuances allant du rouge vineux au violet, au surplus très peu solides, etc.

§ 5. — MATIÈRES COLORANTES ORGANIQUES ARTIFICIELLES.

*Les colorants organiques artificiels s'obtiennent en partant comme matière première proprement dite d'un ou souvent plusieurs hydrocarbures de la série aromatique : benzine, naphtaline, anthracène, etc., qui se retirent eux-mêmes du goudron de houille.

*Pour la fabrication de chacun de ces colorants, on ne part pas en réalité de ces hydrocarbures eux-mêmes, mais bien de dérivés, parfois assez complexes, de ces hydrocarbures, que l'on appelle *produits intermédiaires.*

*Aussi la fabrication d'un colorant organique synthétique nécessitera-t-elle trois opérations distinctes :

*1° Extraction du goudron de houille de l'hydrocarbure ou des hydrocarbures constituant la matière première ou les matières premières proprement dites nécessaires pour cette fabrication.

*2°. Transformation de cette ou de ces matières premières de façon à réaliser le ou les produits intermédiaires utilisés pour la fabrication;

*3°. Fabrication proprement dite en partant de ce ou de ces produits intermédiaires.

*Avant d'étudier les colorants proprement dits, nous étudierons les matières premières d'abord, puis les produits intermédiaires.

A. MATIÈRES PREMIÈRES.

*Toutes ces matières premières sont extraites du goudron de houille par distillations fractionnées.

*Le goudron de houille se forme lors de la distillation sèche de la houille. La houille distillée donne : 1° des gaz; 2° du coke; 3° des liquides constitués par le goudron de houille mélangés d'eaux ammoniacales.

*Suivant les cas, on traite la houille soit pour obtenir du gaz d'éclairage, soit pour obtenir du coke.

*Le goudron de houille sera, dans le premier cas, un sous-produit de la fabrication du gaz (cas des usines à gaz), dans le second cas un sous-produit de la fabrication du coke (cas des fours à coke).

*On commence par débarrasser le goudron des eaux ammoniacales qu'il renferme. Puis, par une série de distillations fractionnées très compliquées, on en retire les hydrocarbures aromatiques et aussi des phénols et des crésols.

*Les hydrocarbures retirés sont la benzine, le toluène, le xylène, le cumène, la naphtaline et l'anthracène. Les plus importants au point de vue de la fabrication des colorants sont la benzine, la naphtaline et l'anthracène. Le toluène ne vient qu'en quatrième ligne. Le xylène et le cumène n'entrent dans la fabrication que de quelques rares colorants.

*Benzine C^6H^6. — C'est un liquide incolore, à odeur particulière, bouillant à 80 degrés se solidifiant à 4 degrés. La synthèse a été effectuée par Berthelot en chauffant l'acétylène au rouge sombre : l'acétylène se polymérise et donne entre autre carbures de la benzine

$$3 \, (C^2H^2) = C^6H^6.$$

***Toluène** C^7H^8. — C'est un liquide incolore, bouillant vers 1 1 1 degrés, qui présente de grandes analogies avec la benzine.

***Naphtaline** $C^{10}H^8$. — C'est l'hydrocarbure le plus abondant du goudron de houille. C'est un corps blanc, solide, à odeur caractéristique, fondant à 80 degrés, bouillant à 218 degrés. Il se sublime très facilement.

***Anthracène** $C^{14}H^{10}$. — C'est un corps blanc, solide, fondant à 216 degrés, bouillant à 351 degrés. Il présente un isomère : le phénanthrène.

*En dehors de ces hydrocarbures on retire encore du goudron de houille du phénol ou acide phénique C^6H^5OH qui est de l'oxybenzène, et des crésols C^7H^7OH qui sont des oxytoluènes. Nous verrons plus loin comment on peut obtenir ces dérivés hydroxilés en partant des hydrocarbures eux-mêmes.

*Notons enfin que ces produits de la distillation du goudron de houille servent de base, non seulement à la fabrication des matières colorantes, mais aussi à celle d'un grand nombre d'explosifs.

B. PRODUITS INTERMÉDIAIRES.

*Les produits intermédiaires s'obtiennent par des réactions chimiques permettant l'introduction de groupements atomiques nouveaux se substituant dans l'hydrocarbure à autant d'atomes d'hydrogène.

*Si, d'une façon générale, on désigne par C^nH^p l'hydrocarbure aromatique, on pourra substituer à un ou plusieurs atomes d'hydrogène un ou plusieurs des groupements suivants :

$$SO^3H \text{ ou groupement sulfonique;}$$
$$NO^2 \text{ ou groupement nitré;}$$
$$OH \text{ ou groupement hydroxile;}$$
$$NH^2 \text{ ou groupement amidé.}$$

*Les formules des nouveaux produits obtenus seront par suite :

$$C^nH^{p-k}(SO^3H)^k;$$
$$C^nH^{p-k}(NO^2)^k;$$
$$C^nH^{p-k}(OH)^k;$$
$$C^nH^{p-k}(NH^2)^k.$$

*On pourra en outre en combinant les substitutions ci-dessus remplacer deux atomes d'hydrogène par :

$$(SO^3H) (NO^2);$$
$$(SO^3H) (OH);$$
$$(SO^3H) (NH^2);$$
$$(NO^2) (OH);$$
$$(NO^2) (NH^2);$$
$$(OH) (NH^2).$$

*On pourra de même en poursuivant la substitution remplacer trois atomes d'hydrogène par (NH^2) (OH) (SO^3H), par exemple.

*On pourra enfin dans le composé ayant pour formule $C^nH^{p-1}(NH^2)$ ou *amine*, obtenu par la substitution à un atome d'hygrogène du groupement amidé NH^2, remplacer un ou deux atomes d'hydrogène de ce groupement par un radical alcoolique CH^3 ou C^2H^5. On obtiendra ainsi un nouveau composé $C^nH^{p1}N(CH^3)^2$ ou $C^nH^{p1}NHCH^3$, si le radical alcoolique choisi est CH^3.

*Le premier composé ainsi obtenu est une amine secondaire, le second une amine tertiaire.

*On obtient ces divers dérivés par les procédés suivants :

*Sulfonation,

*Fusion alcaline;

*Nitration;

*Réduction;

*Alcoylation.

1. Sulfonation (groupement SO^3H).

*La sulfonation consiste très simplement à traiter l'hydrocarbure par l'acide sulfurique concentré.

*Par exemple la benzine C^6H^6 traitée par l'acide sulfurique donnera la réaction suivante :

$$C^6H^6 + SO^4H^2 = H^2O + C^6H^6SO^3$$

*ou plutôt
$$C^6H^5(SO^3H),$$

*qui est l'acide benzène monosulfonique.

*Avec un excès d'acide fumant, ou encore en traitant l'acide benzène monosulfonique par l'acide sulfurique , on obtient de l'acide benzène disulfonique $C^6H^4(SO^3H)^2$, résultant de la substitution de *deux* groupements sulfonés à *deux* atomes d'hydrogène.

*Ces produits sulfonés sont des acides formant avec les bases de véritables sels bien définis, Par exemple, le sel de soude de l'acide benzène monosulfonique a pour formule $C^6H^5SO^3Na$. Il résulte de la substitution dans l'acide primitif d'un atome de sodium à un atome d'hydrogène.

*Un certain nombre de ces acides présentent des isomères. On distingue alors ces isomères par les préfixes ortho, méta, para.

2. **Fusion alcaline** (groupement OH).

*Le procédé qui précède permet la substitution dans l'hydrocarbure d'un ou deux groupements sulfonés (SO^3H) à un ou deux atomes d'hydrogène.

*Le procédé de la fusion alcaline permet la substitution dans le même hydrocarbure d'un ou deux groupements hydroxiles (OH) à un ou deux atomes d'hydrogène.

*Par exemple, avec la benzine C^6H^6 on obtiendra $C^6H^5(OH)$, c'est-à-dire le phénol. Avec la naphtaline $C^{10}H^8$ on obtiendra $C^{10}H^7(OH)$, c'est-à-dire le naphtol. Avec le toluène C^7H^8 on obtiendra C^7H^7 (OH), c'est-à-dire le crésol.

*Pour réaliser cette substitution on part du dérivé sulfoné de l'hydrocarbure, obtenu comme il vient d'être dit. Par exemple, avec la benzine on commence par préparer l'acide benzène monosulfonique $C^6H^5(SO^3H)$.

*On traite cet acide par la soude (ou la potasse) pour le transformer en son sel de soude $C^6H^5SO^3Na$ (ou en son sel de potasse).

*Puis on fond ce sel avec de la soude caustique (ou de la potasse caustique). On obtient ainsi du phénate de soude d'après la réaction suivante :

$$C^6H^5SO^3Na + 2NaOH = C^6H^5ONa + Na^2SO^3 + H^2O.$$

*La phénate de soude C^6H^5ONa traité par un acide se transformera en phénol $C^6H^5(OH)$.

*Il y a donc dans la préparation du dérivé hydroxilé quatre stades :

*1° Sulfonation de l'hydrocarbure ;

*2° Formation du sel de soude de l'acide sulfoné ;

*3° Fusion avec la soude caustique ;

*4° Acidification du sel du dérivé hydroxilé ainsi obtenu.

*On peut obtenir ainsi :

  *1° *Avec la benzine :*

*a. Le *phénol* ou *monooxybenzène* $C^6H^5(OH)$;

*b. Les dioxybenzènes $C^6H^4(OH)^2$. Il existe trois dioxybenzènes : *le pyrocatéchine, la résorcine* et *l'hydroquinone.* Le seul qui s'obtient par fusion alcaline est *la résorcine* ou *métadioxybenzène.*

  *2° *Avec la naphtaline* :

*a. L'α naphtol;

*b. Le β naphtol.

*Le β naphtol en particulier est un produit intermédiaire des plus importants. Il entre dans la fabrication d'un très grand nombre de matières colorantes.

3. Sulfonation des phénols et naphtols (groupements OH et SO^3H).

*Les phénols ou naphtols à leur tour peuvent être sulfonés et l'on obtient les composés (acides phénol ou naphtol sulfoniques) dérivés des hydrocarbures renfermant les deux groupements OH et SO^3H.

*Les dérivés sulfonés des naphtols sont les plus importants.

*L'α naphtol donne entre autres dérivés *l'acide de Neville et Winther ou acide N-W.*

*Le β naphtol donne, entre autres dérivés, l'acide *crocéique* et l'acide de *Schaeffer.* Ces acides sulfonés à leur tour donnent *l'acide G* et *l'acide R.*

4. Nitration (groupement NO^2 ou groupements OH et NO^2).

*La nitration consiste à faire agir l'acide nitrique ou azotique concentré sur l'hydrocarbure (ou sur le phénol).

*Par exemple l'acide nitrique NO^3H agissant sur la benzine C^6H^6 la transforme en nitrobenzine $C^6H^5(NO^2)$.

$$C^6H^6 + NO^3H = C^6H^5NO^2 + H^2O.$$

*Le résultat final sera donc la substitution dans l'hydrocarbure à un atome d'hydrogène du groupement NO^2 ou groupement nitré.

*On obtient ainsi le dérivé mononitré. Mais en forçant la quantité d'acide ou en faisant agir l'acide sur le dérivé mononitré on peut obtenir un dérivé dinitré.

*On peut aussi nitrer non plus un carbure mais un phénol, par exemple, et obtenir ainsi des dérivés du carbure renfermant à la fois les groupements OH et NO^2.

*On peut obtenir ainsi :

1° *Avec la benzine.*

*a. La *nitrobenzine* $C^6H^5NO^2$, liquide jaunâtre ou incolore qui sert à la préparation de l'*aniline.*

*b. La *dinitrobenzine* utilisée pour la préparation de la métaphénylène-diamine et qui sert aussi pour la confection d'explosifs.

2° *Avec le toluène.*

*a. Le *nitrotoluène* avec ses deux isomères ortho et para;

*b. Le *dinitrotoluène* employé pour la fabrication de certains explosifs ou pour la fabrication de la métatoluylène diamine.

3° *Avec la naphtaline.*

*a. La *nitronaphtaline* avec ses isomères α et β;

*b. La *dinitronaphtaline* avec de nombreux isomères.

4° *Avec le phénol.*

*a. Le *nitrophénol* avec ses deux isomères ortho et para;

*b. Le *dinitrophénol.*

5. **Sulfonation et nitration combinés** (groupements SO^3H et NO^2).

*Nous avons vu plus haut que, par la sulfonation, on pouvait remplacer dans le carbure un atome d'hydrogène par le groupement SO^3H et nous venons de voir que, par la nitration on pouvait remplacer un atome d'hydrogène par les groupements NO^2.

*En combinant les deux procédés, on peut remplacer deux atomes d'hydrogène par un groupement SO^3H et un groupement NO^2.

*Pour obtenir ces dérivés nitrosulfoniques on peut soit sulfoner le dérivé nitré, soit nitrer le dérivé sulfoné.

*On obtient des dérivés nitrosulfoniques de ce genre soit avec la benzine, soit avec le toluène, soit avec la naphtaline (soit même avec les naphtols).

6. **Réduction** (groupement NH^2).

*Par la réduction on se propose de substituer dans l'hydrocarbure à un atome d'hydrogène le groupement NH^2 (ou encore à deux atomes d'hydrogène deux groupements NH^2).

*Pour cela on part du dérivé de l'hydrocarbure que l'on traite par l'hydrogène.

*S'il s'agit de la benzine par exemple C^6H^6 on commence par fabriquer son dérivé $C^6H^5(NO^2)$ ou nitrobenzine par le procédé indiqué plus haut.

*Ceci fait on réduit cette nitrobenzine par l'hydrogène

$$C^6H^5NO^2 + 6H = C^6H^5(NH^2) + 2H^2O.$$

*On obtient ainsi le dérivé à substitution NH^2 désiré que l'on appelle une *amine*, le groupement NH^2 étant lui-même appelé le groupement *amidé*.

*Si au lieu du dérivé mononitré on était parti du dérivé dinitré on aurait obtenu une *diamine* résultant de la substitution de deux groupements NH^2 à deux atomes d'hydrogène.

*Comme mélange réducteur pouvant fournir l'hydrogène naissant, on utilise en général un acide (acide chlorhydrique, acide acétique) et un métal (fer, zinc).

*On peut encore obtenir les amines en partant des dérivés hydroxilés des hydrocarbures que l'on chauffe avec du sulfite d'ammoniaque. On remplace ainsi dans ce dérivé hydroxilé OH par NH^2.

*On peut obtenir ainsi :

1° *Avec la benzine.*

*a. L'*aniline* $C^6H^5(NH^2)$. L'aniline est l'amine de la benzine. C'est un amidobenzène. Mais on peut la considérer aussi comme un dérivé du phénol. De là vient son autre nom scientifique de *phénylamine*.

*L'aniline est un produit intermédiaire extrêmement important qui sert de base à la fabrication d'un très grand nombre de colorants.

*On l'obtient en faisant agir sur la nitrobenzine un mélange de fer et d'acide chlorhydrique qui fournit l'hydrogène nécessaire à la réduction.

*L'aniline est un liquide incolore, un peu plus lourd que l'eau, bouillant à 182 degrés, fondant à — 8 degrés.

*Au point de vue commercial on distingue l'aniline *pour bleu*, qui est pure, et l'aniline *pour rouge*, qui est un mélange d'aniline et de toluidines.

*L'aniline pure est utilisée en teinture pour produire le noir d'aniline.

*L'aniline forme avec l'acide chlorhydrique un sel le chlorhydrate d'aniline d'un emploi très fréquent.

*b. *Diamidobenzènes ou phénylènes diamines.*

*Ils s'obtiennent en partant des dinitrobenzines. Ils contiennent deux groupements NH^2 au lieu d'un. On en connaît trois isomères ortho, méta et para.

2° *Avec le toluène.*

*Il existe des dérivés monoamidés que l'on appelle des *toluidines* ou des dérivés diamidés qu'on appelle des *toluylènes diamines.*

3° *Avec les xylènes.*

*La *xylidine.*

4° *Avec la naphtaline.*

*On connaît deux dérivés manoamidés :

*a. L'α *naphtylamine*;

*b. La β *naphtylamine.*

7. Sulfonation des amines (groupements SO^3H et NH^2).

*On peut sulfoner les amines et l'on obtient ainsi les dérivés de l'hydrocarbure renfermant les deux groupements SO^3H et NH^2.

*Cette sulfonation peut s'obtenir directement en traitant l'amine par l'acide sulfurique.

*Elle peut s'obtenir aussi indirectement en partant du dérivé nitrosulfonique de l'hydrocarbure et en le réduisant par l'hydrogène, par un procédé analogue à celui qui permet d'obtenir l'amine elle-même.

*On peut obtenir ainsi :

1° *Avec la benzine.*

*Des acides *amido-benzène-sulfoniques.*

*On en connaît deux isomères méta et para.

*Le premier s'appelle acide *métanilique.* Il s'obtient par réduction de l'acide méta-nitrobenzène sulfonique.

*Le second s'appelle acide *sulfanilique.* Il s'obtient en sulfonant l'aniline.

2° *Avec la naphtaline.*

*L'α et la β naphtylamine donnent naissance à de nombreux dérivés sulfonés.

*Avec l'α on obtient en particulier l'acide *naphtionique* et les *acides de Dahl.*

*Avec le β on obtient en particulier l'acide de *Broenner* et les acides amido-sulfoniques *R* et *G.*

8. Fusion alcaline des acides amido-sulfoniques ou réduction des dérivés nitrés des phénols ou naphtols (groupements NH^2 et OH).

*On a vu plus haut que, par la sulfonation de l'hydrocarbure puis par la fusion de son sel de soude avec de la soude caustique, on pouvait obtenir des dérivés hydroxilés de ces hydrocarbures, par substitution du groupement OH à un atome d'hydrogène.

*En opérant de même, non plus avec l'hydrocarbure, mais avec l'amine, on obtiendra des dérivés de l'hydrocarbure où deux atomes d'hydrogène auront été remplacés par les deux groupements NH^2 et OH.

*On commencera donc par sulfoner l'amine et on soumettra l'acide amidosulfonique ainsi obtenu à la fusion alcaline.

*On peut encore obtenir ces dérivés en réduisant les dérivés nitrés des phénols ou des naphtols.

*Les dérivés ainsi obtenus s'appellent des amidophénols ou des amidonaphtols. Les premiers, dérivés de la benzine, sont les plus importants.

9. Dérivés présentant les trois groupements OH, MH^2, SO^3H.

*On peut obtenir des dérivés des hydrocarbures présentant les trois groupements amidé, hydroxylé et sulfonique par des procédés analogues à ceux qui viennent d'être indiqués au paragraphe précédent. Mais, comme il convient ici de maintenir au moins un groupement sulfoné, on modifie un peu la façon d'opérer :

*S'il s'agit de fusion alcaline on part d'un acide amido, di ou poly sulfonique.

*S'il s'agit de réduction de dérivé nitré du naphtol, on commence par préparer le dérivé nitrosulfonique de ce naphtol.

*On peut obtenir ainsi avec la naphtaline des acides dits *amido naphtol sulfoniques* dont le plus important est l'*acide H*.

*L'acide H chauffé avec de la soude caustique subit lui-même une transformation. Son groupe amidé est remplacé par un groupe hydroxylé, et on obtient ainsi l'acide *chromotropique*.

10. Nitration des amines (groupements NH^2, NO^2).

*On peut obtenir des dérivés des hydrocarbures renfermant les groupements NH^2 et NO^2 :

*1° Soit en nitrant directement l'amine;

*2° Soit en réduisant, non plus le dérivé mononitré de l'hydrocarbure, comme on le fait pour la préparation de l'amine elle-même, mais bien le dérivé dinitré. Il reste alors un groupement NO^2.

*Les dérivés amidonitrés les plus importants que l'on obtient ainsi sont ceux provenant de la benzine.

*On les appelle des *nitranilines*.

*On connaît trois nitranilines : l'ortho, le méta et le para.

11. Alcoylation des amines, phénols, amidophénols.

*L'alcoylation est une opération qui consiste à remplacer par un radical alcoolique (en général CH^3 ou C^2H^5) l'atome d'hydrogène de la fonction acide (OH) des phénols, ou, par un ou deux radicaux alcooliques, un ou les deux atomes du groupement amidé (NH^2) des amines.

*On réalise l'alcoylation en traitant le sel de soude du phénol par le sulfate de méthyle, ou en traitant un sel de l'amine par l'alcool méthylique ou éthylique.

*On obtient ainsi :

1° *Avec le phénol :*

L'anisol $C^6H^5O(CH^3)$;

*Et le *phénétol* $C^6H^5O(C^2H^5)$;

2° *Avec l'aniline :*

*a. *La monoéthylaniline* $C^6H^5(NH)(C^2H^5)$;

*b. *La monométhylaniline* $C^6H^5(NH)(CH^3)$;

*c. *La diméthylaniline* $C^6H^5N(CH^3)^2$.

*Les dérivés de l'amine où un seul atome d'hydrogène a disparu sont dits *amines secondaires*. Lorsque les deux atomes ont disparu, remplacés par deux groupements alcooliques, on obtient des *amines tertiaires*.

*Enfin on peut obtenir aussi des dérivés alcoylés, des amidophénols, la substitution du radical alcoolique portant sur un des deux atomes d'hydrogène du groupement amidé de ces amidophénols.

*Le monométhylmétaamidophénol par exemple aura pour formule :

$$C^6H^4(OH)(NH)(CH^3).$$

C. COLORANTS.

*On divise en général les matières colorantes organiques artificielles en quinze classes qui sont :

*1. Colorants nitrés;

*2. Colorants nitrosés ou quinone-oximes;

*3. Colorants azoïques;

*4. Hydrazones;

*5. Colorants dérivés du stilbène;

*6. Colorants dérivés du diphénylméthane;

*7. Colorants dérivés du triphénylméthane;

*8. Colorants dérivés du xanthène; .

*9. Acridines;

*10. Colorants dérivés de l'anthracène;

*11. Colorants dérivés de la quinone imide : Indiamines;

Indophénols;

Oxazines;

Thiazines;

Azines;

*12. Indigo et colorants indigoïdes;

*13. Colorants dérivés du thiazol;

*14. Colorants sulfurés;

*15. Noir d'aniline.

1. Colorants nitrés.

*Ce sont des colorants renfermant le chromophore NO^2. Pour augmenter les propriétés acides de ce chromophore, on introduit des auxochromes à caractères acides, soit OH, soit à la fois OH et SO^3H.

*Ces colorants ont donc été étudiés plus haut à propos des produits intermédiaires. Ce seront soit des dérivés nitrés des phénols, naphtols ou crésols (nitrophénols, nitronaphtols, nitrocrésols), soit leurs acides sulfoniques.

*En fait, quand on s'adresse aux nitrophénols, etc., ce n'est pas le dérivé mononitré quel'on choisit, mais bien les dérivés di ou tri nitrés. Le pouvoir tinctorial n'apparaît en effet que dans ces derniers dérivés.

*Les colorants nitrés sont des « colorants acides » teignant directement la laine à laquelle ils communiquent une nuance jaune, en général peu solide.

*Parmi les principaux on peut citer :

*1° L'acide *picrique* ou *trinitrophénol;*

*2° *Le jaune de Martius* ou *dinitro-naphtol,* appelé encore jaune d'or naphtol, ou jaune de naphtol, ou jaune de naphtaline, ou jaune d'aniline, ou jaune de Manchester, etc.;

*3° *Le jaune de naphtol S,* dérivé sulfoné du précédent;

*4° *L'orangé Victoria*;

*5° *L'Aurantia,* etc.

*Les matières premières nécessaires pour la fabrication de ces colorants sont la benzine, la naphtaline ou le toluène.

2. Colorants nitrosés (ou quinone-oximes).

*Les colorants nitrosés s'obtiennent en faisant agir l'acide nitreux naissant sur un phénol ou un naphtol

*Ils appartiennent en général à la catégorie des « colorants pour mordants ». Ce sont des colorants acides, le plus souvent pour coton, teignant le coton mordancé aux sels de fer en un vert intense assez solide.

*Parmi les principaux on peut citer :

*1° *La dinitrorésorcine* obtenue par l'action de l'acide nitreux naissant sur la résorcine;

*2° *Le nitroso α naphtol;*

*3° *Le nitroso β naphtol* ou *vert d'Alsace;*

*4° *Le vert naphtol.* -

*A la base de la fabrication de ces colorants on trouve la benzine ou la naphtaline.

3. Colorants azoïques.

*Les colorants azoïques constituent la classe la plus nombreuse des colorants organiques artificiels.

*Parmi eux on trouve des colorants de la classe « colorants acides », colorants acides teignant directement la laine — des colorants de la classe « colorants basiques », teignant le coton mordancé au tanin — des colorants de la classe « colorants directs pour coton » teignant le coton sans intervention de mordants. Enfin c'est à la classe des azoïques qu'appartiennent les colorants dits chromatables dont nous avons déjà

parlé plus haut, colorants acides pour laine se développant et se fixant dans un bain de mordançage au chrome suivant le bain de teinture.

*Ils présentent les couleurs les plus variées : jaunes, rouges, bleues, brunes, noires.

*Leur chromophore est N.

*Les auxochromes sont soit OH ou SO^3H qui leur communiquent des fonctions acides, soit NH^2 qui leur communique des fonctions basiques.

*Ils s'obtiennent en partant d'un sel d'une amine aromatique. On traite ce sel par l'acide nitreux naissant, obtenu lui-même par la décomposition du nitrite de sodium par l'acide chlorhydrique étendu. On obtient ainsi le sel d'un diazoïque, et l'opération qui lui a donné naissance porte le nom de diazotation.

*Après la diazotation vient la combinaison du diazoïque, soit avec une amine, soit avec un phénol ou un naphtol. C'est la *copulation*.

*Puis, pour séparer la matière colorante, qui se sépare rarement d'elle-même, on la précipite par addition de sel marin. C'est la *précipitation*.

*Il y a en résumé dans tout azoïque deux corps constitutifs à envisager : l'amine que l'on diazote, et l'amine ou le phénol que l'on combine (copule) à l'amine diazotée.

*Lorsqu'on combine l'amine diazotée à un phénol ou naphtol on obtient un *oxyazoïque*.

*Lorsqu'on la combine à une autre amine on obtient un *amidoazoïque*.

*Souvent au lieu de diazoter une amine, on diazote son dérivé sulfoné.

*Souvent aussi, au lieu de combiner l'amine diazotée à une amine, un phénol ou un naphtol, on la combine aux dérivés sulfonés de cette amine, de ce phénol ou de ce naphtol.

*Cette sulfonation de l'un ou l'autre des corps constitutifs de l'azoïque est nécessaire en particulier pour une certaine catégorie d'azoïques qui seraient insolubles, sans cette modification dans le mode de préparation. Neanmoins, quelques-uns de ces colorants, même insolubles, peuvent se fixer sur coton par formation directe sur la fibre.

*Enfin parfois on part non d'une amine mais de son dérivé hydroxilé (amidophénol, amidonaphtol), lui-même souvent sulfoné.

*Les azoïques peuvent être classés en plusieurs sous-groupes, suivant le nombre de chromophores qu'ils renferment. On peut distinguer ainsi les monazoïques, diazoïques, triazoïques, polyazoïques.

*On peut encore les classer suivant l'origine du corps que l'on combine à l'amine diazotée. S'il s'agit d'une amine dérivée de la benzine (aniline, etc.) ou d'un phénol, on dit que l'azoïque est dérivé de la benzine. S'il s'agit d'une amine dérivée de la naphtaline ou d'un naphtol on dit que l'azoïque est dérivé de la naphtaline. Mais il peut très bien se faire que l'amine diazotée soit dans le second cas, par exemple, de l'aniline, de sorte que, dans cette hypothèse, l'azoïque dérive à la fois de la benzine et de la naphtaline.

*Les matières premières dont dérivent les divers azoïques sont en résumé la benzine ou la naphtaline, ou la benzine et la naphtaline, et parfois le toluène ou le xylène.

*Parmi les principaux colorants azoïques on peut citer :

1° *Matières colorantes acides :*

Divers jaunes : jaune d'aniline, tropéolines, jaune acide G, etc.

Des orangés : orangés I, II, III, etc.

Des rouges : substitut d'orseille, ponceaux divers, écarlates divers, roccelline, azorubine, etc.

Des violets : violet azoïque, etc.

Des bleus : bleu amidonaphtol, bleu pour drap, etc.

Des bruns et des noirs : brun de naphtylamine, noir naphtol, etc.

2° *Matières colorantes basiques :*

La chrysoïdine (jaune).

3° *Colorants directs pour coton :*

*Le premier colorant direct azoïque pour coton a été découvert en 1883 par Bœttiger. Il résulte de la combinaison de la benzidine tétrazotée avec l'acide naphtionique. C'est le rouge Congo.

*Depuis lors un grand nombre de colorants analogues ont été découverts. On les obtient en partant de la benzidine, de la tolidine, etc. Ils présentent une grande variété de couleurs, rouges, jaunes, bleus, noirs, etc.

*On peut citer parmi eux le rouge Congo, le violet diamine, le bleu diamine, le noir diamine, etc.

4° *Colorants chromatables :*

*Ils sont de dates relativement récentes, mais leur nombre s'accroît de jour en jour. Ce sont en général des colorants très solides.

*On part le plus souvent pour les obtenir non d'une amine mais de son dérivé amidé et sulfoné (amidophénolsulfonique) ou seulement sulfoné (acide sulfanilique) ou nitré (nitroamine). Le produit combiné à cette amine diazotée est souvent le β naphtol ou encore l'acide salicylique.

*Parmi ces colorants, certains peuvent être indifféremment mordancés avant teinture ou après. On peut donc les rattacher soit au groupe des colorants chromatables, soit au groupe des colorants pour mordants.

*Beaucoup d'entre eux portent la dénomination « au chrome » qui rappelle leur procédé de teinture. D'autres portent la dénomination « d'alizarine » bien qu'ils ne dérivent nullement de l'alizarine, mais parce qu'ils teignent sur mordants comme les couleurs d'alizarine.

*Ils présentent des nuances très variées, jaune, orangé, rouge, violet, bleu, brun, noir.

*On peut citer parmi eux les jaunes d'alizarine G G et R, le jaune foulon, le jaune au chrome, le rouge au chrome, le noir bleu naphtol au chrome (noir bleu d'alizarine M L B), etc.

4. Hydrazones.

*La seule matière colorante de cette série est la *tartrazine*, couleur de la classe des « colorants acides », teignant directement la laine en jaune verdâtre,

5. Dérivés du stilbène.

*Ce sont en général des colorants directs pour coton, assez solides, donnant des nuances jaunes et brunes. On les obtient en partant de l'acide paranitrotoluène sulfonique. La matière première est donc ici le toluène.

*Parmi ces colorants on peut citer les jaunes directs (jaune soleil, jaune mikado, etc.), les bruns directs.

6. Dérivés du diphénylméthane.

*Le seul colorant à noter de cette classe est *l'auramine* qui appartient à la catégorie des « colorants basiques ». L'auramine teint en jaune le coton mordancé au tanin. Elle peut teindre aussi directement la laine.

*La matière première est ici la benzine.

7. Dérivés du triphénylméthane.

*Ce sont des colorants tirés de la benzine (ou du toluène) connus depuis longtemps déjà (couleurs d'aniline).

*Ce sont des colorants appartenant à la classe des colorants dits « basiques », c'est-à-dire des colorants teignant le coton mordancé au tanin, et souvent aussi, directement, la laine, quoiqu'ils ne soient guère plus utilisés pour la teinture de ce dernier textile.

*Par sulfonation, certains d'entre eux deviennent des colorants acides et peuvent teindre alors directement la laine.

*Parmi ces colorants, on peut citer :

*1° Le vert malachite, le vert Victoria;

*2° Les fuchsines;

*3° Le violet Hofmann;

*4° Le violet de méthyle;

*5° Les violets acides, etc.

8. Colorants dérivés du xanthène.

*Les colorants dérivés du xanthène sont les *phtaléines* comprenant la *fluorescine* (jaune), les *rhodamines*, l'*éosine*, l'*érythrosine* (rouge et rose), la galléine (violet).

*La galléine est un « colorant pour mordant », colorant acide teignant la laine en violet rougeâtre solide.

*Les rhodamines peuvent, suivant qu'elles sont sulfonées ou non, présenter des caractères acides ou basiques. Dans le second cas, on s'en sert pour teindre le coton mordancé au tanin. Dans le premier cas, elles peuvent teindre directement sur laine (ou sur soie) et rentrent comme l'éosine, la fluorescine et l'érythrosine dans la caté-gorie des couleurs acides.

*La matière première pour la fabrication de ces colorants est la benzine.

9. Acridines.

*Les matières premières nécessaires pour l'obtention de ces colorants sont le toluène ou la benzine.

*Ils appartiennent à la classe des « colorants basiques ». Ce sont des colorants pour coton teignant le coton mordancé au tanin. On s'en sert aussi pour la teinture du cuir.

*Parmi ces colorants on peut citer le jaune d'acridine, l'orangé d'acridine, etc.

10. Colorants dérivés de l'anthracène.

*Tous les colorants passés en revue jusqu'ici sont tirés soit de la benzine, soit de la naphtaline, soit de ces deux hydrocarbures à la fois, soit, exceptionnellement, du toluène.

*La classe très importante de colorants que nous allons maintenant étudier, la plus importante après celle des azoïques, comprend au contraire une série de corps qui sont tirés de l'anthracène.

*L'anthracène a pour formule $C^{14}H^{10}$. En l'oxydant en milieu acide par le bichromate de potasse ou de soude et l'acide sulfurique on obtient l'anthraquinone $C^{14}H^8O^2$:
*$C^{14}H^{10} + 3O = H^2O + C^{14}H^8O^2$.

*L'anthraquinone $C^{14}H^8O^2$ s'écrit $C^6H^4 \diagdown_{CO}^{CO} \diagup C^6H^4$.

*C'est un composé doublement cétonique qui sert de base à la préparation des divers colorants dérivés de l'anthracène.

*Ici le chromophore est CO. Les auxochromes à introduire seront OH, NH^2, NR^2 dans les situations convenables.

*D'où trois séries principales de colorants dérivés de l'anthraquinone :

*1° Les colorants *hydroxilés* ou *oxyanthraquinones;*

*2° Les colorants *amidés* ou *amidoanthraquinones* et leurs dérivés,

*3° Les colorants qui renferment un groupement chromogène nouveau, outre celui de l'anthraquinone.

*Ce sont des colorants acides.

*Les colorants du premier groupe, et la plupart de ceux du troisième, appartiennent à la classe des « colorants pour mordants », les colorants du deuxième groupe appartiennent à la classe des « colorants acides » teignant directement la laine sans intervention de mordant.

***Oxyanthraquinones.** — La propriété tinctoriale n'apparait que très faiblement dans les monooxyanthraquinones. Pour obtenir de véritables colorants il faut réaliser la substitution dans l'anthraquinone d'au moins deux groupements OH à deux atomes d'hydrogène.

***Dioxyanthraquinones.** — Il doit exister dix isomères. On en connait neuf dont les plus importantes sont :

L'*alizarine* utilisée comme colorant, la *quinizarine*, l'*anthrarufine*, et la *chrysazine* qui servent de matières premières pour la préparation d'autres colorants.

***Alizarine.** — L'alizarine est une matière colorante que l'on trouve dans la racine de la garance à l'état de glucoside, l'acide *rubérythrique*, à côté d'une trioxyanthraquinone, la *purpurine*.

*Elle a pour formule $C^{14}H^6O^2(OH)^2$.

*Sa synthèse a été réalisée en 1869 par Graebe et Liebermann.

*La fabrication de l'alizarine exige les opérations suivantes :

*a) Fabrication de l'anthraquinone en oxydant l'anthracène par le bichromate de potasse ou de soude et l'acide sulfurique;

*b) Sulfonation de l'anthraquinone par l'acide sulfurique fumant, puis neutralisation par la soude caustique, ce qui donne le sel de sodium de l'acide anthraquinone β monosulfonique, ou sel argentin;

*c) Fusion alcaline du sel argentin avec la soude caustique, ce qui donne de l'alizarate de sodium;

*d) Acidification par l'acide chlorhydrique ou l'acide sulfurique. L'alizarine se précipite.

*Le procédé employé pour obtenir l'alizarine à partir de l'anthraquinone est en résumé absolument analogue au procédé, également par fusion alcaline, décrit plus haut, permettant d'obtenir un phénol ou un naphtol à partir de la benzine ou de la naphtaline.

*L'alizarine, comme tous les oxyanthraquinones, est un colorant pour mordants. Elle donne des nuances solides au savon et à la lumière. La nuance varie suivant le mordant employé.

*Avec l'alumine on obtient un rouge bleuâtre, avec l'oxyde de chrome un brun rougeâtre, avec l'oxyde de fer un violet noir.

*On trouve dans le commerce des marques d'alizarine bleuâtre qui sont constituées par de l'alizarine pure ou plus ou moins mélangée de purpurine, et des marques d'alizarine jaunâtre qui renferment surtout de l'*isopurpurine* et de la *flavopurpurine*.

***Sulfonation de l'alizarine.** — Traitée par l'acide sulfurique l'alizarine donne un acide sulfonique dont le sel de sodium constitue l'alizarine S employée pour la teinture de la laine sur mordant de chrome ou d'alumine.

***Nitration de l'alizarine.** — Il existe un certain nombre de nitroalizarines. — La plus importante est la β *nitroalizarine* ou *orangé d'alizarine* qui est un colorant donnant sur mordant d'alumine une nuance orangée, et sur mordant de chrome une nuance brune, et qui sert en outre de matière première pour la fabrication du bleu d'alizarine.

***Trioxyanthraquinones.** — Les plus importantes sont :

*a) L'*anthragallol* ou *brun d'anthracène* qui donne une nuance brune sur mordant d'alumine ou de chrome;

*b) La *purpurine* qui donne sur mordant d'alumine une nuance rouge écarlate. Elle accompagne l'alizarine dans la racine de la garance;

*c) L'*anthrapurpurine* ou *isopurpurine* qui donne sur mordant d'alumine une nuance écarlate;

*d) La *flavopurpurine* qui donne sur mordant d'alumine un rouge jaunâtre et sur mordant de fer un violet rouge.

Polyoxyanthraquinones. — Appartiennent à cette classe : *le Bordeaux d'alizarine* qui teint en nuance bordeaux la laine mordancée à l'alumine, et en violet bleu foncé la laine mordancée au chrome.

*Le *bleu d'anthracène* qui teint en bleu sur chrome, etc.

Colorants amidés, Amidoanthraquinones et Amidooxyanthraquinones. — Appartiennent à cette classe : le *violet d'anthraquinone*, le *vert d'alizarine cyanine*, l'*alizarine saphirol*, l'*alizarine célestol*, l'*alizarine irisol*.

Dérivés de l'anthraquinone renfermant un nouveau groupement atomique. — Le colorant le plus important de cette classe est le *bleu d'alizarine*. Le plus souvent ce colorant est vendu dans le commerce sous forme de combinaison avec le bisulfite de soude. Il porte alors le nom de *bleu d'alizarine* S.

*On l'obtient en traitant β nitroalizarine (ou orangé d'alizarine) par la glycérine et l'acide sulfurique.

*C'est un colorant important utilisé sur mordant de chrome pour la teinture de la laine et du coton. Il donne un bleu indigo d'une remarquable solidité au savon, au chlore et à la lumière.

Colorants de cuve dérivés de l'anthracène. — Ces colorants constituent une quatrième catégorie de colorants dérivés de l'anthraquinone ou de l'anthracène, distincte des trois catégories étudiées plus haut.

*Ce sont des colorants de cuve se fixant sur la fibre, comme nous l'avons dit plus haut, par réduction, puis réoxydation ultérieure.

*Ils sont de date relativement récente, mais leur nombre s'accroît de jour en jour. Ils donnent en général des teintes très résistantes à la lumière, au lavage et au chlore.

*Les principaux sont :

*1° L'*indianthrène*, le premier en date de tous, obtenu en 1901 en chauffant β amidoanthraquinone avec de la potasse caustique. — Par réduction de l'indianthrène on obtient une cuve colorée en bleu. La teinte finale après réoxydation est également bleue. On obtient ainsi une nuance très solide à la lumière et au lavage, mais peu solide au chlore.

*Au contraire les dérivés bromés ou chlorés de l'indianthrène sont très solides au chlore. On les désigne sous les noms d'indianthrène G C, G C D, C E, de bleu algol C F.

*2° Le *flavanthrène* qui donne une cuve bleue avec l'hydrosulfite, brune avec le zinc. Mais, par réoxydation à l'air, on obtient finalement une nuance jaune.

*3° Le *cyananthrène* et le *violanthrène*, le dérivé nitré du violanthrène constituant le *vert d'indanthrène*.

*4° Le *rouge d'indianthrène*, le *bordeaux d'indianthrène*, l'*orangé algol*, le *rouge algol*, le *bordeaux algol*.

*5° Des *jaunes algol*, *rose algol*, etc.

11. Dérivés de la Quinone. — Imide.

*Ce sont pour la plupart des colorants appartenant à la classe des « colorants basiques » teignant par conséquent le coton mordancé au tanin. Certains teignent cependant directement le coton. Enfin quelques rares dérivés sulfonés peuvent être rangés dans la classe des colorants « acides ».

*On divise ces colorants en cinq groupes :

*1° Indiamides;

*2° Indophénols;

*3° Thiazines;

*4° Oxazines;

*5° Azines.

*1° *Indiamines*. — Ne sont pas employées en fait comme matières colorantes, mais servent à la préparation d'autres colorants;

*2° *Indophénols*. — Présentent peu d'intérêt;

*3° *Thiazines*. — Dans les thiazines il y a introduction d'un atome de soufre.

*On peut citer parmi les thiazines : le *bleu de méthylène* et le *vert de méthylène*;

*4° *Oxazines*. — Les oxazines présentent de grandes analogies avec les thiazines.

*On peut citer parmi elles :

*Le *bleu de Capri*, le *bleu de Meldola* ou *bleu naphtol*, la *gallocyanine*, etc.

*5° *Azines* auxquelles se rattachent les *safranines*, *mauvéines* et *indulines*.

*Tous ces colorants s'obtiennent en partant de la benzine, de naphtaline ou du toluène.

12. Indigo et colorants indigoïdes. Indigo.

*Nous avons parlé plus haut de l'indigo en général. Il ne reste plus qu'à indiquer ici les deux principaux procédés de fabrication de l'indigo.

*1° **Procédé de Meister Lucius.** — C'est par un procédé analogue au procédé Meister Lucius qu'a été fabriqué au cours de la dernière guerre l'indigo nécessaire aux besoins de l'armée.

*On fait agir l'acide monochloracétique sur l'aniline et on obtient ainsi la *phénylglycine* ou *phénylglycocolle*, qui, chauffée avec l'amidure de sodium, donne l'*indoxyle* qu'il n'y a plus qu'à oxyder par un courant d'air en milieu alcalin pour le transformer en indigo.

*L'indigo ainsi obtenu porte la marque M L B. Il se vend dans le commerce sous forme de pâte à 20 p. 100 d'indigotine, de poudre à 100 p. 100 d'indigotine, ou de solution d'indigo réduit.

*L'acide monochloracétique s'obtient lui-même par l'action du chlore à l'état gazeux sur l'acide acétique.

*2° **Procédé de la Badische.** — On commence par fabriquer l'acide *anthranilique*. Ici la matière première est la naphtaline.

*On transforme la naphtaline par oxydation par l'acide sulfurique fumant en acide *phtalique*.

*L'acide phtalique, ou mieux son anhydride, est transformé par l'action de l'ammoniaque en *phtalimide*.

*La phtalimide est ensuite soumise à l'action des hypochlorites alcalins, ce qui donne l'acide anthranilique.

*L'acide anthranilique est transformé en *phénylglycocolle orthocarbonique* par l'acide monochloracétique.

*En fondant avec un alcali, puis oxydant par un courant d'air, on obtient finalement l'indigotine.

*L'indigo de la Badische porte la marque B. A. S. F. Il est vendu en pâte à 20 p. 100 d'indigotine, ou en poudre ou en morceaux d'une teneur connue et régulière en principes actifs.

*Comme nous l'avons déjà dit la fabrication de l'indigo n'est plus monopolisée par l'Allemagne. On en fabrique maintenant en France, Angleterre, etc.

***Colorants indigoïdes.** — Ce sont comme l'indigo des colorants pour cuve. Le *Thioindigo* est de l'indigotine dans la formule de laquelle le groupement NH a été remplacé par S.

*On l'obtient par un procédé analogue à celui qui permet d'obtenir l'indigotine en partant de l'acide anthranilique. Il fournit les colorants connus sous le nom de *rouge* et *écarlate de thio-indigo.*

*Les *colorants Ciba* sont des dérivés tri ou tétrahalogénés de l'indigotine, ou de son isomère l'indirubine, ou du thioindigo.

*Ils présentent des nuances souvent très différentes du produit qui leur a donné naissance. On connaît des *bleus Ciba*, des *héliotropes Ciba*, des *écarlate Ciba*, des *bordeaux Ciba*, etc.

*Les colorants *Hélindones* (ou Hélindon) sont eux aussi des dérivés des indigoïdes.

13. Dérivés du Thiazol.

*Dans les colorants dérivés du thiazol il y a introduction d'un atome de soufre.

*Le plus intéressant est la *primuline* que l'on obtient par réaction du soufre sur la paratoluidine, puis sulfonation.

*La primuline commerciale est en réalité le sel de soude de l'acide *primuline sulfonique.*

*Elle teint directement le coton en nuance jaune verdâtre. Mais son utilisation sous cette forme est sans intérêt.

*Mais, en traitant la fibre une fois teinte par une solution étendue de nitrite de soude acidifiée par l'acide chlorhydrique, on produit, par un mécanisme identique à celui décrit plus haut pour les colorants azoïques, la diazotation du colorant. Puis, toujours par le même mécanisme, on procède à la copulation, c'est-à-dire que, par passage dans un troisième bain, on combine le colorant à un phénol, un naphtol ou un de leurs dérivés, ou à une amine. Le développement est presque instantané, et on obtient en faisant varier le produit de copulation des nuances différentes, jaune avec le phénol, orangé avec la résorcine, rouge avec le β naphtol, etc.

*Il s'agit là en résumé d'une teinture obtenue, par le procédé particulier dont nous avons parlé plus haut, par formation du colorant sur la fibre elle-même. On donne à ces colorants le nom de colorants *ingrain*.

*Ils sont solides au lavage, mais peu résistants à la lumière.

*Les matières premières sont ici le toluène et, suivant les cas, la benzine ou la naphtaline.

14. Colorants sulfurés ou Colorants au soufre.

*Nous avons déjà parlé plus haut de ces colorants.

*Leur mode de formation n'est pas encore complètement connu.

*Ils s'obtiennent en chauffant des substances organiques très diverses avec du soufre, ou un mélange de soufre et de sulfures alcalins.

*Presque tous ces colorants sont des poudres amorphes colorées insolubles dans les colorants usuels. Ils se fixent directement sur la fibre par un procédé qui rappelle le mode de fixation des colorants dits de cuve. On les réduit par le sulfure de sodium (ou le glucose) dans lequel ils se dissolvent en donnant des solutions colorés. La fibre peut les absorber dans cet état, et, par réoxydation ultérieure, la matière colorante se trouve fixée. La fixation commence déjà dans le bain de teinture. Mais on la complète en général par un traitement au bichromate de potasse ou au sulfate de cuivre.

*Ce sont des colorants pour coton qu'ils teignent directement, ou, d'une façon plus générale, pour fibres végétales. Ils sont d'un emploi très fréquent pour la teinture des tissus de coton et, en particulier, des velours. Ils donnent des teintes résistantes au lavage, mais en général peu résistantes au chlore. Ils communiquent parfois au tissu un toucher un peu rude.

*Dans certains cas on les utilise pour donner un fond et on achève de teindre avec d'autres colorants.

*Le premier colorant au soufre obtenu a été le *cachou de Laval* obtenu en 1873 par Croissant et Bretonnière en chauffant la sciure de bois, le son, et d'autres matières analogues avec du soufre et des sulfures alcalins. Le cachou de Laval teint le coton directement en nuances brun sale, qui peuvent être rendues plus belles et plus solides par traitement au sulfate de cuivre et au bichromate. Il est d'un emploi fréquent dans la teinture du velours de coton.

*Les produits organiques utilisés actuellement pour obtenir les divers colorants au soufre, c'est-à-dire ceux que l'on soumet pour obtenir ces colorants, à la fusion soit avec le soufre, soit avec le soufre et le sulfure de sodium, soit avec des polysulfures alcalins, sont très nombreuses : nitrotoluène, métadiamines, dinitronaphtaline, paranitrophénol, paraamidophénol, nitrocrésols, dinitrophénol, indophénols, etc.

*Les matières premières sont ici : la benzine, la naphtaline ou le toluène.

*Citons parmi les colorants ainsi obtenus :

*1° Le *Cachou de Laval* dont il a été parlé plus haut;

*2° Le *Noir Vidal*;

*3° Les *jaunes et orangés* au soufre;

*4° Les *bleus* au soufre;

*5° Les *verts et olives* au soufre;

*6° Les *bruns, catéchines, cachous et kakis* au soufre;

*7° Les *noirs* au soufre.

*Ces colorants portent, suivant la maison dont ils proviennent et leur mode de préparation, le nom de la couleur qu'ils permettent de réaliser, suivi le plus souvent de la désignation « au soufre » ou parfois des mots « immédiat » ou « pyrogène » ou « thional », etc.

15. Noir d'aniline.

*Le noir d'aniline est un colorant insoluble résultant de l'oxydation de l'aniline. Il se forme d'abord, lors de cette oxydation, un colorant vert, l'*émeraldine*, qui se transforme d'abord en noir verdissable à la longue ou *nigraline*, qu'une oxydation plus complète change en noir inverdissable.

*Ce colorant se fixe sur la fibre de coton plongée dans une solution de chlorhydrate d'aniline en présence de la matière oxydante (bichromate de potasse, ou chlorate de soude et sulfate de cuivre, etc.). On peut soit obtenir la teinture par passage de la fibre de coton dans un seul bain, soit la réaliser par passage dans deux bains successifs, le second renfermant le bichromate qui achève l'oxydation.

D. TERMINOLOGIE DES MATIÈRES COLORANTES ARTIFICIELLES COMMERCIALES.

*Le nombre des colorants artificiels s'accroît de jour en jour. Si on ne considère que les colorants constituants des types chimiques bien définis, leur nombre dépasse peut-être 1,500 à l'heure actuelle.

*Mais le nombre des colorants *commerciaux* est bien plus considérable et cela pour les raisons suivantes :

*1° Des maisons différentes fabriquent le même colorant et lui donnent des noms distincts. Les 1,500 colorants dont nous venons de parler peuvent ainsi recevoir peut-être 15,000 désignations commerciales distinctes;

*2° Certaines maisons créent par mélange ou addition des produits inertes (en dehors de l'addition justifiable de ces produits faits en vue de corriger les aléas de la fabrication et de ramener le produit à une proportion immuable des principes actifs) des types spéciaux, soi-disant pour faciliter la tâche du teinturier, ce qui a pour résultat d'accroître encore la terminologie commerciale.

*Or cette terminologie n'a trop souvent rien à voir avec la logique. Il serait rationnel de retrouver dans le nom commercial de chaque colorant à la fois un renseignement sur la façon dont on doit l'utiliser en teinture (colorants acides, basiques, pour mordants, etc.), et un renseignement général sur la façon dont on l'a obtenu.

*Mais ce double desideratum est bien rarement réalisé, et dans cette création continue de noms nouveaux la fantaisie des fabricants s'est donné libre cours.

*Il y a plus. Loin d'aider à reconstituer le mode général de formation du colorant, le nom commercial qui lui est donné tend trop souvent à induire en erreur sur ce mode de formation. C'est ainsi par exemple que nombre de colorants pour mordants reçoivent le nom de colorants d'alizarine ou d'anthracène, alors qu'ils ne dérivent nullement de l'alizarine ou de l'anthracène, etc.

*Il serait à désirer, au moins dans l'intérêt des teinturiers, submergés sous ce flot de désignations insuffisantes ou entachées d'erreurs, qu'une unification de cette terminologie sur des bases rationnelles fut décidée.

*Il faudrait malheureusement pour cela une entente internationale bien difficile sans doute à réaliser.

*En attendant un essai de classification a été tenté récemment par M. Sisley (mai 1920).

*M. Sisley a distingué 260 colorants principaux, auxquels il a conservé leurs noms quand ces noms étaient universellement consacrés pour l'usage, ou quand ces noms admis jusqu'ici exprimaient correctement la constitution chimique du colorant. Il a modifié au contraire tous les noms dans lesquels la constitution chimique du colorant était dissimulée sous une indication erronée.

*Ces colorants ont d'abord été classés suivant leur emploi en teinture dans les classifications générales dont nous avons parlé plus haut : colorants acides, colorants acides chromatables, colorants basiques, colorants directs pour coton, colorants pour mordants, colorants pour graisses, vernis, etc., colorants au soufre, colorants à la cuve. Puis dans chacune de ces grandes classes, établies d'après l'emploi du colorant en teinture, il a classé les colorants suivant leur classification chimique également étudiée plus haut : colorants nitrés, azoïques, etc.

*Enfin en regard du nom *principal* ainsi admis pour chacun de ces 260 colorants, il a fait figurer la plupart de leurs divers noms commerciaux en indiquant pour chacun d'eux le nom de la firme qui les fabrique.

*Cette classification n'est pas complète en ce sens qu'on n'y voit figurer comme colorant à la cuve que l'indigo. La raison de cette omission est que la plupart de ces colorants à la cuve sont encore sous brevet.

TITRE V.

LES TISSUS.

AVANT-PROPOS.

On appelle caractéristiques d'un tissu toutes les énonciations, que ces énonciations puissent être chiffrées ou non, qui permettent de définir complètement ce tissu.

Pour que la précision soit complète, pour que le tissu ainsi défini ne puisse être confondu avec aucun autre, le nombre de ces caractéristiques doit être évidemment très considérable.

On peut les ranger sous deux classifications différentes :

La première classification, que nous appellerons classification de fabrication, est celle qui pourrait être adoptée par l'industriel qui a réalisé le tissu.

Cet industriel, pour définir ce tissu, commencerait par indiquer la nature exacte de la matière première utilisée, puis il préciserait, en suivant l'ordre chronologique des opérations, la manière dont ont été conduites les différentes « façons » subies par cette matière au cours de la fabrication.

Supposons par exemple qu'il s'agisse d'un drap cardé fin.

L'industriel définira ce drap par les énonciations suivantes :

Laines utilisées : Mérinos d'Arles ;

Teinture : En bourre à l'indigo, 100 grammes d'indigo par kilogramme de laine ;

Cardage : Sur trois cardes, cardage en long ;

Filature : Au renvideur pour la trame, au continu pour la chaîne ;

Numéro des fils : 16 en chaîne, 20 en trame ;

Torsion des fils : 7 tours au centimètre chaîne et trame ;

Armure : Sergé de 4 par effet de trame ;

Nombre de fils en chaîne et en trame par centimètre dans le tissu sur métier : 13 fils en chaîne, 16 en trame ;

Longueur du tissu sur métier : 2 m. 30 ;

Longueur de chaîne nécessaire pour obtenir 100 mètres courants de tissu terminé : 125 mètres ;

Laize du tissu terminé : 1 m. 40 ;

Apprêts donnés : Spécification complète.

Le tissu est ainsi parfaitement défini, puisque la nature de la matière première est précisée ainsi que tous les détails de la fabrication, et que le résultat final de la fabrication, c'est-à-dire le tissu terminé avec ses qualités spéciales, ne peut être qu'une conséquence de ces éléments, ceci en écartant, bien entendu, le cas d'une fabrication défectueuse.

Mais le commerçant qui examinera le tissu en vue de son achat éventuel se placera à un tout autre point de vue.

C'est le résultat final qu'il examinera tout d'abord, ce sont les qualités spéciales du tissu, conséquence du mode de fabrication adopté, qui l'intéresseront avant tout.

Il commencera donc par examiner le tissu au point de vue de sa finesse, de la beauté des apprêts et de la nuance, de sa résistance, de son élasticité et de son clos.

Bien entendu il pourra aller plus loin et il ira plus loin dans la plupart des cas. Il pourra, par une analyse détaillée du tissu, retrouver quelques-unes des caractéristiques de fabrication, telles que le numéro des filés ou l'armure. Il pourra, sinon chercher le nombre de fils en chaîne et en trame sur le tissu du métier, du moins chercher les nombres correspondants sur le tissu terminé. Par un examen minutieux des filés il pourra se rendre compte approximativement de la qualité de la laine utilisée. Il fera passer le drap à la balance pour déterminer son poids, etc.

Mais si loin qu'il pousse cet examen il ne pourra pas retrouver toutes les caractéristiques de fabrication, et il n'a d'ailleurs pas besoin de les retrouver toutes. L'essentiel pour lui est que le tissu réponde bien à l'usage auquel il le destine, et l'examen de ses qualités finales de finesse, nuance, etc., jointes aux résultats que lui fournira l'analyse du tissu poussée plus ou moins loin, lui suffira pour asseoir son opinion.

S'il voulait définir le tissu qu'il achète le commerçant le définirait comme suit : Drap cardé en laine 140 du poids de *n* grammes au mètre courant, laines fines, nuance bleue solide indigo, apprêts drap soignés, tissu fin présentant une résistance de *p* kilogrammes en chaîne et *p*, en trame, une élasticité de *q* centimètres en chaîne et *q*, en trame, clos satisfaisant, armure sergé de quatre, numéros des fils 16 en chaîne et 20 en trame, nombre de fils par centimètre *r* en chaîne et *r*, en trame.

Ces nouvelles caractéristiques, dont certaines se confondent au surplus avec les caractéristiques de fabrication, sont ce qu'on peut appeler « les caractéristiques du tissu terminé ».

Ce sont celles que révèle l'examen du tissu présenté et son analyse. Quand elles ne se confondent pas avec les caractéristiques de fabrication, elles ne sont que des conséquences de ces caractéristiques.

Dans ce qui va suivre nous étudierons d'abord comment, mis en présence d'un échantillon, on peut reconnaître ces caractéristiques du tissu terminé. Le chapitre Ier sera donc consacré à la reconnaissance des qualités spéciales d'un tissu présenté, finesse, résistance, etc., et à son analyse.

Par qualités spéciales d'un tissu, nous entendons, comme nous venons de le dire, les qualités particulières qu'il acquiert du fait d'une fabrication déterminée, mais conduite dans de bonnes conditions.

Si la fabrication est défectueuse, le tissu présentera des défauts plus ou moins nombreux ou accusés, qui pourront diminuer de beaucoup sa valeur normale marchande. Il convient donc de pouvoir reconnaître ces défauts, et ce sera là l'objet du chapitre II.

Dans le chapitre III nous donnerons une énumération sommaire des principales catégories de tissu, basée principalement sur l'usage auquel ils sont destinés.

Enfin dans le chapitre IV, nous reviendrons sur les caractéristiques de fabrication, et nous tenterons d'établir l'influence de chacune de ces caractéristiques, prise individuellement sur les qualités finales du tissu terminé.

CHAPITRE PREMIER.

EXAMEN ET ANALYSE D'UN TISSU.

Dans ce qui va suivre nous ne parlerons que de l'examen et de l'analyse d'un tissu fait en vue de reconnaître ce que nous avons appelé plus haut les caractéristiques du tissu terminé. Nous ne parlerons pas de l'examen d'un tissu fait en vue de reconnaître les défauts dus à une fabrication défectueuse, question que nous réserverons pour le chapitre II suivant.

Ces caractéristiques du tissu terminé sont les suivantes :

1. Nature de la matière première utilisée;
2. Nuance, colorants utilisés, solidité de la nuance;
3. Laize et poids du tissu;

4. Nombre de fils par centimètre en chaîne et en trame;

5. Armure;

6. Numéro des filés en chaîne et en trame;

7. Résistance et élasticité;

8. Finesse du tissu;

9. Mode d'apprêtage;

10. Clos.

Parmi ces caractéristiques quelques-unes sont chiffrables. Ce sont celles concernant la laize, le poids, les comptes et les numéros des fils, la résistance et l'élasticité.

D'autres peuvent faire l'objet de définitions précises : tel est le cas pour les colorants et l'armure.

D'autres enfin ne peuvent être complètement précisées ; tel est le cas pour la finesse, la nuance, le mode d'apprêtage et le clos. La précision à peu près complète pour ces caractéristiques ne peut provenir que de la déclaration de conformité de l'échantillon à examiner avec un échantillon provenant d'une collection-type supposée préparée d'avance et connue de tous.

Pour la recherche de ces diverses caractéristiques on fait usage de procédés d'investigation d'ordres très divers. C'est l'analyse chimique qui permet, conjointement avec l'examen à la vue, de reconnaître la nature de la matière première utilisée. C'est elle qui renseigne aussi sur les colorants utilisés pour l'obtention de la nuance, qui permet de reconnaître la stabilité de ces colorants, c'est elle enfin qui permet de déterminer la nature et surtout l'importance des matières étrangères incorporées sous forme de parements au tissu soit à la filature, soit aux apprêts. C'est en s'aidant d'instruments divers, règle, balance, loupe, dynamomètre, que l'on détermine la laize, le poids, l'armure, le compte et le numéro des fils, la résistance et l'élasticité du tissu. C'est enfin par la vue et le toucher que l'on peut se rendre compte des qualités non définissables du tissu, finesse, mode d'apprêtage, clos, et comparer ces qualités à celles présentées par des échantillons tirés d'une collection type préparée d'avance.

Nous allons dans ce qui va suivre passer en revue ces différentes caractéristiques dans l'ordre où elles sont énumérées plus haut, et indiquer les procédés utilisés pour leur reconnaissance.

1. Nature de la matière première utilisée.

On la détermine aussi approximativement que possible, d'abord par l'examen de cette matière au toucher et à la vue, puis, si l'on veut pousser les choses plus loin, par un examen au laboratoire.

Tout d'abord le toucher de l'étoffe donne un premier renseignement sur sa nature. On complète ce premier renseignement en défilant une partie du tissu de manière à en retirer quelques fils, et en détordant ces fils de façon à en extraire les filaments individuels. On peut se rendre compte ainsi si l'on est en présence de filaments de laine, de coton, etc. On peut, s'il s'agit de filaments de laine, se rendre compte approximativement de leur degré de finesse, de leur longueur.

Cet examen pourra être suffisant si le tissu que l'on examine est constitué avec une seule matière première. Mais s'il s'agit d'un mélange de deux matières, coton et laine par exemple, il ne permettra pas de se rendre compte des proportions respectives des deux éléments. Il sera insuffisant en outre pour déceler dans un tissu, en laine par exemple, la présence de laines d'effilochages en faible proportion. Enfin il sera totalement insuffisant si l'on est en présence d'un tissu fabriqué avec des fibres végétales d'un usage peu courant, c'est-à-dire avec des fibres autres que les fibres de coton, de lin, de chanvre ou de jute.

Il faudra donc dans la plupart des cas faire suivre cet examen d'un examen physique et chimique au laboratoire.

Au laboratoire on examinera les fibres au microscope. On pourra se rendre mieux compte de leur nature et rectifier les erreurs commises dans l'examen à la vue. Puis on les soumettra pour déterminer la nature des fibres entrant dans sa composition aux épreuves décrites déjà précédemment (voir titre I).

Enfin, en supposant tout doute disparu sur la nature des fibres, l'examen du tissu, sa finesse, la finesse des filés pourront fournir des renseignements précieux sur la finesse de ces fibres. Si l'on sait par exemple que le tissu a été fabriqué uniquement avec de la laine, la laine utilisée ne pourra être que de la laine fine si le tissu obtenu est lui-même très fin.

Mais si poussé, si minutieux que soit l'examen, il ne pourra donner finalement qu'une approximation. Seul l'industriel qui a fabriqué le tissu pourrait indiquer exactement la nature, la qualité et la provenance des matières dont il a fait usage.

2. Nuance : colorants utilisés, solidité de la nuance.

La nuance d'un tissu, la comparaison de cette nuance avec un type de nuance déterminé, peut s'apprécier sur un faible échantillon. Mais les défauts que peut présenter cette nuance, comme au surplus tous les autres défauts de fabrication, ne peuvent s'apprécier que par l'examen complet des pièces au rouleau comme nous le verrons plus loin.

La recherche des colorants utilisés pour l'obtention de la nuance se fait par l'analyse chimique. Bien entendu cette analyse ne permettra pas en général de retrouver le ou les colorants utilisés sous leur désignation commerciale. Le nombre des colorants de composition chimique différente est déjà très grand, et le nombre des colorants à désignations commerciales différentes est encore bien plus grand, diverses maisons, qui fabriquent le même colorant ou à peu près, lui attribuant chacune un nom particulier. On ne pourra lors de l'analyse au laboratoire se proposer de rechercher que la nature du colorant s'il s'agit d'un colorant parfaitement défini et donnant naissance à des réactions qui ne se produisent qu'avec lui, et la classe seulement de ce colorant s'il fait partie d'une série de colorants se différenciant peu les uns des autres et donnant naissance aux mêmes réactions.

Quant à la stabilité de la nuance obtenue, elle se vérifie par des procédés qui sont toujours les mêmes depuis que l'art textile est né, et qui consistent à étudier l'effet sur cette nuance des divers agents de détérioration auxquels le tissu sera normalement exposé.

Tout tissu, quel que soit son usage, sera exposé plus ou moins à l'action de l'air et de la lumière. L'épreuve de résistance à l'air et à la lumière est donc la première épreuve à faire subir à tout tissu teint, quel qu'il soit.

Cette épreuve s'effectue d'une façon très simple en soumettant à l'action de l'air et de la lumière et pendant un temps plus ou moins long (quinze jours, un mois, deux mois et même plus) une moitié environ de l'échantillon soumis à l'épreuve, tandis que l'autre moitié reste protégée contre cette action par un couvercle protecteur. On compare de temps en temps la partie exposée avec la partie à l'abri de la lumière et l'on se rend compte ainsi du plus ou moins de solidité de la nuance à la lumière. Pour achever de s'éclairer à ce sujet on compare aussi les dégradations de nuance constatées avec celles accusées dans les mêmes conditions par un échantillon type de solidité satisfaisante constitué d'avance.

Si tous les tissus sont de, par leur usage, soumis plus ou moins à l'action de la lumière, la plupart d'entre eux doivent en outre pouvoir être lavés soit à l'eau bouillante, soit le plus souvent à l'eau bouillante et au savon.

De là deux nouveaux essais de résistance dits essai de résistance à l'eau pure et essai de résistance au savon.

Le premier se pratique en laissant tomber dans un récipient d'eau bouillante un échantillon du tissu à examiner. Puis on éteint le feu et on laisse le tissu dans l'eau qui se refroidit pendant 15 à 18 heures environ. On l'en retire ensuite, on le fait sécher à l'ombre et on vérifie si la nuance s'est modifiée ou non.

Le second se pratique en commençant par préparer une solution type de savon contenant une proportion déterminée de savon par litre. Cette solution se prépare en faisant agir de la soude sur de l'acide oléique.

L'échantillon est plongé pendant un temps déterminé dans cette solution portée à l'ébullition. On vérifie encore à la sortie du bain le degré d'altération de la nuance.

Enfin si le tissu doit entrer dans la confection d'un effet il doit pouvoir résister à l'action de la sueur. La sueur pouvant être à réaction alcaline ou acide suivant les cas, on pourra faire deux essais de résistance à la sueur, l'un à l'acide acétique, l'autre à l'acétate de soude. On pourra aussi pour vérifier la résistance à la boue faire un essai à l'ammoniaque.

Dans les essais à l'eau ou au savon énumérés plus haut, il n'y a pas lieu de se préoccuper beaucoup de la teinte qu'a pu prendre le bain dans lequel le tissu a été plongé. La coloration plus accentuée prise par le bain est sans importance réelle. L'essentiel est qu'au cours de ces essais la nuance n'ait pas été sensiblement modifiée.

A ces divers essais on ajoute souvent pour les tissus devant entrer dans la confection de vêtements une épreuve au frottement. On l'effectue en frottant le tissu sur une feuille de papier blanc. Une bonne teinture ne doit pas en principe laisser de marque sur le papier. Néanmoins les tissus teints à l'indigo, colorant qui présente par ailleurs une très bonne résistance à l'air et à la lumière, à l'eau et au savon, laissent presque toujours une marque sur le papier. L'indigo ne résiste pas ou résiste mal au frottement.

3. Laize et poids du tissu.

On détermine la laize du tissu sur une table graduée. Bien entendu il est nécessaire pour cette opération de disposer d'une coupe portant sur toute la largeur du tissu.

On peut au contraire déterminer le poids au mètre carré du tissu et par suite son poids au mètre courant pour la laize envisagée, même si l'on n'a à sa disposition qu'un très faible échantillon du tissu. Il suffit de découper un petit carré de ce tissu de dimensions bien déterminées, o m. 10 sur o m. 10, même o m. o5 sur o m. o5, et de la peser sur une balance de précision. Il existe d'ailleurs des appareils de pesée spéciaux à cet effet donnant par simple lecture, et sans qu'il soit nécessaire de procéder à un calcul ultérieur, le poids au mètre carré d'un tissu dont un échantillon de surface déterminé est suspendu à leur crochet.

Si l'on avait à sa disposition une pièce entière on la poserait sur une balance à bras égaux.

En résumé, on utilise tel ou tel mode de pesage suivant les dimensions du tissu dont on dispose. Mais, bien entendu, la pesée doit s'effectuer sur des appareils d'autant plus précis que ces dimensions sont moins considérables.

Les tissus sont comme les matières textiles elles-mêmes des corps hygroscopiques et renferment une quantité variable d'eau. Si l'on voulait peser les tissus dans des conditions toujours identiques, il faudrait donc commencer par les dessécher complètement à l'étuve. On les laisserait ensuite refroidir dans une cage à dessécher, puis on les pèserait. Au poids ainsi obtenu on ajouterait la reprise normale d'humidité admise.

Cette reprise normale est de 12,5 p. 100 pour les draps, de 8,5 p. 100 pour les tissus de coton.

4. Nombre de fils par centimètre en chaîne et en trame.

Le comptage des fils par centimètre en chaîne et en trame s'effectue au moyen d'une loupe dite compte-fil.

L'échantillon de tissu à examiner est placé entre le porte-objet et une plaque évidée à son centre en une ouverture carrée de 10 millimètres de côté graduée en millimètres.

Le tissu peut être examiné sans préparatifs préliminaires spéciaux si les fils sont bien apparents. C'est le cas pour la presque totalité des tissus en coton, lin, chanvre ou jute, et aussi pour la plupart des tissus en laine peignée.

Mais dans quelques catégories de tissus en laine peignée et dans la presque totalité des tissus en laine cardée, les fils sont cachés par le duvet, conséquence du garnissage donné lors des apprêts. Il faut préablement à tout examen du tissu faire disparaire ce duvet.

On y parvient en le brûlant. On se sert à cet effet d'un petit marteau à tête rectangulaire muni d'une tige en fer emmanchée dans une poignée en bois.

On chauffe le fer pendant quatre à cinq minutes, on le frotte sur un morceau de papier émeri pour le nettoyer, et on l'applique bien à plat sur l'étoffe du côté de l'endroit, les côtés de la tête du marteau correspondant approximativement aux directions des fils de chaîne et de trame. On gratte ensuite avec soin la partie brûlée pour bien découvrir les fils.

Pour certains tissus de coton et dans certaines régions l'usage n'a pas encore complètement disparu de compter les fils et duites non en centimètre, mais au quart de pouce. On se sert alors d'une loupe compte-fil présentant une ouverture carrée d'un quart de pouce au lieu d'un centimètre.

Dans ce qui précède nous avons supposé que l'on connaissait les directions des fils de chaîne et de trame. On les connaît évidemment si l'on a à sa disposition toute une pièce fabriquée où l'on prélevera l'échantillon nécessaire pour le comptage des fils. Mais il peut se faire que l'on ne dispose que d'un faible échantillon.

Nous avons supposé également que l'on pouvait reconnaître l'endroit de l'étoffe de son envers. Ce n'est pas indispensable pour le comptage des fils proprement dit. Mais c'est indispensable pour la vérification de l'armure, vérification dont il va être question un peu plus loin.

Il convient donc de dire comment, mis en présence d'un faible échantillon du tissu, on peut distinguer sa face d'endroit d'avec sa face d'envers, et la direction de ses fils de chaîne d'avec celles de ses fils de trame.

La règle générale pour la détermination de la face d'endroit est la suivante : la face d'endroit est celle sous laquelle le tissu se présente avec l'aspect le plus flatteur.

Mais cette règle ne s'applique plus évidemment dans les deux cas suivants :

1° Quand le tissu, ce qui arrive très rarement, a été aussi apprêté à l'envers qu'à l'endroit;

2° Quand le tissu, ce qui arrive assez fréquemment pour des tissus de coton, lin ou chanvre et presque toujours pour les tissus de jute, n'a subi aucun apprêt.

Dans ces deux cas le tissu n'aura plus ni envers ni endroit. Il sera impossible de déterminer laquelle des deux faces du tissu se trouvait soit en dessus, soit en dessous au cours du tissage, et cette recherche n'offrirait d'ailleurs aucun intérêt.

Enfin la règle s'appliquera difficilement quand on sera en présence de cas voisins des cas limites ci-dessus, c'est-à-dire quand le tissu n'aura été que très peu apprêté à l'endroit, l'envers restant sans apprêts, ou quand au contraire il aura reçu à l'envers des apprêts presque aussi poussés qu'à l'endroit.

Si l'on commet une erreur dans ces cas assez rares, cette erreur, envisagée au point de vue de ses conséquences sur la détermination de l'armure, ne sera au surplus pas bien grave, puisqu'elle conduira à dénommer par exemple sergé de quatre par effet de chaîne ce qui était en réalité un sergé de quatre par effet de trame ou inversement.

Quant à la recherche des directions respectives de la chaîne et de la trame, elle se poursuit en partant des considérations suivantes :

1° Il est d'usage courant quand on découpe un échantillon du tissu, de découper sa plus grande dimension dans le sens de la trame. Le plus souvent en conséquence la trame sera parallèle à la plus grande des deux dimensions de l'échantillon dont on dispose;

2° Si l'échantillon porte sur un de ses côtés une lisière, la direction de la chaîne sera celle de ce côté;

3° La chaîne présente souvent un aspect plus lisse, moins duveteux que celui présenté par la trame;

4° La présence de fils retors dans une seule direction indique dans la grande majorité des cas que la chaîne est dirigée dans cette direction;

5° On aperçoit parfois sur le tissu la trace des dents du peigne. La direction de ces traces indique alors la direction de la chaîne.

5. Armure.

La vérification complète d'une armure très compliquée est une opération délicate et qui exige, quel que soit le tissu sur lequel elle porte, une certaine habitude.

S'il s'agit d'armures simples courantes, au contraire, cette vérification s'effectue très facilement s'il s'agit de tissus non foulés, facilement détissables.

Mais elle nécessite encore, même pour ces armures très simples, un certain degré d'application, si elle porte sur des tissus de laine très foulés et qui se détissent par suite difficilement.

Pour reconnaître une armure, on découpe un petit échantillon du tissu de façon que ses côtés soient dirigés dans le sens de la trame et dans celui de la chaîne. On le place l'endroit en dessus.

S'il s'agit d'un tissu garni, on brûle le garnissage au fer chaud en observant les précautions déjà indiquées plus haut à propos du comptage des fils.

Puis à l'aide d'une longue aiguille on détisse le tissu en enlevant sur l'un des bords parallèles à la trame quelques fils de trame, de façon à fournir une frange bien apparente avec les fils de chaîne ainsi mis à nu.

C'est dans cette frange que l'on fait ensuite passer successivement, toujours en se servant de l'aiguille, les diverses duites à partir de la première conservée, en notant au fur et à mesure leur mode d'entrecroisement avec les divers fils de chaîne.

Pour le pointage de chaque duite on part d'un fil de chaîne toujours le même choisi à gauche du tissu. Pour que ce fil soit bien net, il sera bon de détisser également l'échantillon en enlevant quelques-uns des fils de chaîne de gauche.

On reporte sur une feuille de papier quadrillé les résultats de la lecture ou du pointage ainsi exécuté. On établit en somme le bref ou la réduction de l'armure en considérant comme « pris » pour une duite déterminée tous les fils de chaîne qui recouvrent cette duite, et comme « laissés » tous ceux qui la laissent apparente.

Dans le pointage de chaque duite on s'arrête quand on arrive à une série de fils de chaîne reproduisant dans le même ordre les entrecroisements déjà constatés par les fils de chaîne qui précèdent.

Dans le pointage des duites successives on s'arrête quand on tombe sur une duite reproduisant exactement le pointé de la première duite vérifiée.

Il est d'ailleurs bon dans les deux cas de pousser l'épreuve un peu plus loin pour être bien sûr du résultat.

Quand ce résultat est définitivement acquis il n'y a plus qu'à déduire de l'examen de la feuille de papier quadrillé la nature de l'armature adoptée.

6. Numéro des fils de chaîne et de trame.

Comme nous l'avons déjà indiqué au titre III du présent travail, la vérification du numéro d'un fil non encore incorporé à un tissu s'effectue très facilement. Il suffit de peser une longueur bien déterminée de ce fil, et son numéro s'en déduit soit par un calcul très simple, soit même par simple lecture si l'on fait usage d'instruments de pesage gradués d'avance.

On peut encore pour déterminer le numéro procéder par comparaison entre une mèche formée d'un certain nombre de fils de numéro inconnu et des mèches composées du même nombre de fils provenant d'une collection type de bobines titrées.

On tire de l'échantillon à analyser une mèche de 20, 30, 40 fils, selon leur grosseur, et l'on tire d'une bobine extraite de la collection type une autre mèche contenant autant de fils que la première. On place cette deuxième mèche en croix sur la première, et on replie chaque mèche sur elle-même au point d'intersection, chacune des deux mèches se trouvant ainsi nouée l'une à l'autre par ce repliement. On n'a plus qu'à tordre entre les doigts ces deux mèches, et à les comparer en les plaçant entre l'œil et la lumière pour constater si les deux côtés du croisement présentent ou non la même grosseur. On recommence l'opération avec des bobines successives jusqu'à concordance parfaite. Le numéro cherché du fil est le numéro du fil de la bobine titrée pour laquelle cette concordance a été obtenue.

Si au lieu d'un fil libre, il s'agit d'un fil incorporé à un tissu, il faudra commencer par rendre libre ce fil de chaîne ou de trame ; il faudra donc détisser une longueur suffisante soit de chaîne, soit de trame.

Ce détissage est facile s'il s'agit d'un tissu non foulé ou même très peu foulé. Ce tissu s'effiloche aisément, et l'on peut sans trop de peine obtenir la longueur de fil convenable pour l'épreuve de la pesée.

Mais il devient difficile dès que le tissu a subi un foulage tant soit peu accentué. Pour réaliser la longueur de fils voulue il faut alors consacrer à l'opération un temps considérable.

De plus le foulage modifiant, comme nous le savons, le numéro des fils, le pesage de ces fils après foulage ne permettrait pas de reconstituer le numéro des filés avant foulage.

En résumé, s'il est très facile de déterminer les numéros exacts des fils entrant dans la composition d'un tissu non foulé, on ne peut guère en ce qui concerne les tissus très foulés que viser à obtenir une approximation assez grossière.

7. Résistance et élasticité.

Les principales causes de détérioration d'un tissu sont les suivantes :

1° Sa dégradation naturelle à l'air et à la lumière ou à l'humidité, tous éléments qui agissent sur la nuance et même à la longue sur les qualités intrinsèques elles-mêmes de la matière;

2° Les taches accidentelles;

3° Les lavages répétés;

4° Les frottements;

5° Les déchirures;

6° Les efforts de traction exercés sur lui.

Suivant leur destination ou leur usage, les tissus seront plus ou moins exposés à telle ou telle de ces causes de détérioration.

Transformés en linge de corps par exemple, les tissus de coton ou de lin seront surtout détériorés par les lavages successifs, les premiers beaucoup plus rapidement au surplus que les seconds.

Transformés en effets d'habillement proprement dits, les tissus de laine en particulier seront exposés aux taches, aux frottements, aux déchirures et aux efforts de traction.

Les taches seront d'autant plus à craindre que l'effet sera plus exposé aux intempéries, à l'action du soleil et de la sueur, de la pluie et de la boue.

Les frottements auront tout d'abord pour effet d'altérer la nuance et les apprêts du tissu aux endroits où ils se produisent. Puis à la longue ils pourront occasionner de véritables trous dans l'étoffe. Le bureaucrate se reconnaîtra au luisant du bas de sa manche, le soldat au luisant de toutes les parties de son vêtement exposées au contact de l'équipement, etc.

Les déchirures accidentelles seront plus à craindre s'il s'agit d'un effet de guerre, de travail ou de sport que s'il s'agit d'un effet de ville.

Quant aux efforts de traction, tous les effets y sont exposés, mais, là encore, les effets destinés à être portés au cours d'exercices violents le sont plus que les autres.

Ces efforts de traction s'exercent surtout aux points où, par suite de la position du corps, la ligne de l'effet cesse d'être droite : genou, coude, fond de pantalon. Ils s'exercent dans la position assise du bureaucrate, dans la position debout du marcheur ou du coureur et surtout dans la position assise du cavalier.

Il serait intéressant, mis en présence d'un tissu déterminé, de pouvoir au moyen d'expériences assez simples, déterminer approximativement son degré de résistance relatif à ces différentes causes de détérioration.

On ne peut évidemment rien imaginer dans cet ordre d'idée en ce qui concerne les causes figurant aux rubriques 1 et 3 ci-dessus.

En ce qui concerne les taches, les expériences de résistance faites sur la nuance permettent déjà de se rendre compte si cette nuance sera plus ou moins sensible à la boue, à la sueur, etc.

En ce qui concerne les frottements, on peut soumettre le tissu à un frottement artificiel très accusé et constater le temps nécessaire pour que le frottement entraine un trou dans l'étoffe. De tels appareils de frottement artificiel existent, mais ne sont guère utilisés même dans les laboratoires. Ils ne peuvent donner au surplus que des résultats très aléatoires.

En ce qui concerne les déchirures, il ne serait pas non plus impossible d'imaginer des appareils ayant pour objet de vérifier le degré de résistance d'un tissu à ces déchirures. La résistance d'un tissu à la déchirure dépend avant tout de son élasticité, que les appareils dynamométriques dont il va être question ci-dessous permettent d'apprécier.

Mais en fait on ne se préoccupe guère dans la pratique que de vérifier la résistance des tissus à la traction, à la fois parce que les efforts de traction sont ceux qui menacent le plus un effet d'habillement proprement dit, et aussi parce que ce sont les plus facilement mesurables par des expériences simples, effectuées dans des conditions analogues à celles où ces efforts se produiront naturellement.

Pour évaluer la résistance probable à la traction d'un effet d'habillement en laine, on mesure ce qu'on appelle la *résistance* et *l'élasticité* maxima du tissu à l'aide duquel on confectionnera cet effet.

Cette résistance et cette élasticité se mesurent dans deux sens, dans le sens de la chaîne et dans celui de la trame.

S'il s'agit de mesurer la résistance en chaîne par exemple, on découpe dans le tissu une bande rectangulaire dont les petits côtés seront dirigés dans le sens de la trame et les longs côtés dans le sens de la chaîne. La largeur de la bande (petit côté ou sens de la trame) est constante pour rendre comparables tous les essais ainsi effectués.

On porte cette bande ou éprouvette à un appareil dynamométrique dont le principe est le même que celui du dynamomètre pour fil que nous avons déjà étudié plus haut (voir titre III, filature).

Les mâchoires du dynamomètre saisissent la bande horizontalement dans le sens de la trame parallèlement aux petits côtés. Et on règle l'instrument pour que la longueur de la bande comprise entre les mâchoires, dans le sens vertical, soit toujours la même pour tous les essais.

On agit alors progressivement sur l'instrument de la même façon que l'on agissait sur le dynamomètre pour fil, et on lit sur cet instrument : 1° la force nécessaire pour produire la rupture de l'éprouvette ; 2° l'allongement pris par cette éprouvette au moment où cette rupture va se produire.

Ce sont ces deux éléments, force en kilogrammes nécessaire pour produire la rupture, allongement en centimètres pris par l'éprouvette au moment où cette rupture va se produire, qui mesurent ce que l'on appelle la résistance et l'élasticité du tissu dans le sens de la chaîne.

La précaution prise d'opérer sur une largeur constante du tissu rend bien toutes les expériences comparables au point de vue résistance. La précaution prise d'opérer sur une longueur constante d'éprouvette entre mâchoires rend toutes ces expériences comparables au point de vue élasticité.

Après avoir essayé la résistance et l'élasticité du tissu en chaîne, on procède d'une façon analogue pour mesurer sa résistance et son élasticité en trame.

Remarquons à ce sujet que l'élasticité n'est pas un élément moins intéressant à déterminer que la résistance. Peut-être l'est-il davantage.

Ce que le fabricant se propose de réaliser avant tout, c'est un tissu qui, transformé en effet, puisse, au cours des mouvements de l'homme qui le porte, se plier à l'amplitude de ces mouvements, prendre une extension temporaire qui ne dépendra que de cette amplitude. Si le tissu est très très élastique, s'il peut s'allonger beaucoup pour un faible effort, on pourra avec un tel tissu, même pas très résistant, réaliser le but poursuivi.

Bien entendu il vaut beaucoup mieux que le tissu soit à la fois très résistant et très élastique, car dans cette hypothèse, l'allongement maximum que l'on recherche étant atteint, le tissu se trouvera très éloigné à la fois de l'effort maximum qui le romprait et de l'allongement maximum qu'il peut supporter. L'effet confectionné avec un tel tissu se fatiguera donc beaucoup moins à l'usage.

Mais si le tissu était à la fois très résistant et très peu élastique le but recherché ne serait pas atteint. L'effet confectionné avec un tel tissu pourrait néanmoins résister aux efforts de traction si sa résistance est très considérable. Mais alors ce serait au détriment des mouvements du corps de l'homme qui le porte, mouvements qui ne pourraient plus s'exécuter avec l'amplitude désirée.

L'élasticité et la résistance se mesurent sur tous les tissus de laine. Pour les tissus en fibres végétales beaucoup moins élastiques que les tissus en laine, on se contente de mesurer la résistance.

8. Finesse du tissu.

Par finesse d'un tissu on doit entendre sa finesse à la vue et au toucher.

La finesse au toucher elle-même peut s'entendre soit du « moelleux » de l'étoffe, soit de sa souplesse plus ou moins accentuée.

Ce n'est que par une longue habitude que l'on apprend à apprécier la finesse d'un tissu.

L'examen au toucher peut non seulement renseigner sur le moelleux ou la souplesse d'un tissu, mais encore donner une première idée de son élasticité et de sa résistance, c'est-à-dire renseigner sur ce qu'on est convenu d'appeler ses qualités de « main » ou de « corps ».

Froissé dans la main un tissu qui a de la « main » doit offrir une certaine résistance élastique. En ouvrant la main l'étoffe doit se dégager sans conserver de plis persistants.

Remarquons au surplus que cette expérience donne bien plus une idée de l'élasticité de compression qu'une idée de l'élasticité d'allongement telle que nous l'avons définie plus haut.

Pour apprécier le corps d'une étoffe, on prend obliquement aux directions chaîne et trame une partie de l'étoffe entre le pouce allongé et l'index recourbé de chaque main, les pouces se prolongeant, puis on tire fortement le tissu en sens opposés, et l'on cherche à y former une poche en faisant appuyer les ongles des pouces l'un sur l'autre.

9. Mode d'apprêtage.

L'examen du tissu, examen à la vue et au toucher, permet de formuler une appréciation sommaire d'ordre général sur la façon dont ses apprêts ont été conduits.

Là encore, comme pour l'appréciation de la finesse, une longue habitude est nécessaire pour permettre d'asseoir son opinion.

10. Clos.

Pour apprécier le clos d'un tissu, on interpose ce tissu entre l'œil et la lumière. Le tissu est d'autant plus clos que le « pointillé » produit par la lumière filtrant à travers ses interstices est moins accentué.

Le clos d'un tissu n'a guère d'intérêt que s'il s'agit d'un tissu de laine destiné à la confection de vêtements devant protéger du froid.

Pour bien apprécier le clos d'un tissu, il est nécessaire de disposer sinon d'une pièce d'étoffe complète, du moins d'un coupon de longueur assez grande, découpé dans toute la largeur de l'étoffe. On fait passer cette pièce ou ce coupon au « rouleau » dont il sera question tout à l'heure, l'endroit dirigé vers une fenêtre éclairée, et l'on se place pour l'examiner sous le rouleau, l'étoffe étant regardée alors par sa face d'envers.

11. Épreuves de lessivage et décatissage.

En dehors des épreuves ou examens divers plus haut énumérés, on fait souvent subir aux tissus de coton ou de lin une épreuve dite de décatissage ou de lessivage ou à la fois de décatissage et de lessivage.

L'épreuve de décatissage consiste à soumettre le tissu à une immersion prolongée dans de l'eau chauffée vers 5o degrés (huit heures en général).

L'épreuve de lessivage consiste à soumettre le tissu préalablement décati ou non à l'action d'une lessive bouillante de savon de Marseille, contenant une proportion déterminée de savon pendant un temps beaucoup plus court (3o minutes en général).

Au cours de ces opérations, le tissu se rétrécit dans les deux sens, en tendant à prendre les dimensions minima au-dessous desquelles il ne descendra plus. Il se fixe, suivant l'expression courante, en longueur et en largeur.

En outre les matières d'encollage qu'il a été nécessaire d'ajouter à la chaîne pour permettre son tissage, ainsi que les matières étrangères ou apprêts ajoutées intentionnellement par le fabricant pour augmenter le poids ou pour tout autre motif, disparaissent plus ou moins au cours de ces opérations. En même temps qu'il diminue de surface, le tissu perd donc de son poids.

La perte de poids constatée permettra de se rendre compte si la chaîne n'a pas été trop encollée, si les apprêts donnés, dans le cas où ces apprêts sont autorisés, ne dépassent pas le taux admis par les conventions.

La réduction des dimensions dans les deux sens permet de se rendre compte de ce que deviendra le tissu après des lavages répétés.

L'épreuve de décatissage s'impose donc pour les tissus qui doivent être seulement lavés à l'eau chaude. L'épreuve de lessivage, exécutée seule ou de préférence après l'épreuve de décatissage, s'impose pour les tissus qui doivent subir un blanchissage proprement dit.

CHAPITRE II.

DÉFAUTS DE FABRICATION D'UN TISSU. — LEUR RECONNAISSANCE.

Les défauts qu'entraîne pour un tissu une fabrication défectueuse peuvent provenir de la teinture, de l'épaillage, de la filature, du tissage, de l'épincetage, du foulage et du dégraissage, ou des apprêts.

Ces défauts sont très nombreux. On va énumérer sommairement ci-dessous les principaux d'entre eux.

1° Défauts de teinture.

Taches. — Les taches sont dues à des causes très diverses, matières grasses, substances susceptibles de modifier la couleur par réaction chimique, dégorgeage insuffisant du tissu en certains points, action trop énergique des sels alcalins au foulage ou au dégraissage, etc.

Leur contour est parfois très nettement délimité.

Parfois au contraire les taches se présentent avec des formes très indécises se fondant, sans séparation bien définie, avec la teinte du fond.

Barres. — Les barres sont produites par l'emploi au tissage de canettes de trame d'une nuance un peu différente de celle de l'ensemble de la pièce, ou dont la teinte a été salie, altérée ou ternie pour des causes diverses.

Elles se présentent par conséquent sous l'aspect de bandes transversales de hauteur plus ou moins considérable, mais occupant toute la largeur de l'étoffe.

Les barres se rencontrent surtout dans les étoffes teintes en bourre et dont la teinture est obtenue à l'aide d'un mélange dans une proportion déterminée de laines teintes dans deux ou trois nuances différentes. Il est en effet assez difficile d'obtenir toujours non seulement la constance de chacune de ces nuances élémentaires, mais aussi la constance de leurs proportions respectives dans tout le mélange. Si dans une partie de ce mélange ou battue ces proportions diffèrent de celles de l'ensemble de ce mélange, les fils obtenus à l'aide de cette partie trancheront par leur nuance sur les autres. En résumé, un tel procédé de teinture exige si l'on veut éviter les barres un brassage poussé à fond du mélange de façon à faire de ce mélange ou battue une masse parfaitement homogène.

Il peut arriver parfois, mais beaucoup plus rarement, que les barres se présentent dans le sens de la longueur de l'étoffe. Elles proviennent alors de l'utilisation lors de l'ourdissage d'un certain nombre de fils de chaîne d'une nuance un peu différente de celle de l'ensemble de la chaîne.

2° Défauts d'épaillage.

Sur le drap mal épaillé ressortent les impuretés d'origine végétale que l'épaillage mal conduit n'a pas éliminées.

3° Défauts de filature.

La filature peut présenter d'assez nombreux défauts.

Le fil peut être trop peu résistant ou trop peu élastique, défaut qui tient souvent à ce qu'il n'a pas reçu la torsion correspondant à son numéro. Il peut être mal épuré. Il peut présenter des bouchons ou des vrilles. Il peut être enfin irrégulier et présenter des parties fines alternant avec des parties plus grosses.

Les défauts de résistance se révèlent au dynamomètre. Il a été déjà parlé plus haut des défauts d'épuration. Enfin les défauts de régularité quand ils sont très accentués se révèlent à la vue et même au toucher sur le drap terminé par des cordons saillants ou des reliefs irréguliers, ou même par des ribaudures comme on le verra plus loin.

4° Défauts de tissage.

Défauts en chaîne. — Les clairières en chaîne et les cordons sont des irrégularités de tissage se produisant dans le sens de la chaîne.

Les clairières sont des bandes longitudinales étroites du tissu où le fil manque ou bien n'est pas assez serré. Les cordons sont au contraire des bandes longitudinales étroites et opaques où le fil est trop serré.

Les clairières et les cordons peuvent provenir soit d'une filature irrégulière, certains fils de chaîne étant d'un numéro différent de celui de l'ensemble de cette chaîne, soit de ce que les fils de chaîne n'ont pas été bien répartis dans les dents correspondantes du peigne et ne sont pas par suite uniformément espacés, soit de ce que l'écartement normal de ces fils a été faussé par suite de l'usure de plusieurs dents du peigne.

Mais ils tiennent le plus souvent à la rupture au cours de l'opération du tissage d'un ou plusieurs fils de chaîne que l'ouvrier a omis de rattacher immédiatement ou qu'il a mal rattachés.

S'il a omis de rattacher immédiatement le ou les fils cassés, il se produit dans le sens de la chaîne des clairières plus ou moins larges et plus ou moins longues auxquelles on donne, suivant les cas, le nom de fils courus, nids ou pas de chats.

S'il a réparé immédiatement l'accident, mais l'a mal réparé, en laissant courir dans le tissu les deux bouts de rattache du fil, ou en ne plaçant pas le fil rattaché dans la dent du peigne correspondante, il se produit des cordons.

Enfin les rayures, défaut qui se révèle lui aussi dans le sens de la chaîne du tissu, sont dues à l'emploi d'un peigne défectueux.

Défauts en trame. — Les défauts en trame sont analogues aux défauts en chaîne que nous venons d'étudier.

Les clairières en trame, ou clairs, ou feintes, sont des parties peu serrées et transparentes.

Les bandes sont des parties serrées et opaques de la trame.

Ces défauts proviennent, soit de l'irrégularité de la filature de la trame, soit, le plus souvent, d'une irrégularité dans l'enroulement du tissu qui a pour résultat de ne pas mettre chaque duite exactement à la place qu'elle devait occuper, soit encore de l'éboulement de la trame sur la canette.

5° Défauts d'énopage, épincetage et rentrayage.

L'épincetage et l'énopage sont défectueux lorsqu'ils sont insuffisants et laissent par suite subsister sur le tissu une proportion appréciable des nœuds, bouchons, pailles ou poils jarreux qu'ils devaient éliminer.

Ils le sont encore quand, mal pratiqués, ils laissent subsister sur le tissu des vides, écartements ou trous trop nombreux ou trop étendus pour pouvoir être utilement réparés par le rentrayage.

Le rentrayage lui-même est défectueux quand, mal exécuté, il ne dissimule pas suffisamment les vides ou les écartements causés éventuellement par l'énopage ou l'épincetage, ou par les divers accidents de tissage.

6° Défauts de foulage et de dégraissage.

Le dégraissage insuffisant d'un tissu en laine se reconnaît à l'odorat et au toucher.

Le foulage insuffisant se traduit par un manque de clos : le drap n'est pas suffisamment fermé, et laisse, vu par transparence, passer trop de jour.

Le foulage exagéré se traduit par un feutrage de l'étoffe. Les fibres sont trop agglutinées et l'étoffe manque de souplesse.

Un foulage défectueux peut se traduire en outre par ce qu'on appelle un accident de foulage et avoir des conséquences plus ou moins graves au point de vue de la solidité du tissu.

L'accident de foulage se révèle par l'existence dans le tissu de certaines parties plus faibles ou même effondrées. Le tissu présente alors des clairières plus ou moins accentuées de formes en général irrégulières et mal délimitées. Les accidents de foulage proviennent soit d'un mauvais fonctionnement des appareils de foulage, soit de la présence dans ces appareils de corps étrangers.

Enfin le foulage, qu'il soit bien ou mal exécuté, produit en général des ribaudures lorsque la filature a été irrégulière.

Une étoffe présente des ribaudures quand, suspendue au rouleau dont il va être question un peu plus loin, elle ne présente pas une surface parfaitement plane. Sur l'étoffe, on distingue des parties qui « tirent » ou qui « flottent », des parties « froncées » ou « distendues ».

Les ribaudures sont dues à l'irrégularité de la filature.

Les fils dont sont constituées les parties qui tirent ou qui flottent présentent un numéro différent ou une torsion différente du numéro ou de la torsion des fils qui constituent le reste de la pièce. Il est donc naturel que ces parties ne se comportent pas au foulage de la même façon que le reste du tissu, qu'elles aient un retrait inférieur ou supérieur, et par suite présentent l'effet d'extension ou de resserrement qui caractérise les ribaudures.

Les ribaudures se produisent surtout dans le sens transversal par suite de l'emploi d'une trame irrégulière. Mais elles peuvent aussi, plus rarement, se produire dans le sens de la chaîne.

En particulier on constate souvent des ribaudures longitudinales dans les lisières de l'étoffe qui présentent alors l'aspect de lisières flottantes, par suite du moindre retrait subi par les gros fils qui constituent les lisières.

Parfois aussi, mais beaucoup plus rarement, les lisières se présentent sous la forme de lisières tirantes.

Les lisières flottantes ont pour conséquence de gauchir le tissu qui se prête alors moins bien à la coupe. Mais c'est là un défaut sans importance véritable à moins qu'il ne soit très caractérisé. Il suffit en général d'enlever les lisières pour rendre à l'étoffe sa forme plane.

7° Défauts d'apprêts.

Les défauts d'apprêts sont les suivants :

Irrégularités dans la tonte. — Une tonte irrégulière se traduit par des places où le poil n'a pas été tondu ou l'a été insuffisamment (entre deux), par des places où il a été trop tondu (rongeurs), par des places où il a été déchiré et arraché (machures).

Apprêt carteux. — Le drap carteux est un drap trop dur au toucher, manquant de souplesse. Ce défaut provient en général de ce que l'action de la presse a été exagéré. Il peut provenir aussi d'un excès d'encollage non éliminé.

Moirage et lustrage. — Ce défaut provient d'une action trop énergique de la presse ou de l'emploi, lors du pressage du drap, de cartons trop chauds.

Accidents de garnissage. — Un garnissage trop énergique, soit qu'il soit trop prolongé, soit qu'il ne soit pas suffisamment réglé, peut se traduire parfois par un véritable accident, c'est-à-dire par la production sur l'étoffe de parties faibles ou effondrées.

Examen du tissu pour la reconnaissance de ses défauts.

Au chapitre Ier qui précède, nous avons indiqué comment l'on pouvait reconnaître les qualités principales ou caractéristiques d'un tissu terminé, et nous avons vu que pour déterminer ces diverses caractéristiques, il suffisait d'avoir à sa disposition un coupon de dimensions réduites de ce tissu. Néanmoins, pour bien apprécier la nuance et surtout le clos d'un tissu, ce coupon prélevé dans toute la largeur de la pièce doit présenter une longueur suffisante.

Pour apprécier les défauts de fabrication particuliers d'un tissu, au contraire, il faut, bien entendu, que l'examen porte sur le tissu tout entier. Il faut donc que l'on ait à sa disposition la pièce entière, dont on vérifiera successivement chaque partie. Et l'on profitera de cet examen pour examiner la pièce au point de vue de sa nuance et de son clos, qualités qui ne s'apprécient bien, comme nous venons de le dire, que sur une longueur suffisante de tissu.

Pour procéder à cet examen d'une façon convenable, on dispose la pièce sur un rouleau horizontal fixé à une certaine hauteur au-dessus du sol, puis on la fait glisser sur ce rouleau de façon à en faire passer successivement toutes les parties devant soi.

Le rouleau utilisé pour l'examen des tissus doit être placé en face et à peu de distance d'une fenêtre. On choisit de préférence une fenêtre exposée au nord. Mais, quelle que soit l'exposition, le rouleau doit être placé de telle sorte qu'aux heures où l'on procède à l'examen l'étoffe ne reçoive ni lumière directe du soleil, ni lumière réfléchie par quelque surface éclairée du voisinage. On doit en un mot éviter tout faux jour pouvant tromper sur la couleur du tissu.

La pièce à examiner passe sur le rouleau en commençant par le chef, c'est-à-dire dans le sens du poil s'il s'agit d'un tissu à poil apparent.

Le rouleau est disposé pour qu'on puisse examiner la pièce dans toute son étendue, non seulement à l'endroit en se plaçant le dos au jour face à sa partie descendante, mais encore par transparence en se plaçant sous le rouleau, la figure tournée vers la fenêtre, l'observateur étant ainsi séparé de cette fenêtre par le tissu lui-même dont il examine ainsi l'envers.

Pour observer les divers défauts de fabrication du tissu, l'observateur prend suivant les cas l'une ou l'autre des deux positions décrites ci-dessus.

Il tourne le dos au jour et regarde l'endroit de l'étoffe pour observer les défauts de teinture, taches, barres, etc. C'est également dans cette position qu'il examine les défauts d'épaillage ou les défauts d'apprêts autres que ceux provenant d'un accident de garnissage.

Les défauts de tissage et les accidents de foulage ou de garnissage se révèlent au contraire beaucoup plus nettement à l'observateur placé sous le rouleau et regardant l'envers de l'étoffe. Il en est de même des défauts d'énopage, épincetage et rentrayage.

Enfin pour bien observer les ribaudures l'observateur examine l'étoffe de côté en se plaçant presque dans son prolongement.

L'examen au rouleau doit porter également comme nous venons de le dire sur la nuance et le clos du tissu.

Pour se rendre compte du clos, l'observateur se place, bien entendu, sous le rouleau et examine le tissu par transparence. Pour examiner la nuance, pour la comparer à une nuance type donnée, il se place au contraire la face tournée vers l'endroit de l'étoffe.

Pour se mettre en garde contre toute erreur, il y a lieu, lors de cet examen de la nuance, de tenir compte de certains phénomènes d'optique indiqués sommairement ci-dessous.

Tous ces phénomènes sont basés sur l'existence de « l'image accidentelle ». L'image accidentelle est celle que l'observateur perçoit quand, après avoir fixé l'œil pendant un certain temps sur un objet coloré, il le reporte sur une surface blanche.

Il aperçoit alors une image circulaire d'une autre couleur que celle de cet objet, d'une intensité d'ailleurs beaucoup plus faible, et dont la couleur est la couleur complémentaire de celle de l'objet préalablement fixé.

C'est cette couleur complémentaire qui vient fréquemment troubler la vision dans les cas suivants :

a. Examen prolongé d'une même couleur.

b. Vision simultanée de deux couleurs.

c. Vision successive de deux couleurs.

a. Dans le premier cas la nuance propre à l'objet se trouve modifiée du fait de l'image accidentelle. Il faut donc éviter de regarder trop longtemps un tissu pour se rendre compte de sa teinte, et avoir soin de reposer les yeux de temps en temps.

b. Dans le second cas, chacune des couleurs rejette sur l'autre sa complémentaire. Il y a donc toujours modifications de nuances, sauf dans le cas où les deux couleurs sont complémentaires, auquel cas elles s'avivent mutuellement.

Outre cet effet de modification de nuance il y a un effet de modification de ton : une couleur claire deviendra plus claire près du noir, plus foncée près du blanc.

c. Les mêmes considérations s'appliquent au troisième cas — visions successives de deux couleurs — avec cette différence, bien entendu, que les actions ne sont pas réciproques.

Ainsi une couleur se teinte toujours de la couleur complémentaire de celle qui la précède. Ainsi aussi une couleur quelconque paraît plus foncée lorsqu'elle succède à du blanc ou à une couleur plus claire qu'elle ne l'est elle-même.

Il y aura lieu de tenir compte de ces diverses considérations lors de l'examen d'une nuance, et de se rappeler que la différence de ton ou de nuance qui existe entre la pièce examinée et l'échantillon type servant de point de comparaison se trouve exagérée du seul fait de l'examen simultané des deux étoffes.

CHAPITRE III.

DIFFÉRENTES SORTES DE TISSUS.

Les dénominations commerciales des tissus sont très nombreuses. Certaines s'inspirent de l'armure adoptée pour la fabrication du tissu (sergés, croisés, reps, etc.), d'autres du procédé spécial de tissage mis en œuvre (velours, gazes), d'autres de l'aspect particulier communiqué au tissu par certains modes d'apprêts spéciaux (crêpés, gaufrés). D'autres encore rappellent l'usage auquel le tissu est destiné (shirting) d'autres le nom de la localité ou du pays spécialisé dans sa fabrication (barège), etc.

Nous allons donner très sommairement ci-dessous, non pas une énumération complète des divers tissus avec leurs désignations commerciales et les caractères distinctifs correspondant à cette désignation, mais simplement une classification très générale de ces tissus, envisagés en vue de l'usage auquel ils sont destinés.

1° **Tissus de coton.**

Parmi les tissus de coton, on peut distinguer :

1° Les tissus lâches, très légers, souples, transparents, en armure unie ou en armure façonnée, du type de la mousseline et de l'organdi, destinés surtout à la confection de rideaux.

2° Les tissus connus sous la dénomination générale de *calicots,* à armure unie, plus serrés que les précédents, d'un poids très variable, entre 8 à 12 kilogrammes environ aux 100 mètres carrés, tissus encore légers destinés à des usages très variés : rideaux, mouchoirs, etc.

3° Les tissus dont le poids peut varier de celui des forts calicots à celui des cretonnes, tels que les longottes, qui peuvent être utilisés pour la confection de mouchoirs solides ou de serviettes, ou la percale, tissu très fin, en armure toile ou sergé.

4° Les tissus plus forts destinés à la confection de chemises ou de caleçons d'homme, de jupons de femme, etc., tels que la flanelle de coton ou la futaine (chemises d'hommes, jupons), le shirting ou la cretonne (chemises d'hommes, caleçons). Le shirting et les cretonnes sont en général à armure uni, les flanelles et futaines, grattées ou garnies sur l'une de leurs faces, ou même parfois sur les deux faces pour rendre le tissu plus chaud, sont à armure croisé ou sergé.

5° Les tissus pour vêtements, à armure sergé ou croisé, désignés en général sous le nom de croisés, plus lourds que les précédents, pouvant présenter un poids aux 100 mètres carrés de 22 à 28 kilogrammes environ.

6° Les velours de coton destinés surtout à la confection de vêtements de chasse ou de travail, tissus lourds pouvant peser jusqu'à 50 kilogrammes et même plus aux 100 mètres carrés.

2. **Tissus de lin et de chanvre.**

La plupart des grosses toiles très résistantes peuvent se faire indifféremment en lin ou en chanvre. Tel est le cas des toiles à tente, des toiles pour drap de lit, matelas, etc. Celles obtenues avec le lin sont en général presque aussi résistantes et toujours beaucoup plus souples que celles obtenues avec le chanvre.

Le lin permet d'obtenir aussi la série des toiles fines, toiles très légères ou d'un poids moyen, utilisées pour la confection de mouchoirs ou de linge de corps (batiste), et surtout pour la confection de linge de table (damassés), etc.

3. Tissus de laine.

Les trois principales catégories de tissus de laine envisagés au point de vue de leur emploi sont :

A. Les draps ;

B. Les couvertures ;

C. Les flanelles.

A. DRAPS.

Au point de vue de la nature des matières premières entrant dans leur composition, les différentes sortes de drap peuvent se ranger dans les catégories suivantes :

1° *Draps pure laine mère.* — Dans la composition desquels n'entrent que des laines mères.

2° *Draps pure laine.* — Dans la composition desquels entrent non seulement des laines mères, mais des blousses ou des laines d'agneaux. Ils ont un peu moins de résistance, mais souvent plus de douceur que les précédents. C'est généralement dans leur trame que l'on introduit les laines d'agneaux destinées à donner de la douceur au tissu.

3° *Draps renaissance.* — Pour obtenir ces draps on ajoute à la laine neuve (laine mère, laines d'agneaux ou blousses) des effilochages de vêtements usagés (draps, tricots, etc.). La proportion des effilochages ainsi ajoutée est très variable. Quand cette proportion n'est pas exagérée, le drap reste de bonne qualité et susceptible d'usage. Mais quand on diminue par trop la proportion de laines mères, on n'obtient plus qu'un drap de qualité très inférieure. Il arrive même un moment où la qualité du mélange, qui ne renferme plus assez de matières neuves, est telle que sa filature devient impossible. Pour continuer à réduire la quantité de laine neuve, on est alors conduit à introduire du coton neuf dans ce mélange, et l'on tombe dans la 4ᵉ catégorie des draps dont il va être parlé au paragraphe suivant.

4° *Draps mélangés laine et coton.* — Ces draps sont constitués par un mélange de laines neuves, de laines renaissance et de coton. L'introduction du coton dans le mélange permet de réduire de beaucoup la proportion de laine neuve utilisée.

Au lieu de coton on peut d'ailleurs envisager l'introduction dans le mélange d'autres textiles tels que le jute ou la ramie. L'introduction de la ramie en particulier conserve aux tissus en laine leur aspect et leur toucher.

5° *Draps chaîne coton, trame laine.* — Ce genre de fabrication permet l'utilisation de trames de qualité tout à fait inférieure. La chaîne en coton donne au tissu de la solidité. Elle lui sert en quelque sorte d'armature. La trame sert à figurer la laine. Son poids est très supérieur à celui de la chaîne, et on la compose généralement d'un mélange de laine neuve, d'effilochages et de coton, la proportion de laine neuve étant aussi réduite que possible.

Au point de vue de la façon dont la filature a été conduite, la classification des draps est la suivante :

1° Draps peignés ;

2° Draps chaîne peignée, trame cardée ;

3° Draps cardés.

1° *Draps peignés.* — Ce sont des draps pure laine, et pour les obtenir il faut utiliser des laines présentant un minimum de finesse et de longueur. Ils ne sont pas foulés en général ou du moins très peu foulés. Ils peuvent être utilisés pour la confection de tous les vêtements à l'exception des manteaux ou pardessus qui sont presque toujours en cardé. Leur poids moyen pour des vêtements d'homme peut varier au mètre carré de 300, 320 grammes à 400 grammes environ.

2° *Draps chaîne peignée trame cardé.* — Ces draps constituent de très bonnes étoffes, susceptibles d'un bon usage, et d'un prix de revient inférieur à celui des draps entièrement peignés. La chaîne est en peigné. C'est dans la composition de la trame que l'on recherche l'économie. On la constitue souvent avec un mélange de laines mères et de blousses, ou de laines mères et de laines d'agneaux, ou de laines mères, de laines d'agneaux et de blousses. L'introduction de laine d'agneaux donne de la douceur à la trame. Si l'on veut aller plus loin dans la voie de l'économie on introduit une quantité modérée d'effilochages.

3° *Draps cardés.* — A l'inverse des draps peignés qui constituent toujours de bons draps, et parfois des draps très bons, les draps cardés peuvent être soit des draps très fins, soit des draps très grossiers. On trouve parmi eux toute la gamme des qualités alors que les qualités vraiment inférieures n'existent pas en peigné.

C'est en cardé que l'on fait les étoffes noires destinées aux habits de cérémonie. C'est en cardé très fin également qu'étaient confectionnés, avant la dernière guerre, les uniformes des officiers. On fait enfin en cardé fin un assez grand nombre de tissus pour dames.

Pour obtenir ces étoffes fines ou très fines, on utilise généralement des laines très fines, mérinos ou prime croisée, relativement courtes et très feutrantes. Le foulage de ces diverses étoffes est poussé en général assez loin, et on leur donne des apprêts très soignés, le plus souvent du type de l'apprêt « drap » précédemment décrit.

On obtient ainsi des tissus très fins, souvent plus fins que les plus beaux parmi les tissus peignés, très clos, et très chauds, mais moins résistants que les tissus peignés.

Après cette première catégorie de draps cardés fins ou très fins, vient une seconde catégorie de bons draps cardés ordinaires où n'entrent que des laines neuves : laines mères, laines d'agneaux ou blousses. Ces draps sont surtout destinés à la confection pour dames ou à la confection de pardessus d'hommes.

On fait cependant en bon drap cardé ordinaire des pantalons, des vestes ou des gilets pour homme. Mais il semble bien qu'on en fasse de moins en moins. De plus en plus la spécialisation pour les vêtements d'homme paraît être la suivante : pour les bonnes confections, pardessus en cardé, vestes, gilets et pantalons en peigné ou peigné cardé; pour les confections bon marché, cardé renaissance dont nous allons parler plus loin.

Notons enfin que les vêtements d'homme portés par les campagnards étaient souvent, du moins avant la guerre, confectionnés à l'aide d'un drap un peu grossier, peu ou pas apprêté, mais en pure laine.

Après ces diverses catégories de draps pure laine vient toute la gamme des draps renaissance dont il a été question plus haut : draps constitués par un mélange de laine neuve et de laine renaissance, ou par un mélange de laine neuve, de laine renaissance et de coton (ou même d'autres matières textiles que le coton), enfin draps composés d'une chaîne en coton et d'une trame en laine. C'est, en général, dans cette dernière catégorie de draps que l'on trouve les trames les plus inférieures, mais ce ne sont cependant pas toujours les plus mauvais et les moins durables en raison de la résistance apportée par la chaîne.

Le poids moyen des tissus cardés pour homme peut être de 43o grammes environ au mètre carré. Il peut varier de 4oo à 5oo grammes environ.

Le poids des draps militaires cardés est très supérieur au poids des draps civils. En France, ce poids est de 55o à 6oo grammes au mètre carré.

Les draps cardés peuvent être utilisés indifféremment pour la confection de tous les vêtements. Ils sont à peu près exclusivement utilisés pour la confection de manteaux ou pardessus.

B. COUVERTURES.

Les couvertures sont des tissus en laine cardée plus épais et plus lourds que les draps, tissés avec des fils de numéro peu élevés (gros fils) et présentant par centimètre en chaîne ou en trame un compte de fils assez faible.

De même que les draps, les couvertures peuvent être obtenues en partant d'un mélange très variable de matières.

On peut fabriquer des couvertures en pure laine neuve, en laine neuve et effilochage, en laine neuve, effilochages et coton. On peut aussi fabriquer des couvertures en chaîne coton et trame laine, la trame étant alors constituée à l'aide d'un mélange de laine neuve, d'effilochages et de coton.

Le poids des couvertures est très variable. Un poids de 800 grammes environ au mètre carré correspond déjà à une couverture assez lourde.

C. FLANELLES.

Les flanelles sont des tissus cardés légers, dont le poids au mètre carré peut varier entre 130 et 180 grammes environ, qui, à l'inverse des draps cardés et des couvertures, ne sont généralement pas foulés.

Elles subissent un lainage qui augmente leur pouvoir calorifuge et peut-être aussi leur pouvoir absorbant.

On distingue des flanelles en pure laine et des flanelles en chaîne coton et trame laine. Les laines entrant dans la composition des flanelles sont en général des laines douces : laines d'agneaux, blousses, etc.

Il existe aussi des flanelles de coton, chaîne et trame. Mais malgré le lainage qu'on leur fait subir ces flanelles n'offrent évidemment qu'une protection contre le froid des plus médiocres. Leur pouvoir absorbant est aussi très inférieur à celui des véritables flanelles en laine.

CHAPITRE IV.

LES CARACTÉRISTIQUES DE FABRICATION.
LEUR INFLUENCE SUR LES QUALITÉS DU TISSU.

§ 1er. — DES CARACTÉRISTIQUES DE FABRICATION.

*Les tissus diffèrent entre eux de bien des manières.

*Ils diffèrent tout d'abord par la nature de la matière première utilisée. Des tissus en laine, par exemple, n'auront ni le même aspect, ni le même toucher, ni, d'une façon plus générale, les mêmes qualités que des tissus en coton.

*Mais, parmi les tissus en laine, les uns peuvent être obtenus avec de la laine neuve, les autres avec un mélange de laines et de matières inférieures telles que laines renaissance ou coton. Les tissus en pure laine eux-mêmes peuvent être obtenus soit avec des laines mérinos très fines, soit avec des laines croisées ordinaires, soit avec des laines très grossières.

*De cette possibilité de faire varier à l'infini la nature exacte de la matière première employée, résulte celle d'obtenir toute une gamme de tissus en laine de finesse et de prix très variables, les uns très fins et très coûteux, et les autres très grossiers et bon marché. Et il en est de même, quoique à un moindre degré, pour les tissus en coton, lin, chanvre ou jute. Il est donc nécessaire, quand on veut définir un tissu, de spécifier sans aucune ambiguïté possible la qualité exacte de la ou des matières entrant dans sa composition.

*Mais cette matière elle-même peut, dans de certaines limites tout au moins, être traitée de bien des manières différentes, et cela à n'importe lequel des stades de la fabrication. Il existera donc pour une matière première bien déterminée une infinité de modes de transformation distincts de cette matière en tissu, conduisant chacun à un résultat final différent.

*Nous avons appelé plus haut « caractéristiques de fabrication » les énonciations, chiffrables ou non, qui permettent de définir complètement le tissu, en définissant d'abord la nature exacte de la matière première utilisée, puis la façon dont il a été procédé aux diverses opérations de la fabrication.

*Déterminons quelles sont ces diverses caractéristiques en suivant ces opérations dans leur ordre chronologique.

*Supposons, pour fixer les idées, sinon le cas de la fabrication la plus compliquée, du moins le cas de la fabrication qui donne lieu au plus grand nombre d'opérations susceptibles de modifier les qualités distinctives et la nature finale du tissu à réaliser. Ce sera le cas de la fabrication d'un drap de laine cardé et foulé, l'opération du foulage, très importante au point de vue de ses résultats, n'intervenant que pour cette fabrication.

*Supposons en outre, toujours pour fixer les idées, qu'il s'agisse d'obtenir un tissu teint en bourre.

*Examinons dans leur ordre chronologique les différentes opérations à faire subir à la matière pour la transformer en tissu, en n'envisageant que celles de ces opérations qui peuvent influer, suivant la façon *intentionnelle* dont on les dirige, sur les qualités distinctives finales du tissu, et en négligeant en conséquence celles qui n'ont pour but que d'obtenir le meilleur tissu possible dans les qualités recherchées :

*1° *Teinture.* — La spécification détaillée du procédé de teinture mis en œuvre est indispensable : nuance, colorants utilisés, proportion de ces colorants, mode de fixation, etc.

*L'aspect final plus ou moins flatteur du tissu dépend en effet de la nuance adoptée. La solidité de cette nuance dépend des colorants utilisés et de la façon dont on les a fixés sur la fibre. De plus la laine s'énerve toujours dans le bain de teinture, devient par suite moins résistante une fois teinte, et cette diminution de résistance est d'autant plus accentuée que l'immersion a duré plus longtemps et que la température du bain a été portée plus haut. Certaines nuances ne peuvent donc s'obtenir qu'au prix d'une diminution assez sensible de la résistance de la laine et par suite de la résistance du tissu terminé.

*En résumé, la spécification détaillée du procédé de teinture utilisé est nécessaire pour permettre de se rendre compte de l'aspect du tissu une fois teint, de la perte de résistance possible de ce tissu due à la teinture, et enfin de la solidité plus ou moins grande à l'usage de la nuance ainsi obtenue.

*Bien entendu, si le tissu devait être obtenu au tissage avec des fils de couleur différente, il y aurait lieu de le spécifier également sous la rubrique « caractéristique de teinture ».

*2° *Cardage.* — Après la teinture vient le cardage. Le cardage, à condition qu'il soit bien exécuté, n'a pas grande influence sur les qualités finales du tissu. Cependant le cardage « en travers » (voir titre III filature) donne des fils plus touffus, feutrant mieux, en un mot plus « véritablement cardés » que le cardage « en long » qui donne par contre des fils plus réguliers, se rapprochant davantage des fils peignés. Il sera donc utile, sinon indispensable, d'indiquer la façon dont il a été procédé au cardage.

*3° *Filature.* — Ici nous trouvons plusieurs caractéristiques de fabrication.

*Il est bon, tout d'abord, d'indiquer sur quel type d'appareil, renvideur ou continu, les filés ont été obtenus, ces deux types donnant naissance à des filés doués de qualités un peu différentes.

*Mais les véritables caractéristiques de fabrication qui s'offrent au choix de l'industriel lors de la filature sont les numéros des filés en chaîne et en trame définissant leur grosseur, et, jusqu'à un certain point tout au moins, leur torsion.

*Les numéros des filés étant choisis, les torsions correspondantes sont, en principe, déterminées comme nous l'avons vu plus haut au titre III. Mais nous avons vu également que la formule donnant la torsion en fonction du numéro ne pouvait pas être considérée comme une formule absolument rigoureuse. En tout cas, il est loisible à l'industriel de ne pas s'en tenir au résultat donné par cette formule, s'il vise, par une modification de la torsion normale généralement adoptée, à obtenir tel ou tel résultat d'ordre spécial pour le tissu terminé. En particulier, quand on veut obtenir des draps très foulés, on donne en général même pour la chaine, des torsions assez faibles.

*Le choix des numéros, et aussi celui éventuel des torsions, peut modifier complètement la contexture et l'aspect du tissu terminé.

*Le tissu sera d'autant plus fin par exemple qu'il sera composé de filés plus fins. La résistance de ces filés et leur élasticité, et par suite la résistance et l'élasticité du tissu, dépendront (voir titre III, filature) de la torsion adoptée.

*Il faudra indiquer aussi à cette rubrique « caractéristiques de filature » si les fils ont été retordus ou non. Le retordage combiné avec certains effets d'armure peut en effet modifier assez profondément l'aspect du tissu.

*Avant de quitter cette rubrique, notons enfin que les numéros des filés ne peuvent être choisis d'une façon absolument arbitraire. La qualité de la laine utilisée étant nettement précisée, on ne pourra filer au delà d'un certain numéro maximum permis pour cette qualité. On pourra, par contre, se tenir à volonté notablement au-dessous et filer plus gros si on le juge préférable.

*4° *Ourdissage et tissage.* — Ici encore le nombre des caractéristiques ou variables dont on dispose pour la fabrication du tissu est assez élevé.

*Tout d'abord on peut, lors du tissage, étaler les fils de chaine sur une largeur plus ou moins considérable, la plus grande largeur que l'on peut atteindre ainsi étant la largeur des plus grands métiers dont on dispose. On appelle largeur d'empeignage la largeur occupée ainsi par les fils de chaine emprisonnés par les dents du peigne.

*On peut en outre, sur cette largeur d'empeignage ainsi adoptée, serrer plus ou moins les fils les uns contre les autres. Là encore on est au surplus limité par un maximum qui dépend des numéros et de l'armure adoptée, comme nous l'avons dit plus haut au titre IV (Tissage).

*On dispose, en résumé, pour le placement des fils de chaine de deux variables pouvant être fixées à volonté, tout au moins dans la limite des maxima dont il vient d'être parlé, à savoir la largeur d'empeignage d'une part, et le nombre ou compte de fils par centimètre sur métier de l'autre. Ces deux variables étant fixées, le nombre total de fils de chaine sur métier, égal à leur produit, le sera également.

*Ce qu'on peut faire pour le serrage des fils de chaine, on peut le faire aussi pour le serrage des fils de trame. Il suffit de modifier la vitesse d'enroulement du tissu, la vitesse de l'arbre à vilebrequin restant la même, pour placer un nombre de duites au centimètre sur métier plus ou moins considérable. D'où une nouvelle caractéristique : nombre de duites par centimètre sur le métier. Notons que là encore il existe un maximum dépendant de l'armure.

*On peut faire varier en outre cette armure qui constitue une 4° caractéristique de tissage. C'est là encore une caractéristique importante. Suivant l'armure adoptée, on pourra obtenir tout d'abord des tissus d'aspect assez différent. A la vérité, pour le cas particulier que nous envisageons, celui d'un drap cardé foulé, le choix de l'armure n'aura guère d'influence sur l'aspect final du tissu, du moins dans le cas où nous nous proposerons de donner au tissu terminé l'apprêt « drap » classique habituel. Dans ce cas en effet l'armure disparaîtra sous la couche de poils dont on la recouvrira. Mais le choix de l'armure, envisagé au point de vue de ses conséquences sur l'aspect du tissu terminé, a au contraire une grande importance lorsqu'il s'agit de fabriquer un tissu de laine peignée ou un tissu de coton.

*L'armure reste alors apparente, aucune couche de poil n'en vient recouvrir le dessin et l'aspect final du tissu ne sera par suite pas le même avec l'armure uni qui donne un effet de quadrillage, ou avec les armures sergé ou croisé qui donnent un effet de diagonales, ou encore avec les armures très compliquées du genre de celles qu'on ne peut obtenir qu'au Jacquard, et qui permettent la reproduction des dessins les plus variés.

*Il y a plus : l'armure ne réagit pas seulement sur l'aspect final du tissu Nous venons de voir plus haut qu'elle a une influence sur le nombre maximum de fils, soit en chaine, soit en trame que l'on peut placer par centimètre sur le métier. Nous verrons plus loin qu'elle influe également sur la durée du foulage, sur la résistance du tissu, et même sur son clos.

*Enfin, si, au lieu d'envisager le cas particulier de la fabrication d'un drap cardé foulé, nous envisageons le problème dans toute sa généralité, nous devons nous rappeler que c'est au tissage que l'on peut se proposer, en modifiant le mode normal des opérations, de fabriquer les tissus spéciaux dont il a été question plus haut : velours, gazes, etc. Si cette fabrication est envisagée, il conviendra de le spécifier, et cette spécification constituera une nouvelle caractéristique de tissage.

*En résumé, les caractéristiques du tissage sont les suivantes : largeur d'empeignage, nombre de fils par centimètre en chaine et en trame du tissu sur métier, armure et, le cas échéant, procédé spécial de tissage adopté.

*5° *Foulage.* — Le tissu à sa sortie du métier à tisser subit, comme nous l'avons vu, un certain retrait dans les deux sens. Il en subit un autre si on le fait passer dans un bain pour en fixer les dimensions définitives. Mais à ces retraits peu importants, à peu près constants pour un type déterminé de tissu, et en tout cas indépendant de la volonté de l'industriel, viennent s'ajouter les retraits beaucoup plus considérables obtenus en chaine et surtout en trame lors de l'opération du foulage. Et à l'inverse des précédents ces retraits, dans une certaine limite tout au moins, ne dépendent que de la volonté du fabricant.

*Les retraits totaux, soit en chaîne, soit en trame, comprenant une partie à peu près, fixe et une partie modifiable à volonté, sont donc eux-mêmes modifiables à volonté.

*On peut préciser le retrait total en trame, à partir du métier à tisser, par l'indication de la laize ou largeur du tissu terminé. Ce retrait sera alors la différence entre la largeur d'empeignage déjà adoptée et la laize du tissu terminé. Et le retrait par unité de longueur s'obtiendra en divisant par la largeur d'empeignage la différence ainsi calculée.

*Quant au retrait en longueur, il pourra être précisé par l'indication de ce que nous appellerons la « longueur d'ourdissage », c'est-à-dire la longueur de chaîne nécessaire pour obtenir 100 mètres courants de tissu terminé. Remarquons que le retrait ainsi défini part, non pas de la pièce sur métier, non pas du tissage proprement dit, mais d'un peu plus haut en suivant le cours normal des opérations, c'est-à-dire de l'ourdissage. Sur la pièce en cours de tissage, en effet, les fils de chaîne ne sont pas dirigés en ligne droite. Ils décrivent autour de la trame des ondulations plus ou moins accentuées suivant le mode de tissage adopté (à pas ouvert ou à pas fermé) et suivant les numéros de filés, et plus ou moins nombreuses suivant le nombre de fils et aussi suivant l'armure adoptée. Leur longueur réelle sur la pièce en cours de tissage est donc un peu supérieure à la longueur de cette pièce elle-même. Si, par exemple, nous admettons une longueur d'ourdissage de 125 mètres, la longueur de la chaîne nécessaire pour obtenir 100 mètres de tissu terminé, sera par définition de 125 mètres, mais la longueur de la ou des pièces sur métier ayant fourni ces 100 mètres courants sera d'un peu moins de 125 mètres. Cette précision nécessaire apportée, le retrait en longueur par mètre s'obtiendra en divisant par la longueur d'ourdissage la différence entre cette longueur d'ourdissage et 100 mètres.

*En résumé, deux nouvelles caractéristiques de fabrication apparaissent au foulage, la laize du tissu terminé d'une part, la longueur d'ourdissage de l'autre. Suivant que l'on foulera plus ou moins en largeur ou en longueur, on pourra modifier l'une et l'autre de ces caractéristiques, et obtenir finalement par ces modifications des tissus d'aspect différent et des qualités différentes. Mais il convient de se rappeler que ces caractéristiques ne mesurent pas uniquement l'action du foulage proprement dit, mais bien cette action combinée à d'autres actions par ailleurs à peu près constantes et au surplus peu importantes.

*Enfin il est bien évident que l'on ne peut se fixer ces caractéristiques d'une façon absolument arbitraire. Le foulage dépend de bien des éléments, nature des laines, nombre de fils par centimètre sur métier, numéro de ces fils, torsion de ces fils, et même armure adoptée. Mais, dans chaque cas particulier envisagé, il ne peut être poussé, dans un sens comme dans l'autre, au delà de certaines limites. Il existera donc, dans chaque cas particulier, un minimum pour la laize du tissu terminé et un maximum pour la longueur d'ourdissage.

*6° *Apprêts.* — Enfin, suivant le genre d'apprêts adopté, l'aspect final du tissu pourra être varié à l'infini. S'il s'agit du cas plus spécialement envisagé, on pourra donner au drap cardé foulé dont on a entrepris la fabrication le genre d'apprêts « drap » généralement donné à cette catégorie de tissus. Mais on pourra également s'efforcer de lui donner l'aspect rasé généralement réservé aux draps peignés. Enfin, quel que soit le type d'apprêts adopté, on pourra réaliser ce type avec plus ou moins de perfection, donner un nombre variable d'eaux, etc.

*Si, au lieu d'un drap cardé foulé, il s'agissait de fabriquer un tissu de coton, par exemple, le choix serait au moins aussi grand. On pourrait se proposer d'obtenir un tissu de coton lainé, ou cylindré, ou glacé ou calandré, etc. On pourrait se proposer de lui incorporer plus ou moins de parements. On pourrait même se proposer de le soumettre à l'impression, etc.

*La spécification détaillée du procédé d'apprêtage mis en œuvre, est donc indispensable pour permettre de préciser la nature du tissu obtenu. C'est une nouvelle caractéristique de fabrication, et c'est la dernière que nous rencontrons en suivant l'ordre des opérations successives.

*En résumé, les caractéristiques de fabrication pour un tissu de laine cardé et foulé sont les suivantes, en négligeant celles qui ne se présentent que d'une façon accidentelle (mode spécial de tissage adopté) ou qui n'ont qu'une faible influence sur les qualités du tissu terminé (procédé de cardage adopté, filature donnée sur tel ou tel appareil, torsion des fils) :

*1° Nature de la matière première;

*2° Mode de teinture;

*3° Numéros des filés;

*4° Largeur d'empeignage;

*5° Nombre de fils en chaîne sur le tissu sur métier;

*6° Nombre de fils en trame sur le tissu sur métier;

*7° Armure;

*6° Laize du tissu terminé;

*9° Longueur d'ourdissage;

*10° Mode d'apprêtage adopté.

*On dispose donc de dix caractéristiques ou variables indépendantes pour réaliser un tel tissu. Si l'on modifie l'une quelconque d'entre elles sans toucher aux neuf autres, on modifie et souvent d'une façon assez profonde l'aspect ou les qualités finales du tissu à réaliser. On voit tout de suite de quel jeu infini de combinaisons on dispose pour obtenir toute la gamme des tissus de laine foulés.

*Si au lieu d'un tissu foulé, il s'agissait d'obtenir un tissu non foulé, tissu en laine peignée par exemple ou tissu en coton, le nombre des caractéristiques ou variables indépendantes se réduirait à huit par suite de la disparition des deux caractéristiques de foulage : laize du tissu terminé et longueur d'ourdissage. La laize du tissu terminé en particulier ne serait plus une caractéristique pouvant être fixée au gré de l'industriel. Elle serait la conséquence à la fois de la largeur d'empeignage adopté et du rétrécissement normal pris par le tissu à sa sortie du métier. On peut donc substituer cette laize à la largeur d'empeignage dans l'énumération des caractéristiques de fabrication d'un tissu non foulé.

*Ces diverses caractéristiques de fabrication étant une fois fixées, soit pour un tissu en laine cardée, soit pour un tissu en laine peignée, soit pour un tissu en coton ou en lin, etc., le tissu se trouve parfaitement déterminé.

*Les caractéristiques que nous avons appelées plus haut « caractéristiques du tissu terminé » se trouvent en particulier déterminées, soit qu'elles se confondent avec ces caractéristiques de fabrication (nature de la matière première, mode de teinture adopté, laize, armure, numéros des filés, mode d'apprêtage adopté), soit qu'elles ne soient que des conséquences de ces caractéristiques de fabrication (poids, nombre de fils par centimètre dans le tissu terminé, résistance et élasticité, finesse et clos).

*Nous allons nous proposer dans ce qui va suivre d'étudier l'influence des diverses caractéristiques de fabrication sur celles des caractéristiques du tissu terminé qui ne se confondent pas avec elles.

*Mais il convient avant d'aborder ce sujet de préciser le point suivant.

*Nous venons de dire que les diverses caractéristiques de fabrication étaient indépendantes les unes des autres. Ceci est vrai en ce sens que l'on peut toujours modifier l'une quelconque d'entre elles, toutes les autres restant les mêmes.

*Mais ceci ne veut pas dire que, toutes les caractéristiques sauf une étant fixées, on puisse attribuer à cette dernière caractéristique une valeur *quelconque* arbitraire choisie d'avance. Pour nombre d'entre elles ce choix ne pourra s'exercer que dans certaines limites.

*C'est ce qui résulte des observations déjà faites plus haut lorsque nous avons passé successivement en revue les différentes caractéristiques de fabrication.

*Par exemple, étant donné une matière première bien déterminée, cette matière ne permettra pas de filer au delà d'un certain numéro. On ne pourra donc faire varier les numéros des filés que dans la limite d'un maximum fixé.

*De même le nombre de fils que l'on pourra placer en chaine sur le métier sera limité par un maximum dépendant du numéro de ces fils et de l'armure adoptée, etc.

*En résumé, les caractéristiques de fabrication sont bien indépendantes en ce sens que l'une quelconque d'entre elles peut varier, les autres restent constantes. Mais, pour nombre d'entre elles, cette indépendance n'est pas absolue en ce sens qu'on ne peut pas leur attribuer une valeur *absolument* arbitraire ne tenant aucun compte des valeurs déjà adoptées pour les autres.

§ 2. — INFLUENCE DES CARACTÉRISTIQUES DE FABRICATION SUR LES QUALITÉS DU TISSU TERMINÉ.

*Nous allons nous proposer dans ce qui va suivre d'étudier l'influence des caractéristiques de fabrication sur celles des caractéristiques du tissu terminé qui ne se confondent pas avec elles.

*Remarquons tout d'abord que le nombre de fils en chaine et en trame dans le tissu terminé se déduisent très facilement des caractéristiques de fabrication telles qu'elles ont été définies plus haut. Le nombre de fils en chaine par centimètre dans le tissu terminé s'obtient en multipliant le nombre de fils en chaine par centimètre dans le tissu sur métier par le rapport de la largeur d'empeignage à la laize du tissu terminé. Le nombre de fils en trame par centimètre dans le tissu terminé s'obtient approximativement en multipliant par le centième de la longueur d'ourdissage le nombre de fils en trame par centimètre dans le tissu sur métier, et exactement en tenant compte en outre des ondulations décrites par la chaine lors du tissage. Nous pouvons donc substituer aux deux caractéristiques de fabrication figurant sous les rubriques 5 et 6 de l'énumération qui précède — nombre de fils en chaine et en trame par centimètre dans le tissu sur métier — les deux caractéristiques suivantes : nombre de fils en chaine et trame par centimètre dans le tissu terminé, liées aux premières par des relations assez simples.

*Dans ces conditions le problème à étudier se réduit au suivant : quelle est l'influence des diverses caractéristiques de fabrication ainsi définies sur le poids, la finesse, la résistance, l'élasticité et le clos du tissu terminé?

I. POIDS DU TISSU.

a. Tissu non foulé.

*Soient :

*l, la largeur ou laize du tissu terminé (en mètres);

*p, le nombre de fils en chaine dans ce tissu terminé par centimètre;

*p', le nombre de fils en trame dans ce tissu terminé par centimètre;

*n, le numéro du fils en chaîne;

*n', le numéro du fil en trame.

*Proposons-nous de rechercher séparément le poids de la trame et le poids de la chaîne entrant dans la constitution d'un mètre courant d'un tel tissu.

***Poids de la trame.** — Il y a p' fils de trame par centimètre, soit, pour les 100 centimètres de tissu, 100 p' fils en tout.

*Si nous désignons par λ' la longueur *réelle* d'un de ces fils, la longueur totale de l'*ensemble* des fils de trame sera 100 $p'\lambda'$ mètres.

*Et leur poids en grammes sera $\frac{100\,p'\lambda'}{n'}$ s'il s'agit d'un tissu de laine et $\frac{100\,p'\lambda'}{2\,n'}$ s'il s'agit d'un tissu de coton.

***Poids de la chaîne.** — Il y a p fils de chaîne par centimètre, soit pour les $l \times 100$ centimètres de largeur du tissu 100 pl fils de chaîne en tout. Si nous désignons par λ la longueur *réelle* d'un de ces fils, la longueur totale de l'*ensemble* des fils de chaîne sera 100 $pl\lambda$ mètres.

*Et leur poids en grammes sera $\frac{100\,pl\lambda}{n}$ s'il s'agit d'un tissu de laine et $\frac{100\,pl\lambda}{2n}$ s'il s'agit d'un tissu de coton.

*Le poids du tissu à sa *sortie* du métier à tisser s'obtiendra en faisant le total des poids élémentaires calculés ainsi soit pour la trame, soit pour la chaîne.

*Cependant, si l'on veut viser à l'exactitude, on devra tenir compte aussi de l'augmentation de poids due à l'encollage de la chaîne, augmentation de poids, qui, dans le cas particulier des tissus en coton, peut parfois être assez notable.

*Quant au poids du tissu terminé il s'obtiendra en retranchant du poids du tissu sur métier les pertes de poids éventuelles subies après tissage, c'est-à-dire lors des apprêts, pertes qui sont supposées connues puisque le mode d'apprêtage lui-même est supposé parfaitement déterminé.

*C'est ainsi, par exemple, que dans le cas d'un tissu de laine peignée, on devra retrancher du poids du tissu sur métier le poids de l'encollage (à supposer, bien entendu, qu'on en ait tenu compte dans le calcul du poids du tissu sur métier) qui disparaît au fixage, les pertes subies au lainage et à la tonte, etc.

*Remarquons à ce sujet qu'on pourra être conduit dans certains cas pour calculer le poids du tissu terminé, non pas à diminuer mais à augmenter le poids du tissu à sa sortie du métier. Le cas se produira notamment pour certains tissus de coton, lin, etc., que l'on surcharge intentionnellement de produits d'apprêtage, soit simplement pour augmenter leur poids, soit pour tout autre motif.

*Il reste à se demander comment l'on calcule les nombres λ et λ' que nous avons défini plus haut comme représentant les longueurs *réelles* respectives des fils de chaîne et de trame.

*Si l'on s'en tient aux apparences, λ' semble être égal à la largeur l du tissu et λ semble être égal à 1 mètre.

*Mais il n'en est pas ainsi en réalité.

*Le fil de trame en particulier s'étale bien sur le tissu suivant une longueur l. Mais sa longueur est en réalité supérieure à l parce que ce fil n'est pas droit, mais décrit une série d'ondulations au-dessus et au-dessous des différents fils de chaîne qu'il rencontre.

*De même et pour un motif analogue la longueur réelle de chaque fil de chaîne est supérieure à 1 mètre.

*On peut donc poser :

$$\lambda' = l \times K',$$

$$\lambda = 1 \times K,$$

*les coefficients K et K' étant tous les deux plus grands que 1.

*Nous reviendrons ultérieurement sur le calcul de ces coefficients K et K' dans chaque cas particulier. Disons simplement pour le moment que l'on peut, pour un premier calcul approximitif fixer à 1,1 environ la valeur de chacun de ces coefficients. Dans ces conditions les formules donnant les poids P' et P de la trame et de la chaîne du tissu à sa sortie du métier deviennent :

$$P' = \frac{100\,p'l \times 1{,}10}{n'},$$

$$P = \frac{100\,pl \times 1{,}10}{n},$$

*s'il s'agit d'un tissu de laine, et :

$$P' = \frac{100\,p'l \times 1{,}10}{2n'},$$

$$P = \frac{100\,pl \times 1{,}10}{2n}.$$

*s'il s'agit d'un tissu de coton.

***Application.** — Quel sera le poids au mètre courant d'un tissu de coton d'une largeur de 0 m. 80, présentant par centimètre 25 fils en chaîne et 25 fils en trame, les fils étant du numéro 14 en chaîne comme en trame? Aucun apprêt n'a été donné au tissu. La chaîne a été encollée à 10 p. 100 au tissage.

*Ici $p = p'$ et $n = n'$. Les formules établies plus haut donnent le même poids en chaîne et en trame.

*Ce poids commun, en grammes, est de :

$$\frac{100 \times 25 \times 0{,}80 \times 1{,}1}{2 \times 14} = 78{,}5$$

*et le poids total du tissu serait par suite de 157 grammes au mètre courant.

*Mais à ce poids il faut ajouter les 10 p. 100 d'encollage incorporés à la chaîne, soit 8 grammes environ.

*Le poids total du tissu au mètre courant est donc de 165 grammes, comprenant 157 grammes de coton et 8 grammes de parement, et son poids aux 100 mètres est de 15 kilogr. 700.

***Calcul des coefficients K et K'.** — Nous venons de dire que pour un premier calcul approximatif on pouvait admettre pour les coefficients K et K' la valeur 1,1.

*Proposons-nous maintenant de calculer la valeur réelle de ces coefficients dans chaque cas particulier.

*Soit à déterminer le coefficient K' par exemple, c'est-à-dire le rapport entre la longueur réelle du fil de trame et sa longueur apparente ou laize du tissu terminé.

*Nous avons vu plus haut (voir titre IV, *Tissage*) que l'on pouvait se proposer lors du tissage d'obtenir un tissu faisant ressortir de préférence soit la chaîne, soit la trame. Si l'on veut faire ressortir la chaîne, on tisse à pas ouvert, et l'on obtient des tissus à trame tendue et à chaîne contournant la trame. Si l'on veut faire ressortir la trame on tisse au contraire à pas fermés, et l'on obtient des tissus à chaîne tendue et à trame contournant la chaîne.

*Mais, si tendue que soit la trame, par exemple, elle ne peut l'être à un tel point, que tous les fils de trame soient parfaitement rectilignes. Leur longueur réelle sera toujours supérieure à la laize du tissu, et le coefficient K' sera par suite toujours supérieur à 1. Mais on conçoit qu'il pourra varier dans d'assez fortes proportions suivant le mode de tissage adopté.

*Quels sont, en dehors du mode de tissage, les autres éléments dont peut dépendre ce coefficient K'?

*Du moment que le fil de trame n'est pas complètement tendu, du moment qu'il décrit des ondulations autour des divers fils de chaîne rencontrés, le rapport de sa longueur réelle à sa longueur apparente (c'est-à-dire à sa projection horizontale dans le cas de la figure 1), doit dépendre du *nombre* de ces ondulations par unité de longueur (centimètre par exemple), et de leur inclinaison plus ou moins accentuée sur l'horizontale.

*Le rapport K' sera donc d'autant plus grand que le nombre des ondulations par centimètre sera plus grand et que ces ondulations seront plus inclinées sur l'horizontale

*Or le nombre des ondulations dépend du nombre de fils en chaîne par centimètre dans le tissu terminé et de l'armure adoptée. Il est d'autant plus grand que le nombre de fils en chaîne est plus grand et que l'armure présente plus de points de liage.

*Quant à l'inclinaison des ondulations elle dépend du mode de tissage adopté, mais aussi de l'épaisseur des fils soit de chaîne, soit de trame. Elle augmente avec cette épaisseur.

*En résumé, le rapport K' doit décroître quand croît la tension en trame résultant du mode de tissage adopté, croître avec le nombre de fils en chaîne et avec le liage de l'armure, et enfin croître avec l'épaisseur des filés, c'est-à-dire décroître avec leurs numéros.

*Tentons d'établir une formule donnant le coefficient K' en fonction de ces divers éléments.

*Supposons d'abord le cas de l'armure présentant le plus de points de liage possible, c'est-à-dire le cas de l'armure « uni ».

*Considérons une coupe transversale du tissu à armure uni comprise entre les axes de deux fils de chaîne consécutifs.

*Les figures 1a, 1b, 1c représentent cette coupe dans trois hypothèses. Sur chacune de ces figures les fils de chaîne sont représentés par de petits cercles teintés de noir.

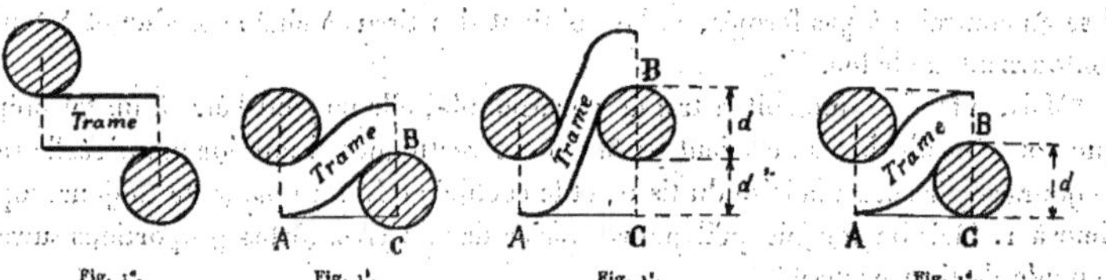

Fig. 1. — Passage de la trame à travers le tissu.

*Dans la figure 1a le fil de trame est parfaitement rectiligne. Cette figure correspond donc au cas limite d'un trame complètement tendue et par suite d'une chaîne aussi ondulée que possible. Pour ce cas limite, au surplus irréalisable dans la pratique, le coefficient K' serait égal à 1.

*La figure 1c correspond au contraire à l'autre cas limite d'une chaîne complètement tendue et d'une trame aussi ondulée que possible. Pour ce cas limite, également irréalisable dans la pratique, le coefficient K' atteindrait son maximum.

*Enfin la figure 1b représente un cas intermédiaire entre ces deux cas extrêmes. La chaîne et la trame décrivent l'une et l'autre des ondulations.

*Menons par le centre du fil de chaîne de gauche une verticale qui rencontre en A le bord inférieur du fil de trame. Par A menons une horizontale qui rencontre en C la verticale menée par le centre du fil de chaîne de droite.

*La longueur réelle du fil de trame entre les axes de deux fils de chaîne consécutifs peut être assimilée à l'hypoténuse AB du triangle rectangle ABC et sa longueur apparente entre ces deux mêmes axes est la projection horizontale de AB, c'est-à-dire le côté AC du même triangle ABC.

*Le rapport K est donc égal à $\frac{AB}{AC}$, or

$$AB = \sqrt{\overline{AC}^2 + \overline{BC}^2}.$$

*Donc

$$\frac{AB}{AC} = \sqrt{1 + \frac{\overline{BC}^2}{\overline{AC}^2}}.$$

*Or BC dépend de la tension donnée au fil de trame (mode de tissage) et de la grosseur des fils soit de trame, soit de chaîne. Le minimum de BC est O (cas de la figure 1a), son maximum est $d + d'$, d et d' désignant les diamètres respectifs des fils de chaîne et des fils de trame. BC peut donc s'écrire sous la forme : $H \times (d + d')$, le coefficient H pouvant varier de 0 à 1.

*D'autre part AC représente l'écartement d'axe en axe de deux fils de chaîne consécutifs. Évaluons AC en centimètres. Il y a p fils de chaîne par centimètre, ce qui correspond à $p - 1$ intervalles formés par ces fils. La distance d'axe en axe de deux fils consécutifs est donc, en centimètres, de $\frac{1}{p-1}$.

*En remplaçant BC et AC par les valeurs ainsi trouvées le rapport K devient

$$\sqrt{1 + H^2 (d + d')^2 (p - 1)^2},$$

le coefficient H^2 pouvant varier suivant la tension donnée à la trame, c'est-à-dire suivant le mode de tissage adopté, de 0 à 1.

*Considérons maintenant le cas d'une armure quelconque.

*Nous définirons cette armure par son rapport chaîne a.

*Dans la partie du tissu correspondant à ces a fils de chaîne, la trame, au moins pour les diverses armures usuelles, traverse deux fois le tissu. Pour toutes ces armures, il y aura donc deux ondulations pour a fils de chaîne. En ce qui concerne la partie du fil de trame correspondant à ces deux ondulations, nous pourrons reprendre le raisonnement qui précède : le rapport de la longueur réelle de fil formant ces deux ondulations à sa longueur apparente sera :

$$\sqrt{1 + H^2 (d + d')^2 (p - 1)^2}.$$

*Pour les autres parties du fil de trame, pour celles qui ne font pas partie intégrante de ces deux ondulations, la longueur réelle est égale à la longueur apparente

*Les longueurs, apparente et réelle, du fil de trame traversant ces a fils de chaîne consécutifs seront donc :

**Longueur apparente :* ra, r étant la distance d'axe en axe de deux fils de chaîne consécutifs.

**Longueur réelle :*

*1° Pour les deux ondulations :

$$2r\sqrt{1 + H^2 (d + d')^2 (p - 1)^2}:$$

*2° Pour la partie non ondulée :

$$r(a - 2).$$

*Le rapport de la longueur réelle à la longueur apparente sera donc

$$\frac{a - 2}{a} + \frac{2}{a}\sqrt{1 + H^2 (d + d')^2 (p - 1)^2}..$$

*Telle est la formule générale donnant le coefficient K', en fonction de l'armure caractérisée par a, de la tension due au mode de tissage caractérisé par H, du nombre de fils en chaîne p, et des diamètres d et d' des fils de chaîne et de trame.

*On voit que K' augmente : 1° quand a diminue, 2° quand H augmente, 3° quand p augmente, 4° quand d et d' augmentent, ce qui confirme bien ce qui avait été prévu plus haut.

*Supposons maintenant qu'il s'agisse de fabriquer un tissu de laine peignée présentant le même numéro de fil en chaîne et en trame, $d = d'$.

*Proposons-nous de remplacer dans la formule qui précède $d = d'$ par sa valeur en fonction de ce numéro commun n.

*Nous avons vu (titre IV, *Tissage*) qu'on pouvait avec l'armure uni placer par centimètre sur métier un nombre de fils de chaîne de numéro n égal au maximum $4,1 \sqrt{n}$.

*Dans le cas où ce maximum est atteint, chaque fil de chaîne est exactement enserré entre deux fils de trame consécutifs. Autrement dit l'écartement de 1 centimètre est égal à la somme des diamètres des $8,2 \sqrt{n}$ fils soit de chaîne, soit de trame ainsi placés sur métier.

*Le diamètre du fil de laine peignée de numéro n est donc, en centimètres, égal à

$$\frac{1}{8,2} \sqrt{n}.$$

*En remplaçant d par cette valeur en fonction de n dans la formule donnant K' cette formule devient :

$$K' = \frac{a-2}{a} + \frac{2}{a} \sqrt{1 + 4H^2 \frac{(p-1)^2}{67,24 \times n}}.$$

*Quelles sont les valeurs possibles de K', quand on fait varier a, p et n ?

*Dans les tissus en laines peignées courants le numéro des fils peut varier de 16 à 49 environ.

*D'autre part, pour la plupart de ces tissus, on pousse le serrage des fils de telle sorte que ces fils, soit de chaîne, soit de trame se touchent, ou soient très près de se toucher dans une coupe transversale du tissu terminé.

*Dans ces conditions nous savons que le nombre p des fils en chaîne par centimètre dans le tissu terminé est donné par la formule :

$$p = \frac{2a}{a+2} \times 4,1 \sqrt{n}.$$

*En remplaçant p par cette valeur dans la formule donnant K' cette formule devient

$$K' = \frac{a-2}{a} + \frac{2}{a} \sqrt{1 + 4H^2 \frac{\left(\frac{2a}{a+2} \times 4,1 \sqrt{n} - 1\right)^2}{67,24 \times n}}.$$

*n variant de 16 à 49 quelles sont les valeurs de K correspondantes pour les diverses armures ?

Armure uni. — Ici $a = 2$ et et la formule devient

$$K' = \sqrt{1 + 4\,H^2 \frac{(4,1\sqrt{n}-1)^2}{67,24 \times n}}.$$

Pour $n = 16$ elle donne : $\sqrt{1 + 4\,H^2 \times 0,22}$ environ;

Pour $n = 49$ elle donne : $\sqrt{1 + 4\,H^2 \times 0,23}$ environ.

*Or H^2 peut varier de 0 à 1.

*Pour $H = 0$, $K = 1$.

*Pour $H = 1$ les formules qui précèdent donnent :

$$\text{Pour } n = 16,\ K' = \sqrt{1,88} = 1,37 \text{ environ;}$$

$$\text{Pour } n = 49,\ K' = \sqrt{1,92} = 1,39 \text{ environ.}$$

ainsi K' peut varier pour l'armure uni de 1 à $1,39$ environ.

*Mais en fait la valeur de $1,39$ ne sera jamais atteinte. Elle correspond au cas irréalisable pratiquement d'une chaîne complètement tendue.

*Si l'on admet le cas moyen d'une chaîne et d'une trame également tendues, $\overline{BC}^2$ (voir figure 1 d précédente) est égal à d^2 et par suite $4\,H^2 = 1$ et $H^2 = 0,25$.

*Les formules qui précèdent donnent alors :

$$\text{Pour } n = 16,\ \sqrt{1,22} = 1,10 \text{ environ,}$$

$$\text{Pour } n = 49,\ \sqrt{1,23} = 1,11 \text{ environ.}$$

*Si nous admettions un tissage à pas très ouvert ($H^2 = 0,50$) nous obtiendrions :

$$\text{Pour } n = 16,\ \sqrt{1,44} = 1,20 \text{ environ,}$$

$$\text{Pour } n = 49,\ \sqrt{1,46} = 1,21 \text{ environ.}$$

*Ainsi dans le cas de l'armure uni le coefficient K' ne peut guère dépasser $1,20$ environ. Dans la pratique et suivant que l'on tissera à pas plus ou moins ouvert il peut varier de $1,07$ à $1,15$ environ.

Armure sergé de trois. — $a = 3$ et la formule devient

$$K = \tfrac{1}{3} + \tfrac{2}{3} \sqrt{1 + 4\,H^2 \frac{\left(\tfrac{6}{5}\,4{,}1\,\sqrt{n} - 1\right)^2}{67{,}24 \times n}}.$$

Pour $n = 16$ elle donne : $\tfrac{1}{3} + \tfrac{2}{3}\sqrt{1 + 4\,H^2 \times 0{,}32}$.

Pour $n = 49$ elle donne : $\tfrac{1}{3} + \tfrac{2}{3}\sqrt{1 + 4\,H^2 \times 0{,}34}$.

*Pour $H^2 = 1$ elles donneraient :

$$\text{Pour } n = 16,\ \tfrac{1}{3} + \tfrac{2}{3}\sqrt{2{,}28} = 1{,}34 \text{ environ,}$$

$$\text{Pour } n = 49,\ \tfrac{1}{3} + \tfrac{2}{3}\sqrt{2{,}36} = 1{,}35 \text{ environ;}$$

*Pour $H^2 = 0{,}25$ elles donneraient :

$$\text{Pour } n = 16,\ \tfrac{1}{3} + \tfrac{1}{3}\sqrt{1{,}32} = 1{,}09 \text{ environ,}$$

$$\text{Pour } n = 49,\ \tfrac{1}{3} + \tfrac{2}{3}\sqrt{1{,}34} = 1{,}10 \text{ environ;}$$

Armure sergé de quatre, armure batavia. — Ici $a = 4$ et la formule devient :

$$K = \tfrac{1}{2} + \tfrac{1}{2} \sqrt{1 + 4\,H^2 \frac{\left(\tfrac{4}{3}\,4{,}1\,\sqrt{n} - 1\right)^2}{67{,}24 \times n}}.$$

Pour $n = 16$ elle donne : $\tfrac{1}{2} + \tfrac{1}{2}\sqrt{1 + 4\,H^2 \times 0{,}40}$,

Pour $n = 49$ elle donne : $\tfrac{1}{2} + \tfrac{1}{2}\sqrt{1 + 4\,H^2 \times 0{,}42}$.

*Pour $H^2 = 1$ elles donneraient :

$$\text{Pour } n = 16,\ \tfrac{1}{2} + \tfrac{1}{2}\sqrt{2{,}60} = 1{,}30 \text{ environ,}$$

$$\text{Pour } n = 49,\ \tfrac{1}{2} + \tfrac{1}{2}\sqrt{2{,}68} = 1{,}32 \text{ environ,}$$

*Pour $H^2 = 0,25$ elles donneraient :

$$\text{Pour } n = 16, \frac{1}{2} + \frac{1}{2}\sqrt{1,40} = 1,09 \text{ environ,}$$

$$\text{Pour } n = 49, \frac{1}{2} + \frac{1}{2}\sqrt{1,42} = 1,10 \text{ environ.}$$

*En résumé pour les divers tissus de laine peignée très serrés et fabriqués avec des armures usuelles le coefficient K' peut varier pratiquement de 1,07 à 1,15 environ suivant que l'on tisse à pas plus ou moins ouverts. On peut donc comme nous l'avons dit plus haut admettre pour ce coefficient la valeur 1,10 environ.

*Enfin, si au lieu du coefficient K', nous cherchions à déterminer la valeur du coefficient K, c'est-à-dire la longueur réelle en mètres du fil de chaîne, nous serions conduits à des raisonnements analogues. Il suffirait de remplacer a rapport chaîne par a' rapport trame et p nombre de fils en chaîne par p' nombre de fils en trame.

*On peut donc, soit pour K, soit pour K', admettre la valeur approximative 1,10 au moins pour un premier calcul. Et il en est à peu près de même si, au lieu d'un tissu en laine peigné, il s'agit d'un tissu en coton, lin, etc., sous réserve que ce tissu soit suffisamment serré.

*Pour le calcul approximatif du poids de tout tissu non foulé, quel qu'il soit, on pourra en résumé, sous réserve que ce tissu soit suffisamment serré, admettre que la longueur réelle, soit du fil de trame, soit du fil de chaîne, dépasse 1/10 environ sa longueur apparente.

b. Tissu de laine foulé.

*Envisageons maintenant le cas d'un tissu de laine foulé.

*Soient :

*l la largeur ou laize du tissu (en mètres);

*L la largeur d'empeignage (en mètres);

*L' la longueur d'ourdissage (en mètres);

*p le nombre de fils par centimètre en chaîne;

*p' le nombre de fils par centimètre en trame;

*n le numéro du fil en chaîne;

*n' le numéro du fil en trame.

*Le rectangle représenté par un mètre courant de tissu terminé, c'est-à-dire le rectangle de dimensions l et 1, provient d'un rectangle de tissu à sa *sortie* du métier de dimensions plus considérables.

*Le poids du mètre courant de tissu terminé s'obtient en calculant le poids de ce rectangle à la sortie du métier et en retranchant les pertes au foulage et aux apprêts supposées connues.

*Calculons séparément le poids de la chaîne et de la trame dans ce rectangle au sortir du métier.

*Chaîne. — Le nombre total des fils de chaîne dans le rectangle à la sortie du métier est égal au nombre total de fils de chaîne dans le tissu terminé; soit $p \times l \times 100$.

*D'autre part, la longueur réelle de chacun de ces fils est $\frac{L'}{100}$, puisqu'il a fallu par définition L' mètres de chaîne pour obtenir 100 mètres du tissu terminé.

*Le poids en grammes de la chaîne est donc :

$$P = \frac{p \times l \times 100 \times L'}{100\,n}$$

*ou

$$P = \frac{p l L'}{n}.$$

*Trame. — Le nombre total des fils de trame dans le rectangle à la sortie du métier est égal au nombre total de fils de trame dans le rectangle de tissu terminé, soit $p' \times 100$.

*Si la longueur de chacun de ces fils de trame est représentée (en mètres) par λ', le poids P' de trame sera :

$$P' = \frac{p' \times 100 \times \lambda'}{n'}.$$

*Reste à déterminer λ' :

*On pourrait être tenté de déterminer λ' en partant de la largeur d'empeignage et en raisonnant de la façon suivante : le fil de trame s'étend *sur le métier* sur une longueur L, mais sa longueur réelle est supérieure à L en raison des ondulations décrites par ce fil de trame autour des fils de chaîne qu'il rencontre. Puis, continuant le raisonnement fait plus haut à propos des tissus non foulés, on aboutirait à une formule analogue à celle trouvée précédemment, avec cette seule différence que la largeur l du tissu serait remplacée par la largeur d'empeignage et que le nombre de fils en chaîne p par centimètre dans le tissu terminé serait remplacé par le nombre $\frac{p l}{L}$ de fils en chaîne par centimètre dans le tissu sur métier.

*Mais ce raisonnement pour être exact suppose que le diamètre des fils en trame reste le même lorsque la pièce est tendue sur métier. Or il n'en est pas ainsi. D'une façon générale on constate à la sortie du métier une réduction dans les dimensions de la pièce soit en largeur, soit en longueur. Cette réduction dans les deux sens ne peut s'expliquer que par l'extension subie lors du tissage soit par les fils de trame, soit par les fils de chaîne. Ces divers fils s'allongent par suite de leur élasticité naturelle en diminuant d'épaisseur. Sinon, si l'on admettait que la tension en trame donnée par les templets se traduisait par un simple redressement du fil de trame, il en résulterait une diminution de longueur apparente pour la chaîne, et l'on constaterait à la sortie du métier à tisser non pas un raccourcissement mais un allongement dans le sens de la chaîne.

*On ne peut donc partir pour déterminer λ' de la largeur d'empeignage L, et l'on est par suite conduit à partir, comme dans le cas précédemment étudié d'un tissu non foulé, de la largeur de la pièce à la sortie du métier.

*Soit L_1 cette largeur de la pièce à la sortie du métier. L_1 est lié à L par une relation de la forme $L = L_1 (1 + r)$.

*D'autre part on peut raisonner en partant de cette largeur L_1 exactement comme on l'a fait dans le cas précédent sous la seule réserve de remplacer l, laize du tissu terminé, par L_1, et p nombre de fils en chaîne par centimètre dans le tissu terminé par π nombre de fils en chaîne par centimètre dans le tissu à la sortie du métier. Or ce nombre π est égal à $\frac{pl}{L} (1 + r)$.

*On obtiendra donc finalement la formule :

$$\lambda' = L_1 \left[\frac{a - 2}{a} + \frac{2}{a} \sqrt{1 + H^2 (d + d')^2 \left(\frac{pl(1 + r)}{L} - 1 \right)^2} \right]$$

*ou en remplaçant L_1 par $\frac{L}{1 + r}$:

$$\lambda' = \frac{L}{1 + r} \left[\frac{a - 2}{a} + \frac{2}{a} \sqrt{1 + H^2 (d + d')^2 \left(\frac{pl(1 + r)}{L} - 1 \right)^2} \right].$$

*Considérons maintenant, comme nous l'avons déjà fait précédemment pour les tissus non foulés, le cas où les numéros des fils en trame et en chaîne sont égaux.

*d devient égal à d'. D'autre part nous savons (voir titre IV, tissage) que l'on peut placer au maximum avec l'armure unie $3,5 \sqrt{n}$ fils de chaîne du numéro n sur métier, soit $7 \sqrt{n}$ fils du numéro n en tout par centimètre. Ces fils se touchent dans cette hypothèse, le diamètre d de chacun d'eux est égal en centimètres à

$$\frac{2}{7 \sqrt{n}}.$$

*En remplaçant a par cette valeur, le rapport K de la longueur réelle du fil de trame à la largeur d'empeignage devient :

$$K = \frac{1}{1+r}\left[\frac{a-2}{a} + \frac{2}{a}\sqrt{1 + \frac{4H^2}{49n}\left(\frac{pl\,(1+r)}{L} - 1\right)^2}\right].$$

*Telle est l'équation générale qui donne le coefficient K en fonction 1° de la tension en trame caractérisée par r, — 2° de l'armure caractérisée par le rapport chaîne a, — 3° du mode de tissage adopté caractérisé par H^2, — 4° du nombre de fils en chaîne p, — 5° de la laize du tissu terminé l, — 6° de la largeur d'empeignage L, — 7° enfin du numéro commun n des filés en chaîne et en trame.

*Comment varie ce coefficient K avec les divers éléments dont il dépend ?

*Pour une valeur donnée du numéro n, nous savons que le nombre maximum de fils que l'on peut placer par centimètre sur métier est donné par la formule :

$$\frac{2a}{a+2} \times 3,5\sqrt{n}.$$

*Le maximum de $\frac{pl}{L}$ pour une valeur donnée de n sera donc :

$$\frac{2a}{a+2} \times 3,5\sqrt{n}.$$

*Et le maximum de K pour une valeur donnée de n sera donc :

$$\frac{1}{1+r}\left\{\frac{a-2}{a} + \frac{2}{a}\sqrt{1 + \frac{4H^2}{49n}\left[\frac{2a \times 3,5\sqrt{n} \times (1+r)}{a+2} - 1\right]^2}\right\}.$$

*D'autre part le retrait en largeur du tissu à sa sortie du métier est en général voisin de 10 p. 100. On peut donc admettre pour r la valeur approximative 0,1.

*Dans ces conditions on obtient pour les diverses armures usuelles les résultats suivants :

*$Armure\ unie.$ — Ici $a = 2$ et la formule devient

$$\frac{1}{1,1}\sqrt{1 + \frac{(3,5\sqrt{n} \times 1,1 - 1)^2 \times 4H^2}{49n}}.$$

*Pour les tissus cardés n peut varier de 4 environ (fabrication des couvertures) à 64 environ (fabrication de draps très fins).

*Pour $n = 4$ la formule donne :

$$\frac{1}{1,1} \sqrt{1 + 0,23 \times 4H^2}.$$

*Pour $n = 64$ la formule donne :

$$\frac{1}{1,1} \sqrt{1 + 0,29 \times 4H^2}.$$

*Si l'on suppose $H^2 = 1$ (maximum) on trouve :

$$\text{pour } n = 4 \qquad K = 1,26 ;$$
$$\text{pour } n = 64 \qquad K = 1,34.$$

*Si l'on suppose $H^2 = 0,25$ (tissu tendu également en chaîne et en trame) on obtient :

$$\text{pour } n = 4 \qquad K = 1,01 ;$$
$$\text{pour } n = 64 \qquad K = 1,04.$$

*Armure sergé de trois. — Ici $a = 3$ et la formule devient :

$$\frac{1}{1,1}\left[\frac{1}{3} + \frac{2}{3}\sqrt{1 + \frac{4H^2}{49n}\left(\frac{6}{5}3,5\sqrt{n} \times 1,1 - 1\right)^2}\right];$$

*Pour $n = 4$ la formule donne :

$$\frac{1}{1,1}\left[\frac{1}{3} + \frac{2}{3}\sqrt{1 + 0,35 \times 4H^2}\right];$$

*Pour $n = 64$ la formule donne :

$$\frac{1}{1,1}\left[\frac{1}{3} + \frac{2}{3}\sqrt{1 + 0,41 \times 4H^2}\right].$$

*Si l'on suppose $H^2 = 1$, on trouve :

$$\text{pour } n = 4 \qquad K = 1,25 ;$$
$$\text{pour } n = 64 \qquad K = 1,26.$$

*Si l'on suppose $H^2 = 0,25$ on obtient :

$$\text{pour } n = 4 \qquad K = 1,01 ;$$
$$\text{pour } n = 64 \qquad K = 1,02.$$

**Armure sergé de quatre. — Armure batavia. — Ici $a = 4$ et la formule devient :*

$$\frac{1}{1,1}\left[\frac{1}{2} + \frac{1}{2}\sqrt{1 + \frac{4\,H^2}{49\,n}\left(\frac{4}{3}\,3,5\,\sqrt{n}\times 1,1 - 1\right)^2}\right];$$

*Pour $n = 4$ la formule donne :

$$\frac{1}{1,1}\left[\frac{1}{2} + \frac{1}{2}\sqrt{1 + 0,44\times 4\,H^2}\right];$$

*Pour $n = 64$ la formule donne :

$$\frac{1}{1,1}\left[\frac{1}{2} + \frac{1}{2}\sqrt{1 + 0,51\times 4\,H^2}\right].$$

*Si l'on suppose $H^2 = 1$, on trouve :

$$\text{pour } n = 4 \qquad K = 1,21 ;$$
$$\text{pour } n = 64 \qquad K = 1,25.$$

*Si l'on suppose $H^2 = 0,25$ on obtient :

$$\text{pour } n = 4 \qquad K = 1,00 ;$$
$$\text{pour } n = 64 \qquad K = 1,01.$$

*En résumé, en admettant une tension sur métier telle qu'elle se traduise par un allongement de 10 p. 100, et un serrage en chaîne sur métier poussé au maximum, le rapport K peut varier suivant le mode de tissage, à pas plus ou moins ouvert, de 1,01 à 1,34 environ suivant le numéro et suivant l'armure.

*Mais, en fait, on pousse rarement le serrage en chaîne sur métier à son maximum. De plus H^2 ne paraît pas devoir dépasser de beaucoup 0,50, ce qui, pour $n = 64$, limite K à 1,15.

*En fait pour un calcul approximatif on peut admettre $K = 1,04$ environ.

*La formule approximative donnant le poids du tissu en trame sera donc :

$$P' = \frac{100 p' L \times 1,04}{n'}.$$

*Le poids du tissu à sa sortie du métier s'obtiendra en faisant le total des poids P et P' ainsi trouvés pour la chaîne et la trame, et le poids du tissu fini s'obtiendra en retranchant du poids du tissu à sa sortie du métier les pertes subies au foulage et aux apprêts.

*Application. — Soit à calculer le poids à la sortie du métier d'un tissu en laine foulée présentant 15,5 fils par centimètre en chaîne, 16,5 fils par centimètre en trame. Le numéro des fils *en gras* est 7,29 en chaîne comme en trame. La largeur d'empeignage est de 2 m. 47, la largeur du tissu terminé de 1 m. 40. La longueur d'ourdissage est de 130 mètres. La perte de poids total au foulage et aux apprêts est de 16 p. 100.

*Poids de la chaîne. — Le poids P de la chaîne est donné par la formule :

$$P = \frac{p l L'}{n} = \frac{15,5 \times 1,40 \times 130}{7,29} = 387 \text{ grammes.}$$

*Poids de la trame. — Le poids de la trame est donné par la formule :

$$P' = \frac{p' \times 100 \times L \times K}{n'} = \frac{1,650 \times 247}{7,29} \times K = \frac{4,075}{7,39} \times K.$$

*Proposons-nous de calculer K en supposant qu'il s'agisse d'une armure « uni », qu'il y ait un retrait d'environ 10 p. 100 en largeur à la sortie du métier, et que le tissage ait été conduit de façon à obtenir un tissu plus apparent en trame qu'en chaîne, H^2 étant supposé égal à 0,35.

*Nous supposons donc $a = 2$, $r = 0,1$, et H^2 étant supposé égal à 0,35.

*La formule donnant K devient dans ces conditions :

$$K = \frac{1}{1,2} \sqrt{1 + 1,40 \over 49 n}\left(\frac{p l \times 1,1}{L} - 1\right)^2,$$

*ou, en remplaçant n, l, p, L, par leurs valeurs :

$$K = \frac{1}{1,11} \sqrt{1 + \frac{1,40}{49 \times 7,29}\left(\frac{15,5 \times 1,40 \times 1,11}{2,47} - 1\right)^2}.$$

*En effectuant le calcul on trouve :

$$K = 1,0345.$$

*Et en remplaçant K par cette valeur dans la formule donnant P' on trouve :

$$P' = 580 \text{ grammes environ.}$$

*Le poids total du tissu en gros est donc de $387 + 580 = 967$ grammes.

*Dans un tel tissu, la chaîne représente 40 p. 100 du poids total, la trame 60 p. 100.

*Il y a une perte de 16 p. 100 ou 155 grammes (perte des matières ensimantes et de laine) au foulage et aux apprêts, soit 155 grammes environ.

*Le tissu terminé pèse donc 812 grammes environ au mètre courant en 1 m. 40 de laize.

*RÉSUMÉ. — On peut, en faisant abstraction des variations des coefficients K, résumer comme suit les formules précédentes :

*Le poids au mètre courant à la *sortie du métier à tisser* d'un tissu de laize déterminé, ou, ce qui revient au même, le poids au mètre carré à la sortie du métier d'un tissu de laize quelconque est :

*1° **pour les tissus non foulés :**

*Pour la *chaîne*, proportionnel au nombre de fils en chaîne, par centimètre, inversement proportionnel à leur numéro.

*Pour la *trame*, proportionnel au nombre de fils en trame par centimètre, inversement proportionnel à leur numéro.

*2° **pour les tissus de laine foulés :**

*Pour la *chaîne*, proportionnel au nombre de fils en chaîne par centimètre, inversement proportionnel à leur numéro, proportionnel à la longueur d'ourdissage.

*Pour la *trame*, proportionnel au nombre de fils en trame par centimètre, inversement proportionnel à leur numéro, proportionnel à la largeur d'empeignage.

*Mais, en fait, les coefficients K, K' des formules précédentes ne sont pas constants. Ils dépendent eux-mêmes de l'armure, du nombre des fils, de leur numéro, et, en ce qui concerne les tissus foulés, de la largeur d'empeignage.

*Toutes choses égales par ailleurs, les tissus à armure très liée seront donc un peu plus lourds que les tissus présentant de longs flottés. Toutes choses égales par ailleurs, un tissu en armure uni par exemple sera un peu plus lourd qu'un tissu en armure batavia.

*De même le poids du tissu augmente un peu plus que ne l'indique la règle de la proportionnalité au nombre de fils ou de la proportionnalité inverse au numéro, etc.

II. FINESSE DU TISSU.

*Le terme « finesse » d'un tissu doit s'entendre de la finesse au toucher et de la finesse à la vue.

***Finesse au toucher.** — L'impression de toucher plus ou moins doux d'une étoffe, ce qu'on pourrait appeler le moelleux plus ou moins accusé de cette étoffe, dépend avant tout de la nature de la matière première utilisée. Mais elle dépend aussi du procédé d'apprêtage adopté.

*L'impression de souplesse dépend de la nature de la matière première, mais dépend aussi du plus ou moins de finesse des filés. Des filés plus minces donneront à l'étoffe une souplesse plus accentuée. Elle dépend enfin du foulage. Un foulage poussé trop loin diminue la souplesse du tissu en le rendant carteux.

***Finesse à la vue.** — La finesse à la vue dépend de la nature de la matière première utilisée de la façon dont les apprêts ont été conduits, de la finesse de la filature, enfin de l'armure adoptée si cette armure doit rester apparente.

III. RÉSISTANCE ET ÉLASTICITÉ.

*Nous avons vu comment on appréciait la résistance et l'élasticité d'un tissu, soit en chaîne, soit en trame.

*On soumet à un dynamomètre une bande prélevée soit en chaîne, soit en trame, bande ayant *toujours* la même largeur et la même longueur. On note la force en kilos sous laquelle la bande se rompt et c'est cette force qui représente la résistance (maxima) du tissu. On note de combien la bande de longueur constante s'est allongée en centimètres au moment où la rupture va se produire, et c'est ce nombre de centimètres qui représente l'élasticité (maxima) du tissu.

*Comment ces deux éléments sont-ils modifiés par les variations apportées aux diverses caractéristiques du tissu ?

*Bien entendu, pour apprécier l'influence sur la résistance et l'élasticité de telle ou telle caractéristique du tissu, il faut supposer « toutes choses égales d'ailleurs », c'est-à-dire étudier comment varient la résistance et l'élasticité, la caractéristique dont on étudie l'effet variant seule, et toutes les autres restant fixes.

*On conçoit tout d'abord, s'il s'agit de la résistance, que cette résistance doive dépendre avant tout de la résistance des fils élémentaires compris dans l'éprouvette et de leur nombre. S'il s'agit de l'élasticité, au contraire, cette élasticité doit dépendre de celle des fils élémentaires mais non de leur nombre.

*On est donc conduit avant tout à envisager la résistance et l'élasticité des fils élémentaires.

*Or nous avons déjà vu au titre III que la résistance et l'élasticité des fils dépendaient de la nature de la matière première utilisée, du mode de filature adopté, de la torsion des filés, enfin, bien entendu, de leur grosseur ou numéro s'il s'agit de la résistance. Et nous avons dit aussi plus haut que le mode de teinture adopté pouvait avoir une influence notable sur la résistance des filés suivant qu'il entraînait un énervement plus ou moins accentué de la matière.

*On peut de ces considérations conclure déjà :

*a. Qu'un tissu sera d'autant plus résistant qu'il aura été fabriqué avec une matière textile présentant des fibres plus résistantes à l'unité de section, que ces fibres auront moins été moins énervées par la teinture, que le mode de filature adopté et la torsion donnée auront respecté davantage cette résistance des fibres élémentaires, enfin que les filés seront plus gros, et en nombre plus considérable par centimètre.

*b. Qu'un tissu sera d'autant plus élastique qu'il aura été fabriqué avec des fibres textiles plus élastiques, et que le mode de filature adopté ainsi que la torsion donnée auront respecté davantage cette élasticité naturelle des fibres.

*Nous n'avons vu apparaître jusqu'ici, comme caractéristiques de fabrication, ni l'armure, ni le foulage plus ou moins accentué (largeur d'empeignage et longueur d'ourdissage) s'il s'agit d'un tissu de laine foulée.

*Mais ces trois caractéristiques ont, elles aussi, une influence sur la résistance et l'élasticité du tissu.

*a. **Armure.** — Nous supposons, bien entendu, toutes choses égales par ailleurs, compte de fils en chaîne et en trame, numéros de fils, degré d'accentuation du foulage soit en chaîne, soit en trame, etc. La seule caractéristique variable est l'armure. L'armure variant, la résistance va-t-elle varier ?

*L'expérience montre qu'il en est bien ainsi. Les résistances en chaîne ou en trame d'un tissu à armure très liée sont inférieures à celles d'un tissu présentant des flottés très accusés. Autrement dit les fils engagés dans le tissu se brisent sous un effort plus considérable lorsqu'ils présentent de longues parties droites (armures à flottés) que lorsqu'ils présentent une série d'ondulations rapprochées (armures très liées). Peut-être peut-on attribuer cette différence de résistance aux efforts de cisaillement qui se développent du fait de la traction exercée sur les fils de chaîne par exemple à leurs nombreux points de passage à travers la trame. Peut-être aussi peut-on dire que la forme ondulée du fil favorise en certains points particuliers l'action des chardons lors du lainage donné aux apprêts, créant ainsi dans le fil des points faibles qui amènent sa rupture prématurée.

*b. **Foulage**. — Pour comprendre l'influence du foulage sur la résistance il faut se rappeler ce qui a été dit plus haut au sujet de la transformation d'un fil de laine cardé lors du foulage.

*Le foulage produit un effet de tassement de la matière, augmente sa densité.

*Dans ces conditions si l'on augmente le foulage, toutes les autres caractéristiques restant les mêmes, on aura toujours dans l'éprouvette soumise au dynamomètre le même nombre de fils, mais ces fils, du même numéro avant foulage, pèseront davantage, seront d'un numéro plus faible après foulage. Ils présenteront donc une résistance plus élevée. En résumé la résistance doit croître avec le foulage.

IV. CLOS.

*Il est bien certain tout d'abord que le clos d'un tissu est d'autant plus accentué que ce tissu comprend par centimètre un plus grand nombre de fils et que ces fils sont plus gros, c'est-à-dire d'un numéro moins élevé.

*Mais la question du « clos d'un tissu » est surtout intéressante à examiner lorsqu'il s'agit d'un tissu de laine foulée, c'est-à-dire d'un tissu fabriqué spécialement en vue de présenter un clos accusé.

*Le clos d'un tissu augmente avec le degré du foulage soit en largeur, soit en longueur. Un foulage plus accentué a en effet pour résultat d'augmenter le poids des fils, et aussi, dans une proportion, probablement assez faible il est vrai, étant donné le serrage général de la matière, la grosseur de ces fils. Le nombre de ces fils restant constant par hypothèse, le clos du tissu doit augmenter avec le foulage.

*Le clos d'un tissu de laine foulé dépend-il par ailleurs de l'armure adoptée?

*Imaginons deux coupes, soit transversales, soit longitudinales, de deux tissus fabriqués le premier avec une armure très liée, le second avec une armure à longs flottés.

*La première coupe présentera un nombre de fils plus considérable que la seconde. Car aux fils de chaîne (ou de trame) en nombre constant viendront s'ajouter pour cette première coupe un nombre de fils de trame (ou de chaîne) plus considérable.

*Il existera donc dans le cas d'un tissu à armure très liée une sorte de « barrière principale » à la lumière, plus serrée que celle existant dans un tissu présentant de longs flottés. La lumière doit donc traverser moins facilement le tissu : le « pointillé » doit être moins accentué.

*On pourrait objecter, il est vrai, qu'à cette « barrière principale » s'ajoute dans le cas de l'armure à longs flottés une seconde barrière moins accentuée, constituée, soit vers la face d'endroit, soit vers la face d'envers, par les flottés eux-mêmes et que cette seconde barrière n'existe pas dans le cas de l'armure très liée.

*Quoi qu'il en soit de ces considérations, l'expérience paraît prouver que le plus clos des deux tissus, celui que traverse le moins facilement la lumière, est le tissu à armure très liée.

*L'armure a donc une influence sur le clos, et les tissus à armure très liée sont plus clos que les tissus à armures flottantes.

*S'ensuit-il naturellement que les premiers garantiront mieux du froid, seront plus chauds que les seconds? La chose est plus douteuse. La protection offerte par un tissu contre le froid ne dépend pas en effet uniquement de son clos, c'est-à-dire de la valeur de l'écran qu'il oppose à la lumière. Il est très possible que des tissus épais par exemple, mais pas très clos, constituent une barrière aussi efficace contre le froid que des tissus moins épais mais plus clos.

*Nous venons de voir en résumé que le clos d'un tissu augmentait avec le nombre des fils, avec le liage de l'armure, avec le foulage s'il s'agit de tissu foulé (c'est-à-dire avec la largeur d'empeignage et la longueur d'ourdissage) et diminuait avec le numéro des fils. Or tous ces éléments qui agissent ainsi sur le clos sont également ceux qui agissent et dans le même sens sur le poids du tissu à sa sortie du métier. On peut donc dire d'une façon générale que le clos d'un tissu en laine foulée varie dans le même sens que son poids au mètre carré, à la sortie du métier à tisser.

*Mais il est un autre élément, une autre caractéristique, dont nous n'avons pas parlé jusqu'ici, et qui a une influence capitale sur le clos d'un tissu en laine foulé, c'est la nature exacte de la laine utilisée.

*Nous avons vu déjà qu'il existait des laines feutrant bien et des laines feutrant mal. Les laines feutrant bien sont des laines fortement vrillées, et présentant en outre le plus souvent par unité de longueur un grand nombre de rangées successives d'écailles. Ce sont aussi, comme nous l'avons déjà fait remarquer, des laines plutôt fines et en général plutôt courtes.

*Pour obtenir un tissu très foulé présentant le clos le plus accusé possible on opèrera en conséquence de la façon suivante.

*On partira d'une laine bien feutrante, laine fine et plutôt courte, bien vrillée, et à rangées d'écailles serrées. On cardera cette laine de préférence par le procédé du cardage « en travers » qui donne naissance à des fils moins réguliers, plus touffus, plus hérissés, et, par voie de conséquence, feutrant mieux que le procédé du cardage en long. On donnera à ces fils le moins de torsion possible. Même pour la chaîne, et par exception au principe général posé au titre III, on ne poussera pas la torsion jusqu'au degré voulu pour que le fil ne puisse plus se briser que par cassure nette. On tissera de préférence en armure uni. Et on procèdera enfin à un foulage très accentué.

§ C. — INFLUENCE DES DIVERSES CARACTÉRISTIQUES
SUR LE PRIX DE REVIENT DU TISSU.

*Nous venons d'étudier l'influence des diverses caractéristiques de fabrication sur les qualités du tissu terminé. Il peut être intéressant maintenant d'étudier leur influence sur le prix de revient de ce tissu.

*Cette influence s'aperçoit immédiatement pour la plupart d'entre elles.

*Il est bien évident, par exemple, que le prix de revient du tissu à l'unité de surface sera d'autant plus élevé que l'on aura utilisé de plus belles matières, que l'on aura plus de fils en chaîne ou en trame, que ces fils seront plus gros (leur nombre restant, bien entendu, le même), ou que le foulage sera plus accentué.

*Mais on aperçoit d'une façon moins évidente le rôle joué par l'armure en ce qui concerne ce point particulier.

*Nous venons de voir que l'armure avait une certaine influence sur le poids, la résistance, le clos et la finesse du tissu à la vue.

*Par les effets qu'elle produit, elle peut modifier d'une façon plus ou moins flatteuse l'aspect extérieur d'un tissu non foulé, dans lequel elle reste apparente.

*Elle agit légèrement sur le poids, les tissus à armures liées ayant un poids un peu supérieur à celui des tissus à armures flottantes.

*Elle agit sur le clos, les tissus à armures liées ayant plus de clos que les tissus à armure flottantes.

*Elle agit sur la résistance, les tissus à armure liée étant moins résistants que les tissus à armure flottante.

*L'armure a-t-elle aussi une influence sur le prix de revient du tissu ?

*La question doit être résolue par l'affirmative. Le prix de revient, toutes choses égales par ailleurs, bien entendu, des tissus à armure liée est supérieur à celui des tissus à armure flottante pour les deux raisons suivantes :

*1° Le nombre des ruptures de fils de chaîne lors du tissage est beaucoup plus grand si l'on adopte une armure très liée que si l'on adopte une armure très flottante, ce qui s'explique par le nombre des passages de la trame à travers le tissu, beaucoup plus considérable dans le premier cas que dans le second. Or chacune de ces ruptures entraîne un arrêt du métier. Il faudra donc plus de temps pour fabriquer un mètre courant de tissu en armure « uni » par exemple qu'un mètre courant de tissu en armure « sergé de trois », plus de temps encore pour fabriquer un mètre courant de tissu en armure « batavia » etc. En résumé le temps nécessaire au tissage, et par suite le prix de revient du tissage, croît avec le degré de liage de l'armure.

*2° Si la durée du tissage varie avec l'armure adoptée, la durée du foulage varie également. Il faut plus de temps pour fouler un tissu très lié qu'il n'en faut pour fouler un tissu à flottés prononcés.

*Imaginons par exemple deux tissus fabriqués le premier avec l'armure « uni », le second avec l'armure « batavia ». Nous supposons, bien entendu, toutes choses égales par ailleurs, c'est-à-dire que nous partions de la même longueur d'empeignage et de la même longueur d'ourdissage, et aussi du même compte de fils en chaîne et en trame sur métier pour aboutir dans les deux cas aux mêmes 100 mètres de tissu terminé dans la même laize déterminée.

*Dans le tissu sur métier, il existe moins de fils de trame par exemple interposés entre les divers fils de chaîne avec l'armure « batavia » qu'avec l'armure « uni ». Par suite le tissu en armure batavia pourra se fouler beaucoup plus vite. Au début tout au moins les mêmes réductions de dimensions pourront être obtenues beaucoup plus rapidement avec ce tissu qu'avec le tissu fabriqué en armure uni. Finalement il faudra un temps notablement plus faible pour l'amener aux dimensions désirées.

*Le prix de revient du foulage sera donc plus faible pour le tissu fabriqué avec l'armure batavia, à la fois pour cette raison même, durée de foulage moindre, et aussi en raison de la moindre perte de matières lors du foulage qu'entraîne cette réduction de la durée du foulage.

§ D. — CAS OÙ LE POIDS DU TISSU EST FIXÉ D'AVANCE.

*Nous n'avons pas considéré jusqu'ici le poids du tissu comme une caractéristique de fabrication, c'est-à-dire comme une donnée du problème.

*Le poids du tissu a été au contraire considéré par nous comme une inconnue du problème. Nous l'avons déterminé en partant des caractéristiques de fabrication variables définies plus haut et envisagées seules comme des données.

*Mais en fait, lorsqu'un fabricant se propose d'établir un tissu, il évalue tout d'abord au moins approximativement le poids qu'il entend lui donner, en envisageant à la fois la question sous l'aspect de l'usage auquel le tissu est destiné, et sous l'aspect du prix de revient probable de ce tissu. Le poids du tissu en effet est un des éléments les plus importants de ce prix de revient.

*Le poids du tissu devient alors une donnée du problème et le nombre des caractéristiques variables de fabrication dont il a été question plus haut se trouve par suite réduit d'une unité.

*Supposons par exemple qu'il s'agisse de fabriquer un tissu de laine peignée, non foulé, de laize déterminée, de nuance et d'armure déterminées, ayant un mode d'apprêtage déterminé.

*La laize, le mode d'apprêtage, le mode de teinture étant fixés, le nombre des caractéristiques est réduit à quatre : compte de fils en chaîne et en trame et numéros des fils en chaîne et en trame.

*Mais si nous nous fixons en outre le poids au mètre courant du tissu, le nombre de ces caractéristiques va être réduit à trois. Nous pourrons nous donner par exemple les numéros des fils en chaîne et en trame et le nombre de fils en chaîne; mais ces éléments une fois fixés nous ne pourrons pas nous donner arbitrairement le nombre de fils en trame, car ce nombre de fils en trame se déduira, suivant les formules établies plus haut, du poids du tissu et des trois caractéristiques ainsi arbitrairement choisies.

*Supposons qu'en outre du poids, on se donne les comptes de fils en chaîne et en trame. Il n'y aura plus alors qu'une seule caractéristique indépendante, le numéro du fil soit en chaîne, soit en trame. Le numéro du fil en chaîne étant fixé, le numéro du fil en trame s'en déduira et inversement.

*Supposons maintenant qu'il s'agisse d'un tissu de laine foulée de nuance, d'armure et d'apprêts déterminés, de laize déterminée et de poids au mètre courant déterminé.

*Il reste encore cinq caractéristiques de fabrication vraiment indépendantes au lieu de trois, car aux trois caractéristiques indépendantes constatées dans le cas du tissu non foulé, viennent s'ajouter la largeur d'empeignage et la longueur d'ourdissage définissant l'intensité du foulage donné.

*Si l'on se fixe en outre les comptes de fils en chaîne et en trame, le nombre des caractéristiques indépendantes s'abaisse à trois.

§ E — FAÇONS DIVERSES DE RÉALISER UN DRAP FOULÉ DONT LE POIDS AU SORTIR DU MÉTIER EST DÉTERMINÉ.

*Proposons-nous d'étudier maintenant le problème particulier suivant :

*Il s'agit de réaliser un drap foulé de laize déterminée, présentant une fois terminé un compte de fils déterminé soit en chaîne, soit en trame; et présentant à sa sortie du métier, c'est-à-dire en gras, un poids déterminé soit en chaîne, soit en trame.

*Les données du problème sont donc la laize l, les comptes de fils en chaîne et en trame p et p', et les poids P et P' de la chaîne et de la trame du rectangle de tissu à sa sortie du métier, qui, après foulage, donnera naissance au rectangle de dimensions plus réduites constitué par un mètre courant de tissu terminé, et aussi l'armure du tissu.

*Les variables du problème sont la longueur d'empeignage L et la longueur d'ourdissage L' et le numéro des filés que nous supposerons le même en chaîne et en trame n (numéro en gras).

*On peut évidemment réaliser ce drap de bien des manières différentes suivant qu'on entend le fouler plus ou moins, c'est-à-dire partir d'une largeur d'empeignage ou d'une longueur d'ourdissage plus ou moins considérable.

*Si on entend le fouler beaucoup à la fois en largeur et en longueur, on adoptera de grandes dimensions pour le rectangle sur métier qui, après foulage, doit donner naissance à un mètre courant du tissu terminé. On choisira la largeur d'empeignage la plus considérable possible, c'est-à-dire celle permise par les métiers les plus larges dont on dispose, et laissant la navette décrire toujours le même nombre de duites par seconde, on augmentera la vitesse d'enroulement de l'ensouple du tissu.

*Si on entend le fouler moins, on adoptera de moins grandes dimensions pour ce rectangle sur métier, des dimensions se rapprochant par conséquent davantage des dimensions (1 et l) du rectangle constitué par un mètre courant du tissu terminé. On choisira une largeur d'empeignage moindre, et on retardera la vitesse d'enroulement du tissu.

*Reportons-nous aux formules établies plus haut et donnant le poids P et P' en chaîne et en trame du rectangle du tissu à la sortie du métier à tisser :

$$P = \frac{plL'}{n},$$

$$P' = \frac{100p'}{n} L \times K,$$

$$= \frac{100p'L}{n(1+r)} \left\{ \frac{a-2}{a} + \frac{2}{a} \sqrt{1 + \frac{4H^2}{4g^n}\left[\frac{pl(1+r)}{L} - 1 \right]^2} \right\}.$$

*La première nous montre que la longueur d'ourdissage L' varie proportionnellement au numéro n.

*D'autre part la seconde relation montre que, n croissant, la largeur d'empeignage doit croître, mais ici plus vite que ne l'indiquerait l'application de la règle de proportionalité au numéro.

*En résumé il existe une infinité de manières de réaliser le tissu recherché en faisant varier la largeur d'empeignage, la longueur d'ourdissage et le numéro.

*Si on tisse « au large », si l'on adopte une grande largeur d'empeignage et une grande longueur d'ourdissage, on sera conduit à utiliser des filés plus fins, d'un numéro plus élevé et à fouler davantage. Si l'on tisse « à l'étroit », si l'on adopte une faible largeur d'empeignage et une faible longueur d'ourdissage, on sera conduit à utiliser des filés plus gros, d'un numéro moins élevé et à fouler moins.

*Quelles seront les conséquences de la décision ainsi prise en ce qui concerne : 1° les qualités finesse, résistance et clos du tissu terminé ; 2° son prix de revient ?

*Finesse. — La finesse du tissu augmente avec la finesse des filés.

*Résistance. — Ici, l'avantage est au tissu le moins foulé. On peut l'expliquer en considérant que le numéro des fils (leur *poids* pour une longueur donnée) est *après foulage* le même dans les deux cas, mais que les fils du tissu le plus foulé, plus énervés par le foulage, doivent résister moins que ceux du tissu le moins foulé.

*Clos. — Quoi qu'il paraisse assez difficile d'en donner une explication bien rationnelle, l'avantage paraît être ici au tissu le plus foulé.

*En résumé le tissu le plus foulé sera certainement le plus fin et le moins résistant. Il sera probablement le plus clos.

*Prix de revient. — Mais ce sera aussi le tissu le plus cher à fabriquer, d'abord et surtout en raison du prix unitaire plus élevé des filés entrant dans sa composition, et aussi parce qu'il faudra plus de temps pour le fouler et qu'on sera par voie de conséquence exposé à subir une perte de matières supérieure au foulage.

*Mais la première cause d'augmentation, prix de revient plus élevé des filés, est de beaucoup la plus sérieuse. La durée du foulage en effet est évidemment plus considérable si l'on part d'un tissu sur métier empeigné sur une grande largeur et ourdi sur une grande longueur. Mais cette durée est très loin de varier *proportionnellement* à la largeur d'empeignage ou à la longueur d'ourdissage ainsi adoptées. La réduction au foulage par rapport aux dimensions initiales ainsi choisies sera en effet beaucoup plus rapide pour le tissu « au large » que pour le tissu tissé « à l'étroit », et les dimensions finales recherchées pourront ainsi être réalisées avec les deux sortes de tissus dans des laps de temps qui ne différeront pas trop l'un de l'autre.

*Quoi qu'il en soit, le fabricant a intérêt, s'il ne se préoccupe pas de la finesse du tissu, à tisser le plus à « l'étroit » possible, à fabriquer le drap le moins foulé en utilisant les plus gros filés.

*Mais, une fois entré dans cette voie, il sera assez vite limité. Au fur et à mesure que la largeur d'empeignage par exemple diminue, les fils de chaîne, dont le nombre total reste constant, sont de plus en plus rapprochés sur métier. Et en même temps que leur écartement diminue, leur diamètre augmente, et chacun d'eux occupe sur le métier une place de plus en plus considérable. Il arrivera donc un moment où ces fils de chaîne se toucheront ou toucheront les fils de trame qu'ils enserrent, ces derniers en nombre variable suivant l'armure adoptée. A ce moment-là on aura atteint une largeur d'empeignage au-dessous de laquelle il ne sera pas possible de descendre, à moins de changer l'armure, et le numéro des filés correspondant sera lui aussi le numéro minimum qu'il est possible de viser.

*Il est facile, en partant des formules établies plus haut, de calculer dans chaque cas particulier la largeur d'empeignage minimum L, la longueur d'ourdissage minimum L' et le numéro minimum des filés n supposé le même pour la trame et pour la chaîne.

*Les formules établies plus haut donnant les poids P et P' de la chaîne et de la trame sont les suivantes :

$$(1) \qquad P = \frac{plL'}{n}.$$

$$(2) \qquad P' = \frac{100p'L}{n} \times \frac{1}{1+r} \left\{ \frac{a-2}{a} + \frac{2}{a} \sqrt{1 + \frac{4H^2}{49n}\left[\frac{pl(1+r)}{L} - 1 \right]^2} \right\}.$$

*D'autre part dans le cas où L et n ont leurs valeurs minima, les fils soit de chaîne, soit de trame, se touchent dans une coupe transversale du tissu. Or nous savons que dans ces conditions le nombre de fils de chaîne par centimètre sur métier est donné par 1 formule :

$$\frac{2a}{a+2} 3,5\sqrt{n}.$$

*Le nombre total de fils en chaîne est donc égal à

$$L \times 100 \times \frac{2a}{a+2} \times 3,5\sqrt{n}.$$

*Mais ce nombre total de fils en chaîne est égal d'autre part à $pl \times 100$.

*En égalant ces deux valeurs, on obtient l'équation :

$$(3) \qquad L \times \frac{2a}{a+2} \times 3,5\sqrt{n} = pl.$$

*Les trois équations (1), (2), (3) permettent de déterminer les valeurs minima de L, L' et n ainsi cherchées en fonction des données du problème P, P', p, p' et l. Bien entendu, il faut aussi se fixer les valeurs de r et H^2.

*De l'équation (3) on tire :

$$L = pl \times \frac{a+2}{2a \times 3,5\sqrt{n}}.$$

*En remplaçant L par cette valeur dans l'équation (2) on obtient :

$$(4) \qquad P' = \frac{100pp'l(a+2)}{2a \times 3,5 \times n\sqrt{n}} \times \frac{1}{1+r}\left\{ \frac{a-2}{a} + \frac{2}{a}\sqrt{1 + \frac{4H^2}{49n}\left[\frac{2a \times 3,5\sqrt{n}\,(1+r)}{a+2} - 1\right)^2\right]}\right\}.$$

*Telle est l'équation générale qui donne le numéro minimum cherché n en fonction de P', p, p', l, a et r.

*Ce numéro minimum n une fois calculé, les valeurs correspondantes de L et L' se déduisent facilement des équations (3) et (1).

*Application. — Nous avons déterminé plus haut le poids en chaîne et en trame à la sortie du métier à tisser d'un drap foulé ayant les caractéristiques suivantes :

$$p = 15,5$$
$$p' = 16,5$$
$$L = 2,47$$
$$L' = 1,30$$
$$l = 1,40$$
$$n = 7,29$$

et nous avons vu que ce poids était de 387 grammes en chaîne et 580 grammes en trame en supposant $r = 0,1$ et $H^2 = 0,35$.

*Proposons-nous maintenant de rechercher quelles sont les valeurs minima de n, L et L' correspondant à la fabrication d'un drap foulé ayant à sa sortie du métier un poids de 387 grammes en chaîne et de 580 grammes en trame, et présentant, une fois fini, une laize de 1 m. 40 et des comptes respectifs de fils en chaîne et trame de 15,5 et 16,5. Nous supposons toujours $r = 0,1$ et $H^2 = 0,35$.

*Faisons le calcul successivement pour l'armure « uni », pour l'armure « sergé de trois » et pour l'armure « batavia ».

*Armure uni. — Ici $a = 2$ et l'équation donnant n devient

$$P' = \frac{100pp'l}{3,5n\sqrt{n}} \times \frac{1}{1,1} \sqrt{\frac{1}{2} \pm \frac{1,40}{49n}\left(3,5 \times 1,1\sqrt{n} - 1\right)^2}.$$

*En remplaçant p par 15,5, p' par 16,5, l par 1 m. 40 et P' par 580 cette équation devient :

$$580 = \frac{100 \times 15,5 \times 16,5 \times 1,40}{3,5n\sqrt{n}} \times \frac{1}{1,1} \sqrt{1 + \frac{1,40}{49n}\left(3,5 \times 1,1\sqrt{n} - 1\right)^2}.$$

*En la résolvant par rapport à n on trouve $n = 7,02$ environ.

*Et les valeurs correspondantes de L et L' sont L $= 2$ m. 34 environ.

*L' $= 125$ m. environ.

*Ainsi, sous réserve des hypothèses faites sur la valeur de r et H^2, on ne pourra réaliser le tissu en question avec l'armure uni qu'en partant d'une largeur d'empeignage d'au moins 2 m. 34. La longueur d'ourdissage correspondante est de 125 m. et le numéro minimum des filés correspondant est de 7,02 environ.

*Armure sergé de trois. — Ici $a = 3$ et l'équation donnant n devient :

$$P' = \frac{5}{6}\frac{100pp'l}{3,5n\sqrt{n}} \times \frac{1}{1,1}\left[\frac{1}{3} + \frac{2}{3}\sqrt{1 + \frac{1,40}{49n}\left(\frac{6}{5} \times 3,5\sqrt{n} \times 1,1 - 1\right)^2}\right].$$

*En remplaçant p par 15,5, p' par 16,5, l par 1 m. 40 et P' par 580, et en résolvant par rapport à n, on trouve $n = 6,19$ environ et les valeurs correspondantes de L et L' sont :

*L $= 2$ m. 08 environ;

*L' $= 110$ m. environ.

*Armure sergé de 4. — Armure batavia. — Ici $a = 4$ et l'équation donnant n devient :

$$P' = \frac{3}{4} \frac{100 pp'l}{3,5 n\sqrt{n}} \times \frac{1}{1,1} \left[\frac{1}{2} + \frac{1}{2} \sqrt{ 1 + \frac{1,46}{49^n} \left(\frac{4}{3} \times 3,5 \sqrt{n} \times 1,1 - 1 \right)^2 } \right].$$

*En remplaçant p, p', l, et P' par leurs valeurs, et en résolvant par rapport à n, on trouve $n = 5,73$ environ, et les valeurs correspondantes de L et L' sont :

*L = 1 m. 94 environ.

*L' = 102 mètres environ.

TITRE VI.

LES TISSUS MILITAIRES.

FABRICATION. — MODE DE RÉCEPTION. — PRIX DE REVIENT.

AVANT-PROPOS.

Pour réaliser les tissus nécessaires à la satisfaction des besoins de l'armée, l'Administration passe des marchés avec des industriels. Quel que soit le mode de passation de ces marchés, marchés par adjudication publique, de gré à gré, etc., le texte des contrats à intervenir doit comprendre des clauses administratives et des clauses techniques.

Par clauses administratives, il faut entendre la façon dont on procédera à l'adjudication le cas échéant, les délais de livraison prévus, la façon dont seront accordés le cas échéant des sursis pour ces livraisons, les pénalités pour retard, l'importance du cautionnement et son mode de réalisation, etc.

Quant aux clauses techniques elles peuvent se classer en deux groupes :

1° Les clauses techniques définissant le tissu ;

2° Les clauses techniques concernant le mode de réception de ce tissu, c'est-à-dire précisant la façon dont l'Administration s'assurera lors de la réception que le tissu présenté remplit bien les conditions techniques exigées.

Dans le chapitre 1er qui suit nous examinerons les clauses techniques qui permettent de définir le tissu.

Le chapitre II sera consacré au mode de réception des tissus.

Dans les chapitres III, IV et V, nous examinerons les différents tissus militaires fabriqués respectivement avant la dernière guerre, au cours de cette guerre et à l'heure actuelle

Enfin dans le chapitre VI nous indiquerons comment on peut calculer le prix de revient d'un tissu, base fondamentale du prix à inscrire dans tout marché passé de gré à gré.

CHAPITRE 1ᵉʳ.

CLAUSES TECHNIQUES DÉFINISSANT UN TISSU.

Les clauses techniques définissant un tissu consistent dans l'énumération des caractéristiques que nous avons appelées plus haut « caractéristiques du tissu terminé » (voir titre V), à l'aide desquelles un négociant définirait le tissu qu'il vient d'acheter à un industriel.

Nous avons vu que ces caractéristiques du tissu terminé étaient les suivantes :

1° Nature de la matière première utilisée ;

2° Nuance, colorants utilisés, solidité de la teinture ;

3° Laize du tissu ;

4° Poids du tissu ;

5° Nombre de fils par centimètres en chaine et en trame ;

6° Armure ;

7° Numéro des fils en chaine et en trame ;

8° Résistances ;

9° Allongements de rupture ;

10° Finesse du tissu ;

11° Mode d'apprêtage, le cas échéant ;

12° Clos, le cas échéant.

Parmi ces caractéristiques nous savons que nombre d'entre elles sont chiffrables. Ce sont les caractéristiques qui se rapportent à la laize, au poids, au nombre de fils de chaine et en trame, au numéro des fils, à la résistance, à la rupture en chaine et en trame, enfin à l'allongement avant rupture en chaine et en trame.

D'autres peuvent faire l'objet de définitions précises : tel est le cas des colorants utilisés et de l'armure.

D'autres enfin ne peuvent être complètement précisées : tel est le cas de la finesse, du mode d'apprêtage, du clos et de la nuance. La précision à peu près complète pour ces dernières caractéristiques ne peut provenir que de la déclaration de conformité de l'échantillon à examiner avec un échantillon type mis à l'appui du marché.

Enfin la nature de la matière première ne pourrait elle aussi être précisée complètement qu'en exigeant la conformité *rigoureuse* de cette matière première avec un échantillon type de matière première mis, lui aussi, à l'appui du marché.

En fait on ne met presque jamais un échantillon type de matière première à l'appui d'un marché. Outre qu'il serait en effet impossible à la réception de vérifier si le tissu présenté a été fabriqué exactement avec la matière prescrite, on risquerait, en visant une précision exagérée, de rendre la fourniture très difficile, et d'augmenter par suite inutilement le prix à consentir pour le marché.

Les cahiers des charges se tiennent en conséquence le plus souvent, en ce qui concerne la nature de cette matière première, dans les généralités. S'il s'agit de réaliser un tissu de coton, ils stipulent par exemple que ce tissu doit être fabriqué avec du coton Amérique pur, ou avec du coton des Indes, etc. S'il s'agit d'un tissu de laine, ils stipulent l'emploi de pure laine mère (cas des draps de troupe), ou de pure laine mère, de laines d'agneaux et de blousses (cas des flanelles), ou de laine mère et d'effilochages dans une proportion déterminée (cas des draps renaissance du temps de guerre), etc.

Ils ajoutent au surplus que la matière première utilisée quelle qu'elle soit devra être de qualité suffisante pour permettre la fabrication d'un tissu aussi fin que l'échantillon type.

Si l'on ne met à peu près jamais un échantillon de matière première à l'appui d'un marché, on met au contraire toujours un échantillon type du tissu à l'appui de ce marché. Cet échantillon type permettra de vérifier la finesse, le mode d'apprêtage, le clos, le cas échéant, enfin la nuance et la solidité de la teinture, c'est-à-dire les caractéristiques qui ne peuvent se définir et se vérifier que par comparaison.

Notons à ce sujet qu'il pourra y avoir exceptionnellement deux échantillons types à l'appui d'un marché, l'un de ces échantillons servant alors *spécialement* d'échantillon type de nuance. Le cas se produira par exemple quand l'Administration, ayant adopté pour un tissu une nuance nouvelle, n'a pas eu le temps, lors de la passation du marché, de faire fabriquer la nouvelle pièce type présentant cette nouvelle nuance adoptée.

Les cahiers des charges stipulent le plus souvent que cet échantillon type servira à vérifier non seulement la finesse, le mode d'apprêtage, le clos et la nuance, mais d'une façon plus générale la façon dont la fabrication a été conduite.

Certains cahiers des charges vont plus loin et entrent dans le détail de cette fabrication : cardage, filature, tissage et apprêts. Tel est le cas par exemple pour le cahier des charges du 22 avril 1914, dernier cahier des charges d'avant guerre concernant la fourniture des draps, molletons et flanelles.

Mais ces errements ne sont pas à recommander. La fabrication d'un drap soit peigné, soit cardé, ou encore la fabrication d'un tissu coton, se fait suivant certains procédés généraux et connus de tous les techniciens. Si l'on se contente de rappeler ces procédés dans leur généralité, on ne fait qu'alourdir inutilement le texte du marché. Si, au contraire, on veut entrer dans les détails, on risque, par omission, de proscrire certaines méthodes de fabrication, nouvelles ou non, susceptibles de donner de bons résultats.

En résumé les *clauses techniques* définissant le tissu à introduire à un cahier des charges sont :

1° Quelques généralités portant sur la nature de la matière première à utiliser.

2° Une référence portée à un échantillon type qui servira à apprécier la finesse du tissu (et par voie de conséquence la finesse de la matière première elle-même), son mode d'apprêtage et son clos, le cas échéant, la nuance, la solidité de la teinture, enfin d'une façon plus générale la façon dont la fabrication a été conduite.

3° Enfin les caractéristiques chiffrables ou définissables.

Pour ces dernières caractéristiques chiffrables ou définissables on ne procédera pas, lors de la réception, par comparaison avec l'échantillon type. Mais on vérifiera directement soit sur chaque pièce présentée, soit sur un certain nombre de pièces prélevées sur chacun des lots présentés en livraison, que ces pièces ont bien les caractéristiques exigées.

Les caractéristiques non chiffrables mais pouvant être définies sont l'armure (ou les armures dans le cas où l'on autorise l'emploi de plusieurs armures) et la nature des colorants à utiliser. Très souvent on n'exige pas l'emploi d'un colorant déterminé, mais l'emploi d'un colorant appartenant à une classe déterminée.

Parmi les autres caractéristiques chiffrables, certaines ne figurent pas toujours dans tous les cahiers des charges. Telles sont celles qui concernent les numéros des fils, et aussi, bien entendu, les allongements avant rupture s'il s'agit d'un tissu de coton.

Par contre s'il s'agit d'un tissu de coton destiné à être lavé ou lessivé, cas général des tissus militaires, on ajoute des caractéristiques chiffrables ne figurant pas parmi celles énumérées plus haut, et qui précisent la perte de poids maximum que le tissu doit subir soit à l'épreuve de décatissage, soit aux épreuves combinées de décatissage et de lessivage. En introduisant ce maximum, l'Administration se prémunit ainsi contre un encollage exagéré de la chaîne. Le plus souvent elle se prémunit aussi contre des retraits exagérés au lavage en stipulant dans les mêmes épreuves de décatissage et de lessivage un maximum de retrait soit en chaîne, soit en trame (voir titre V).

Nous venons de dire que le numéro des filés ne figurait pas toujours au texte des cahiers des charges. Cette omission présente-t-elle des inconvénients ou des avantages?

La question doit être résolue dans un sens différent suivant qu'il s'agit de tissus non foulés (tissus de coton, tissus de laine peigné non foulés), ou au contraire de tissus foulés (draps militaires cardés).

S'il s'agit d'un tissu non foulé, nous savons (voir titre V) que, le poids du tissu et son compte de fil en chaîne et en trame étant fixés, il ne reste plus en réalité qu'une caractéristique de fabrication *arbitraire*, le numéro du fil soit en chaîne, soit en trame. Le fabricant pourra par exemple se donner arbitrairement (dans de certaines limites néanmoins) le numéro du fil en chaîne, par exemple, et le numéro du fil en trame s'en déduira.

S'il choisit pour la chaîne un numéro bas (fil gros) il sera conduit à adopter pour la trame un numéro élevé (fil mince) et inversement. Il n'a personnellement aucun intérêt à augmenter la finesse de la trame aux dépens de celle de la chaîne et inversement. Il adoptera par conséquent le mode de fabrication normal, le mieux adapté au genre de tissu à réaliser.

D'autre part si l'Administration fixait par avance les numéros des filés en chaîne et en trame, comme l'un de ces numéros doit être une conséquence de l'autre, le fournisseur pourrait prétendre que les calculs techniques de l'Administration ont été mal conduits, et qu'il est impossible de réaliser le tissu présentant les caractéristiques exigées.

Pour cette dernière raison, et surtout étant donné qu'elle n'a rien à craindre dans l'absence de toute stipulation, il vaut mieux pour l'Administration s'abstenir de prévoir les numéros des filés.

S'il s'agit d'un drap foulé, au contraire, la question se présente sous un tout autre aspect.

Ici il n'y a plus une seule variable arbitraire, mais bien trois, car au numéro du fil soit de chaîne, soit de trame viennent s'ajouter la largeur d'empeignage et la longueur d'ourdissage (voir titre V).

Nous avons vu que, d'une façon générale, le fournisseur pouvait fabriquer le drap demandé présentant la laize, le poids et les comptes de fils en chaîne et en trame exigés:

1° Soit en tissant au large, foulant beaucoup et filant fin;

2° Soit en tissant à l'étroit, foulant moins et filant plus gros.

Et nous avons vu qu'il avait intérêt à adopter le second procédé qui se traduit pour lui par une dépense moindre, mais aussi par la fourniture à l'Administration d'un drap à la fois moins fin et moins clos.

Pour se prémunir contre ces tendances l'Administration a donc intérêt à stipuler un minimum de finesse de filature, à exiger, par exemple, que les fils de chaîne et de trame soient *au moins* du numéro N.

Elle pourra aussi, toujours dans le même ordre d'idées, exiger un *minimum* pour la largeur d'empeignage.

Mais ce n'est que par une visite en usine et par des prélèvements de *fils* faits au cours de cette visite qu'elle pourra s'assurer que l'une ou l'autre, ou l'une et l'autre de ces stipulations ont été observées. Nous savons en effet qu'il n'est pas possible de déterminer par l'examen d'un tissu foulé les numéros des fils qui sont entrés dans la composition de ce tissu.

Minimum et maximum ou minimum à prévoir pour la laize, le poids, le nombre de fils, les résistances et les allongements. — Parmi les caractéristiques chiffrables autres que les numéros des fils, à savoir laize, poids, nombre de fils en chaîne et en trame, résistance à la rupture et allongement de rupture, il en est que l'on peut définir par un simple minimum.

Tel est le cas pour le nombre de fils, la résistance et l'allongement.

Le minimum à prévoir dans chaque cas sera celui au-dessous desquels le tissu ne serait ou pas assez fin, ou pas assez résistant, ou, pas assez élastique pour pouvoir être accepté. Toute étoffe ne réalisant pas ce minimum sera donc à rejeter. Par contre il n'y aura aucun maximum à prévoir, la finesse, la résistance ou l'élasticité de l'étoffe ne pouvant que gagner à un large dépassement de ce minimum.

En fait, et pour établir une certaine échelle dans la réception suivant les qualités des draps présentés, on fixe le plus souvent ce qu'on appelle les caractéristiques normales (comptes en fils et en chaîne *normaux*, et résistances *normales*) supérieures aux minima exigés et le cahier des charges prévoit alors l'acceptation, mais avec une *réfaction de prix* qu'il précise, des pièces dont les caractéristiques sont comprises entre les caractéristiques normales et les caractéristiques minima exigées.

Pour le poids on est au contraire forcé de prévoir un minimum et un maximum, les étoffes trop lourdes pouvant offrir certains inconvénients. Et il en est de même pour la laize.

On pourra donc pour le poids fixer soit un minimum et un maximum, soit, mieux encore, un minimum, un poids normal et un maximum, et pénaliser par une réfaction toutes les fournitures comprises entre le poids minimum et le poids normal.

En ce qui concerne enfin la laize on fixera d'après les nécessités de la coupe une laize normale, un minimum et un maximum. Le minimum pourra correspondre au placement des tracés de coupe pour la plus faible taille, la normale au placement de ces patrons pour la plus forte taille. La laize normale pourra au surplus se confondre avec le minimum si l'effet à confectionner ne comporte pas plusieurs tailles ou pointures. Enfin on pénalisera les fournitures présentant une laize inférieure à la normale, non plus par une réfaction de prix unitaire, mais par une diminution du métrage pris en charge et payé au fournisseur par l'Administration, comme il est expliqué au chapitre II qui suit.

CHAPITRE II.

RÉCEPTION DES TISSUS DANS LES MAGASINS ADMINISTRATIFS.

La vérification dans les magasins administratifs des livraisons faites par les fournisseurs consiste essentiellement :

1° A mesurer la longueur du tissu présenté en livraison et à déterminer en outre ses diverses caractéristiques : laize, poids, compte de fils, etc., enfin à comparer les chiffres ainsi obtenus avec ceux figurant au cahier des charges :

2° A comparer le tissu avec l'échantillon type mis à l'appui du marché pour vérifier si sa finesse, son clos, etc., correspondent bien aux qualités correspondantes de l'échantillon type.

3° A examiner en détail toute pièce présentée pour s'assurer des défauts *d'ordre local* qu'elle peut présenter.

1° Catégorie d'opérations.

On vérifie le poids en pesant les pièces sur une balance à bras égaux.

On vérifie, comme nous le verrons plus loin, le métrage et la laize sur une table étalonnée. On vérifie les autres caractéristiques chiffrables — y compris l'armure — sur des éprouvettes, c'est-à-dire sur des petits morceaux rectangulaires prélevés sur la pièce, et en s'aidant des instruments convenables.

A l'exception de la vérification portant sur la laize (voir plus loin) toutes ces vérifications ou bien conduisent au refus de la pièce présentée en livraison, ou bien à son acceptation pure et simple, ou bien encore à son acceptation avec une réfaction de prix unitaire. Dans ce dernier cas le taux de cette réfaction est contractuel, c'est-à-dire prévu par le texte même du marché. S'il s'agit, par exemple, d'une insuffisance de poids par rapport au poids normal, la pièce sera accepté pourvu qu'elle ait un poids supérieur au minimum exigé, mais elle sera acceptée avec une réfaction de prix unitaire prévue par le contrat passé avec le fournisseur (voir chapitre I précédent). Le fournisseur ne pourra en conséquence en appeler à la Commission d'appel ou au Ministre de la décision prise par la Commission de réception. Ou tout au moins il ne pourra baser son appel, le cas échéant, que sur une erreur manifeste de mesure commise par la Commission de réception.

En résumé toutes les opérations de ce groupe, quelles qu'elles soient, consistent essentiellement en des mesures et en la comparaison des résultats obtenus avec les stipulations du cahier des charges, et ne peuvent donner lieu en principe qu'à des décisions sans appel (sauf le cas d'erreur manifeste).

Enfin toutes ces vérifications, à l'exception de celles portant sur la laize, ne peuvent se traduire que par une acceptation pure et simple, un refus, ou une acceptation avec réfaction de prix unitaire.

2° Catégorie d'opérations.

Certaines d'entre elles comme la vérification de la nuance et du clos ne peuvent s'effectuer qu'en faisant passer la pièce au rouleau. Toutes ces opérations au surplus (à l'exception de la vérification de la solidité de la nuance qui s'effectue elle aussi par comparaison avec la solidité de la nuance de l'échantillon type et sur éprouvettes envoyées au laboratoire) s'effectuent dans les meilleures conditions possibles en faisant passer la pièce au rouleau. C'est également lors du passage au rouleau que l'on procède aux vérifications du troisième groupe.

On fera donc, en résumé, passer la pièce au rouleau à la fois pour la comparer à l'échantillon type et pour apprécier ses défauts d'ordre local.

C'est lors des vérifications de ce deuxième groupe (vérifications de la conformité du tissu présenté en livraison avec l'échantillon-type) que la Commission de réception doit faire preuve du plus d'initiative et du plus de savoir.

Jusque-là elle n'avait en effet qu'à procéder — ou à faire procéder — à un certain nombre de mesures nécessitant seulement un peu d'attention et d'habitude, puis à appliquer à la lettre, suivant les chiffres ainsi obtenus, les stipulations très précises du contrat passé avec le fournisseur.

Ici, au contraire, il s'agit de procéder à une comparaison toujours très délicate entre le tissu présenté en livraison et un tissu type.

A la suite de cette comparaison la Commission prend l'une des trois décisions suivantes :

a. Ou bien elle constate que les pièces présentées sont conformes à l'échantillon-type (ou supérieures), et dans ce cas elle accepte la fourniture.

b. Ou bien elle constate que les pièces présentées sont très nettement inférieures à l'échantillon-type et ne peuvent être utilement employées à la confection d'effets destinés à l'armée, et dans ce cas elle refuse la fourniture.

c. Ou bien elle constate que le tissu présenté, quoique inférieur au tissu type, peut être néanmoins, utilisé pour les confections militaires. Dans ce dernier cas le tissus est accepté. Mais il n'est pas accepté au prix unitaire prévu par le marché. Pour tenir compte du préjudice causé à l'Administration par une fourniture qui, quoique utilisable, n'est pas celle prévue par le contrat, la Commission accepte le tisssu, mais avec une réfaction de prix.

Il est bien évident que le fournisseur dans ce cas n'est plus tenu de se conformer à la décision de la Commission de réception. Il peut tout d'abord interjeter appel de cette décision devant la Commission d'appel. Si cette dernière lui donne tort il peut recourir au Ministre. Mais, même dans le cas où son recours est définitivement rejeté par ce dernier, il n'est pas tenu de se conformer à la décision ainsi prise.

Le texte du contrat a bien prévu la possibilité pour les Commissions de réception d'accepter avec réfaction des tissus non exactement conformes à l'échantillon type. Mais il n'a pu prévoir, comme il le faisait pour les tissus présentant un poids, un compte de fils, etc., inférieurs à la normale, le *montant* de la réfaction à appliquer dans chaque cas particulier. Le fournisseur n'est donc pas lié ici par le texte du marché, et il peut refuser de livrer les pièces par lui fabriquées à un prix inférieur à celui figurant à ce marché.

Mais, bien entendu, en cas de refus de sa part, la fourniture est considérée comme refusée, et il doit par suite la remplacer.

3° Catégorie d'opérations.

Dans les deux premières séries d'opérations la Commission de réception n'a apprécié que les défauts d'ordre général que peut présenter le tissu et a pénalisé, le cas échéant ces défauts par des réfactions (sauf en ce qui concerne la laize, les insuffisances de laize donnant lieu à raccourts).

Dans la troisième série d'opérations, effectuée comme la seconde lors du passage de la pièce au rouleau, la Commission va apprécier au contraire des défauts d'ordre local.

15 A

Il importe de mettre tout d'abord de côté les défauts d'ordre local régnant sur une certaine longueur de pièce, mais pas sur toute la pièce, et n'entraînant aucune perte à la coupe. Des défauts de ce genre se produiront au surplus très rarement. Mais ils peuvent néanmoins se produire. Il peut se faire que sur une certaine longueur de pièce le tissu soit moins bien apprêté, par exemple, que le tissu type, ou qu'il présente quelques ribaudures sans gravité, etc.

Dans ce cas les défauts constatés entrent dans le cadre des défauts généraux de fabrication aboutissant à la livraison d'un tissu inférieur au tissu type, qui ont fait l'objet de la deuxième série de vérification. Là encore c'est par une réfaction de prix que l'on indemnisera l'Administration du tort que lui cause l'acceptation d'un tissu utilisable mais inférieur au type. La réfaction portera là encore sur toute la pièce présentée, mais, comme le défaut n'affecte en réalité qu'une partie de cette pièce, on devra en réduire le montant en conséquence.

Mais les véritables défauts d'ordre local relevés au cours des vérifications de la troisième série n'affecteront le plus souvent, chacun en particulier, qu'une très faible partie du tissu. Et ce seront le plus souvent des défauts de tissage plus ou moins accentués, clairières en chaîne ou en trame, cordons ou bandes, ou encore des taches, des trous d'épincetage, etc.

Si aucun de ces défauts n'entraîne de perte à la coupe, ils rentrent encore dans le cadre des défauts d'ordre général étudiés plus haut. Là encore ils peuvent entraîner l'acceptation de la pièce avec réfaction de prix, s'ils sont en nombre suffisant pour faire conclure à une fabrication inférieure à celle de l'échantillon-type.

S'ils entraînent au contraire une perte à la coupe et si, d'autre part, ils ne sont pas en nombre suffisant pour faire conclure au rejet de la pièce, ils donnent lieu à une pénalisation d'ordre spécial prononcée, non plus sous forme de réfaction générale de prix, mais sous forme de diminution, de *raccourt* du métrage payé à l'entrepreneur et pris en charge par le magasin administratif.

C'est à ces défauts qu'on applique le nom particulier de *tare*. Une tare est donc un défaut d'ordre local (défaut de tissage, tache, etc.) entraînant une perte à la coupe.

Et *chaque* tare doit donner lieu, en principe, à une diminution du métrage payé, à un *raccourt*, correspondant à la perte à la coupe qu'elle entraîne.

Dans un but de simplification certains cahiers des charges peuvent prévoir en principe un raccourt uniforme par tare (2 centimètres, par exemple). Mais il ne saurait s'agir là d'une règle absolue. Dans tous les cas délicats, c'est au principe général exposé plus haut qu'il convient de se rapporter : on doit prononcer pour chaque tare un raccourt égal à la perte à la coupe qu'elle entraînera.

L'application de ce principe conduit à montrer plus ou moins d'indulgence ou de sévérité suivant l'usage auquel le tissu est destiné. Par exemple on devra se montrer très sévère pour les défauts de tissage même légers, même ne compromettant pas la solidité du tissu, présentés, par une toile destinée à être transformée en effet de sortie (croisé coton ou lin pour vêtements). On devra se montrer indulgent au contraire pour les mêmes défauts, ne compromettant pas la solidité du tissu, présentés par une toile pour doublures par exemple.

Dans le même ordre d'idées, la position de la tare joue un rôle important.

Si l'agit de draps de troupe en 140 par exemple, pliés par le milieu lors de la coupe, les tares qui occasionneront le plus de perte à la coupe sont celles qui occupent tout le travers de la pièce, ou qui sont placées à une distance à peu près égale du pli du milieu et de la lisière. Celles qui sont très près des lisières ou très près du pli du milieu auront une importance beaucoup moindre.

S'il s'agit de draps pour lit de troupe à découper suivant une grande longueur, des tares *graves* affectant la solidité du tissu, même de dimensions restreintes, pourront entraîner un raccourt considérable en raison de la grosse perte à la coupe qui en sera la conséquence, etc.

*Ces préliminaires posés nous allons passer en revue les différentes opérations de vérification prévues avec plus ou moins de détails aux différents cahiers des charges concernant la réception des tissus. A titre d'exemple nous adopterons le projet de cahier des charges communes concernant la fourniture des divers tissus en laine qui va être bientôt soumis à l'approbation ministérielle.

*La réception des tissus en laine comprend la série des opérations suivantes :

*1° *Vérification de la régularité du chef, des liteaux et des lisières;*

*2° Métrage;

*3° Pesage;

*4° Comptage des fils;

*5° Épreuves dynamométriques de résistance et d'allongement;

*6° Examen d'ensemble des pièces au rouleau;

*7° Évaluation des raccourts à prononcer pour tares à la suite de cet examen;

*8° Marquage des tares;

*9° Marquage ou flétrissure des pièces;

*10° Essais chimiques divers applicables à tous les tissus;

*11° Épreuves ou essais spéciaux concernant spécialement les tissus teints.

*Les essais chimiques concernant les toiles en général, et un certain nombre d'essais chimiques concernant spécialement les toiles teintes, sont effectués par les soins du Laboratoire du Magasin de Vanves.

*Quant aux autres vérifications elles sont *en fait exécutées*, soit par l'Officier d'administration gestionnaire, soit par la Commission de réception. La vérification du chef et des liteaux, le métrage, le pesage et le comptage des fils sont effectués par l'Officier d'Administration gestionnaire. C'est également cet officier qui est chargé de procéder aux essais de résistance des tissus teints, à l'air et à la lumière d'une part, à l'eau bouillante de l'autre (*voir* plus loin), l'essai de résistance au savon et la recherche des colorants utilisés pour la teinture étant réservés au Laboratoire du Magasin de Vanves.

*Mais, quels que soient les différents organes procédant en fait à la vérification, c'est à la Commission de réception seule qu'il appartient de décider, au vu des éléments d'information ainsi recueillis.

*Le cahier des charges spéciales concernant chaque adjudication précise si les draps seront livrés, par les fournisseurs, décatis ou non.

*Dans le cas où le décatissage n'est pas effectué par le fournisseur il s'effectue dans les magasins administratifs. Les tissus après décatissage sont éventés, puis on les laisse ressuer dans un local sec et convenablement aéré le temps nécessaire pour qu'ils soient complètement débarrassés de l'excès d'humidité absorbée au décatissage.

*Ce n'est qu'après ce ressuage qu'il est procédé aux diverses opérations de vérification résumées plus haut et dont le détail suit.

*Il est entendu que si, dans la succession des opérations de vérification, on se trouve en présence d'un défaut entraînant le refus de la pièce, il est inutile d'aller plus loin, sous réserve que le fournisseur accepte ce refus et renonce à en interjeter appel. Dans le cas contraire l'examen des pièces est poussé jusqu'au bout.

*1° *Vérification de la régularité du chef, des liteaux et des lisières.*

*Le cahier des charges porte certaines prescriptions concernant les lisières. Pour identifier la pièce il exige qu'elle présente un « chef » formé de deux liteaux espacés de 5 centimètres, et portant (à l'envers de l'étoffe) le numéro d'ordre de la pièce, le nom ou la raison sociale du fournisseur, enfin des initiales variables suivant le tissu livré (drap de troupe, de sous-officier rengagé, etc.). La pièce doit présenter aussi un liteau de queue.

*On vérifie si ces prescriptions ont bien été observées. Dans la négative le cahier des charges prévoit soit le rejet de la pièce, soit son acceptation avec une réfaction précisée.

*2° *Métrage.*

*Le métrage s'exécute sur une table étalonnée, la pièce étant maintenue pliée en demi-largeur.

*Lors du métrage ou mesure à la fois la longueur du tissu et sa largeur.

*A chaque tablée le pli du milieu de la pièce est appliqué contre le bord gradué de la table, l'étoffe franchement étendue de manière à ne former aucun pli, mais sans qu'elle supporte une tension plus forte que celle qui lui est normalement donnée lors de la coupe,

*A chaque tablée on mesure ainsi la longueur de l'étoffe. La somme de ces longueurs représentera la longueur *totale brute* de la pièce.

*A chaque tabléeé galement on prend la *largeur réelle* de l'étoffe *entre lisières* contre le bord de la table situé à la fin de la graduation. Lorsque le pli de l'étoffe n'est pas exactement au milieu, on prend en même temps la largeur *réduite* qui, au lieu d'être, comme la largeur réelle, le double de la largeur des deux plis égaux de l'étoffe, est alors le double de la largeur du tissu du côté le plus étroit (sans lisières).

*La *moyenne* de toutes les largeurs réelles ainsi obtenues est considérée comme la largeur *moyenne* de l'étoffe.

*C'est cette largeur moyenne que l'on compare au maximum et au minimum prévus pour la largeur du tissu et figurant au cahier des charges. Si elle est comprise entre le maximum et le minimum ainsi fixés la pièce est acceptée. Dans le cas contraire elle est refusée.

*Mais nous avons vu qu'en outre de la largeur minimum et de la largeur maximum le cahier des charges prévoit aussi une largeur normale. C'est cette largeur normale qui va entrer en jeu dans le calcul du métrage à payer au fournisseur.

*Pour calculer ce métrage on reprend la liste des largeurs réelles, en substituant d'abord chaque largeur réduite à la largeur réelle correspondante. On réduit ensuite à la largeur *normale* toutes celles des dimensions de cette liste qui seraient alors supérieures à cette largeur. La *largeur d'ordre* est la moyenne des dimensions ainsi inscrites.

*La longueur *réelle* nette est la longueur comprise entre le liteau du chef situé à l'intérieur de la pièce et le liteau de queue. La longueur *totale brute* dont il a été question plus haut comprend donc en plus de cette longueur réelle nette le chef, le liteau de queue et les parties extérieures à ce chef et à ce liteau.

*La longueur *réduite* est la longueur réelle nette diminuée des raccourts.

*Donne lieu à raccourt toute cause de perte à la coupe quel qu'en soit le motif : tares, prélèvement d'éprouvettes pour vérification (toutes épreuves), etc.

La longueur d'ordre ou métrage à payer au fournisseur et à prendre en charge par le gestionnaire du magasin administratif s'obtient de la façon suivante : on multiplie la longueur réduite par la largeur d'ordre et on divise la surface ainsi obtenue par la largeur normale réglementaire. La longueur obtenue si elle ne donne pas un

15 c

nombre de centimètres multiple de 5 est réduite de 1, 2, 3 ou 4 centimètres pour l'arrondir en conséquence.

*On voit que par ce procédé on n'alloue aucune indemnité au fournisseur pour la livraison de tissus présentant une laize comprise entre la normale et le maximum, ce qui est logique, puisque le dépassement de la laize normale ne présente aucun avantage pour l'Administration. Par contre on le pénalise — sous forme de raccourt ou de diminution du métrage payé — pour toute fourniture présentant une laize comprise entre le minimum et la normale, ce qui est encore logique, puisque le minimum, comme nous l'avons vu, ne permet que le placement des patrons correspondant à la plus petite taille.

*Par ailleurs on peut se demander pourquoi, dans ce cas particulier, on opère par voie de raccourt plutôt que par voie de réfaction de prix unitaire.

*La raison, qui ne vaut que lorsque le tissu doit être coupé par les entrepreneurs, ce qui était le cas général avant la guerre, et se produit encore parfois aujourd'hui, et la suivante :

*Quand on remet des tissus à un entrepreneur, il doit restituer un nombre déterminé d'effets de diverses tailles, en échange d'un métrage déterminé. Si on lui remettait le tissu pour sa longueur réelle il pourrait se faire que tout le tissu remis fut de laize minimum par exemple, ce qui ne lui permettrait pas de restituer le nombre d'effets voulus avec le pourcentage de tailles prévu. De là pourraient résulter de nombreuses contestations. Ces contestations disparaissent au contraire, ou tout au moins sont réduites au minimum, quand toute insuffisance de laize par rapport à la normale est compensée par une augmentation effective de la longueur du tissu mis à la disposition de l'entrepreneur.

*Le procédé qui vient d'être décrit pour la mesure de la laize et de la longueur d'un drap en 140 s'applique à une flanelle en 80, à un tissu de coton en 80 ou 100, etc. Seulement, ici, la pièce n'est plus pliée et il n'y a donc plus de largeur réduite.

*3° *Pesage.*

*Le pesage s'exécute pièce par pièce sur une balance à bras égaux et jusqu'au décagramme.

*Pour obtenir le poids net de la pièce *entre lisières* on déduit du poids brut ainsi obtenu le poids des lisières elles-mêmes.

*Ce dernier poids s'obtient en pesant deux longueurs de 1 mètre de lisières découpées l'une à droite, l'autre à gauche de la pièce, et en regard l'une de l'autre. Le pesage s'effectue sur une balance pesant au gramme près. Le poids obtenu est multiplié ensuite par la longueur totale brute de la pièce. Puis on recoud par trois points de couture les lisières ainsi découpées.

*Le poids au *mètre carré* entre lisières s'obtient en divisant le poids net ainsi obtenu par la surface réelle de la pièce obtenue elle-même en multipliant la longueur totale brute par la largeur moyenne.

*On compare ce poids au mètre carré avec les poids au mètre carré normal, minimum et maximum, figurant au cahier des charges. La pièce est refusée si le poids au mètre carré est supérieur au maximum ou inférieur au minimum, acceptée sans réfaction s'il est compris entre la normale et le maximum, acceptée avec réfaction de prix (proportionnelle à l'insuffisance de poids par rapport à la normale) s'il est compris entre le minimum et la normale.

*En cas de contestation au sujet de l'état de siccité plus ou moins grand des pièces, on dessèche ces pièces à l'étuve, on les pèse, et au poids obtenu on ajoute une reprise d'humidité de 12,5 p. 100 (voir titre V).

4. Vérification du nombre de fils.

*La vérification du nombre de fils en chaîne ou en trame porte sur un nombre de pièces au choix de la Commission, mais qui ne peut être inférieur au dixième du nombre des pièces présentées. Si les pièces ainsi examinées présentent toutes au moins les normales prévues, le lot entier est considéré comme acceptable. Dans le cas contraire, c'est-à-dire si un seul essai ne donne pas la normale prévue, soit en chaîne, soit en trame, toutes les pièces du lot doivent faire l'objet d'essais successifs, et chacune d'elles donne ainsi lieu à une décision spéciale de la part de la commission de réception.

*La vérification du nombre des fils pour une pièce déterminée s'effectue avec un compte-fils d'un centimètre en un endroit quelconque de la pièce (voir titre V).

*Si ce premier essai est satisfaisant, c'est-à-dire accuse, en chaîne et en trame, un nombre de fils égal ou supérieur à la normale prévue, la pièce est acceptée.

*Si cet essai accuse, soit en chaîne, soit en trame, un nombre de fils inférieur au minimum exigé la pièce est refusé.

*Si cet essai donne soit en chaîne, soit en trame, un nombre de fils compris entre la normale et le minimum, on procède à un deuxième essai en un point différent de la pièce.

*Si ce deuxième essai donne en chaîne et en trame un nombre de fils supérieur à la normale, la pièce est acceptée.

*S'il donne soit en chaîne, soit en trame, un nombre de fils inférieur au minimum exigé la pièce est refusée.

*S'il donne, comme le premier, soit en chaîne, soit en trame, un nombre de fils compris entre le minimum et la normale, la pièce est acceptée mais avec une réfaction calculée comme suit.

*On établit la moyenne des fils dans les deux épreuves soit en chaîne, soit en trame, en arrondissant à l'unité inférieure près. Et pour tout fil manquant par rapport à la normale soit en chaîne, soit en trame, on applique une réfaction de prix égale au centième du prix unitaire prévu au marché.

5. Vérification des résistances et allongements.

*Le cahier des charges ne prévoit qu'un *minimum* pour l'allongement en chaîne ou en trame. Il prévoit au contraire un minimum et une normale pour la résistance en chaîne ou en trame.

*La Commission apprécie les résistances et les allongements au moyen d'essais dynamométriques pratiqués sur un nombre de pièces à son choix, ce nombre ne pouvant être inférieur au cinquième des pièces présentées.

*Si tous ces essais donnent en chaîne comme en trame des résistances et des allongements au moins égaux aux chiffres *minima* prévus s'il s'agit des allongements, aux chiffres *normaux* s'il s'agit des résistances, le lot tout entier est considéré comme satisfaisant et accepté.

*Dans le cas contraire, c'est-à-dire si un seul essai donne soit en chaîne, soit en trame, un allongement inférieur au minimum exigé ou une résistance inférieure à la normale prévue, toutes les pièces du lot sont soumises individuellement à l'essai de résistance et d'allongement, et chacune d'elles fait l'objet d'une décision spéciale de la part de la Commission de réception.

*Les essais sont effectués sur le dynamomètre Chèvefy. Les éprouvettes doivent présenter une longueur de 15 centimètres entre mâchoires et une largeur de 5 centimètres.

*Si un premier essai donne soit en chaîne, soit en trame, un allongement au moins égal au minimum exigé et une résistance au moins égale à la normale prévue, la pièce est acceptée.

*Si cet essai donne soit en chaîne, soit en trame, un allongement ou une résistance inférieure aux minima exigés la pièce est refusée.

*Si cet essai donne en chaîne comme en trame les allongements minima exigés et, soit en chaîne, soit en trame, des résistances comprises entre le minimum et la normale, on procède à deux nouvelles épreuves.

*Est à rejeter définitivement toute pièce pour laquelle une seule éprouvette aura, au cours des trois épreuves ainsi effectuées, donné un allongement ou une résistance inférieure aux minima exigés.

*Dans le cas contraire, c'est-à-dire si tous les allongements constatés sont satisfaisants, et si aucun essai, soit en chaîne, soit en trame, ne donne une résistance inférieure au minimum exigé, la pièce est acceptée mais avec une réfaction de prix calculée comme suit :

*La moyenne des résistances obtenues soit en chaîne, soit en trame, au cours des trois épreuves ainsi effectuées, est calculée séparément, et les chiffres ainsi obtenus, arrondis au kilogramme inférieur près, sont considérés comme représentant, soit en chaîne, soit en trame, la résistance moyenne de la pièce.

*On établit le pourcentage des insuffisances soit en chaîne, soit en trame, en divisant par la résistance normale prévue la différence entre cette résistance normale et la résistance moyenne ainsi constatée. On arrondit au centième inférieur près.

*A chaque pourcentage d'insuffisance compris entre tel ou tel nombre de centièmes correspond une réfaction calculée en centièmes du prix du marché, la réfaction croissant d'ailleurs beaucoup plus vite que le nombre de centièmes du pourcentage d'insuffisance, ce qui est logique, car une pièce présentant par exemple une résistance inférieure de 3 kilogrammes à la normale doit être frappée d'une réfaction beaucoup plus forte que le triple de la réfaction à appliquer à une pièce présentant une résistance inférieure de 1 kilogramme seulement à cette résistance normale.

*Les réfactions ainsi calculées pour défaut de résistance, soit en chaîne, soit en trame, s'ajoutent.

6. Examen d'ensemble des pièces au rouleau.

*Il a pour but comme nous l'avons vu :

*A. De comparer tout d'abord la pièce à l'échantillon type en ce qui concerne le clos, la nuance, le mode d'apprêtage, la finesse et, plus généralement, la façon dont la fabrication a été conduite;

*B. D'apprécier les tares.

7. Évaluation des raccourts à prononcer pour les tares.

*Nous avons vu plus haut comment on évaluait ces raccourts.

8. Marquage des tares.

*La Commission marque les tares par des sonnettes (ficelles de couleur) placées à leur hauteur.

9. **Marquage ou flétrissure des pièces.**

Le marquage des pièces consiste à apposer sur ces pièces, une fois définitivement reçues, une marque indélébile appliquée sur le chef et portant l'indication de la date de réception, le numéro de la région de réception et, suivant le cas, c'est-à-dire suivant que le drap a été reçu directement par la Commission, ou après appel devant la Commission d'appel ou après décision du Ministre, les mots « C^{on} de réception », « C^{on} appel » ou « D^{on} Ministre ».

*En cas d'ajournement, les pièces reçoivent en chef une marque indélébile par l'apposition d'un timbre rectangulaire portant les marques A. R.

*Enfin les pièces rejetées sont flétries par l'enlèvement d'un triangle d'étoffe entre les deux liteaux de chef.

*Le marquage ou la flétrissure de chaque pièce ne doivent, bien entendu, être effectués qu'une fois prise et devenue exécutoire la décision du dernier organe appelé à se prononcer au sujet de leur acceptation, de leur ajournement ou de leur refus.

*En dehors de ce marquage, qui a pour but de conserver trace de la réception, un second marquage dit « marquage à l'envers » est effectué ultérieurement par les soins de l'officier d'administration gestionnaire.

*Il s'exécute en imprimant à l'envers de l'étoffe, tous les 5o centimètres, à l'aide d'un timbre indélébile, des inscriptions permettant de reconnaître :

*a) La nature du tissu;

*b) Le magasin de réception;

*c) L'année de réception;

*d) Le fournisseur qui a livré le tissu.

*Il a surtout pour but de préciser la nature du tissu (drap de soldat, de sous-officier rengagé, etc.) qu'on pourra ainsi reconnaître, sans erreur possible, même sur des parties du tissu déjà coupées.

10. **Essais chimiques divers applicables à tous les tissus.**

*Le cahier des charges réserve le droit pour l'Administration, soit pour apprécier la qualité de la matière première utilisée, soit pour tout autre cause, de soumettre le tissu à un examen d'ensemble physique ou chimique pratiqué dans un laboratoire de son choix.

*Bien entendu, cet examen se fera sur de petits échantillons prélevés sur un nombre réduit de pièces, une pièce par lot par exemple.

21. Vérifications spéciales de teinture.

*Ces vérifications ont deux buts :

*1° Constater que chaque tissu a bien été teint avec le ou les colorants exigés par le cahier des charges, ou encore avec un colorant appartenant à la classe générale des colorants exigés par ce même cahier des charges;

*2° Constater que la teinture réalisée résiste aussi bien aux agents de détérioration extérieurs que l'échantillon type.

*La recherche des colorants utilisés s'effectue au laboratoire de Vanves sur échantillons prélevés sur un nombre réduit de pièces, une pièce par lot, par exemple. Le cahier des charges ne précise pas et n'a pas à préciser la méthode qu'utilisera le laboratoire pour ses recherches.

*Pour les essais de résistance divers, il convient au contraire de préciser la façon dont il sera procédé à ces essais. La clause contractuelle inscrite au marché est en effet la suivante : le tissu présenté doit résister à ces essais comme résiste l'échantillon type figurant à l'appui de ce marché. Il convient donc que les modalités de ces essais soient parfaitement précisés.

*Ces divers essais sont les suivants :

*A. *Essai de résistance à l'air et à la lumière* qui s'effectue en fixant des échantillons sur des planchettes et en les exposant à l'action de l'air libre et de la lumière pendant un délai pouvant varier de quinze jours à deux mois.

*B. *Essai de résistance à l'eau bouillante* qui s'effectue en plongeant dans de l'eau distillée portée à l'ébullition l'échantillon à essayer, puis en laissant refroidir dix-huit heures environ, l'échantillon demeurant dans son eau.

*C. *Essai de résistance au savon.* — Cet essai consiste à soumettre pendant cinq minutes l'échantillon à l'action d'une solution en ébullition d'oléate de soude absolument neutre. Cette solution est obtenue elle-même en neutralisant par de la soude caustique non carbonatée 12 centimètres cubes d'acide oléique purifié, dissous dans l'alcool, puis en complétant la solution à un litre par adjonction d'eau distillée. Cette solution correspond à peu près à la solution d'un bon savon de Marseille à 16 grammes par litre.

*D. *Essai de résistance à la sueur.* — La sueur pouvant avoir une réaction soit acide, soit alcaline, on procède à un essai dans un milieu acide et à un autre essai dans un milieu faiblement alcalin.

*L'essai en solution acide s'effectue en faisant bouillir pendant une minute un morceau de tissu à essayer dans une solution comprenant 5 grammes d'acide acétique cristallisable pour 100 centimètres cubes d'eau distillée. On sèche ensuite à l'ombre, sans essorer ni rincer.

*L'essai en solution faiblement alcaline s'effectue en laissant le morceau de tissu immergé pendant une demi-heure dans un bain chauffé vers 50 degrés centigrades comprenant 5 grammes d'acétate de soude cristallisé pour 100 centimètres cubes d'eau. On sèche ensuite à l'ombre sans essorer ni rincer.

*1er Nota. — Les trois premières épreuves sont décrites en détail à l'instruction pour la vérification des teintures du 1er octobre 1922 (B. O. E. M. n° 52, p. 85) dont les dispositions s'appliquent au surplus en principe à la fourniture de tous les tissus teints quels qu'ils soient, sauf dispositions contraires du texte du cahier des charges régissant la fournitures de ce tissus.

*2e Nota. — Les diverses stipulations plus haut énumérées, en prenant pour exemple le projet de cahier des charges communes appelé à régir les fournitures de tissus en laine, se retrouvent avec plus ou moins de détail dans tous les textes régissant les fournitures des tissus en général.

*Bien entendu, il y aura des variantes à introduire le cas échéant. S'il s'agit de toiles on prévoiera en outre une épreuve de lessivage ou une épreuve de décatissage et de lessivage, etc.

ANNEXES AU CHAPITRE II.

Décatissage des draps dans les magasins administratifs.

*Le décatissage des draps s'effectuait avant la dernière guerre dans les magasins administratifs. Au cours de la guerre il a été effectué par les fournisseurs eux-mêmes. Il s'effectue actuellement par les deux procédés. Certains magasins administratifs qui ont rétabli leur installation d'avant-guerre procèdent au décatissage des draps. D'autres au contraire reçoivent des draps déjà décatis en usine.

*Le décatissage dans les magasins administratifs s'effectue à la table à décatir. Une instruction figurant au B. O. E. M. n° 52 « Vérification et réception des matières et effets » règle les détails de l'opération. Cette instruction est reproduite ci-dessous.

*« 1° Opérations et précautions préliminaires. — Avant de commencer les opérations du décatissage, le chef décatisseur s'assurera d'abord que les soupapes du générateur ne sont pas collées, et, en outre, que la pression indiquée par le manomètre se main-

tient bien fixe au dessus de 2 kilogr. 1/2 depuis au moins cinq minutes, mais sans dépasser 3 kilogrammes. Cette condition est indispensable pour opérer avec de la vapeur bien sèche. Il devra ensuite purger la table à décatir (appelée aussi bassine) et les appareils de l'eau froide qu'ils peuvent contenir et les échauffer suffisamment pour éviter une condensation de vapeur A cet effet, il ouvrira d'abord le robinet de vapeur à la table à décatir, ainsi que les robinets de purge du récipient et de la table, puis, avec précaution, le robinet de prise de vapeur de la chaudière, afin d'éviter les chocs de vapeur condensée dans les tuyaux. Il laissera les robinets de purge ouverts jusqu'à ce qu'il ne coule plus d'eau. Il frappera en même temps légèrement du plat de la main la plaque de la table à décatir pour faire tomber l'eau qui s'y condense tout d'abord, et il l'essuiera parfaitement pour enlever le reste de l'humidité. L'appareil étant chaud, les robinets seront fermés.

*Sur la table à décatir, il fera disposer deux épaisseurs de grosse toile, puis une couverture en molleton, afin d'éviter le contact direct du drap avec la plaque, en empêchant ainsi le drap de s'imprégner d'eau froide au début du travail et de se tacher au contact du métal oxydé.

*Pendant toute la durée du décatissage, le chef ouvrier devra veiller à ce que la couverture ne se refroidisse pas trop, afin qu'elle ne condense pas une forte proportion d'eau qui nuirait aux opérations subséquentes. »

*, 2° *Pliage et décatissage de la pièce de drap.* — La pièce de drap à décatir est pliée avec soin sur une table spéciale au moyen de tringles de tension de façon à pouvoir se superposer exactement à la plaque. L'équipe de quatre plieurs doit se composer d'ouvriers exercés, afin que le pliage n'occasionne aucun faux pli, et que le drap soit étalé bien droit, car le décatissage accentuerait ces plis qui deviendraient ineffaçables, et la pièce subirait des retraits inégaux.

*Une fois pliée, la pièce est placée sur la table à décatir, puis recouverte d'une deuxième couverture de molleton, enfin comprimée légèrement au moyen du lourd plateau en bois, actionné par une vis de serrage à balancier, s'appuyant sur une traverse à crapaudine.

*On ouvre alors le robinet de la vapeur et les deux robinets de purge; ces derniers seront fermés dès qu'il ne sortira que de la vapeur sans eau. A ce moment, la vapeur commençant à s'échapper par les bords de la pièce, on accentuera la pression du plateau, mais en évitant de comprimer trop énergiquement le drap afin de ne pas l'empêcher de prendre tout son retrait. On exposerait en outre l'étoffe à des marbrures si elle contenait encore quelques corps étrangers, car alors la vapeur les fixerait. Ce sont ordinairement les taches de savon ou de graisse laissées par l'opération du foulage et qui ressortent irrégulièrement à la surface. L'opération dure quelques minutes; sa durée est essentiellement subordonnée à la sorte de drap à décatir et à la longueur totale de la pièce.

*Elle peut ne durer qu'une minute pour les draps de sous-officiers rengagés ou ceux de distinction et jusqu'à 4 ou 5 minutes pour les forts draps de soldat. Elle est considérée comme terminée lorsque la vapeur, s'échappant avec assez de force latéralement, se manifeste avec sensation de brûlure par deux petits trous d'un demi-centimètre à un centimètre de diamètre au plus, ménagés dans le plateau de bois, sur la ligne centrale, et au tiers environ de la longueur de ce plateau.

*Pendant toute la durée du décatissage, le chef décatisseur devra éviter que la vapeur ne dépasse au manomètre une pression de 3 kilogrammes, afin de ne pas durcir la laine et dégrader le tissu.

*Le décatissage terminé, l'opérateur ferme la vapeur, comprime encore très légèrement la pièce, puis, après quelques secondes, dévisse le plateau et le fait enlever rapidement. »

*3° « *Ventilation de la pièce de drap.* — Les ouvriers emportent immédiatement la pièce de drap dans la salle de ventilation où elle est vivement dépliée, puis passée sur les rouleaux, et éventée avec le plus grand soin.

*Si le magasin dispose d'un ventilateur mécanique, pour mieux assurer l'éventage de la pièce, surtout en hiver, il est facile de la ventiler deux fois. On aura soin dans tous les cas, afin d'éviter la formation de gouttelettes d'eau qui tacheraient le drap, d'essuyer fréquemment les rouleaux de cuivre du ventilateur avec des linges bien secs. »

*« 4° *Mise au ressuage.* — La pièce, une fois ventilée, est pliée selon le mode habituel, et placée sur étagères dans la salle de ressuage. Il importe d'isoler, autant que possible, les pièces les unes des autres et de les laisser ainsi ressuer au repos pendant plusieurs jours. »

2. Épreuves dynamométriques de résistance et d'allongement.

*Une instruction figurant au même volume 52 (Annexe n° 8) règle la façon de procéder aux épreuves dynamométriques de résistance et d'allongement. Cette instruction est reproduite ci-dessous.

*1° *Description sommaire de l'appareil.* — L'épreuve dynamométrique consiste à mesurer la force de résistance et d'allongement d'un certain nombre de fils, soit de chaîne, soit de trame, soumis en même temps à l'action d'un dynamomètre.

*Le dynamomètre employé aux épreuves est le dynamomètre Chèvefy.

*Outre le bâti, qui se compose d'un socle, d'une table et de deux colonnes en fonte, cet appareil comprend, entre autre parties essentielles, deux mâchoires. L'une, la mâchoire supérieure, est solidaire, par l'intermédiaire d'une chaîne et d'une came, d'un levier à contrepoids, muni à sa partie inférieure d'un chariot à linguet qui se meut sur un arc de cercle gradué en kilogrammes. L'autre, ou mâchoire inférieure, est reliée, par l'intermédiaire d'une vis, à un volant à manivelle.

*L'éprouvette à essayer étant solidement fixée à ces deux mâchoires, au moyen de vis de serrage dont elles sont munies, on met en mouvement le volant manivelle qui sollicite la vis à descendre. L'effort se transmet alors, par l'intermédiaire de l'éprouvette, à la mâchoire supérieure qui fait se soulever le levier à contrepoids et parcourir au chariot l'arc du cercle gradué.

*Cet arc est muni de dents sur sa partie interne; par suite, lorsque la rupture de l'éprouvette se produit, le linguet du chariot reste engagé dans une de ces dents, et le levier à contrepoids ne peut retomber. Un index dont il est muni indique alors en kilogrammes la résistance que le tissu a présentée à la rupture.

*Deux règles en cuivre, graduées en centimètres, sont solidaires de la mâchoire supérieure. Un index se déplaçant le long de ces règles est fixé à la mâchoire inférieure.

*Ces règles servent à indiquer l'allongement des bandes.

*Après avoir relevé la résistance du tissu indiqué par l'index, on doit, lorsqu'il est prescrit de tenir compte de l'allongement, lire le degré correspondant à cet allongement sur la règle de cuivre en regard de l'index de la mâchoire inférieure.

*Ce n'est qu'après cette lecture qu'on doit remettre l'appareil en état de procéder à une nouvelle épreuve.

*Pour y arriver, on soulève le linguet du chariot et on ramène le levier à son point de départ, puis on fait remonter la vis en tournant la manivelle dans le sens opposé. On doit tout particulièrement faire attention à ce que le linguet du chariot fonctionne bien sur la denture de l'arc; sinon, au moment de la rupture de la bande, le levier à contrepoids n'étant pas retenu retomberait brusquement et risquerait de briser l'appareil en blessant l'opérateur.

*Pour s'assurer que le dynamomètre est bien réglé, on procède de la manière suivante :

*On met le cliquet du chariot sur le zéro de la graduation, on place sous la table du dynamomètre un plateau spécial muni de tringles et on suspend ces tringles aux cornes dont est munie la mâchoire supérieure en ayant soin qu'aucune des parties ne touche l'appareil.

*Le plateau étant en place et le cliquet rabattu, on le charge avec précaution au moyen de poids-étalons; si l'appareil est en état, l'index du levier marque exactement la graduation correspondant au nombre de kilos placés sur le plateau, y compris la tare du plateau et de ses tringles qui est inscrite sur le plateau.

*Cette opération peut se faire également pour procéder à la contre-épreuve d'une expérience. Dans ce cas on charge le plateau de poids-étalons jusqu'à ce que la somme des poids, y compris la tare du plateau, représente l'effort exercé pour provoquer la rupture de l'éprouvette.

*Si l'opération a été bien faite, l'index du levier doit s'arrêter au point exact où il s'est arrêté au moment de la rupture du tissu.

*Pour que les résultats obtenus avec le dynamomètre Chèvefy soient concluants, il faut que cet appareil soit parfaitement vertical, et, en outre, qu'il soit placé sur une surface plane indéformable.

*Trois vis de réglage installées au pied du socle du dynamomètre permettent d'obtenir qu'il soit rigoureusement perpendiculaire au sol. Pour éviter que le sol de l'emplacement qu'on a choisi ne se déforme par suite du poids de l'appareil ou ne se creuse sous les vis, il est indispensable de placer sous le socle de l'appareil une plaque métallique d'une épaisseur suffisante.

*Il est essentiel également de s'assurer avant toute opération qu'il n'existe point de crasse, cambouis ou poussière sur les parties essentielles, et de vérifier le bon fonctionnement du linguet du chariot sur la denture du secteur, ainsi que la position de la chaîne métallique au milieu de la came. »

*« 2° *Prélèvement des bandes à essayer.* — L'échantillon à éprouver est pris dans une partie quelconque du tissu (ou de l'effet) dont on veut connaître la résistance, soit en chaîne, soit en trame. Toutefois, pour que les résultats obtenus soient concluants, il y a lieu de s'abstenir de prélever des éprouvettes dans les parties où le tissu aurait été plié, chiffonné, poissé ou déformé d'une façon quelconque, ou encore dans les parties qui avoisinent les lisières et les extrémités des pièces.

*La manière de couper l'échantillon diffère suivant qu'il s'agit de draps et de molletons, ou de tissus en lin, chanvre ou coton.

*En ce qui concerne les draps et molletons, la partie choisie de la pièce étant dédoublée et étendue sur une table, on y fait une double entaille avec un couteau spécial qui porte deux petites lames parallèles et écartées de 5 centimètres l'une de l'autre.

*Les deux entailles doivent être pratiquées parallèlement à la direction des fils de chaîne ou de trame, suivant que l'échantillon prélevé est destiné à essayer la résistance en chaîne ou en trame.

*Les deux entailles étant faites on les réunit par un coup de ciseau perpendiculaire à leur direction.

*Puis, en suivant la direction indiquée par les deux entailles, on déchire une bande qui a pour largeur l'écartement (5 centimètres) des deux lames du couteau et à laquelle on donne une longueur de 25 centimètres. On la sépare de la pièce par un second coup de ciseau, parallèle au premier.

*En déchirant ainsi la bande sur les côtés, au lieu de la couper, on est certain qu'elle contient les mêmes fils dans toute sa longueur.

*Il est essentiel néanmoins de s'assurer que l'éprouvette mesure bien exactement 5 centimètres de largeur, sans quoi l'effort de traction s'exerçant sur un groupe de fils plus ou moins élevé qu'il ne convient, les résultats seraient inexacts.

*En ce qui concerne les toiles, lorsque la partie de la pièce où l'on doit prélever l'éprouvette a été choisie, on l'étend avec soin sur une table, et, à l'aide d'un décimètre et d'une règle plate, on trace deux traits de crayon parallèles, soit aux fils de chaîne, soit aux fils de trame, distants entre eux de 6 centimètres et d'une longueur de 25 centimètres.

*Avec des ciseaux on détache ensuite cette éprouvette que l'on ramène à la largeur de 5 centimètres, en effilochant un certain nombre de fils à droite et à gauche de l'éprouvette. Les deux ou trois derniers fils ne doivent être enlevés qu'au moment où l'éprouvette est placée, soit dans l'eau destinée à l'immerger, soit entre les mâchoires du dynamomètre lorsque l'éprouvette ne doit pas subir l'immersion.

*L'effilochage doit être fait fil à fil, un seul fil à la fois, car tout accrochage des fils longitudinaux avec des fils latéraux pendant cette opération cause une déformation du tissu.

*Enfin il est absolument indispensable que les fils longitudinaux de la bande à essayer ne sortent pas de l'entrecroisement du tissu. »

*« 3° *Immersion des éprouvettes en ce qui concerne les tissus de lin ou de chanvre.* — Les épreuves de résistance dynamométrique pour les tissus de lin et pour les tissus de chanvre sont faites sur des bandes préalablement immergées pendant deux heures dans l'eau douce, à la température de 15 degrés environ, puis comprimées à la main entre deux feuilles de papier buvard et soumises immédiatement à l'action du dynamomètre. »

*« 4° *Mode d'opération.* — La bande à essayer ayant été préparée ainsi qu'il a été dit ci-dessus, la personne chargée d'effectuer l'épreuve de résistance s'assure d'abord, au moyen d'un niveau à bulle d'air présenté sur les deux faces rabotées du socle du dynamomètre, que l'appareil est bien calé au moyen des trois vis de réglage, puis que l'index du cliquet est sur la graduation zéro, enfin que la mâchoire inférieure est bien distante de 15 centimètres de la mâchoire supérieure. L'opérateur introduit

ensuite l'extrémité supérieure de la bande à essayer dans la mâchoire supérieure du dynamomètre, en ayant soin de prendre les précautions ci-après :

*a. Veiller à ce que les fils des bords de la bande ne sortent pas de l'entrecroisement du tissu, afin que tous les fils participent bien à l'effort exercé sur la bande ;

*b. Placer les fils longitudinaux de la bande d'équerre avec l'arête de la mâchoire afin que l'effort s'exerce en même temps sur tous les fils à la fois.

*c. Serrer très énergiquement la mâchoire afin d'éviter tout glissement d'un fil.

*Il y a lieu de s'assurer fréquemment du bon état des cannelures des mâchoires, toute déformation ayant pour résultat de permettre le glissement des fils et de fausser le résultat de l'expérience.

*S'il s'agit de toiles, on obtient un serrage plus énergique et on évite de couper les fils en insérant l'extrémité de la bande de toile entre deux petits morceaux de drap de 5 centimètres de large sur 5 centimètres de hauteur.

*L'opérateur introduit ensuite l'autre extrémité de l'éprouvette dans la mâchoire inférieure, en évitant d'opérer une traction sur le tissu, car cette traction faite avec les doigts ne pourrait s'exercer régulièrement sur tous les fils et amènerait une déformation très grave du tissu.

*Pendant que l'opérateur procède avec la main droite au serrage à fond de la mâchoire inférieure, il maintient celle-ci rigoureusement horizontale avec la main gauche.

*La bande à éprouver doit se trouver dès lors parfaitement droite et légèrement tendue.

*L'opérateur s'assure que toutes les précautions déjà prises lors de l'introduction de la bande dans la mâchoire supérieure sont de nouveau observées.

*Il imprime ensuite le mouvement au volant-manivelle, à raison d'un tour et demi environ par seconde, à une allure uniforme sans à-coup, ralentissement ou temps d'arrêt jusqu'à la rupture. »

CHAPITRE III.

LES TISSUS MILITAIRES D'AVANT-GUERRE.

I. — DRAPS ET MOLLETONS.

*La fourniture des draps et molletons, et aussi celle des flanelles blanches de corps, était régie, avant la dernière guerre, par des cahiers des charges spéciales applicables à une fourniture de longue durée, six ans en général.

*Le dernier cahier des charges spéciales de ce genre paru avant la dernière guerre est le cahier des charges du 22 avril 1914. Il devait régir les fournitures de draps, molletons et flanelles blanches à livrer du 1er janvier 1915 au 31 décembre 1920. La guerre ayant éclaté, on a passé d'autres marchés (voir chapitre IV) modifiant certaines prescriptions de ce texte, mais portant référence générale à celles de ses prescriptions qui n'étaient pas explicitement abrogées.

*Le cahier des charges du 22 avril 1914 prévoit 6 sortes de draps ou molletons :

*1° Drap de soldat d'uniforme;

*2° Drap de sous-officier d'uniforme;

*3° Drap de sous-officier de distinction;

*4° Drap de sous-officier rengagé d'uniforme;

*5° Drap de sous-officier rengagé de distinction;

*6° Molleton pour les troupes coloniales.

*Le molleton était destiné spécialement à la confection d'effets pour les troupes coloniales.

*Les cinq autres tissus étaient destinés soit à la confection d'effets proprement dits, soit à la confection d'attributs (écussons, numéros, insignes divers) distinctifs. Les premiers étaient dits « draps d'uniforme », les seconds « draps de distinction ».

*D'autre part un tissu spécial était prévu pour chacune des catégories de personnel suivantes : troupe, sous-officiers, sous-officiers rengagés.

*De là devaient résulter six sortes de draps différentes. Mais ce nombre se réduisait en réalité à cinq, le drap de distinction adopté pour la troupe étant le même que le drap de distinction adopté pour les sous-officiers non rengagés.

*Les caractéristiques des cinq sortes de draps et celles du molleton sont résumées dans le tableau ci-dessous :

NATURE DES TISSUS.	POIDS AU MÈTRE CARRÉ (GRAMMES)			NOMBRE DE FILS		RÉSISTANCE (KILOGR.)		ALLONGEMENT (CENTIMÈTRES)	
	Minimum.	Maximum.	Normal.	Chaîne.	Trame.	Chaîne.	Trame.	Chaîne.	Trame.
1° Drap de soldat	560	615	575	15 à 16	16 à 17	33	30	4	5
2° Drap de sous-officier (uniforme)	510	565	525	19 à 20	21 à 22	30	28	4	5
3° Drap de sous-officier (distinction)	470	515	480	19 à 20	21 à 22	26	26	4	5
4° Drap de sous-officier rengagé (uniforme)	500	555	515	19 à 20	24 à 26	30	28	4	5
5° Drap de sous-officier rengagé (distinction)	330	375	340	19 à 20	26 à 28	22	22	4	5
6° Molleton	450	500	475	15 à 16	16 à 17	28	26	3,5	5

*La laize étant de 1 m. 4o entre lisières pour les divers draps, de 1 m. 32 pour le molleton.

*Tous ces tissus étaient des tissus cardés et foulés, recevant l'apprêt lainé. A l'exception du drap de soldat et des molletons, c'étaient des tissus fins. Les draps pour sous-officiers rengagés étaient en particulier des tissus très fins.

*L'armure exigée était l'armure lisse pour la plupart des draps.

*Les draps d'uniforme de sous-officier rengagé étaient néanmoins tissés en armure sergé de trois, et l'armure du drap gris de fer bleuté était le cuir-laine.

*Le cahier des charges du 22 avril 1914 ne précisait pas, et avec raison, le détail des apprêts que devaient subir les draps. Il stipulait seulement qu'ils devaient recevoir le nombre « d'eaux » voulu pour égaler le type.

*En général on donnait deux eaux au drap de soldat, trois eaux pour les autres types, qui étaient en outre décatis deux fois, le deuxième décatissage prenant place entre la 2e et la 3e eau.

*Le foulage sauf pour les molletons était très énergique.

*Le cahier des charges exigeait 2 m. 5o de largeur d'empeignage pour obtenir les diverses sortes de drap en 1 m. 4o de laize, et 2 mètres seulement pour les molletons pour obtenir 1 m. 32 de largeur de tissu fini.

*La fabrication du molleton ne différait de celle du drap que par cette diminution dans l'intensité du foulage, et, en outre, par un mode d'apprêt un peu spécial (tondage plus léger).

*Ces tissus (à l'exception des draps de distinction blanchis) étaient teints en nuances très diverses. Le drap de soldat, par exemple, était suivant les cas du drap bleu foncé, rouge garance, bleu de ciel, gris de fer foncé, gris de fer bleuté, etc.

*Il en était de même des divers draps de distinction. Mais, précisément en raison du grand nombre de nuances d'uniforme existant avant la dernière guerre, on pouvait réduire à un nombre relativement restreint les nuances des draps de distinction.

*Il n'en est plus de même aujourd'hui. La couleur des effets ayant été uniformisée, on a été conduit à multiplier dans une forte proportion les nuances des draps des distinction.

*La plupart des draps étaient teints en bourre. Seuls les draps de distinction écarlate, jonquille et marron étaient teints en pièce.

*Les colorants prévus étaient :

*1° Pour les draps bleus, l'indigo artificiel ou naturel;

*2° Pour les draps rouges, la garance ou l'alizarine artificielle;

*3° Pour les draps écarlates, la cochenille ou la laque-dye;

*4° Pour les draps jonquille, la gaude;

*5° Pour les draps marrons, le noir d'alizarine et la garance.

*Les deux colorants les plus utilisés étaient l'indigo (vestes, capotes bleues) et l'alizarine (pantalons rouges).

*Le cahier des charges donnait, comme nous l'avons vu plus haut, un certain nombre de détails, la plupart au surplus inutiles, sur la façon générale dont la fabrication, lavage, teinture, cardage, filature, tissage, foulage, apprêts, devait être conduite. Il exigeait en outre 1° que toute la fabrication, sauf la teinture, fût réalisée dans l'usine du fournisseur; 2° que le fournisseur justifiât de la possession d'un matériel complet pour cette fabrication, matériel énuméré avec un grand luxe de détails.

*Les marchés étaient conclus pour six ans et s'exécutaient suivant commandes trimestrielles passées par l'Administration, commandes comprises entre un minimum et un maximum fixés.

*La fourniture était divisée lors de l'adjudication en un certain nombre de lots d'un métrage plutôt réduit, et le même industriel ne devait pas soumissionner pour plus de 14 lots.

*Si nous n'envisageons que le plus important des tissus dont nous avons donné plus haut l'énumération, à savoir le drap de soldat, nous constatons que les exigences de l'Administration se traduisaient par la réalisation d'un excellent drap, lourd, très foulé et, par voie de conséquence, très clos et très chaud. Les seules critiques d'ordre technique qu'on pouvait lui adresser étaient d'être un peu lourd en été, et aussi de n'être pas tout à fait assez résistant pour constituer un bon drap pour culottes.

*C'était avant tout un drap convenant pour des capotes et des vareuses.

*Mais d'autre part, en exigeant des métiers très larges pour la fabrication de ce drap (2 m. 50) et en interdisant aux fournisseurs de s'adresser à des « façonniers » pour les parties de la fabrication autres que la teinture, enfin en limitant à un chiffre trop faible le métrage pouvant être souscrit par le même fournisseur, l'Administration limitait sérieusement la concurrence. Ne pouvaient guère se présenter à l'adjudication que les industriels possesseurs d'usines spécialement outillées pour la fabrication de ces draps militaires. La conséquence de cette façon d'opérer était d'entraîner une hausse des prix. En fait un nombre assez restreint d'industriels, toujours les mêmes, se partageaient à chaque adjudication la fourniture, à des prix souvent onéreux pour l'État.

*Pour s'en rendre compte, il suffit de constater que la dernière adjudication de draps faite avant la guerre (11 juillet 1914) s'est traduite sur la place d'Elbeuf en particulier par un prix moyen de 10 fr. 26 par mètre.

*En en défalquant le prix à cette époque de la laine entrant dans la fabrication de ce drap, laine que le fournisseur devait acheter lui-même, on constate que le prix alloué pour la fabrication proprement dite, les frais généraux et les bénéfices est de 5 fr. 4o environ par mètre de drap.

*Or, *à la fin des hostilités*, l'État (qui délivrait aux industriels depuis la fin de la première année de guerre, la laine nécessaire à leurs fabrications et cela à un prix de cession conventionnel) allouait à ces mêmes industriels d'Elbeuf en moyenne 5 fr. 5o par mètre ; toujours pour la fabrication proprement dite, les frais généraux et les bénéfices.

*Le drap du temps de guerre, moins fin, moins clos et moins apprêté que le drap d'avant guerre, coûtait, il est vrai, un peu moins cher à produire.

*Mais il semble que la différence des prix de revient des deux sortes de draps puisse être évaluée au maximum à o fr. 5o.

*Les deux prix de *fabrication* à comparer avant la guerre et à la fin de la guerre sont donc de 4 fr. 9o d'une part et 5 fr. 5o de l'autre environ. L'augmentation ne dépassait pas 14 p. 1oo alors que de juillet 1914 à novembre 1918 le prix de la main-d'œuvre dans la région envisagée avait plus que doublé, le prix du combustible était passé de 3o à 200 francs ou plus par tonne, et les frais généraux avaient augmenté eux aussi dans d'énormes proportions.

*Or les prix consentis à la fin des hostilités laissaient un bénéfice, faible il est vrai, aux fournisseurs. On peut apprécier par là le très gros bénéfice que leur auraient laissé les derniers marchés d'avant guerre passés sous le régime de l'adjudication publique.

II. FLANELLE DE LAINE.

*Deux types de flanelles étaient prévus avant la guerre.

*1° Un premier type de flanelle cardée blanche (de corps) ni foulée, ni garnie, prévue au cahier des charges concernant les draps et molletons, et présentant les caractéristiques suivantes :

Laize : 1 m. o4 ou 2 m. o8.
Poids au mètre carré : minimum, 155 grammes.
       —   maximum, 175   —
       —   normal,   165   —
Nombre de fils au centimètre : chaîne, 13 à 14.
       —   trame, 15 à 16.
Résistance dynanométrique minimum : chaîne, 12 kilogrammes.
                         trame, 10

Allongement minimum : chaîne, 3 centimètres.
— trame, 4 —

*2° Un second type de flanelle *de couleur* en *laine peignée* pour troupes d'Afrique, flanelles extérieures, à porter sur le vêtement, et présentant 20 fils retors 2 bouts en chaîne et 21 fils simples en trame, avec une résistance de 30 kilogrammes en chaîne et 20 en trame. Ce second type ne figurait pas au cahier des charges des draps et molletons, et l'on réalisait par marchés spéciaux les ceintures *toutes confectionnées* obtenues avec ces tissus.

*A l'exception de ces ceintures de flanelle spéciales, l'Administration n'achetait pas en résumé d'effets de draps confectionnés. Elle achetait des tissus et remettait ces tissus aux confectionneurs, chargés, d'abord de les couper, puis de les transformer en effets.

III. COUVERTURES.

*Deux types de couvertures étaient réalisés avant la guerre, prévus l'un et l'autre au règlement sur le service du couchage, la couverture pour lit de troupe d'une part, la couverture pour lit auxiliaire de l'autre.

*Les dimensions de ces couvertures et les caractéristiques des tissus adoptés sont résumées ci-dessous :

		COUVERTURE POUR LIT DE TROUPE.	COUVERTURE POUR LIT AUXILIAIRE.
Longueur		2ᵐ 90ᵉ à 3ᵐ 00ᵉ	2ᵐ 30ᵉ à 2ᵐ 40ᵉ
Largeur		1ᵐ 80ᵉ à 1ᵐ 90ᵉ	1ᵐ 75ᵉ à 1ᵐ 80ᵉ
Poids	Minimum	3ᵏ 900	3ᵏ 000
	Maximum	*	3 500
Nombre de fils	Chaîne	10 à 11	10 à 11
	Trame	10 à 11	10 à 11
Résistance	Chaîne	36 kilogrammes.	36 kilogrammes.
	Trame	36 —	36 —

*Le dernier cahier des charges visant la fabrication des couvertures pour lit auxiliaire porte la date du 27 janvier 1914.

IV. TOILES.

*A l'inverse de ce qui se passait pour les effets de drap, la plupart des effets de toile, en coton ou en lin, étaient achetés avant la guerre *tout confectionnés*.

*Ne faisaient exception à cette règle que les effets de couchage (draps de lit, enve-loppes de matelas, etc.) et les tentes coniques.

*Les seules toiles réalisées avant la guerre étaient donc les toiles nécessaires pour le couchage, les toiles pour tentes coniques, et, bien entendu aussi, les toiles néces-saires pour doubler les effets de draps.

*Dans ce qui va suivre nous donnerons néanmoins les caractéristiques des diverses toiles utilisées avant la guerre, que ces toiles fussent réalisées directement ou sous forme d'effets confectionnés.

*Ces diverses toiles étaient en coton ou en lin (le lin pouvant parfois être remplacé par le chanvre). Le lin dominait au surplus. N'étaient confectionnées en coton que les chemises, les mouchoirs et les tentes individuelles. Enfin la toile à doublure pouvait être soit en lin, soit en coton.

*Les caractéristiques de ces toiles étaient :

*1° *Toile pour chemises* (flanelle de coton).

Largeur, o m. 80.
Poids au mètre courant : 172 grammes.
Nombre de fils au centimètre : chaîne, 28.
—   trame, 28.
Résistance dynamométrique : chaîne, 40 kilogrammes.
—   trame, 70   —
Tissu lainé sur chacune de ses faces.

*2° *Toile pour mouchoirs* (coton).

Largeur, o m. 70.
Poids au mètre courant : 84 grammes.
Nombre de fils au centimètre : chaîne, 27.
—   trame, 27.
Résistance dynamométrique : chaîne, 25 kilogrammes.
—   trame, 25   —

*3° *Toile pour vestes ou bourgerons de travail* (lin).

Largeur, o m. 75.
Poids au mètre courant : 240 grammes.
Nombre de fils au centimètre : chaîne, 17.
—   trame, 17.
Résistance dynamométrique : chaîne, 135 kilogrammes
—   trame, 190   —

*4° *Toile treillis pour pantalons de travail* (lin).

Largeur, o m. 75.
Poids au mètre courant : 33o grammes.
Nombre de fils au centimètre : chaîne, 22.
— 　　　　　　 trame, 22.
Résistance dynamométrique : chaîne, 170 kilogrammes.
— 　　　　　　 trame, 200 —

*5° *Toile pour doublure* (en coton ou en lin).

		TOILE DE LIN.	TOILE DE COTON.
Largeur...............................		1 mètre.	1 mètre.
Poids au mètre courant.......... {	Minimum.......	260 grammes.	200 grammes.
	Maximum......	310 —	220 —
Nombre de fils au centimètre...... {	Chaîne.........	19	26
	Trame.........	19	26
Résistance dynamométrique....... {	Chaîne.........	130 kilogrammes.	65 kilogrammes.
	Trame.........	150 —	65 —

*6° *Toile pour tente individuelle* (coton, toile teinte).

Largeur, o m. 90.
Poids au mètre courant : 216 grammes.
Nombre de fils au centimètre : chaîne, 24.
— 　　　　　　 trame, 22.
Résistance dynamométrique : chaîne, 75 kilogrammes.
— 　　　　　　 trame, 70 —

C'est une toile *fil retors* chaîne et trame, *teinte* au cachou naturel fixé au bichromate. Elle est en outre imperméabilisée.

*7° *Toile pour étuis musettes* (lin, toile teinte).

Largeur, o m. 85.
Poids au mètre courant: 425 grammes.
Nombre de fils au centimètre : chaîne, 36.
— 　　　　　　 trame, 16.
Résistance dynamométrique : chaîne, 180 kilogrammes.
— 　　　　　　 trame, 180 —

Toile *teinte* au cachou naturel, dite 3 fils parce que les 36 fils de chaîne sont groupés consécutivement deux par deux, chaque groupe de deux fils ayant la même évolution par rapport à toutes les duites rencontrées et cette évolution commune étant celle de l'armure toile.

La confection de l'étui-musette nécessite une sangle également en lin et également teinte au cachou végétal présentant les caractéristiques suivantes :

Largeur, o m. o3.
Poids aux 1oo mètres : 1 kilogr. 5oo.
Nombre de fils au centimètre : chaîne, 15.
     —   trame, 1o.
Résistance dynamométrique : chaîne, 13o kilogrammes.

*8° *Toile pour sacs à distribution* (lin ou chanvre).

Poids au mètre *carré* : 32o grammes.
Nombre de fils : chaîne, 16.
     —   trame, 15.
Résistance : chaîne, 11o kilogrammes.
     —   trame, 12o   —

*9° *Toile pour sacs à avoine,* lin ou chanvre (toile teinte).

Poids au mètre *carré* : 51o grammes.
Nombre de fils : chaîne, 32 (16 doubles).
     —   trame, 14.
Résistance dynamométrique : chaîne, 22o kilogrammes.
     —   trame, 19o   —
C'est une toile 3 fils, teinte au cachou végétal.

*1o° *Toile pour serviettes* (lin crémé).

Poids au mètre carré : 3oo grammes.
Nombre de fils : chaîne, 14.
     —   trame, 16.
Résistance dynamométrique : chaîne, 6o kilogrammes.
     —   trame, 8o   —

*11° *Toile pour musette de pansage,* lin ou chanvre (toile teinte).

Poids au mètre carré : 47o grammes.
Nombre de fils : chaîne, 3o (15 doubles).
     —   trame, 1o.

Résistance dynamométrique : chaîne, 125 kilogrammes.
—   trame, 125   —

C'est encore une toile trois fils, teinte au cachou.

*12° *Toile pour seaux* (en lin).

C'est une toile à voile 3 fils en lin 1/2 crémée, présentant 16 à 17 fils doubles en chaîne, 9 à 10 fils simples en trame, et une résistance dynamométrique de 374 kilogrammes en trame et 310 en chaîne.

*13° *Toile pour tentes coniques*, lin ou chanvre (toile 3 fils).

Largeur, 0 m. 80.
Poids au mètre courant : 420 grammes.
Nombre de fils : chaîne, 32 (16 doubles).
—   trame, 14.
Résistance dynamométrique : chaîne, 300 kilogrammes.
—   trame, 220   —

La confection des tentes coniques nécessite encore une toile dite « toile à pourrir » sulfatisée, en lin, présentant une largeur de 0 m. 42 après sulfatisation, un poids de 175 grammes au mètre courant, 8 fils au minimum en chaîne et en trame, et une résistance dynamométrique minima de 70 kilogrammes en chaîne et 65 en trame.

*14° *Toile pour havresac*, en lin (toile teinte).

Largeur, 0 m. 71.
Poids au mètre courant : 620 grammes.
Nombre de fils : chaîne, 30 (10 fils triples).
—   trame, 9 1/2.
Résistance dynamométrique : chaîne, 224 kilogrammes.
—   trame, 314   —
Toile formée par l'entrecroisement de 3 fils de chaîne avec un fil de trame.

Teinte en pièce, apprêtée et imperméable.

*15° *Toile pour draps de lit*, en lin.

Largeur, 0 m. 75.
Poids au mètre courant : 285 grammes.

Nombre de fils au centimètre : chaine, 16.
— trame, 16.
Résistance dynamométrique : chaîne, 200 kilogrammes.
— trame, 220 —

*16° *Toile pour enveloppe de matelas* en lin, ou pour enveloppe de traversin
et sacs de couchage.

Largeur, 0 m. 83.
Poids au mètre courant : 315 grammes.
Nombre de fils au centimètre : chaîne, 16.
— trame, 16.
Résistance dynamométrique : chaîne, 200 kilogrammes.
— trame, 220 —

C'est la même toile que la précédente. La laize seule diffère.

*17° *Toile pour enveloppe de paillasse*, lin ou chanvre.

Largeur, 0 m. 85.
Poids au mètre courant : 350 grammes.
Nombre de fils au centimètre : chaîne, 12.
— trame, 12.
Résistance dynamométrique : chaîne, 260 kilogrammes.
— trame, 270 —

CHAPITRE IV.

LES TISSUS MILITAIRES FABRIQUÉS AU COURS DE LA GUERRE.

§ A. — LES TISSUS.

I. — DRAPS ET MOLLETONS.

*Au cours de la guerre on a continué à fabriquer du molleton pour les troupes
coloniales, répondant aux caractéristiques indiquées plus haut.

*Quant aux draps proprement dits, leur nombre a été réduit.

*Il n'y a plus eu qu'un seul type de drap d'uniforme (sauf les exceptions signalées plus loin en ce qui concerne le drap pour vareuses et le drap pour bandes molletières) et un seul type de drap de distinction.

*Comme type de drap d'uniforme on a pris naturellement le type de drap soldat du temps de paix légèrement modifié, comme il est dit plus loin.

*Comme type de drap de distinction on a adopté aussi le type inférieur, c'est-à-dire le type sous-officier.

*Et ce sont ces deux types qui ont servi indifféremment soit pour la confection des effets, soit pour celle des attributs pour la troupe, les sous-officiers et les sous-officiers rengagés.

*Mais, parallèlement à cette simplification, on a été conduit à introduire au contraire une complication et cela pour des raisons d'économie.

*En raison de la durée de la guerre, de la difficulté de plus en plus grande de réaliser l'approvisionnement en laine nécessaire pour les confections du temps de guerre, on a décidé, au cours de la guerre, de fabriquer un drap de troupe renaissance, obtenu non plus seulement avec des laines mères, comme l'étaient les draps du temps de paix, mais avec un mélange de laines mères et de laines renaissance.

*Mais ce drap n'a pas été adopté pour tous les effets. Il ne convenait guère pour les capotes ou pour les culottes ou pantalons-culottes. Les capotes doivent être en effet avant tout des effets chauds, et les culottes des effets résistants. Or un drap renaissance n'est jamais, toutes choses égales par ailleurs, ni aussi chaud ni aussi résistant qu'un drap pure laine. Aussi l'a-t-on réservé pour la confection des vareuses. Sa fabrication au cours de la guerre a été progressivement intensifiée, et, vers la fin des hostilités, la plupart des vareuses étaient confectionnées avec ce drap.

*On l'a fabriqué en mélangeant à des laines mères non seulement des laines renaissance proprement dites, c'est-à-dire des laines provenant de l'effilochage des effets militaires usagés, mais aussi des laines provenant des chutes de coupe recueillies dans les ateliers de coupe fonctionnant en régie dans toutes les régions. Le drap fabriqué avec ce mélange de laine mère et de chutes de coupe n'était pas en réalité un véritable drap renaissance, puisqu'il ne comprenait que des matières neuves, dont une partie, il est vrai, avait été quelque peu détériorée par les dents de l'effilocheuse.

*Le métrage « de drap pour vareuses » fabriqué avec des chutes neuves était au surplus très inférieur au métrage de drap renaissance proprement dit, fabriqué avec des rognures usagées.

*Bien entendu, dans la fabrication de ce drap renaissance on a évité de pousser trop loin la proportion des laines renaissance introduites. et le drap pour vareuse, inférieur évidemment au drap pure laine, est resté néanmoins un bon drap suffisamment résistant et suffisamment chaud, au moins pour des vareuses.

*En même temps qu'une économie de matières premières (ce qui, en raison de la crise des transports, et de la difficulté qui en résultait de faire parvenir en France les laines réalisées à l'étranger, était le but principal poursuivi), l'Administration réalisait par la fabrication de ce drap une économie en argent considérable.

*En temps de guerre, en effet, les capotes, vareuses, etc., doivent être remplacées bien plus rapidement qu'en temps de paix. On les remplace non pas parce que ces effets sont arrivés à leur limite de durée et de résistance, mais parce qu'ils sont mis hors de service le plus souvent par suite de raisons accidentelles : taches, trous, etc. Dans ces conditions un effet confectionné en drap renaissance, quoique notablement moins résistant qu'un effet confectionné en drap pure laine, peut présenter en fait une durée égale. L'économie réalisée sur la fabrication, par suite de l'emploi de matières premières inférieures, reste donc une économie nette.

*Mais il n'en serait pas de même en temps de paix, et il paraît probable qu'en temps de paix l'économie de fabrication réalisée en adoptant un drap renaissance ne serait qu'une économie apparente, annulée en fait par la durée moindre de l'effet.

*En dehors de ce drap pour vareuse, l'Intendance a mis en outre en fabrication, au cours de la dernière guerre, un autre drap renaissance, ce dernier destiné à la confection des bandes molletières, effet nouvellement créé. Et ce drap était composé non plus seulement de laines mères et d'effilochages, mais de laines mères, d'effilochages et de coton.

*L'Intendance a été amenée en outre à fabriquer encore quelques autres draps spéciaux : drap cardé pour officier, qui présentait les caractéristiques du drap de sous-officier d'avant-guerre, mais dont les apprêts étaient un peu plus soignés ; drap peigné gabardine pour officiers, — draps civils pour démobilisés, cardés, peignés ou peignés-cardés, — enfin des draps destinés à la Marine (drap bleu foncé, molleton bleu foncé), ou même au Ministère des Postes et Télégraphes.

*Notons enfin que l'on a confectionné au cours de la guerre un assez grand nombre de culottes ou pantalons-culottes avec du velours de coton, fabriqué dans la région d'Amiens et dont nous donnons les caractéristiques plus loin.

*Le tableau ci-dessous résume les caractéristiques des draps et molletons fabriqués par l'Intendance au cours des hostilités, pour les Services du Ministère de la Guerre ou du Ministère de la Marine.

NATURE DES TISSUS.	POIDS AU MÈTRE CARRÉ.		NOMBRE DE FILS.		RÉSISTANCE.		ALLONGEMENT.	
	Minimum.	Maximum	Chaîne.	Trame.	Chaîne.	Trame.	Chaîne.	Trame.
	Grammes.	Grammes.			Kilogr.	Kilogr.	Centim.	Centim.
1° Drap d'uniforme cardé (pure laine)............	550	600	15 à 16	16 à 17	36	35	4	5
2° Drap de distinction cardé (pure laine)..........	470	515	19 à 20	21 à 22	26	26	4	5
3° Drap pour vareuse cardé (laine et effilochages)..	550	600	14 à 15	14 à 15	35	30	4	5
4° Drap pour bandes molletières cardé (laine, effilochages et coton)....	440	470	11 à 12	13 à 14	28	27	3	4
5° Drap d'officier cardé (pure laine).............	510	565	19 à 20	21 à 22	33	30	4	5
6° Gabardine officier peignée (pure laine).........	395	410	44	38	″	″	″	″
7° Drap civil pour démobilisés cardés (pure laine ou laine et effilochages ou laine, effilochages et coton)..............	Poids moyen.	465	15	15	30	28	5	5
8° Drap civil pour démobilisés peigné (pure laine)................	355	375	28	26	″	″	″	″
9° Draps civils pour démobilisés (chaîne peignée, trame cardée) [laine et effilochage].........	Poids moyen.	385	15	16	″	″	″	″
10° Molleton cardé (pure laine)...............	450	500	15 à 16	16 à 17	28	26	3.5	5

*La laize est de 1 m. 32 pour le molleton, de 1 m. 44 pour le drap pour bandes-molletières, de 1 m. 40 pour autres draps.

*L'armure a été soit le lisse, soit le sergé de 3, soit le batavia, soit le cuir-laine.

*Les nuances de ces divers draps ont été :

*Pour les draps d'uniforme le *bleu clair*, le *kaki* (troupes d'Afrique et troupes coloniales, vers la fin des hostilités), le *gris de fer foncé* et le *gris de fer bleuté* (pour les chasseurs à pied), le *bleu foncé* (marine).

*Pour les draps de distinction : nuances diverses.

*La nuance dominante a été le bleu clair, et le colorant de beaucoup le plus employé pour l'obtention de cette nuance ainsi que pour l'obtention du bleu foncé, du gris de fer foncé ou du gris de fer bleuté, a été l'indigo.

*L'adoption de l'indigo est due àdeux raisons :

*1° Il fallait modifier la couleur de certains effets beaucoup trop visibles du temps de paix, couleur rouge des pantalons, en particulier ;

*2° Il fallait adopter une nuance réalisable avec un colorant que l'on fût assuré de pouvoir obtenir en quantités suffisantes en temps de guerre.

*Or nous avons vu que l'industrie française des matières colorantes était à peu près inexistante en 1914.

*Les seuls *stocks* de colorants de quelque importance dont disposait le marché français en juillet 1914 étaient des stocks d'indigo artificiel fabriqué en Allemagne et aussi en Suisse, ou d'indigo naturel.

*D'autre part il existait en France une fabrique d'indigo fonctionnant à Creil, succursale elle-même d'une usine allemande. On pouvait espérer par conséquent parvenir à faire produire à cette usine, mise sous séquestre dès le début des hostilités, l'indigo nécessaire aux fabrications militaires.

*C'est de ce double ordre de considérations qu'est résultée l'adoption de la nuance bleu clair.

*Mais la succursale de Creil de l'usine allemande ne procédait pas à la fabrication *intégrale* de l'indigo. L'indigo y était fabriqué d'après les procédés indiqués plus haut (voir titre IV), de Meister Lucius, c'est-à-dire en partant de la phénylglycine. Or cette phénylglycine, l'usine de Creil la recevait toute préparée de l'Allemagne. - Il fallait donc, pour pouvoir fabriquer à Creil l'indigo nécessaire aux fabrications militaires, apprendre à préparer la phénylglycine elle-même.

*On y parvint assez rapidement grâce au concours éclairé des savants français, en particulier de ceux attachés à l'Office des produits chimiques, et aussi grâce au zèle déployé par le personnel directeur de l'usine.

*En attendant l'Intendance vécut avec les stocks d'indigo réquisitionnés au début de la guerre, avec un peu d'indigo naturel acheté en Hollande, enfin avec une certaine quantité d'indigo synthétique obtenu d'un marché passé avec une firme suisse.

*Nous avons vu que la phénylglycine, base de la préparation de l'indigo par le procédé Meister Lucius, s'obtenait par l'action de l'acide monochloracétique sur l'aniline.

*Un marché fut passé avec la Société Camus-Duchemin, à Ivry, pour la réalisation de cet acide monochloracétique. Et cet acide fut livré à l'usine séquestrée de Creil, où l'indigo fut fabriqué en régie pour le compte de l'Intendance.

*Nous allons passer en revue les différents types de draps réalisés pendant la guerre en donnant quelques détails sur leur fabrication, principalement sur le plus important de ces draps, le drap d'uniforme pure laine, qui est toujours, sauf la nuance, le type réglementaire actuel du drap de troupe.

1. Drap d'uniforme pure laine.

*Nous avons donné plus haut ses caractéristiques. Elles sont identiques à celles du temps de paix en ce qui concerne le nombre de fils.

*Les résistances ont été un peu augmentées, les chiffres exigés en temps de paix étant assez notablement inférieurs aux résistances accusées en réalité par les draps livrés.

*Des résistances encore un peu supérieures ont même été prévues dans certaines régions pour les draps fabriqués avec des armures moins liées que l'armure lisse que l'on exigeait en temps de paix.

*Quant au poids il a été très légèrement diminué, le minimum étant passé de 560 à 550 grammes et le maximum de 615 à 600 grammes. La moyenne entre le nouveau maximum (600 grammes) et le nouveau minimum (550 grammes) reste au surplus égale à la normale prévue en temps de paix, soit 575 grammes.

*De plus les apprêts du drap du temps de guerre ont été parfois très simplifiés.

*Mais la différence la plus profonde entre la fabrication du temps de paix et celle du temps de guerre est la suivante : le drap du temps de guerre a été beaucoup moins foulé que le drap du temps de paix.

*Nous avons vu plus haut que l'Administration exigeait en temps de paix l'emploi de métier très large (2 m. 50), et par suite, pour arriver à la laize de 1 m. 40, la fourniture d'un drap très foulé.

*Or elle ne pouvait pas maintenir ces exigences en temps de guerre.

*En raison de l'envahissement du Nord de la France, et en particulier du riche centre industriel de Lille-Tourcoing, elle était forcée, pour obtenir le métrage de draps nécessaires aux besoins de l'armée du temps de guerre, d'utiliser la totalité ou à peu près des métiers à draperie de la France non envahie.

*Elle fut donc conduite à accepter, pour la fabrication du drap d'uniforme, des métiers de largeur très inférieure aux 2 m. 50 exigés en temps de paix. On descendit jusqu'à 2 m. 10 et même moins. Enfin pour utiliser les métiers encore plus étroits, on admit la fabrication dans certaines régions de drap en demi-laize, soit 0 m. 70.

*Par voie de conséquence et comme il aurait été impossible, au-dessous de 2 m. 30 environ, de réaliser pratiquement l'armure lisse exigée en temps de paix, on admit d'autres armures moins liées, sergé de trois, batavia ou cuir-laine.

*Le drap du temps de guerre a donc été un drap très inégalement foulé, suivant qu'il a continué à être fabriqué sur les larges métiers du temps de paix ou qu'on l'a fabriqué sur de nouveaux métiers de largeur variable, mais beaucoup moins forte. Mais en *moyenne* il a été notablement moins foulé que le drap du temps de paix.

*Comme conséquence le numéro des filés utilisés pour son obtention a été, toujours en moyenne, moins élevé. Le poids restant le même ou à peu près, et la largeur d'empeignage diminuant, il fallait, en effet, comme nous l'avons vu plus haut (voir titre V), partir, pour obtenir ce drap, d'un fil de plus gros diamètre.

*Alors que le numéro moyen des filés pouvait être de 7,3 environ en temps de paix, il a pu au cours de la guerre et dans certaines régions tomber dans les environs de 6.

*En résumé le drap du temps de guerre a été un peu moins fin, et notablement moins foulé que le drap d'avant-guerre. Mais il a constitué néanmoins un bon tissu résistant et suffisamment chaud.

*Les nuances de ce drap ont été, suivant les cas, le bleu clair (cas le plus général), le bleu foncé (drap marine), le gris de fer foncé et le gris de fer bleuté, enfin le kaki.

*Le kaki a été fabriqué avec des colorants au chrome.

*Le bleu clair a été obtenu par un mélange de trois nuances élémentaires :

50 p. 100 de laine teinte en « bleu clair » ;

15 p. 100 de laine teinte en « bleu foncé » ;

35 p. 100 de laine laissées en écru.

*Il faut 25 grammes d'indigo environ pour teindre 1 kilogramme de laine en bleu clair, 115 grammes d'indigo environ pour teindre 1 kilogramme de laine en bleu foncé.

*Pour teindre dans la nuance finale bleu clair les 960 grammes de laines lavées nécessaires (voir plus loin) pour la fabrication de 1 mètre de drap en 140, il fallait donc : $0,960 \times 6,50 \times 0,025 + 0,960 \times 0,15 \times 0,115 = 26$ grammes d'indigo environ (à 20 p. 100 d'indigotine).

*Le drap gris de fer bleuté a été obtenu en moyenne par un mélange de 92 p. 100 de laine teinte en « bleu moyen » et de 8 p. 100 de laine écrue. La quantité d'indigo nécessaire pour teindre 1 kilogramme de laine en bleu moyen peut être de 85 grammes. Il faut donc environ 75 grammes d'indigo pour teindre 1 mètre de ce drap.

*Pour le drap gris de fer foncé, on a utilisé en général un mélange de 95 p. 100 de laine teinte en « bleu foncé », et de 5 p. 100 de laine écrue. Il a donc fallu en moyenne 105 grammes d'indigo par mètre.

*Enfin, pour le drap bleu noir de la Marine, on peut peut-être compter 200 grammes d'indigo par mètre.

MATIÈRES PREMIÈRES NÉCESSAIRES POUR LA FABRICATION DE 1 MÈTRE
DE DRAP D'UNIFORME.

*1° *Laine et oléine*. — Le poids moyen du drap est de 575 grammes au mètre carré, soit 805-810 grammes au mètre courant, entre lisières, ou 830 grammes avec les lisières.

*Nous avons indiqué plus haut (voir titre V) comment on pouvait calculer le poids d'un tissu carré foulé, présentant 15,5 fils par centimètre en chaîne, 16,5 fils par centimètre en trame, fabriqué avec des filés du numéro en gras 7,29 en chaîne comme en trame, empeigné sur 2 m. 47, pour obtenir une largeur finale de 1 m. 40, et ourdi sur 130 mètres, fabriqué enfin avec l'armure uni.

*Et nous avons trouvé que le poids de ce tissu en gras était de 967 grammes et que son poids au mètre courant, une fois le tissu terminé, était, en supposant une perte de 16 p. 100 au foulage et aux apprêts, de 812 grammes.

*Les divers chiffres qui viennent d'être donnés correspondent à peu près à la fabrication d'un drap de troupe d'uniforme, fabriqué au cours de la guerre sur les grands métiers du temps de paix.

*Pour fabriquer 1 mètre courant d'un pareil drap dans ces conditions, il faut environ 980 grammes de laine lavée à fond, conditionnée à 17 p. 100.

*Mais ce poids de 980 grammes ne s'applique qu'à la matière *neuve* introduite à chaque battue.

*Au cours de la fabrication, en effet, il se produit des déchets dont une partie est réutilisable. Cette partie peut comprendre les fils de filature et tissage cassés, et les dessous de cardes à partir de la deuxième.

*Les cahiers des charges du temps de paix peuvent, dans un but de sécurité, et pour ne pas ouvrir la porte à la fraude, interdire la réutilisation de ces déchets. Mais, en temps de guerre, où la surveillance en usine peut s'exercer d'une façon très serrée, il y a tout intérêt à permettre cette réutilisation.

*Ces déchets peuvent représenter 60 grammes environ par mètre.

*On introduit donc dans chaque battue de filature, par mètre à fabriquer, 980 grammes de laine neuve environ, ensimée à 10 p. 100 d'oléine, soit 1,078 grammes de matières neuves, comprenant 980 grammes de laine et 98 grammes d'oléine, et 60 grammes de déchet provenant d'une battue antérieure, soit en tout 1,138 grammes.

*Après filature on obtient 1,015 grammes de filés gras environ.

*La perte en filature par rapport à la quantité totale de matières introduites à la battue est donc de 11 p. 100 environ.

*Mais la perte par rapport à la quantité totale de matières neuves introduites (laine et oléine) est moindre. Elle est de 1,078 — 1,015 = 63 grammes, soit de 6 p. 100 environ, se décomposant ainsi :

> laine, 57 grammes ;
>
> oléine, 6 grammes.

*On peut compter 2 p. 100 de perte au tissage, soit :

> laine, 15 grammes ;
>
> oléine, 2 grammes.

*Les 1,015 grammes de fils gras donnent donc 995 grammes environ de tissu gras, pouvant représenter 28 grammes de lisières et 967 grammes de tissu gras entre lisières.

*Après perte de 16 p. 100 au foulage et aux apprêts, on obtient finalement un tissu pesant 837 grammes, dont 25 grammes pour les lisières et 812 grammes pour le tissu fini entre lisières.

*La perte au foulage et aux apprêts est de 158 grammes. L'oléine s'éliminant complètement au foulage, la perte pour l'oléine est donc de 98 — 8 = 90 grammes, et la perte pour la laine est, par suite, de 68 grammes.

*Il n'y a lieu, bien entendu, de considérer le raccourci qui précède que comme un schéma de fabrication possible, donné seulement pour fixer les idées.

*En réalité les pertes aux diverses opérations peuvent varier dans de fortes proportions suivant la nature des laines utilisées, suivant l'outillage, suivant la façon dont la fabrication a été conduite, suivant l'utilisation poussée plus ou moins loin des déchets, enfin suivant la proportion de matières d'ensimage incorporées à la laine.

*Les rendements *apparents* en filature peuvent varier en particulier dans des proportions considérables. Le rendement en filature par rapport à la quantité de *laine neuve* introduite est de 1,03 environ dans l'exemple qui précède. Mais s'il est aussi élevé c'est parce que l'on a supposé un ensimage à 10 p. 100. Si l'ensimage n'avait été que de 6 p. 100 par exemple, on serait tombé à un rendement apparent inférieur à l'unité. Mais on n'aurait pas pour cela utilisé plus de laine pour fabriquer 1 mètre de drap.

*Néanmoins les rendements même *réels* en filature, obtenus en partant d'un ensimage uniforme, peuvent varier eux aussi dans d'assez sérieuses proportions.

*Enfin, si au lieu de supposer un drap militaire fabriqué en partant d'une largeur d'empeignage de 2 m. 47 et d'une longueur d'ourdissage de 2 m. 30, nous envisagions un drap militaire beaucoup moins foulé et moins apprêté comme l'ont été la plupart des draps fabriqués au cours de la dernière guerre, nous arriverions à des chiffres différents.

*Nous savons en effet (*voir* titre V) qu'on peut fabriquer un drap cardé foulé, représentant une fois fini un poids déterminé au mètre carré et un compte de fils en chaîne et en trame déterminé, de bien des manières différentes.

*D'une façon générale, pour réaliser ce drap, on peut soit tisser « au large » et alors on file fin et on foule beaucoup, soit tisser « à l'étroit », et alors on file plus gros et on foule moins.

*Si l'on foule moins et si, en outre, on apprête moins, les pertes au foulage et aux apprêts seront moins considérables.

*Au cours de la dernière guerre, la fabrication de 1 mètre de drap militaire a pu nécessiter en *moyenne* 960 grammes de laines neuves (et 96 grammes d'oléine), les chiffres pouvant varier d'ailleurs, *surtout* suivant la nature des laines et le mode de fabrication « au large » ou « à l'étroit », de 940 à 990 grammes.

*Les draps très foulés et bien apprêtés peuvent peut-être nécessiter en moyenne 990 grammes.

*2° *Combustible.* — La fabrication de 1 mètre de drap de troupe peut nécessiter en moyenne 6 kilogrammes de charbon pouvant se décomposer comme suit :

Lavage..	0ᵏ 500
Séchage...	0 700
Teinture (pour le drap bleu clair).....................	0 300
Filature..	1 800
Tissage..	1 100
Apprêts..	1 600
TOTAL...................................	6ᵏ 000

*Bien entendu, le chiffre varie avec l'installation des usines. Bien entendu aussi, il est à diminuer fortement si l'usine dispose en tout ou en partie de la force hydraulique. Mais, même dans ce dernier cas, il faudra du charbon pour le lavage des laines, le séchage, la teinture et les apprêts.

*3° *Colorants.* — La proportion varie suivant la nuance. Pour le drap bleu clair du temps de guerre on pouvait compter 28 grammes d'indigo (à 20 p. 100 d'indigotine), ainsi que 9 grammes d'hydrosulfite et 8 grammes d'ammoniaque par mètre.

*4° *Autres matières.* — Il faut de la fécule pour l'encollage de la chaîne, du savon et du carbonate de soude pour le lavage de la laine et le foulage du drap. Peut-être peut-on compter en moyenne 100 grammes de carbonate de soude et 20 grammes de savon pour le lavage de 1 kilogramme de laine, 150 grammes de carbonate de soude pour le foulage.

*Finalement les matières nécessaires pour la fabrication de 1 mètre de drap de troupe bleu clair du temps de guerre peuvent être en moyenne les suivantes :

Laine évaluée en lavé à fond	0ᵏ 960
Oléine	0 100
Indigo	0 028
Hydrosulfite	0 009
Ammoniaque	0 008
Fécule	0 015
Carbonate de soude	0 250
Savon	0 020
Charbon	6 000

2. Drap de distinction.

*Le drap de distinction unique du temps de guerre est, comme nous l'avons dit, le drap de distinction type sous-officier du temps de paix. Nous avons donné plus haut ses caractéristiques.

*Il a été fabriqué avec un empeignage de 2 m. 55, la longueur de l'ourdissage étant de 128 mètres. L'emploi de laine pouvait être de 790–800 grammes.

*Les filés étaient du numéro 11.

*Vers la fin de la guerre, et dans un but d'économie, l'Intendance a réalisé un drap de distinction plus léger obtenu en partant du drap précédent, et en réduisant simplement le foulage.

*Les caractéristiques de ce nouveau drap étaient ·

Largeur, 1 m. 70.
Poids au mètre carré, 410 grammes.
Nombre de fils : chaîne, 15 à 16.
     —   trame, 16 à 17.
Résistance dynamométrique : chaîne, 24 kilogrammes.
     —   trame, 24   —
Allongement : chaîne, 4 centimètres.
     —   trame, 5   —

3. Drap pour vareuses (avec effilochages).

*Les caractéristiques de ce drap ont été données plus haut. On l'a fabriqué au cours des hostilités dans les régions industrielles spécialisées, dès le temps de paix, dans la fabrication des tissus renaissance.

*Son poids est le même que celui du drap bleu clair.

*La proportion des laines mères et des rognures entrant dans la fabrication a varié légèrement suivant les régions.

*_Dans la 12ᵉ région_, les proportions utilisées ont été de 65 p. 100 de laines mères et de 35 p. 100 de rognures de draps vieux.

*_Dans la 14ᵉ région_, les proportions ont été de 60 p. 100 de laines mères et de 40 p. 100 de rognures de draps vieux.

*_Dans la 17ᵉ région_, les proportions ont été de 59 p. 100 de laines mères et de 41 p. 100 de rognures de draps neufs (déchets de coupe).

*L'effilochage des rognures était pratiqué par les fabricants qui recevaient de l'Administration la laine mère et les rognures neuves ou usagées destinées à la fabrication.

*Les quantités de laines mères et de rognures utilisées dans les deux derniers types de fabrication (14ᵉ et 17ᵉ régions) pour la fabrication de 1 mètre de drap en 140 sont à peu près les suivantes :

14ᵉ région : laine mère, 665 grammes;
— rognures vieilles, 445 grammes.

17ᵉ région : laine mère, 620 grammes;
— rognures neuves, 440 grammes.

*On voit que les quantités de matières premières utilisées pour la fabrication de 1 mètre de drap avec effilochage sont beaucoup plus fortes que la quantité de matière première utilisée pour la fabrication de 1 mètre de drap en pure laine. Il faut 1 kilogr. 110 environ de laines mères et de rognures usagées ou 1 kilogr. 060 de laines mères et de rognures neuves pour obtenir 1 mètre de drap renaissance pesant, lisières comprises, 830 grammes environ, alors qu'il ne faut que 960 grammes de laine pour obtenir 1 mètre de drap pure laine pesant le même poids. Cela tient à la perte sur les rognures beaucoup plus forte que la perte sur la laine mère, et cette perte est plus forte pour les rognures usagées que pour les rognures neuves.

*Bien entendu, les proportions données ci-dessus s'entendent du poids à l'entrée dans la fabrication. En raison de la perte plus forte sur les rognures que sur la laine, le drap _fini_ contient une proportion de laine mère supérieure à celle qui résulte des chiffres donnés à l'entrée.

*La fabrication du drap avec l'effilochage est analogue à la fabrication du drap bleu clair pure laine. Mais elle comporte une opération supplémentaire spéciale, celle de l'effilochage des rognures remises par l'Administration.

*Le prix de revient des *façons* est à peu près le même pour les deux sortes de drap. Le prix de la filature est un peu plus élevé pour le drap avec effilochage qui comporte l'emploi d'une quantité de filés un peu plus forte.

*Il y a lieu en outre de tenir compte de l'opération supplémentaire de l'effilochage. Par contre le prix de teinture est moindre par suite de l'utilisation d'effilochés déjà teints en bleu clair. Au total les causes d'augmentation et de diminution se balancent à peu près.

*L'économie réalisée dans la fabrication du drap avec effilochage résulte donc du prix inférieur des matières premières — laines mères et effilochages — entrant dans sa composition.

4. Drap pour bandes molletières (avec effilochage et coton).

*Ce drap, dont les caractéristiques ont été données plus haut, a été fabriqué pendant la guerre uniquement dans la 14ᵉ région.

*Les matières entrant dansla fabrication de ce drap, qui pèse 670 grammes au mètre courant lisières comprises, sont, à l'*entrée* dans la fabrication, dans la proportion suivante :

18 p. 100 de coton;

47 p. 100 de laine mère;

35 p. 100 de rognures de draps vieux.

*Les quantités de coton, laine mère et de rognures nécessaires pour la fabrication de 1 mètre de ce drap sont approximativement les suivantes :

Laines..	415 grammes
Coton..	155
Rognures vieilles..	310

*La « façon » de ce drap est moins coûteuse que celle du drap bleu clair, puisqu'il est moins duité, nécessite moins de filature et de teinture. Il y a lieu par contre de tenir compte de l'opération supplémentaire d'effilochage des rognures.

*A l'économie sur la « façon » vient s'ajouter la forte économie réalisée sur des matières premières de qualité moyenne inférieure, et utilisées en moindre proportion, le drap pour bandes molletières étant beaucoup plus léger que le drap bleu clair.

*La largeur d'empeignage a été de 1 m. 80, la longueur d'ourdissage de 121 mètres.

5. Drap cardé d'officiers.

*Le drap cardé d'officiers du temps de guerre est le type sous-officiers d'avant-guerre, mais avec des apprêts plus soignés.

*La largeur d'empeignage a été de 2 m. 55; la longueur d'ourdissage, de 121 mètres.

*L'emploi de laine a pu être de 880 grammes par mètre.

*Les filés sont du numéro 11 environ.

6. Draps civils cardés pour démobilisés.

*Ces draps ont été fabriqués soit en pure laine mère, soit en laine mère et effilochages, soit en laine mère, effilochage et coton. On les a obtenus en partant des draps militaires fabriqués dans les diverses régions, maintenant les numéros des filés utilisés et à peu près les comptes de fils en chaîne et en trame dans le tissu fini, mais réduisant la largeur d'empeignage et la longueur d'ourdissage. Il en est résulté une diminution notable du poids qui est tombé sans lisières de 805 à 650 grammes au mètre courant.

*C'est là un poids déjà un peu fort pour un tissu civil cardé.

*Les draps cardés civils, pour démobilisés, sont donc des draps peu foulés. La largeur d'empeignage moyenne nécessaire pour les obtenir avec un numéro de filés de 7,000 mètres en chaîne et en trame et un compte de 15 fils au centimètre en chaîne et en trame a été de 1 m. 85 environ. La longueur d'ourdissage pour 100 mètres finis a été de 120 mètres environ.

*Ces draps ont nécessité l'utilisation moyenne, par mètre, de 770 grammes de laine, soit 190 grammes environ de moins que les draps de troupe. Par contre, leur teinture a été beaucoup plus coûteuse. Elle a été réalisée dans les nuances très diverses et pratiquée soit en bourre, soit en pièce.

7. Drap civil chaîne peignée, trame cardée.

*Ce drap, à la fois économique et de bonne qualité, a été fabriqué dans deux usines alsaciennes.

*La chaîne est une chaîne peignée de 15,000 mètres.

*La trame est composée d'un mélange de laines mères, de bloussés et déchets de peignage et de rognures de draps usagés. Elle est au titrage de 7,000 mètres.

*Le poids moyen du drap au mètre courant a été de 556 grammes.

*Les emplois de filés de chaîne et de trame ont été les suivants, par mètre :

Chaîne..	197 grammes
Trame..	452
TOTAL..	649

*Les 452 grammes de fil de trame nécessaires en moyenne par mètre ont nécessité l'emploi de :

Laine mère....................................	262 grammes.
Blousses et déchets de peignage....................	80
Rognures de draps vieux..........................	131
Soit au total..............................	473 grammes de matières.

8. Molleton.

*Le molleton, moins foulé que le drap de troupe, a été fabriqué au cours de la guerre avec une largeur d'empeignage variant dans le voisinage de 2 m. 05 et une longueur d'ourdissage de 125 mètres.

II. — FLANELLES.

*Les flanelles mises en fabrication par l'Intendance vers la fin des hostilités sont des flanelles chaîne coton, trame pure laine. La trame elle-même était composée d'un mélange de blousses et de laines d'agneaux.

*Les caractéristiques du tissu sont les suivantes :

Largeur, 0 m. 80 ou 1 m. 60;
Poids au mètre carré, 156-160 grammes.
Nombre de fils : chaîne, 15;
      —   trame, 15.

*La chaîne est en fil coton n° 14. Pour 1 mètre de flanelle en 80 il faut compter 46 grammes de fil de chaîne environ.

*Les quantités de blousses et de laine d'agneaux (trame) nécessaires pour obtenir 1 mètre de flanelle en 80 sont environ les suivantes :

Blousses, 65 grammes;
Laines d'agneaux, 40 grammes.
La trame laine est du numéro 15.

III. — COUVERTURES.

*L'Intendance a fait fabriquer au cours des hostilités des couvertures du type « couverture pour lit auxiliaire » décrit plus haut.

IV. — TOILES.

a. Toiles de coton.

*En raison de l'envahissement du nord de la France et de la nécessité de réserver pour les besoins de l'aéronautique les faibles moyens de production liniers pouvant subsister dans la France non envahie, l'Intendance a dû renoncer au cours de la guerre aux tissus en lin et les remplacer par des tissus en coton. Seules les tentes coniques et les seaux en toile ont continué à être fabriqués en lin.

*Il a fallu donc créer de nouveaux types en toile de coton pour remplacer les types en lin du temps de paix, sauf pour les chemises et doublures pour lesquelles des types en coton étaient prévus dès le temps de paix. On a dû aussi créer un type nouveau pour les effets en toile de nuance kaki, que l'on a fabriqués en assez grand nombre au cours de la guerre.

*Les caractéristiques des différentes toiles en coton, ainsi fabriquées au cours des hostilités, sont données ci-dessous :

1. Flanelle coton.

Largeur, o m. 8o;
Poids au mètre courant, 170 grammes.
Nombre de fils : chaîne, 28.
      —   trame, 26.
Numéro moyen de fils : chaîne, 20.
                trame, 12.
Résistance dynamométrique : chaîne, 4o kilogrammes.
                        trame, 7o   —
Tissu lainé sur ses deux faces.

Utilisation :
   a. Chemises;
   b. Caleçons d'hiver.

*2. Tennis.

Largeur, o m. 80.
Poids au mètre courant, 142 grammes.
Nombre de fils : chaîne, 23 à 24.
      —   trame, 23 à 24.
Numéro moyen des fils : chaîne, 20.
      —   trame, 12.
Résistance dynamométrique : chaîne, 35 kilogrammes.
      —   trame, 45 —
Tissu laîné sur ses deux faces.

Utilisation : chemises.

*3. Cretonne en 80.

Largeur, o m. 80.
Poids au mètre courant, 170 grammes.
Nombre de fils : chaîne, 25.
      —   trame, 25.
Numéro moyen des fils : chaîne, 14.
      —   trame, 14.
Résistance dynamométrique : chaîne, 65 kilogrammes.
      —   trame, 65 —
Utilisation :

   a. Caleçons d'été;
   b. Traversins;
   c. Sacs de couchage;
   d. Bourgerons imperméables.

*4. Cretonne en 100.

Largeur, 1 mètre.
Poids au mètre courant, 210 grammes.
Nombre de fils : chaîne, 26.
      —   trame, 26.
Numéro moyen des fils : chaîne, 14.
      —   trame, 14.
Résistance dynamométrique : chaîne, 65 kilogrammes.
      —   trame, 65 —

Utilisation :

   a. Doublures;

   b. Tentes individuelles après teinture en cachou et imperméabilisation.

5. Croisé écru.

Largeur, o m. 8o.

Poids au mètre courant, 24o grammes.

Nombre de fils : chaîne, 3o.

       —   trame, 25.

Numéro moyen des fils : chaîne, 11.

       —   trame, 11.

Résistance dynamométrique : chaîne, 9o kilogrammes.

       —   trame, 75   —

Utilisation (après teinture) :

   a. En *brun* pour étuis-musettes;

   b. En *bleu* pour pantalons et bourgerons de travail;

   c. En *kaki* pour effets kaki.

Le croisé brun pour étuis-musettes est en outre imperméabilisé

6. Toile fil retors.

Largeur, o m. 8o.

Poids au mètre courant, 32 à 36 kilogrammes.

Nombre de fils : chaîne, 16 à 18.

       —   trame, 11 à 13.

Résistance : chaîne, 14o kilogrammes.

       —   trame, 12o   —

Utilisation :

   a. Sacs à distribution;

   b. Sacs à avoine (après teinture en brun);

   c. Paletots canadiens (après teinture et imperméabilisation).

7. Croisé ou longotte pour serviettes.

Largeur, o m. 75.

Poids au mètre courant, 17o grammes.

Nombre de fils : chaîne, 19 à 2o.

       —   trame, 19 à 2o.

Résistance dynamométrique : chaîne, 37 kilogrammes .

       —   trame, 65   —

Utilisation : serviettes.

*8. Toiles pour paillasses.

Largeur, o m. 85.
Poids au mètre courant, 3oo grammes.
Nombre de fils : chaîne, 18 à 19.
—   trame, 16 à 17.
Numéro moyen des fils : chaîne, 6.
—   trame, 6.
Résistance dynamométrique : chaîne, 100 kilogrammes,
—   trame, 100   —
Utilisation : paillasses.

*9. Toile forte pour tiges de chaussures de repos.

Largeur, o m. 72.
Poids au mètre courant : 55o grammes.
Nombre de fils : chaîne, 16.
—   trame, 12.
Résistance dynamométrique : chaîne, 15o kilogrammes.
—   trame, 13o   —
Utilisation : tiges de chaussures de repos (après teinture en kaki).

*10. Toile retors pour havresacs.

Largeur, o m. 71 à o m. 72.
Poids minimum au mètre carré, 7oo grammes.
Nombre de fils : chaîne, 10 à 12.
—   trame, 8 à 9.
Résistance dynamométrique : chaîne, 16o kilogrammes.
—   trame, 16o   —

*11. Toile retors pour sacs H. M.

Même toile que ci-dessus, mais la laize est de o m. 88.

*12. Treillis fougère pour poches à cartouche

Largeur, o m. 8o.
Poids au mètre courant, 26o grammes.

Nombre de fils : chaîne, 3o à 3i.
    — trame, 27 à 28.
Résistance dynamométrique : chaîne, 120 kilogrammes.
    —   trame, 100 —

*13. *Velours coton.*

Ce velours, teint en bleu clair, a servi à confectionner, concurremment avec le drap, des culottes et pantalons-culottes.

Largeur, o m. 8o.

Poids au mètre courant : 415 grammes (32 kilogrammes aux 77 mètres).

Nombre de fils : chaîne, 18 (retors).
    — trame, 93 à 96.
Résistance : chaîne, 70 kilogrammes.
    — trame, 23o —

MATIÈRES PREMIÈRES NÉCESSAIRES POUR LA FABRICATION
DES TISSUS CI-DESSUS.

*Les seules matières premières nécessaires pour la fabrication des tissus de coton *en écru* sont le coton, la fécule d'encollage et le charbon.

Coton. — On peut compter comme chiffre moyen de perte à la filature 12 p. 100 environ. Le poids du coton brut nécessaire pour obtenir un poids A de fil sera donc en moyenne de $\frac{A}{0,88}$. Mais, s'il s'agit de la discussion d'un prix de revient, il faut tenir compte de ce qu'une partie des déchets est réutilisable et est revendue en général par l'industriel pour être traitée dans des filatures spéciales dites filatures de déchets. Il y aura donc lieu de réduire, en cas de discussion de prix, le chiffre indiqué plus haut à 8 ou 10 p. 100 environ.

*Quant aux pertes au tissage, elles sont, pour la plupart des tissus nécessaires à l'armée, largement compensées, même par l'encollage réduit applicable à ces tissus. Il n'y a donc pas lieu d'en tenir compte en général, sauf pour la flanelle et le tennis, tissus pour lesquels le poids de la chaîne encollée est relativement faible par rapport au poids total, et qui subissent en outre l'opération du lainage qui réduit leur poids.

*En résumé on pourra admettre pour la plupart des tissus de coton militaires un emploi de *fils* égal à leur propre poids, à l'exception de la flanelle et du tennis, pour lesquels on pourra admettre, au lieu de 17 kilogrammes et 14 kilogr. 200 de fils aux 100 mètres, 18 et 15 kilogrammes.

*Le poids de coton nécessaire pour fabriquer 1 mètre courant de tissu s'obtiendra en divisant par o m. 88 le poids des filés ainsi calculé.

**Fécule d'encollage.* — Pour les articles fabriqués pour l'armée, on pourra compter 10 p. 100 environ du poids de la chaîne au titre de l'encollage. Les pertes maxima de poids aux épreuves de décatissage et lessivage devront être calculées en conséquence.

**Combustible.* — Pour la filature on peut compter 1 kilogr. 800 à 2 kilogr. 200 de charbon par kilogramme de fil fabriqué.

*Pour le tissage, on peut admettre o kilogr. 500 par mètre pour les articles courants militaires décrits ci-dessus et pesant jusqu'à 170-200 grammes au mètre environ. Il faudrait forcer plus ou moins ce chiffre pour les grosses toiles.

b. **Toiles de jute.**

*L'Intendance a fait fabriquer au cours de la dernière guerre des toiles de jute pour un grand nombre de services d'État, militaires ou civils.

*Citons les principaux :

*1. *Toiles pour sacs à céréales.*

Largeur, o m. 70 à o m. 72.
Poids au mètre courant, 275 grammes (270 à 280).
Nombre de fils au *décimètre :* chaîne, 50 (de 47 à 50).
—   —   trame, 50 (de 50 à 53).
Numéro des fils : chaîne, 6 (de 5 à 6).
—   trame, 4 (de 4 à 4 1/2).

*2. *Toile pour sacs à terre.*

Largeur, o m. 70.
Poids au mètre courant, 235 grammes.
Nombre de fils au *décimètre :* chaîne, 40.
—   —   trame, 40.
Numéro des fils : chaîne, 6.
—   trame, 3.

*3. *Toile forte de camouflage.*

Largeur, 1 m. 20.
Poids au mètre courant, 410 grammes.

Nombre de fils au *décimètre* : chaîne, 44.
— — trame, 48.
Numéro des fils : chaîne, 6.
— trame, 4.

*4. Toile d'emballage lourde.

Largeur, variable.
Poids au mètre *carré* : 250 grammes.
Nombre de fils au *décimètre* : chaîne, 35.
— — trame, 47.
Numéro des fils : chaîne, 6.
— trame, 6.

*5. Toile d'emballage légère (ou de camouflage légère).

Largeur, variable.
Poids au mètre *carré* : 175 grammes.
Nombre de fils au décimètre : chaîne, 30.
— — trame, 30.
Numéro des fils : chaîne, 6.
— trame, 7.

B. — MESURES PRISES PAR L'INTENDANCE AU COURS DES HOSTILITÉS POUR ASSURER LA FABRICATION DES TISSUS NÉCESSAIRES À L'ARMÉE.

I. — DRAPS. — COUVERTURES. — FLANELLES.

*Les commandes de draps faites par l'Intendance aux industriels français en temps de paix pouvaient atteindre en moyenne 1,500,000 mètres par an environ. C'était à peine 1/25 de la production française en cardé qui se trouvait ainsi utilisée pour les besoins de l'armée.

*Au cours de la dernière guerre, c'est près de 2,500,000 mètres en moyenne par mois que l'Intendance a dû réaliser, soit un chiffre vingt fois supérieur, qu'explique à la fois l'accroissement des effectifs à habiller et l'usure beaucoup plus rapide des effets en campagne.

*Or ces besoins démesurément accrus coïncidaient avec l'invasion des centres industriels les plus importants, ceux de la région Nord.

*Pour arriver à assurer l'habillement des troupes, il était indispensable de monopoliser au profit de l'armée la totalité ou à peu près de la production de la France non envahie, et comme on n'obtenait pas encore ainsi le chiffre recherché il fallait demander à l'étranger le complément nécessaire.

*La nécessité de modifier en pleine guerre la nuance de l'uniforme jugée trop voyante dès les premières batailles venait encore accroître les difficultés. Déjà, avant la guerre, des études avaient été entreprises pour substituer au drap garance un drap moins apparent. Mais le drap qu'on se proposait d'adopter, quand la guerre éclata, nécessitait l'emploi de colorants que la France ne fabriquait pas. Il fallait donc adopter dans le délai le plus rapide une autre nuance ne nécessitant que des colorants dont la réalisation fût possible au cours des hostilités.

*Sans revenir sur cette question, déjà traitée, on va indiquer sommairement ci-dessous les mesures prises pour assurer la fabrication française. Ces mesures étaient de deux ordres. Il fallait : 1° monopoliser au profit de l'Intendance la totalité ou à peu près de l'industrie française du cardé; 2° assurer aux industriels les matières premières nécessaires pour poursuivre cette fabrication.

*La monopolisation, au profit de l'armée, de l'industrie française du cardé ne s'est pas faite, du moins en règle générale, par voie de réquisition. La bonne volonté de la très grande majorité des industriels, la menace seulement de réquisition pour ceux d'entre eux qui pouvaient ne pas comprendre la nécessité absolue d'habiller avant tout la troupe, a suffi dans la plupart des cas à l'opérer. Peu à peu dans toutes les régions où existaient des centres industriels, des marchés ont été passés avec chaque établissement en particulier, marchés valables pour toute la durée de la guerre, et spécifiant l'importance mensuelle moyenne de la production à réaliser. En même temps, dans les plus importantes de ces régions, des centres spéciaux dits « centres de draps » étaient créés, organes à la fois techniques et administratifs, dont le rôle était de surveiller et stimuler la production, de distribuer aux fournisseurs les matières premières nécessaires, de suivre la fabrication en usine et de procéder à tous nouveaux essais ou expériences ordonnés.

*Quant aux matières premières nécessaires pour assurer la fabrication il n'y avait guère, au moins au début, qu'à se préoccuper des laines et des colorants. Ce n'est que vers la fin de la guerre que l'Intendance a dû se préoccuper également de procurer aux industriels d'autres matières comme l'oléine ou de leur assurer des distributions de combustibles régulières.

*On a déjà vu comment, dès le milieu de 1915, la fabrication de l'indigo nécessaire pour la teinture était assurée. Il reste à voir comment l'Intendance a pu au cours des hostilités approvisionner en laine les usines de draps travaillant pour l'armée.

*Le problème ne s'est pas posé immédiatement au début des hostilités. Il y avait en France, quand la guerre éclata, des stocks de laine suffisants pour permettre d'entreprendre la fabrication, et chaque industriel se procurait les quantités qui lui étaient nécessaires par achats effectués directement par lui.

*Mais la situation ne tarda pas à se modifier, au fur et à mesure que la guerre en se prolongeant amenait la raréfaction des stocks. L'Intendance dut donc bientôt se substituer à l'ensemble des industriels, et, à l'aide des moyens plus puissants dont elle pouvait disposer, acheter soit en France, soit à l'étranger, toutes les laines nécessaires pour la satisfaction des besoins de l'armée, laines qu'elle distribua ensuite entre ses différents fournisseurs au prorata de leurs besoins.

***Achats en France.** — Dès 1915 l'Intendance avait réquisitionné en France des stocks assez importants de laine chez divers négociants, réquisitions transformées ultérieurement pour la plupart en achats amiables.

*Mais en 1916, 1917 et 1918 la mesure fut beaucoup plus générale.

*Elle consista à réserver au profit de l'armée la totalité des laines de tonte produites en France. Une seule réserve était prévue en faveur des prestataires. Pour respecter un usage local en vigueur dans certaines régions et qui consistait pour le propriétaire à faire filer à façon une partie de ses laines destinées à être transformées ensuite en effets d'un usage familial, chaque éleveur de ces régions était autorisé à garder dans cette intention un nombre réduit et limité de toisons.

*Restaient donc seules à la disposition du commerce libre les laines de peaux.

*L'enlèvement et le payement des laines s'effectuait de la façon suivante :

*Dans chaque département un commissionnaire exerçant la profession de négociant expert en laine était désigné pour procéder à ces opérations. Des prix limites d'achat lui étaient fixés pour une qualité déterminée de laine en suint. Cet agent, lié à l'Administration par un contrat d'achat à commission, se rendait dans les différents centres de rassemblement désignés d'avance. Il appréciait la qualité et le rendement des laines en suint présentées, et offrait à chaque propriétaire un prix d'achat dans la limite des prix maxima qui lui avaient été fixés par l'Intendance. En cas d'acceptation, le commissionnaire prenait livraison au prix convenu pour le compte de l'Intendance et payait comptant en faisant l'avance de fonds dont il était remboursé ultérieurement. En ce cas de refus la laine était réquisitionnée.

*Ce système, qui respectait dans toute la mesure du possible le système des achats libres du temps de paix, puisque les prestataires se trouvaient en présence de leurs acheteurs ordinaires, recevaient au comptant le prix des marchandises livrées, prix variant suivant qualité, a donné d'excellents résultats. La proportion des réquisitions prononcées a été insignifiante.

*Il y a bien eu quelques critiques formulées au sujet de la moyenne des prix pratiqués par l'Intendance.

*Il n'y en a pour ainsi dire pas eu au sujet des prix différents pratiqués suivant les diverses régions, ou des prix différents pratiqués dans chaque région suivant les divers lots présentés.

*La réquisition des laines n'a pas été limitée à la France. On l'a étendue également, bien entendu avec des modalités différentes, à nos colonies du Nord de l'Afrique : Algérie, Tunisie, Maroc.

***Achats à l'étranger.** — Mais la monopolisation au profit de l'Intendance des ressources de la France et de l'Afrique du Nord ne suffisait pas pour assurer les besoins des fabriques. Il a fallu acheter également de très gros stocks sur les marchés australien et argentin.

*Ces achats ont été effectués pour le compte de l'Intendance par un groupe de négociants en laine jouant le rôle d'acheteurs à commission. Plus tard, quand la réquisition des laines d'Australie fut prononcée au bénéfice de l'Empire britannique, c'est directement au Gouvernement anglais que furent achetées les laines d'Australie et de la Nouvelle-Zélande.

*L'ensemble des achats de laine en suint par l'Intendance au cours des hostilités (1) s'est élevé à 166,000 tonnes environ, dont 45,000 proviennent de la France, 24,000 de l'Afrique du Nord (14,000 d'Algérie, 8,000 du Maroc, 2,000 de Tunisie), 24,000 d'Australie. 57,000 de l'Amérique du Sud. Enfin 16,000 tonnes environ, pour la plupart de provenance australienne, ont été achetées directement sur le marché de Londres.

*L'ensemble a pu rendre 84,000 tonnes en lavé à fond.

*Ces laines, l'Intendance les cédait à ses fournisseurs à un prix conventionnel resté le même au cours des hostilités. Ce prix était à peu près le prix commercial au moment où les cessions ont commencé. Il était très inférieur au prix commercial à la fin des hostilités.

*Les fabricants restaient par ailleurs libres d'utiliser pour la fabrication non seulement les laines délivrées par l'Intendance, mais aussi les laines leur appartenant en propre. Il est bien évident d'ailleurs qu'ils ont cessé d'user de ce droit, dès que le prix commercial est devenu notablement supérieur au prix de cession conventionnel de l'Intendance.

*Les laines de l'Intendance n'étaient pas délivrées seulement aux fabricants de draps. Elles l'étaient également aux fabricants de couvertures, de flanelles, de fils de bonneterie, etc., en un mot à tous les industriels fabriquant pour l'Intendance des filés ou tissus où la laine entrait comme matière première.

---

(1) Non compris les laines réquisitionnées en 1915 ou provenant de l'évacuation tout au début de la guerre des stocks existant dans les régions menacées.

*A l'inverse des marchés de draps, les marchés de couvertures, flanelles ou filés destinés à la confection ultérieure d'effets de bonneterie n'étaient pas conclus pour toute la durée de la guerre, mais pour une période déterminée, et renouvelés suivant les besoins.

*L'ensemble des achats de draps de toute sorte par l'Intendance s'est élevée au cours des hostilités à 128 millions de mètres environ, dont 95 millions provenant de la fabrication française et 33 millions provenant d'achats à l'étranger. La moyenne de consommation au fort des hostilités paraît avoir été de 30 millions de mètres par an environ.

II. — TISSUS COTON ET DE LIN.

*On a vu plus haut quelles avaient été les difficultés rencontrées par l'Intendance pour assurer la fabrication des draps nécessaires à l'armée. Ces difficultés n'étaient pas les mêmes en ce qui concerne la fabrication des toiles. L'invasion du Nord de la France avait bien enlevé à l'armée des centres de fabrication cotonnière très importants, en même temps que la totalité ou à peu près des centres de fabrication linière. Mais il restait encore à la disposition de l'Intendance les deux centres cotonniers très importants de la Normandie et des Vosges, et l'ensemble des ressources de la filature de ces deux centres pouvait fournir quatre fois environ le poids des filés nécessaires pour fabriquer, même en tenant compte des besoins démesurément accrus du temps de guerre, toutes les toiles nécessaires à l'armée.

*Mais toute cette production n'était pas à la disposition de l'Intendance. La plupart des filatures, surtout celles des Vosges, étaient outillées dans le sens d'une filature beaucoup plus fine en moyenne que celle qui correspondait aux filés assez gros entrant dans la composition des tissus administratifs. Nombre de métiers n'étaient pas adaptés non plus au tissage des articles spéciaux de l'Intendance. Il y eut donc au début, étant donné la faiblesse des approvisionnements constitués en effets confectionnés, une période assez difficile à traverser, et on dut avoir recours dans une assez large mesure à l'achat de tissus fabriqués soit en France, soit à l'étranger.

*En même temps, en raison de l'invasion du centre linier du Nord, on décidait la substitution du coton au lin dans la plupart des tissus qui, en temps de paix, étaient fabriqués en lin. En fait, le lin n'a été utilisé en temps de guerre que pour la fabrication des toiles de tentes coniques et pour certains tissus spéciaux tels que les toiles pour seaux par exemple.

*Au point de vue du mode de réalisation des approvisionnements, on peut distinguer au cours de la guerre trois périodes :

*Dans la première période, on court au plus pressé. Les diverses régions sont autorisées à acheter sur place des tissus en général tout confectionnés. En même temps

18 c

des achats importants sont effectués à l'étranger. Les approvisionnements ainsi constitués permirent de faire face aux besoins jusqu'à la fin de 1916 environ.

*Dans la dernière période, qui s'étend du milieu de 1916 à juillet 1918, les régions n'achètent plus directement. Tous les achats sont effectués par les soins de l'I. G. H. Il n'est plus passé, en principe, d'achats de stocks et les achats tout l'objet de marchés passés directement avec les fabricants qui ont à fournir un type de toile répondant à des caractéristiques déterminées.

*Ces contrats ne sont pas, comme les marchés de draps, passés pour toute la durée des hostilités, mais seulement pour une période assez courte, trois ou quatre mois en général, et prévoient la livraison de quantités fermes. Les achats à l'étranger, suspendus en 1916, reprennent au cours de cette période. Ils ne s'imposent pas d'une façon absolue comme pour les draps par l'impossibilité d'obtenir, en faisant appel à toutes les ressources du marché français, les quantités nécessaires à la satisfaction des besoins de l'armée. On a vu, en effet, plus haut que les besoins totaux de l'armée ne représentaient guère que le quart à peine de la production nationale des régions non envahies. Si on y a eu recours, c'est pour une raison d'économie budgétaires, ces achats étant généralement effectués à des prix moyens un peu inférieurs à ceux pratiqués en France et aussi pour laisser à la disposition du commerce le maximum de ressources compatibles avec la satisfaction des besoins militaires.

*La troisième période s'étend de juillet 1918 jusqu'à la fin des marchés du temps de guerre. Elle est caractérisée par l'application à la fourniture des tissus coton du principe admis dès 1915 pour la fourniture des draps, savoir la livraison des matières premières par l'Administration.

*La raison qui a poussé à l'adoption de cette mesure est surtout une raison d'économie budgétaire. On verra plus loin au chapitre VI comment le seul fait pour l'Administration de délivrer elle-même à ses fournisseurs les matières premières nécessaires à une fabrication déterminée, outre la garantie de production que cette façon de procéder assure, lui permet une étude sérieuse des prix de revient très difficile autrement, et la rend capable dans beaucoup de cas d'imposer aux fournisseurs les prix raisonnables qui résultent de cette étude.

*Or les prix auxquels avaient été passés les marchés de fournitures, tout d'abord très raisonnables, avaient accusé à partir de la fin de 1917 une hausse constante que ne justifiait qu'en partie l'augmentation de prix de la matière première elle-même. C'est là un phénomène général et qui se reproduit toutes les fois qu'une matière première se raréfie, et que la demande devient par suite surabondante par rapport à l'offre. Les filateurs débordés de commandes de la part des tisseurs achètent la matière première à n'importe quel prix et augmentent le prix des filés dans une proportion très supérieure à l'augmentation du prix de cette matière. Les tisseurs opèrent de même vis-à-vis des commerçants en gros et ainsi de suite, chacune des catégories de producteurs ou d'intermédiaires intéressés ne regardent pas au prix d'achat, puisqu'ils restent libres de majorer leur prix de vente dans une proportion beaucoup plus forte encore que le prix par eux payé. La marchandise arrive ainsi finalement au consommateur grevée non seulement de la majoration correspondant à la matière première, mais de tous les bénéfices supplémentaires ainsi prélevés.

*L'Intendance avait bien prévu ce qui devait arriver quand elle avait tenté, dès le milieu de 1917, à une époque où la hausse commençait à se dessiner, d'acheter directement sur le marché américain les cotons nécessaires aux fabrications militaires comme elle achetait depuis longtemps en Australie ou sur le marché argentin les laines destinées à la fabrication des draps de troupes.

*Mais elle se heurta à la double opposition du Ministère des Finances et du Ministère du Commerce qui envisageaient à cette époque la création de consortiums, organes chargés d'acheter, sous le contrôle de l'État, et chacun pour une matière première déterminée, les stocks de cette matière première nécessaires à la fois pour la fabrication civile et pour la fabrication militaire.

*Malheureusement, le consortium du coton fut long à organiser. Ce n'est que vers le milieu de 1918 que ses achats commencèrent à alimenter le marché français. Ce n'est par suite qu'à partir de juillet 1918 que l'Intendance put, en prélevant sur les stocks du consortium les quantités nécessaires à ses besoins, alimenter régulièrement ses fournisseurs.

*Encore convient-il de noter qu'en juillet 1918 le consortium n'avait pas encore importé les quantités de coton nécessaires à l'exécution des marchés de l'Intendance passés pour les mois de juillet, août et septembre. On dut donc passer avec les fournisseurs des marchés d'une forme particulière. Ils étaient passés pour une quantité ferme, mais les fournisseurs n'étaient tenus de livrer dans la limite des quantités ainsi prévues aux marchés que le métrage correspondant aux quantités de coton reçues de l'Intendance dans les deux premiers mois d'exécution des contrats.

*Ils restaient d'ailleurs libres de livrer davantage en faisant eux-mêmes l'avance de coton nécessaire et, dans ce cas, l'Administration s'engageait à leur restituer, au prix de cession prévu aux marchés et, sur les arrivages suivants, le coton ainsi avancé par eux.

*Le mode de cession de la matière première était assez différent de celui adopté pour les laines dans les marchés de draps. Alors que pour les marchés de draps, les fournisseurs étaient tenus d'utiliser intégralement à l'exécution de leurs marchés les laines reçues de l'Administration, laines cédées par ailleurs à un prix très inférieur au taux commercial, un forfait d'emploi était prévu pour les marchés de toiles coton. Pour chaque mètre de toile d'une catégorie déterminée, l'Administration livrait un poids forfaitaire de coton. Ce poids était assez largement calculé de façon à suffire même pour les usines les plus mal outillées. Mais l'Administration cédait les cotons à un prix un peu supérieur au prix de revient, ce qui garantissait les intérêts pécuniaires de l'État, même dans le cas où la consommation prévue n'était pas atteinte. Bien entendu, dans le calcul du prix de revient on faisait état, non pas du chiffre maximum, mais bien du chiffre moyen dépensé.

*En résumé, ces marchés consistaient en réalité en une vente et un achat liés : vente de matière première par l'Administration, achat par elle de tissus fabriqués.

*Ce nouveau mode de passation des marchés amena l'effet recherché. Pour la première fois les marchés de 1918 accusèrent une baisse sur les prix constamment en hausse payés jusqu'ici, et cette baisse s'accentua au cours des deux séries de marchés trimestriels qui leur succédèrent. Cette baisse ne fut pas aussi complète néanmoins qu'on aurait pu le désirer, et l'Intendance ne put, comme elle avait pu le faire pour la plupart des marchés de draps, imposer au moins au début les prix qu'elle aurait estimés parfaitement raisonnables. La raison doit en être attribuée à la différence du prorata de la production nationale qu'elle absorbait pour les draps d'une part, pour les toiles de l'autre. Alors que, par une situation de fait, l'Intendance apparaissait comme le seul détenteur ou à peu près de laines sur le marché français et que la plupart des industriels n'auraient pu sans ses commandes faire fonctioner leurs usines, elle n'était qu'un fournisseur, important il est vrai, mais pas unique, de cotons bruts, et les industriels pouvaient, jusqu'à un certain point, se passer de son concours.

*L'ensemble des achats de toiles de coton par l'Intendance au cours des hostilités s'est élevé à 806 millions de mètres environ. Sur ce total, 228 millions ont été achetés à l'étranger et 578 millions en France. La moyenne de consommation mensuelle au fort des hostilités a été de 16 millions de mètres environ.

III. — TISSUS DE JUTE.

*C'est en juillet 1917 que l'Intendance a été chargée de la satisfaction de tous les services d'État, militaires ou civils, en toiles de jute.

*Elle a, dès le début, appliqué à la fourniture de ces tissus le système adopté déjà avec succès pour les draps, et a acheté par conséquent aux Indes la matière première nécessaire. Malheureusement, par suite de la crise du fret qui sévissait à cette époque, le jute brut ainsi commandé ne parvint en France que très tard.

*Les premiers arrivages sérieux datent du milieu de 1918. Il fallut vivre jusque-là sur les stocks, heureusement assez considérables, existant sur le marché français. Les marchés passés avec les industriels furent en conséquence rédigés de la façon suivante. Les industriels s'engageaient à livrer à l'Administration une quantité déterminée de toiles, sangles, fils ou sacs confectionnés en jute en utilisant la matière première par eux possédée. Les prix étaient basés sur un cours déterminé de cette matière première. Mais l'Administration se réservait le droit de restituer en nature aux industriels le jute brut utilisé par eux pour la fabrication au prix ainsi évalué de la matière première. Cela revenait au point de vue des intérêts pécuniaires de l'État à passer des marchés non plus sur le cours évalué du jute en France, mais sur le prix d'achat par l'Intendance aux Indes.

CHAPITRE V.

LES TISSUS MILITAIRES D'APRÈS GUERRE.

*Aucun texte définitif ne régit encore les tissus militaires d'après guerre. Il a bien été établi à la date du 1er septembre 1922 un cahier de charges communes pour la fourniture des toiles de coton. Mais ce cahier des charges ne vise pas *toutes* les toiles de coton nécessaires, et vise par contre certaines toiles de coton qui, par suite du retour progressif aux toiles de lin, ne seront plus réalisées à l'avenir. Il va être probablement remplacé au cours de l'année 1924 par un cahier des charges communes concernant à la fois les fournitures de toiles en coton et la fourniture des toiles en lin, cahier qui visera ainsi toutes les sortes de toiles définitivement adoptées.

*Au cours de la même année 1924 paraîtra vraisemblablement aussi le cahier des charges *communes* pour la fourniture des tissus en laine (couvertures et ceintures de flanelle de couleur exceptées).

*Dans ce qui va suivre, nous nous contenterons de décrire sommairement les tissus en laine ou les toiles qui figureront vraisemblablement dans ces deux textes en cours d'élaboration.

*La règle, généralisée de plus en plus, est non pas l'achat de l'effet tout confectionné, comme cela se pratiquait avant la guerre pour la plupart des effets en toile et pour un certain nombre d'effets en laine, mais, toutes les fois que la chose est possible, l'achat du tissu et sa transformation ultérieure en effets suivant les errements pratiqués au cours de la guerre.

I. — DRAPS ET MOLLETONS.

*Il n'a pas été fabriqué de molleton pour les troupes coloniales depuis la fin de la guerre. Mais cette fabrication va reprendre bientôt. Le molleton de couleur kaki sera donc prévu au cahier des charges communes pour la fourniture des tissus en laine. Les caractéristiques resteront celles d'avant guerre ou du temps de guerre (voir plus haut). Les résistances seront seules modifiées et portées probablement à 33 kilogrammes en chaîne et 3o kilogrammes en trame.

*En ce qui concerne les draps, il n'y aura que deux types de drap d'uniforme au lieu de trois comme avant la guerre, l'un dit drap de troupe, et l'autre réservé spécialement pour les sous-officiers rengagés et dit « drap de sous-officiers rengagé ».

*Le même drap de sous-officier rengagé teint en nuances diverses servira de distinction pour la troupe, et sera utilisé aussi pour la confection de képis pour sous-officiers rengagés.

*Enfin il existera un drap de distinction spécial pour sous-officier rengagé.

*Le nombre des types de draps *cardés* soit d'uniforme, soit de distinction, sera ainsi réduit à 3 au lieu de 5, chiffre d'avant guerre (et de 2, chiffre de guerre).

*Mais à ces trois types de draps cardés viendra s'ajouter un type de drap peigné destiné à la confection des culottes.

*Les essais concernant ces derniers types ne sont pas encore terminés.

*Au total on aura donc finalement quatre sortes de drap différents.

*Les draps de distinction comprendront un grand nombre de nuances différentes. La couleur d'uniforme étant maintenant la même pour presque toutes les armes (couleur kaki), il a été en effet indispensable de multiplier les nuances des draps de distinction.

*Quant aux draps d'uniforme ils seront pour la plupart teints en kaki, couleur d'uniforme définitivement adoptée depuis quelque temps déjà. Cependant il y aura aussi du drap d'uniforme gris de fer foncé pour l'aéronautique, et du drap rouge garance pour la confection de burnous pour les troupes d'Afrique.

*La nuance kaki, devenue ainsi la nuance réglementaire pour presque toutes les troupes, s'obtient avec un mélange de trois nuances élémentaires, bleu, jaune et brun.

*Ces trois nuances élémentaires elles-mêmes sont obtenues à l'aide de colorants chromatables appartenant au groupe des azoïques (voir titre IV).

*Depuis l'adoption de la nuance kaki, l'Intendance a fait procéder à de nombreux essais en **vue** d'arriver à obtenir la nuance désirée avec des colorants de ce groupe pouvant être tous fabriqués en France et permettant la réalisation d'une teinture solide à tous les agents de détérioration.

*Ces essais ne sont pas encore terminés.

1. — Drap d'uniforme de troupe.

*Ce sera à peu près le type du temps de guerre, lui-même très voisin du type d'avant guerre. Mais on élèvera probablement légèrement les résistances normales même par rapport aux chiffres déjà relevés du temps de guerre : les draps présentés en livraison offraient presque tous des résistances supérieures à ces chiffres du temps de guerre.

*On autorisera concurremment avec l'armure lisse d'autres armures, sergé de trois, batavia ou cuir-laine, permettant un empeignage plus réduit.

*Néanmoins, pour avoir un drap suffisamment foulé, il est probable que l'on imposera un minimum de largeur d'empeignage, dans les environs de 2 m. 15 probablement. Dans ces conditions les caractéristiques de ce drap pourront être les suivantes :

Largeur, 1 m. 40.

Poids au mètre carré : normal, 575 grammes.

Nombre de fils, normal : chaîne, 16.

— — trame, 17.

Résistance normale : chaîne, 37 kilogrammes.

— trame, 34 —

Allongement minimum : chaîne, 4.

— trame, 5.

Armure : lisse, ou serge de trois, ou cuir laine, ou batavia

Largeur d'empeignage minimum : 2 m. 15 probablement.

Les apprêts de ce drap seront les apprêts d'avant guerre.

*Comme qualité de laine, il sera, dans un but d'économie, réalisé avec des laines un peu moins fines qu'avant la guerre. Mais la différence sera faible.

2. — Drap d'uniforme de sous-officiers rengagés.

*C'est un drap intermédiaire comme finesse entre les deux types d'avant guerre « drap d'uniforme de sous-officier » et « drap d'uniforme de sous-officier rengagé ». Ses caractéristiques sont :

Poids au mètre carré, normal : 515 grammes (de 495 à 535).

Nombre de fils au centimètre, normal : chaîne, 20.

— trame, 21.

Résistance dynamométrique : chaîne, 30 kilogrammes.

— trame, 28 —

Allongement minimum : chaîne, 4 centimètres.

— trame, 5

Armure : lisse ou sergé de trois.
Largeur d'empeignage minimum : 2 m. 40.
Numéro minimum des filés : 10.

3. — Drap de distinction troupe.

*C'est le même drap que ci-dessus mais teint en 15 nuances diverses, soit pour servir de drap de distinction proprement dit, soit pour servir à la confection de képis pour sous-officiers rengagés. Ces nuances sont :

Bleu foncé;

Bleu de ciel;

Bleu clair;

Gris de fer bleuté;

Gris de fer foncé;

Gris cendré;

Écarlate;

Vert;

Orangé;

Garance;

Jonquille;

Kaki vert foncé;

Noir;

Violet;

Blanc blanchi.

4. — Drap de distinction sous-officier rengagé.

*C'est le même type de drap que celui qui servait déjà avant la guerre de drap de distinction pour les sous-officiers rengagés.

*Les caractéristiques sont donc :
Largeur : 1 m. 40.
Poids au mètre carré normal : 340 grammes (de 330 à 375)
Nombre de fils normal : chaîne, 20.
    —   trame, 27
Résistance dynamométrique : chaîne, 22 kilogrammes.
    —   trame, 22   —
Allongement minimum : chaîne, 4 centimètres.
    —   trame, 5
Armure : lissse.
Largeur d'empeignage minima : 2 m. 40.

*Il sera teint en 13 nuances distinctes :

Bleu clair;
Bleu de ciel;
Bleu foncé;
Écarlate;
Garance;
Gris cendré;
Gris de fer bleuté;
Kaki;
Kaki foncé;
Noir;
Orangé;
Vert;
Violet.

5. — Drap peigné pour culottes.

*Les essais concernant ce drap ne sont pas encore terminés.

II. — AUTRES TISSUS EN LAINE.

*En dehors des draps et molletons le cahier des charges visera la fourniture :

1° *De flanelles de corps.*

Laize : 0 m, 80 ou 1 m. 21 ou 1 m. 62.
Poids au mètre carré normal : 180 grammes (de 170 à 190).
Nombre de fils au centimètre, normal : chaîne, 14 (minimum 13).
— — trame, 16 (minimum 15).
Résistance dynamométrique : chaîne, 12 kilogrammes.
— trame, 10 —
Allongement minimum : chaîne, 3 centimètres.
— trame, 4 —
Numéro minimum de filature : 14.

*Tissu ni foulé, ni garni, mais simplement dégraissé après tissage.
*Composé de laines mères mélangées ou non à des blousses et laines d'agneaux.
*Aucun traitement ne doit être donné pour modifier la nuance naturelle de la laine

*Ces caractéristiques sont celles des flanelles d'avant guerre. Le poids seul a été un peu augmenté.

*2° *De tissus pour burnous* composés d'une chaine peignée et d'une trame cardée et ayant à peu près les caractéristiques suivantes (le type n'est pas encore définitivement arrêté).

Laize, 1 m. 40.
Poids au mètre carré : minimum, 265 grammes.
        —   maximum, 285   —
Nombre de fils par centimètre : chaine, 12 fils retors 2 bouts (peigné).
        —   trame, 19-20 fils du numéro 10 (cardé).
Résistance : chaine, 13 kilogrammes.
        —   trame, 15   —

*Tissu souple et moelleux, lainé pour développer à sa surface un duvet moutonneux.

*3° *De tissus pour capotes de sentinelles*, dont les caractéristiques figurent actuellement au règlement sur le service du couchage.

*Ces caractéristiques sont :

Largeur minimum, 1 m. 30.
Poids minimum au mètre courant : *985* grammes.
Nombre de fils au centimètre : chaine, 15 à 16.
        —   trame, 10 à 11.

*C'est un tissu très lourd, presque aussi lourd au mètre carré qu'une couverture pour lit auxiliaire. La nuance est réalisée par un mélange de laines blanches et burelles.

*C'est également par ce même mélange de laines blanches et burelles qu'on a réalisé les couvertures pour lit auxiliaire au cours des hostilités. Cependant, par suite de l'insuffisance des approvisionnements en laines burelles, on a, vers la fin des hostilités, réalisé des couvertures avec des laines teintes.

*Enfin les ceintures spéciales de flanelle pour troupes d'Afrique continueront à être réalisées comme avant la guerre toutes confectionnées par marchés spéciaux. Leurs caractéristiques ont été données plus haut.

III. — COUVERTURES.

*Les types restent ceux d'avant guerre (voir plus haut). On les réalisera par marchés spéciaux.

IV. — TOILES.

*Alors que la fabrication des draps a continué après la guerre, la nuance seule étant modifiée (dès 1919 on a recommencé à fabriquer du drap kaki), la fabrication des toiles a été suspendue pendant un laps de temps appréciable après l'armistice, et l'on a vécu, et l'on vit encore pour certains articles de plus en plus rares, sur les stocks existant à la fin des hostilités.

*Puis la fabrication a repris progressivement au fur et à mesure de l'épuisement de ces stocks. On a dû passer des adjudications pour du croisé kaki pour vêtements, puis pour de la toile pour tentes individuelles, pour de la toile pour doublure, pour de la toile pour draps de lit, etc.

*La double tendance actuelle est, comme il a été dit plus haut :

*1° D'acheter de la toile et de faire confectionner l'effet avec cette toile, au lieu d'acheter cet effet tout confectionné comme cela était la règle presque générale avant la guerre. Il est certain qu'en opérant ainsi l'Administration réalise de très sérieuses économies.

*2° De remplacer par le lin le coton que l'on avait dû adopter de force au cours de la dernière guerre, et de revenir ainsi au système d'avant guerre, en le poussant même plus loin, c'est-à-dire en envisageant la réalisation en lin de quelques tissus (toile pour tentes individuelles) qui étaient réalisés en coton avant la guerre.

*A l'exception 1° des tissus destinés à la confection de linge de corps qui seraient trop froids s'ils étaient fabriqués en lin (toile pour chemises, toile pour caleçons), 2° probablement aussi de la toile à doublure qui, même en coton, paraît durer autant que l'effet et dont il n'y a pas lieu par suite de chercher à améliorer la résistance; 3° enfin de quelques toiles spéciales pour la confection de cravates, de chèches ou de gandourahs, et peut-être aussi de mouchoirs, il vaut mieux en effet faire fabiquer pour les confections militaires des toiles de lin. Ces toiles coûtent un peu plus cher en général que les toiles de coton (la différence est bien faible à l'heure actuelle), mais elles durent bien davantage et sont finalement beaucoup plus économiques.

*Il est donc problable que dans un avenir prochain les seuls tissus en coton restés réglementaires seront la flanelle pour chemises, la cretonne pour caleçons, la cretonne pour doublure, le calicot pour cravates, le calicot pour chèches et la cretonne pour gandourahs, et vraisemblablement aussi la toile pour mouchoirs.

*Toutes les autres toiles, toiles pour vêtements, pour effets de travail, pour serviettes, pour tentes individuelles, pour tentes coniques, pour sacs à avoine ou sacs à distribution, pour étuis musettes, pour havresacs, pour seaux, pour effets de couchage (draps de lit. matelas, paillasses), fabriquées soit en lin, soit en coton à l'heure actuelle, seront vraisemblablement fabriquées prochainement en lin (ou parfois en chanvre).

*Nous avons déjà donné plus haut au chapitre III les caractéristiques des toiles de lin déjà réglementaires avant la guerre et auxquelles on est déjà revenu ou l'on va revenir progressivement.

*Il nous resterait à donner les caractéristiques des toiles de lin répondant à des besoins nouveaux (toile kaki pour vêtements de sortie) ou destinées à remplacer les tissus de coton réglementaires d'avant guerre (toile pour tentes individuelles).

*Mais ce dernier type faisant encore l'objet d'essais à l'heure actuelle, il ne nous est possible que de donner les caractéristiques de la toile en lin pour vêtements teinte en kaki récemment adoptée. Ces caractéristiques sont :

Poids au mètre carré : 285 grammes.

Nombre de fils : chaine, 27.

   —   trame, 24.

Résistance : chaîne, 210 kilogrammes.

   —   trame, 130 —

*Quant aux toiles de coton qui resteront vraisemblablement réglementaires leurs caractéristiques ou bien figurent au cahier des charges communes *provisoire* du 1er septembre 1922 dont il a été parlé plus haut (toile pour chemises, caleçons, doublures), ou bien figurent à des cahiers des charges spéciaux, pour celles de ces toiles (calicot pour cravates ou pour chèches, cretonne pour gandourahs) dont l'adoption se place à une date postérieure à la date du cahier des charges communes précité.

*Nous donnons ci-dessous ces caractéristiques.

*1° *Flanelle coton pour chemises.*

Largeur : minimum, 0 m. 79.

  — normale, 0 m. 80.

  — maximum, 0 m. 82.

Poids normal : au mètre carré, 215 grammes.

   —   au mètre courant, 172 grammes.

Nombre de fils par centimètre : chaine, 28.

   —   trame, 28.

Résistance dynamométrique : chaîne, 40.

    —   trame, 70.

Armure : batavia.

Tissu lainé sur ses deux faces et présentant un dessin constitué par des bandes bleues en chaîne tranchant sur le fond écru.

C'est toujours, comme on le voit, le tissu d'avant guerre et celui du temps de guerre.

*2° *Cretonne écrue en 80 pour caleçons.*

Largeur : minimum, 0 m. 79.

    —   normale, 0 m. 80.

    —   maximum, 0 m. 82.

Poids normal : au mètre carré, 210 grammes.

    —   au mètre courant, 168 grammes.

Nombre de fils par centimètre : chaîne, 26.

    —   trame, 26.

Résistance dynamométrique : chaîne, 65 kilogrammes.

    —   trame, 65   —

Armure : toile.

*3° *Cretonne écrue en 100 pour doublure d'effets.*

Largeur : minimum, 0 m. 99.

    —   normale, 1 m. 00.

    —   maximum, 1 m. 02.

Poids normal au mètre carré ou au mètre courant : 210 grammes.

Nombre de fils par centimètre : chaîne, 26.

    —   trame, 26.

Résistance dynamométrique : chaîne, 65 kilogrammes.

    —   trame, 65   —

Armure : toile.

C'est là encore le tissu d'avant guerre, et c'est de plus le même tissu que le tissu pour caleçons visé sous la rubrique qui précéde, la laize seule différant.

*4° *Calicot pour cravates teint en kaki.*

Largeur : minimum, 0 m. 86.

    —   normale, 0 m. 88.

    —   maximum, 0 m. 92.

Poids normal : au mètre carré, 107 grammes.

— au mètre courant, 94 grammes.

Nombre de fils par centimètre : chaîne, 32.

— trame, 30.

Résistance dynamométrique : chaîne, 28 kilogrammes.

— trame, 24 —

Armure : toile.

Teinture au cachou végétal et bichromate.

*5° *Calicot pour chèches teint en cachou.*

Largeur : minimum, 0 m. 85.

— normale, 0 m. 85.

— maximum, 0 m. 88.

Poids normal : au mètre carré, 74 grammes.

— au mètre courant, 63 grammes.

Nombre de fils par centimètre : chaîne, 24 à 28.

— trame, 15 à 19.

Résistance dynamométrique : chaîne, 20 kilogrammes.

— trame, 9 —

Armure : toile.

Teinture : aux oxydes de fer et de chrome ou au cachou végétal fixé au bichromate.

C'est un tissu très peu serré, devant laisser passer l'air. C'est pour cette raison qu'il est prévu à la fois un minimum et un *maximum* pour le compte de fils en chaîne et en trame. C'est le seul tissu pour lequel ce maximum soit prévu.

*6° *Cretonne pour gandourahs teinte en cachou.*

Largeur : minimum, 0 m. 88.

— normale, 0 m. 90.

— maximum, 0 m. 92.

Poids normal : au mètre carré, 233 grammes.

— au mètre courant, 210 grammes.

Nombre de fils par centimètre : chaîne, 28.

— trame, 26.

Résistance dynamométrique : chaîne, 60 kilogrammes.

— trame, 60 —

Armure : toile.

Teinture au cachou végétal fixé au bichromate.

Signalons enfin, bien qu'il soit probable qu'on ne passera plus d'adjudication pour ces toiles remplacées à l'avenir par des toiles en lin, les caractéristiques des toiles de coton pour tentes individuelles d'une part, pour vêtements de sortie de l'autre, figurant au cahier des charges communes provisoire du 1er septembre 1922.

*7° *Cretonne cachou fils retors pour tentes individuelles.*

Largeur : minimum, 0 m. 90.
— normale, 0 m. 90.
— maximum, 0 m. 93.
Poids normal, au mètre carré, 240 grammes.
— au mètre courant, 216 grammes.
Nombre de fils au centimètre : chaîne, 24.
— trame, 22.
Résistance dynamométrique : chaîne, 75 kilogrammes.
— trame, 70 —
Armure : toile.
Fil retors en chaîne et en trame.
Teinture au cachou végétal fixé au bichromate.

*8° *Croisé kaki pour vêtements.*

Largeur : minimum, 0 m. 72.
— normale, 0 m. 72.
— maximum, 0 m. 75.
Poids normal : au mètre carré, 310 grammes.
— au mètre courant, 223 grammes.
Nombre de fils par centimètre : chaîne, 30.
— trame, 20.
Résistance dynamométrique : chaîne, 95 kilogrammes.
— trame, 75 —
Armure : sergé de 4.
Teinture : aux oxydes de fer et de chrome.

CHAPITRE VI.

COMPARAISON DES SYSTÈMES DU TEMPS DE PAIX ET DU TEMPS DE GUERRE. DÉTERMINATION DU PRIX DE REVIENT.

§ A. — SYSTÈME DU TEMPS DE PAIX ET SYSTÈME DU TEMPS DE GUERRE.

*En temps de paix la procédure normale d'acquisition est pour l'État celle de l'objet terminé. L'Administration achète des draps, des tissus coton, sans s'immiscer dans les détails de la fabrication, sans s'occuper de la fourniture à l'industriel des matières premières, laines, coton, ou, le cas échéant, filés, nécessaires à la fabrication. Le plus souvent cet achat est effectué sous le régime de l'adjudication publique ou du concours restreint avec la plus large concurrence possible.

*Parfois cependant les cahiers des charges concernant ces fournitures contiennent certaines stipulations au sujet de la qualité des matières premières à utiliser, portent interdiction de certains procédés de fabrication. Mais ce sont là des stipulations de style dont il est parfois difficile de surveiller l'application dans la pratique.

*En fait, la véritable garantie de l'Administration consiste dans l'élaboration d'un cahier de charges raisonné, assujettissant l'objet terminé à des épreuves qui permettent de constater s'il est de qualité satisfaisante ou non, et dans la sévérité des réceptions opérées, c'est-à-dire dans l'application stricte des clauses du cahier des charges ainsi élaboré.

*Ces garanties paraissent d'ailleurs suffisantes. Les épreuves auxquelles est soumis l'objet terminé permettent en général de porter un jugement à la fois sur la qualité de la matière première employée et sur la façon dont la fabrication a été conduite.

*Enfin, l'on peut admettre jusqu'à un certain point que l'appel à la concurrence permet à l'Administration d'obtenir les prix les plus avantageux pouvant résulter de l'état actuel du marché.

*Au surplus, il existe généralement sur un marché réglé, non soumis à des soubresauts, un cours commercial de gros pour chacune des fournitures recherchées par l'État. Il est toujours possible à l'Administration de se renseigner sur ce cours et d'établir en conséquence les prix limites au-dessus desquels elles ne traitera pas.

*En résumé, on peut conclure que le système de l'achat de l'objet terminé, par l'État, après appel à une large concurrence est en somme et malgré les inconvénients qu'il présente le système logique d'achats du temps de paix.

*Cependant ce n'est pas là le système qui a été suivi par le service de l'Habillement au cours de la dernière guerre.

*Comme nous l'avons vu plus haut, dans la plupart des marchés passés pour la réalisation des tissus nécessaires à l'armée, on constate l'immixtion de l'Administration dans les détails de la fabrication, on la voit se charger du rôle de fournisseur et répartiteur de la matière première dévolu jusque-là à leurs risques et périls aux seuls industriels.

*Cette transformation, comme il a été déjà dit plus haut, ne s'est pas faite d'un seul coup. Au début des hostilités l'Administration passe des marchés de fournitures analogues aux marchés du temps de paix. Mais dès 1915 elle commence à fournir les laines nécessaires à la fabrication des draps. Plus tard, c'est elle qui fournit les cotons ou les jutes bruts nécessaires à la fabrication des toiles. Le système est étendu même aux effets de bonneterie qui, à partir de 1918, sont fabriqués avec des filés délivrés par l'Intendance. Peu à peu en résumé, et au fur et à mesure que les hostilités se prolongent, les marchés de fournitures du début sont remplacés partout par des marchés de fabrication avec livraison par l'Administration des matières premières nécessaires.

*En même temps qu'elle assume le rôle de pourvoyeur de matières premières, l'Administration s'immisce de plus en plus dans les détails de la fabrication, crée des centres de surveillance spéciaux, organise partout d'une façon plus ou moins serrée la surveillance en usine.

*Cette modification dans les errements suivis jusque-là s'est imposée tout d'abord pour les marchés de draps. Devant l'impossibilité pour les industriels, en raison des circonstances exceptionnelles, de se ravitailler sur des marchés désorganisés, l'Administration, douée de moyens plus puissants, pouvant, pour des achats importants, constituer des organes techniques suffisamment outillés, disposant enfin des moyens de transport appropriés, a dû, sur leur demande même, se substituer à eux.

*Mais bien vite on constata que cette manière de procéder, que les circonstances imposaient, entraînait par ailleurs des avantages certains au point de vue des intérêts pécuniaires de l'État.

*Tout d'abord, l'achat de la matière première par l'Intendance permettait d'éviter les qualités médiocres qui se seraient glissées sous le régime de l'achat libre par les fournisseurs dans une fabrication dont l'importance représentait quinze fois environ l'importance de la fabrication du temps de paix.

*Mais ce n'était pas là le principal avantage. L'achat de la matière première par l'État et la cession par lui de cette matière à un prix unitaire déterminé à l'industriel chargé de la mettre en œuvre fournissaient à l'Administration un des éléments principaux du prix de revient du tissu terminé, et lui permettaient par suite de discuter utilement les prix à consentir pour la fabrication.

*Quand l'Administration achète un objet terminé, une pièce de drap par exemple, il lui est bien difficile de savoir si elle fait un achat assurant un bénéfice normal au vendeur, ou si, au contraire, elle lui a consenti un prix trop élevé. Elle ignore le prix auquel il a dû acquérir la laine entrant dans la fabrication, ou, s'il n'a pas conduit lui-même tous les détails de cette fabrication, les prix successifs qu'il a dû payer aux divers façonniers (laveur, teinturier, filateur, tisseur, apprêteur) qui ont pu travailler pour son compte. A ces divers aléas vient encore s'ajouter l'aléa du bénéfice commercial du vendeur, si ce dernier n'est pas fabricant lui-même, mais a dû acheter à un fabricant la pièce de drap qu'il se propose de revendre à l'Administration.

*Il est relativement aisé de lever cette dernière difficulté en recourant directement aux services des industriels sans passer par l'intermédiaire des commerçants. Mais toutes les autres incertitudes sur le prix de revient de la matière première et sur les prix de transformation successifs subsistent.

*En temps de paix, et pour des commandes minimes par rapport à la production nationale totale, cet inconvénient est faible. On peut, comme il a déjà été dit plus haut, se reposer jusqu'à un certain point sur l'appel à la concurrence du soin de l'établissement automatique du prix raisonnable à consentir par l'Etat. On a de plus comme guide, pour fixer les prix limites, les prix commerciaux de gros.

*Mais ces considérations, vraies en temps de paix, devenaient sans valeur aucune au cours d'une guerre de longue durée, avec un marché désorganisé, et avec la mainmise par l'Intendance pour la satisfaction des besoins de l'armée sur une part de la production nationale sans aucun rapport avec celle qu'elle absorbait en temps de paix.

*Quand l'Intendance demandait par exemple 90 p. 100 de sa production à l'industrie nationale de la laine cardée ou même seulement 25 p. 100 à l'industrie du coton, alors que les usines étaient surchargées de commandes privées qu'elles ne pouvaient satisfaire, il est bien évident que tout appel à la concurrence ne pouvait être qu'illusoire.

*Quant aux prix commerciaux, ils accusaient une hausse constante par suite d'une demande surabondante. Outre que ces prix, en raison de leurs modifications continuelles, eussent été très difficiles à saisir, ils ne pouvaient plus servir de guide pour la passation des marchés. En les acceptant, l'Administration aurait consenti bénévolement aux fournisseurs les mêmes bénéfices exagérés que ceux qu'ils obtenaient pour la vente libre de l'existence d'un marché désorganisé par suite du déséquilibre de l'offre et de la demande.

Il fallait donc que l'Intendance renonçât à acheter commercialement les draps ou les toiles nécessaires à l'armée. Il lui fallait s'immiscer dans la fabrication et déterminer les prix de revient seul moyen de discuter utilement les prix à accorder à ses fournisseurs.

*Or le prix de revient d'un effet ou d'un tissu terminé s'obtient en ajoutant au prix de la matière première entrant dans sa fabrication le prix de cette fabrication elle-même.

*L'Administration en fournissant aux industriels la matière première à un prix déterminé, outre l'économie qui pouvait résulter pour elle d'achats en gros bien coordonnés, connaissait l'un des éléments du problème. L'établissement d'un réseau plus ou moins serré de surveillance en usine, lui permit en général d'obtenir des données suffisantes sur le deuxième élément du prix de revient, c'est-à-dire sur le prix de fabrication en usine.

*Mais il ne suffit pas d'établir plus ou moins exactement le prix de revient d'un effet, d'un tissu. Il faut encore pouvoir imposer aux industriels les prix des marchés qui paraissent devoir en découler.

*Or, si l'on ne consulte que les textes administratifs, l'Administration est peu armée à cet effet.

*Elle peut bien réquisitionner les moyens de production d'une usine, métiers ou broches par exemple, pour les besoins militaires. Cette réquisition est relativement facile quand elle s'applique à une industrie pour laquelle il est indispensable de réquisitionner tous les moyens de production nationaux.

*Tous les industriels sont alors traités sur le même pied, et aucun d'eux ne peut se prétendre désavantagé par rapport à ses collègues.

*Mais elle devient bien difficile quand elle ne doit s'appliquer qu'à une part seulement, même importante, des moyens de production de l'industrie envisagée. Il est en effet presque impossible dans ce cas d'établir une répartition absolument équitable, ce qui donne prise à d'innombrables réclamations.

*Au surplus, si la procédure de réquisition des métiers ou des broches peut régler plus ou moins heureusement la question de la production, elle ne règle pas la question du prix à consentir pour les tissus ainsi obtenus.

*Il y aurait évidemment une autre solution à envisager. Ce serait la main-mise complète de l'État sur l'usine et sa mise en régie accompagnée de la réquisition de tout le personnel nécessaire pour assurer la fabrication. Elle s'imposerait en cas de mauvaise volonté évidente d'un industriel requis d'utiliser ses broches ou métiers pour des fabications militaires jugées indispensables.

*Mais envisagée au point de vue seulement de la diminution des dépenses de l'État, c'est là une arme dangereuse, l'exploitation en régie pouvant, dans nombre de cas, en raison de son prix de revient, généralement plus élevé, entraîner encore une augmentation de ses sacrifices. Et là encore du reste il reste l'aléa du prix de dédommagement pour dépossession qui sera finalement alloué à l'industriel.

*Il résulte de ces considérations que l'Administration ne peut s'appuyer sur aucun texte bien précis pour imposer à un industriel de travailler à un prix déterminé. Aussi bien ce texte, s'il existait, serait d'une application difficile si elle ne disposait pas, par ailleurs, d'autres armes plus efficaces.

*Mais ces armes, elle peut les trouver dans sa double situation de fournisseur de matière première et de client principal vis-à-vis des industriels.

*Imaginons par exemple que l'Administration ait réquisitionné tous les moyens de production d'une industrie déterminée et ait pris ses dispositions pour fournir aux industriels en cause la matière première nécessaire.

*Au début, les industriels pourront éluder en partie les effets de la réquisition toujours difficile à appliquer dans toute sa rigueur. Ils pourront faire un peu de fabrication privée en utilisant les matières encore libres sur le marché. L'Administration qui le sait, peut, pour diminuer cette fraude, consentir à l'origine des prix un peu supérieurs à ceux qui apparaîtraient comme parfaitement raisonnables.

*Peu à peu cependant, la matière première libre s'épuise sur le marché, soit que l'Administration ait réquisitionné toutes les ressources futures et se soit réservé le monopole des importations de l'étranger, soit seulement que la difficulté des achats privés ait empêché les industriels de s'approvisionner ou leur ait enlevé l'idée de la faire. A un certain moment l'Administration sera seule en mesure de fournir la matière première nécessaire à l'alimentation des usines. A partir de ce moment-là, les industriels qui ne pourront plus faire fonctionner leurs usines qu'à son profit seront forcés d'accepter les prix qu'elle imposera, pourvu que ces prix leur assurent le bénéfice minimum au-dessous duquel ils préféraient fermer leurs établissements ou laisser à l'Administration le soin de se substituer à eux pour la fabrication.

*En résumé, la livraison des matières premières par l'État, en dehors de l'assurance de production qu'elle fournit, permet à l'Administration de discuter utilement le prix de revient. Si de plus, par une situation de droit ou de fait, l'Administration se présente comme le seul ou comme le principal détenteur de ces matières premières, elle pourra, quelle que soit l'insuffisance des textes législatifs dont elle peut être armée, imposer à peu près les prix qu'elle estimera raisonnables.

*Il reste à voir comment on peut déterminer le prix de revient d'un tissu déterminé, et comment on peut en déduire le prix raisonnable à proposer au fournisseur.

§ B. — DÉTERMINATION DES PRIX DE REVIENT.

*Le prix de revient d'un objet quelconque comprend deux éléments bien distincts :

*1° Le prix de revient proprement dit comprenant le total de toutes les dépenses faites pour sa fabrication;

2° La somme à ajouter à ce prix de revient pour tenir compte des autres charges supportées par l'établissement, savoir : intérêt et amortissement du capital engagé dans la fabrication; intérêt des fonds de roulement nécessaires pour la marche de l'établissement.

*Pour calculer le prix auquel on devra s'efforcer de traiter lors de la passation d'un marché de gré à gré, il conviendra d'ajouter au prix de revient résultant de la totalisation de ces deux éléments une marge raisonnable de bénéfice.

A. PRIX DE REVIENT PROPREMENT DIT.

*La décomposition du prix de revient peut être poussée évidemment aussi loin qu'on le désire et l'on peut dans cet ordre d'idées envisager tout mode de ventilation des dépenses faites que l'on voudra.

*Mais en général on groupe les dépenses faites, soit par nature de dépenses, soit par atelier.

*Dans la décomposition des dépenses suivant leur nature, on procède le plus souvent à la ventilation suivant les quatre rubriques principales suivantes :

1° Matières premières entrant dans la composition de l'objet terminé;

2° Combustible (ou force motrice);

3° Main-d'œuvre;

4° Frais généraux comprenant la réparation ou l'entretien du matériel, les frais de direction et de comptabilité, les assurances matières et ouvrières, les loyers, les transports, etc., en un mot toutes les dépenses qui ne figurent pas aux rubriques 1 à 3.

*Bien entendu, les rubriques 1 et 4 elles-mêmes sont décomposées en autant de sous-rubriques qu'il est nécessaire.

*Dans la décomposition des dépenses par atelier, on s'efforce de rechercher quelles sont les dépenses faites dans les transformations successives qui amènent la matière première à l'état de produit terminé. Dans la fabrication des draps cardés, par exemple, on recherche quelles sont les dépenses faites pour le lavage des laines, la teinture, la filature, le tissage et les apprêts.

*L'étude du prix de revient d'un objet déterminé à une époque déterminée et dans une usine déterminée nécessite toujours une étude particulière à laquelle aucun aide-mémoire ne permettra de suppléer.

*Si ces aides-mémoires peuvent en effet indiquer la quantité approximative des matières premières et de combustible utilisés dans la fabrication, ils ne peuvent donner les prix unitaires de ces matières premières et de ce combustible, prix variables suivant les époques, et encore bien moins le prix de la main-d'œuvre ou le montant de frais généraux incorporés dans chacune des unités produites, variables à la fois selon les époques et les établissements. Ils ne peuvent donc que rendre plus facile l'étude à entreprendre et non la remplacer.

*L'étude complète d'un prix de revient nécessite en résumé l'examen des livres de comptabilité tenus dans l'usine. Ce n'est que par cet examen que l'on pourra déterminer le montant exact des salaires et des frais généraux grevant chaque unité fabriquée et que l'on pourra corriger, le cas échéant, les chiffres approximatifs admis tout d'abord pour les matières premières ou pour le combustible.

*A condition de pousser les investigations sur une période assez longue, une année par exemple, on pourra, de la comparaison des dépenses faites et des quantités fabriquées au cours de cette période, déduire par simples divisions le prix de revient.

*Bien entendu, il conviendra d'apporter à cette méthode les corrections qui s'imposent. Les quantités de matières premières, de charbon, de rechanges d'outillage à imputer à la production correspondant à la période envisagée ne sont pas les quantités payées au cours de cette période.

*Il a pu y avoir enrichissement ou appauvrissement du magasin, certaines factures peuvent, d'autre part, n'avoir pas été encore réglées, etc.

*Il conviendra donc d'établir ces corrections en examinant la situation des approvisionnements au début et à la fin de la période en dépouillant les factures en retard, etc.

*Enfin le procédé qui vient d'être indiqué correspond à l'établissement du prix de revient dans le passé. Or ce que l'on désire obtenir le plus souvent, c'est le prix de revient dans l'avenir, base de l'établissement d'un nouveau marché ou d'un avenant à un marché en cours. Il conviendra donc dans ce cas de réduire, pour la main-d'œuvre, les recherches à la période pour laquelle la dernière modification de salaire constatée s'est fait sentir. Pour les matières premières charbons, rechanges, on établira non plus les dépenses moyennes faites, mais les quantités moyennes consommées, et c'est à ces quantités que l'on appliquera les derniers prix unitaires constatés.

*Toutes ces recherches supposent que les livres des fournisseurs existent, qu'ils sont suffisamment détaillés et établis avec soin, enfin qu'ils sont ouverts aux investigations des représentants de l'Administration.

*Si le fournisseur refuse d'ouvrir ses livres, on adoptera le prix de la main-d'œuvre et des frais généraux constatés dans une usine voisine réalisant la même fabrication. Si tous les fournisseurs d'une même région se refusaient à cet examen, l'Administration se trouverait évidemment désarmée, et l'on ne pourrait plus procéder que par à peu près.

*Quant à l'insuffisance des renseignements fournis par l'examen des livres des industriels, elle appelle les observations suivantes.

*La main-d'œuvre détaillée dans les livres de paye est le seul élément que l'on retrouve isolé *partout*. Mais l'ensemble des autres dépenses se trouve parfois bloqué dans le compte frais généraux qui englobe alors outre les frais généraux proprement dits les dépenses de combustibles et de matières premières.

*On ne peut donc dans ce cas établir la décomposition du prix de revient suivant les quatre grandes catégories de dépenses énumérées plus haut, matières premières, combustibles, main-d'œuvre, frais généraux, qu'au prix d'un dépouillement long et minutieux.

*Quant à la décomposition des dépenses par atelier elle présente naturellement plus de difficultés. Assez rares sont les usines qui tiennent les écritures nécessaires pour permettre de l'établir d'une façon très précise.

*Enfin le procédé de vérification décrit plus haut suppose que l'usine dont on dépouille les écritures ne fabrique qu'un type déterminé de tissus.

*Mais on peut se trouver en présence d'une usine qui poursuit pour l'Administration deux ou plusieurs fabrications différentes. On peut se trouver en présence d'une usine qui travaille non seulement pour l'armée mais aussi pour la clientèle libre. Dans tous ces cas, il s'agit d'établir le prix de fabrication non plus d'un tissu mais de plusieurs tissus différents, et par conséquent de ventiler l'ensemble des dépenses de l'usine entre les différents genres de fabrication par elle entreprises.

*Cette ventilation ne pourrait être faite par le service de la comptabilité de l'usine qu'en ce qui concerne les matières premières, la main-d'œuvre et une partie seulement des frais généraux. Pour toutes les autres dépenses communes ce service serait contraint de procéder par approximation. En fait la comptabilité tenue dans les usines ne fournit en général aucun renseignement, même en ce qui concerne les éléments qui pourraient être exactement appréciés.

*On sera donc forcé le plus souvent de procéder par approximation pour tous les les éléments quels qu'ils soient. On fera intervenir à cet effet les caractéristiques différentes des types dont la fabrication est conduite simultanément. On tiendra compte des différences de poids, différences de duitage, différences dans les numéros des filés employés, etc. On fera appel également aux résultats constatés dans les usines fabriquant isolément chacun des types envisagés.

*En résumé, il sera généralement possible d'établir par ce procédé les rapports des prix de revient de ces différents types, et, par suite, connaissant la dépense totale, d'en déduire la dépense correspondant à chacun d'eux.

*Le même procédé de ventilation sera employé quand l'usine travaillera à la fois pour l'Administration et pour la clientèle libre. Mais il sera d'une application délicate toutes les fois que la fabrication civile s'écartera notablement de la fabrication militaire et que l'importance de cette fabrication ne sera pas négligeable.

REMARQUES.

*1° **Importance de l'élément «matières premières».** — Pour une fabrication déterminée le prix de la matière première entrant dans cette fabrication constitue un des éléments les plus importants du prix de revient. On a groupé plus haut sous la rubrique « matières premières » tous les ingrédients autres que le combustible nécessaires à la fabrication. Ces diverses matières seront, pour les draps militaires par exemple, la laine, l'oléine, les colorants entrant dans la fabrication. Mais la plus importante de toutes et celle qui peut plus justement recevoir le nom de « matières premières » est la matière qui, après transformation, donnera le tissu recherché. Ce sera la laine pour les draps, le coton, le lin ou le chanvre pour les toiles. Le prix de la laine incorporé dans 1 mètre de drap ou du coton incorporé dans 1 mètre de toile sera l'élément en général de beaucoup le plus important du prix de revient à établir.

Or ce prix dépend de deux éléments, la quantité de laine ou de coton utilisée pour la fabrication de 1 mètre de tissu et le prix de revient unitaire de cette laine ou de ce coton. Les aides-mémoires, les résultats donnés par des fabrications d'essai, l'examen des livres des usines permettront en général l'adoption de chiffres à peu près exacts en ce qui concerne les quantités nécessaires. Il sera inutile d'ailleurs de rechercher une précision absolue dans une question qui n'en comporte pas, le poids exact de matières utilisées dépendant de la nature de ces matières, de l'outillage plus ou moins perfectionné de l'usine, du poids exact des tissus livrés, fixé souvent entre un maximum et un minimum déterminé, etc.

*Mais le prix unitaire sera souvent difficile à déterminer. En période normale et pour des marchés de peu de durée on pourra généralement l'établir avec une approximation suffisante. Mais il n'en sera plus de même dans une période troublée où, par suite de la raréfaction croissante de la matière première, ce prix hausse constamment sans qu'il soit possible, même à une période donnée, en raison de la désorganisation du marché, de lui attribuer une valeur bien déterminée.

*C'est pour cette raison que la livraison de la matière première à un prix de cession conventionnel par l'Administration rend beaucoup plus facile, comme il a déjà été dit plus haut, la discussion des marchés.

*2° **Cas du travail à façon.** — Toutes les considérations qui précèdent concernent les industriels faisant exécuter chez eux tous les détails de la fabrication.

*Or dans l'industrie textile en général et dans l'industrie des draps en particulier, c'est plutôt là un cas exceptionnel.

*Dans la plupart des régions de fabrication, assez rares sont les usines entreprenant tous les détails de la transformation depuis le lavage des laines jusqu'aux apprêts. Le plus souvent un fabricant de drap ne procède lui-même qu'au tissage et aux apprêts, ou à la filature et au tissage par exemple, et s'adresse pour les autres détails de la fabrication à des façonniers qui travaillent pour son compte.

*Parfois même, il n'effectue rien par lui-même. C'est le cas assez rare des *fabricants en chambre* qui font exécuter par des façonniers toutes les opérations élémentaires de transformations, et se contentent de vendre à la clientèle des tissus terminés en prélevant un bénéfice parfois considérable.

*Dans le cas où l'Administration est ainsi conduite à traiter avec un industriel astreint lui-même à s'adresser à des façonniers, il est évident qu'elle ne peut pas opérer comme il est dit précédemment. Le prix de revient pour l'industriel avec lequel elle traite dépend non plus des sommes effectivement dépensées pour la fabrication mais des prix consentis à cet industriel par les divers façonniers travaillant pour son compte.

*Mais l'Administration se trouve ainsi exposée à consentir à son fournisseur direct un prix excessif, puisque ce prix dépend des prix revendiqués par d'autres industriels qui n'ont pas traité eux-mêmes avec elle et qui, en droit, sont libres d'imposer à leur client telles conditions qui leur plaisent.

*Le cas s'est présenté fréquemment au cours de la dernière guerre.

*L'Intendance a dû très souvent, avant de traiter avec une catégorie déterminée de fournisseurs, avec les fabricants de draps d'une région donnée par exemple, commencer par étudier et au besoin faire abaisser les prix de façon. Elle y est parvenue d'une façon plus ou moins heureuse, non pas en usant d'armes administratives qui, en l'espèce, lui faisaient défaut, mais en se servant de l'arme économique que lui valait pour certaines matières, comme les laines, sa situation de fait de fournisseur à peu près unique de matière première.

*Elle s'est donc efforcée de fixer dans chaque région des prix de façon à peu près équitables et a dû pour cela procéder à l'étude du prix de revient, non plus dans une fabrique de draps, mais dans un lavage de laine, une filature, etc.

*Les prix de façon une fois établis ont servi de base à l'établissement du prix de revient. Pour obtenir ce prix on a fait le total des prix de façon adoptés et on a ajouté à ce total les frais de maison du fabricant, c'est-à-dire la part de frais généraux qui lui incombe spécialement, tels que frais de transport, assurances, magasinage, employés à la réception, etc.

B. MARGE CORRESPONDANT AUX AVANCES, INTÉRÊT ET AMORTISSEMENT DU CAPITAL ENGAGÉ.

*La marge à ajouter au prix de revient proprement dit pour avoir le prix de revient total se calcule comme suit :

*Pour l'établissement de son usine le fournisseur a engagé un capital déterminé qui peut être plus ou moins complètement amorti.

*Il est nécessaire de lui tenir compte de l'intérêt de ce capital au taux courant en vigueur et de son amortissement.

*De plus, la fabrication précédant les livraisons et par suite les payements par l'Administration, le fournisseur doit faire l'avance de ces frais de fabrication. Cette avance est plus ou moins importante suivant la nature de la fabrication entreprise et aussi suivant les diverses modalités envisagées pour le remboursement des matières premières dans le cas où ces matières premières sont fournies par l'Administration.

*Il doit donc disposer d'un fonds de roulement qu'il emprunte généralement en banque et dont les intérêts, payés par lui, doivent être remboursés.

*On obtiendra la marge à ajouter au prix de revient proprement dit pour obtenir le prix de revient total en totalisant les sommes que les fournisseurs doivent recevoir à ces différents titres au cours d'une année et en divisant ce total par la quantité annuelle d'objets fabriqués.

*On voit que la marge pour intérêts et amortissement en particulier (sans tenir compte de l'avance en banque) ne dépend que de deux éléments : coût d'établissement de l'usine et production.

*Le bénéfice industriel qu'il sera équitable d'accorder en outre au fournisseur pour l'intéresser à la fabrication ne dépend également que de ces deux éléments.

*Or il arrive souvent qu'industriels (ou commerçants) établissent leurs prix de vente en majorant d'un tant pour cent le prix de revient proprement dit. La « marge » pour intérêt, amortissement et bénéfice est alors proportionnelle au prix de revient.

*Il est évident que ce mode d'évaluation n'a rien à voir avec la logique.

*Qu'en temps ordinaire cependant, sur un marché stable, on arrive, pour chaque espèce de fourniture envisagée, à établir le pourcentage normal du prix de revient proprement dit qui doit correspondre à l'intérêt, à l'amortissement et au bénéfice, la chose est évidemment possible. Le prix de revient, le bénéfice à réaliser, dépendent l'un et l'autre d'éléments qui sont peu variables. Ils sont donc à peu près constants, au moins pour une période limitée, et leur rapport est par suite lui-même à peu près constant.

*On peut donc déterminer ce rapport soit par expérience, soit par calcul, et s'en servir ultérieurement pour déduire le prix de vente du prix de revient.

*Mais ces considérations perdent toute valeur au cours d'une période où le marché est désorganisé. Le prix de revient augmente sans cesse par suite de l'accroissement des frais de fabrication et surtout du coût des matières premières. Le bénéfice, au contraire, doit rester à peu près constant puisque le capital engagé reste le même (à condition toutefois que l'usine ait été construite avant la période de hausse des prix) et que la production n'a pas varié.

*Si l'industriel continue à appliquer pendant cette période sa majoration empirique correspondant à l'époque des prix normaux, il réalisera de ce chef un bénéfice supplémentaire qui peut atteindre parfois des proportions très considérables.

*En résumé le calcul de la marge à ajouter au prix de revient proprement dit pour tenir compte de l'intérêt et de l'amortissement du capital (et aussi du bénéfice) ne dépend que des deux éléments suivants, production et coût de l'établissement de l'usine.

*Le premier élément est facile à déterminer.

*Le second est beaucoup plus délicat à établir. Le coût de l'établissement d'une usine à une époque déterminée varie évidemment dans des proportions considérables, suivant l'endroit où elle est installée, la façon dont on a procédé à son installation, etc.

*On ne peut donner à ce sujet que des approximations *assez grossières* et les chiffres moyens que l'on pourra indiquer se trouveront toujours pour certains cas particuliers très éloignés de la réalité.

*Mais il n'est pas possible d'adopter autre chose que ces chiffres moyens et de pousser plus loin l'étude dans chaque cas particulier. Les renseignements que l'on pourrait obtenir des industriels à ce sujet seraient la plupart du temps volontairement ou involontairement inexacts.

*La règle à adopter sera donc la suivante :

*On s'efforcera d'établir le prix d'installation moyen en temps normal d'une usine produisant un nombre donné d'objets par an.

*On admettra que l'amortissement de cette usine n'est pas commencé, et l'on en déduira par division la marge à adopter pour chaque objet déterminé, marge que l'on appliquera dès lors à la production de toutes les usines similaires quelle que soit l'importance de leur fabrication. Ce mode de calcul qui suppose la proportionnalité du prix d'installation au chiffre de la production correspondant est suffisamment exact, au moins dans certaines limites.

*Dans certains cas particuliers, on pourra néanmoins être conduit à le modifier, par exemple s'il s'agit d'une usine construite pendant la période de guerre et de prix croissants que l'on envisage, ou encore d'une usine que sa situation spéciale, la difficulté de son approvisionnement en charbon, par exemple, astreint à des chômages prolongés.

*Dans le premier cas le capital engagé augmente, dans le second cas la production diminue. Le résultat se traduit toujours par une augmentation de la marge à consentir.

*Dans tout ce qui précède il est fait allusion à une période de guerre.

*Ce n'est en effet que durant les périodes de guerre prolongées que l'étude détaillée des prix de revient s'imposera. En temps de paix les marchés de gré à gré sont l'exception, l'adjudication est la règle générale; et l'étude du prix de revient n'a plus d'autre intérêt que de permettre à l'Administration de fixer le prix limite au-dessus duquel elle ne traitera pas. Cette étude est nécessaire, mais il n'est pas indispensable et il serait du reste impossible de la pousser aussi loin qu'en temps de guerre, alors que le marché de gré à gré devient la règle générale. Au surplus on admet généralement, à tort ou à raison, que la procédure de l'adjudication permet d'obtenir en temps de paix le prix le plus bas compatible avec l'état du marché. Enfin en temps de paix les fournisseurs se refuseraient vraisemblablement à tout examen de leurs écritures.

*Ce n'est qu'en temps de guerre, où le régime normal de passation des marchés est le régime des marchés de gré à gré, et où l'Administration, par suite de sa situation de fournisseur principal de matière première, de charbon, etc., peut, tout au moins dans une certaine mesure, imposer sa volonté, qu'il sera possible et nécessaire de déterminer le plus exactement possible les prix de revient, base des prix à inscrire aux marchés de gré à gré à passer.

§ C. — EXEMPLES DE CALCUL DE PRIX DE REVIENT.

*On va donner ci-dessous un aperçu sommaire d'établissement du prix de revient du drap de troupe bleu clair fabriqué au cours de la dernière guerre, d'une part, du prix de revient des tissus de coton, de l'autre. Bien entendu, pour l'établissement de ces prix de revient, donnés seulement à titre d'exemple, on sera conduit à faire des hypothèses, hypothèses sur le prix de la main-d'œuvre, sur les frais généraux, sur les prix unitaires des matières premières, etc.

*La charge à admettre à titre d'intérêt et d'amortissement du capital engagé elle-même serait probablement très différente du chiffre figurant plus loin, s'il était jamais nécessaire de passer avec les fabricants de draps des marchés analogues à ceux qui ont été passés pendant la dernière guerre. Seules, les quantités de matières premières utilisées telles qu'elles résultent des chiffres *moyens approximatifs* déjà indiqués resteraient immuables.

*L'exemple donné pour le drap bleu clair paraît correspondre au prix de revient vers la fin des hostilités dans une usine ayant des frais généraux assez élevés et située dans une région consommant comme combustible un mélange de charbon anglais et de bois.

*Les prix étaient à la même époque notablement différents dans les usines situées dans les régions où l'on consommait du charbon français d'un prix beaucoup moindre.

*Enfin, l'établissement d'un prix de revient à l'heure actuelle conduirait probablement à des chiffres moyens notablement plus élevés. En particulier le prix de la main-d'œuvre incorporée dans 1 mètre de drap a augmenté dans de très grandes proportions depuis la fin de 1918.

Prix de revient du drap bleu clair pure laine.

Capital d'établissement. — Le capital d'établissement *avant la guerre* d'une usine de draps pouvant produire 300,000 mètres de drap militaire bleu clair par an, capital très variable suivant la position de l'usine et la façon dont sa construction avait été conduite, pouvait être évalué à titre d'approximation moyenne à 700,000 ou 800,000 francs. Admettons le chiffre de 800,000. Admettons également une rémunération de 12 p. 100 à la fois au titre de l'intérêt du capital engagé et de l'amortissement. La somme annuelle à récupérer à ce double titre par l'industriel sera de 96,000 francs, ce qui pour les 300,000 mètres produits annuellement représente une charge de 0 fr. 32 par mètre fabriqué.

Fonds de roulement. — Admettons que le drap soit payé par l'Administration au prix de 10 francs, que sur ces prix il y ait 5,50 représentant le prix des laines cédées par l'Administration et remboursées par déduction sur les factures présentées par le fournisseur.

*Le fournisseur n'a donc pas d'avance à faire au titre de la matière première. Les seules avances portent sur le prix de façon proprement dit.

*Admettons qu'il soit remboursé par l'Administration dans le délai de trois mois et qu'il ait dû emprunter en banque les fonds nécessaires à ses avances au taux de 10 p. 100.

*La charge par mètre de drap au titre du fonds de roulement sera dans ces conditions de :
$$\frac{4 \text{ fr. } 50 \times 0,10}{4} = 0,11.$$

*Au total l'intérêt, l'amortissement du capital engagé et les avances en banque pour fonds de roulements grèveront la fabrication de 0,32 + 0,11 = 0 fr. 43.

Matières premières autres que le combustible. — On a vu plus haut que pour fabriquer 1 mètre de drap bleu clair pure laine il fallait environ :

960 grammes de laine;
100 grammes d'oléine;
15 grammes de fécule;
28 grammes d'indigo;
9 grammes d'hydrosulfite;
250 grammes de carbonate de soude;
20 grammes de savon.

*La laine et l'indigo sont cédés aux fabricants aux prix conventionnels, au kilo., de 5,25 pour la laine (laine évaluée en lavé à fond mais non lavée, le fabricant supportant les frais de lavage) et de 2 fr. 90 pour l'indigo.

*Admettons pour les autres matières premières, que le fabricant se procure par ses propres moyens, les prix unitaires suivants :

Oléine	350	francs les	100	kilogrammes.
Sel de soude	32	—	100	—
Fécule	270	—	100	—
Hydrosulfite	900	—	100	—
Savon	350	—	100	—

*En appliquant ces prix unitaires aux quantités consommées on obtient un total de 5 fr. 74.

Combustible. — On a vu plus haut qu'on comptait 6 kilos de charbon par mètre de drap en moyenne. Admettons que l'usine consomme du charbon anglais revenant à 180 francs par tonne, et soit de plus forcée, par suite de l'insuffisance des stocks de charbon mis à sa disposition, de consommer en outre du bois, et que le prix moyen, évalué en charbon, du combustible ainsi utilisé se trouve, par suite de la consommation du bois plus forte que celle du charbon, porté ainsi à 215 francs.

*La charge par mètre de drap au titre du combustible est de $\frac{6 \times 215}{1,000}$ = 1 fr. 29.

Main-d'œuvre. — L'article « main-d'œuvre » présente naturellement de très fortes différences suivant l'époque que l'on envisage.

*Mais il présente également pour une même époque de très fortes différences suivant les régions. Ces différences tiennent moins à des variations dans le salaire journalier qu'aux variations très considérables du rendement suivant les régions.

*La décomposition du prix de la main-d'œuvre incorporée dans 1 mètre de drap entre les différents ateliers chargés de la fabrication varie naturellement beaucoup suivant les usines.

*On peut cependant à titre d'*approximation moyenne* indiquer pour le drap militaire la répartition suivante :

Lavage et séchage, 8 p. 100;

Teinture, 8 p. 100;

Tissage, 40 p. 100;

Filature, 33 p. 100;

Apprêts, 11 p. 100.

*Dans l'exemple choisi on admettra que le prix de la main-d'œuvre incorporé dans 1 mètre de drap est de 1 fr. 50.

**Frais généraux.* — Les frais généraux varient dans des proportions assez notables, à une époque donnée, non plus, comme la main-d'œuvre, suivant les régions, mais suivant les usines. Ils sont d'autant moins élevés pour un établissement déterminé que son organisation est plus rationnelle.

*Les frais généraux comprennent toutes les dépenses non rangées dans les catégories précédentes. Ils comprennent donc en particulier la main-d'œuvre des employés au mois et les impôts spéciaux aux fournisseurs de l'État (patente spéciale, enregistrement), mais ne comprennent pas, bien entendu, l'impôt sur les bénéfices de guerre, dont il ne doit pas être fait état.

*Dans l'exemple choisi on admettra que la charge au titre des frais généraux est de 1 fr. 50 par mètre.

**Total.* — Dans ces conditions, le prix de revient du mètre de drap militaire bleu clair dans l'usine envisagée sera :

Charge pour intérêt, amortissement et fonds de roulement	0,43
Matières premières	5,74
Combustible	1,29
Main-d'œuvre	1,50
Frais généraux	1,50
TOTAL	10,46

*Il s'agit là, bien entendu, du prix de revient à l'industriel aux prix conventionnels de cession par l'Administration militaire de la laine et de l'indigo. Le prix de revient réel à l'État dépendra du prix de ces matières premières et du prix consenti pour le marché.

Prix de revient des tissus coton.

*Pour calculer le prix de revient de 1 mètre d'un tissu coton, on procède comme suit :

*On commence par déterminer les prix de revient unitaires (au kilogr.) des filés entrant dans la fabrication. On multiplie ces prix unitaires par les quantités de chacune des sortes de filés nécessaires pour la fabrication de 1 mètre de tissu. On obtient en totalisant les produits partiels ainsi calculés le prix total des filés entrant dans 1 mètre de tissu. Il suffit pour avoir le prix de revient final d'ajouter ensuite le prix du tissage.

*Si le tissu doit être apprêté ou teint, il faudra tenir compte en outre des frais de teinture et d'apprêts.

*Les quantités de filés nécessaires pour la fabrication de 1 mètre de tissu varient naturellement suivant l'encollage donné à la chaîne. Plus la chaîne sera encollée, moins il faudra de filés pour obtenir un tissu d'un poids déterminé. Pour la plupart des tissus de coton fabriqués pour l'armée, on peut admettre que les pertes au tissage sont largement compensées par l'encollage. Par suite, en admettant pour ces tissus un compte d'emploi de filés égal à leur poids, on fera un calcul plutôt large.

*Il n'y a guère que pour la flanelle et le tennis militaires, articles grattés et présentant par ailleurs un poids de chaîne relativement faible par rapport au poids total du tissu, que ce compte d'emploi sera insuffisant.

*Pour ces deux tissus pesant 170 grammes et 142 grammes au mètre on pourra admettre des comptes d'emploi respectifs de filés de 180 et 150 grammes.

*Les numéros des filés utilisés ont également une influence sur le prix de revient. On sait en effet qu'à poids égal la filature des filés fins (numéros élevés) est plus coûteuse que la filature des filés épais (numéros bas).

*En général il existe dans chaque région de filature un numéro de filé pris pour type dont le prix de revient varie naturellement avec le prix de la matière brute et le prix de revient de la filature proprement dit. Dans les transactions commerciales, c'est le prix de ce filé type qui sert de base, et les prix de tous les autres filés s'en déduisent par l'application à ce prix de base « d'écarts » connus et adoptés par tous les industriels.

*Par exemple en Normandie, c'est le prix du numéro 26 dévidé qui est adopté pour base et les prix des autres numéros s'en déduisent en augmentant ou diminuant ce prix de base de quantités constantes.

*On pourra donc se contenter de calculer le prix de revient de ce numéro type ainsi adopté et en déduire le prix de revient des autres filés en appliquant simplement les écarts ainsi adoptés.

*En réalité, en opérant ainsi on commet une erreur, mais assez faible.

*Les écarts adoptés dans les diverses régions n'ont pas en général été modifiés pendant la guerre. Or s'ils représentaient à peu près la différence des prix de revient entre les divers numéros en temps de paix, ils sont devenus notablement insuffisants en temps de guerre avec l'augmentation considérable des frais de fabrication. En les adoptant on arrive donc à des chiffres un peu trop faibles pour les filés d'un numéro supérieur au numéro type, un peu trop forts pour les filés d'un numéro inférieur au numéro type. Mais l'erreur reste faible toutes les fois du moins que les numéros de filés entrant dans la fabrication ne sont pas trop différents du numéro type.

*En résumé, l'étude du prix de revient d'un tissu dont on connaît les numéros de filés et les comptes d'emploi de ces filés se ramène à l'étude du prix de revient d'un filé de numéro type déterminé, et à l'étude du prix de revient du tissage.

Prix de revient du filé du numéro type adopté.

*Ce prix de revient s'obtient en ajoutant au prix de la matière première le prix de la filature proprement dite.

*Matière première. — On a vu plus haut qu'on pouvait admettre à la filature une perte de 12 p. 100 en *poids*, et 8 à 10 p. 100 seulement en *prix*, c'est-à-dire si l'on fait intervenir la réutilisation possible des déchets. Admettons 10 p. 100.

Supposons que le coton brut soit à 300 francs. Ce prix s'applique aux 50 kilogrammes. Le prix de 1 kilogramme de coton brut sera donc de 6 francs et le prix du coton nécessaire pour la filature de 1 kilog. de fil sera de $\frac{6}{0,90} = 6$ fr. 66.

*Filature. — On peut admettre, à titre d'approximation moyenne, que le coût d'établissement d'une filature produisant du numéro *16 en moyenne*, c'est-à-dire le numéro moyen des articles utilisés par l'Intendance, était *avant la guerre* de 72 francs environ par broche et que la production annuelle par broche était de 50 kilogrammes.

*Bien entendu, il ne s'agit là que des chiffres approximatifs susceptibles de variations suivant les usines, suivant que la filature est conduite au continu ou au renvideur, etc.

*Le capital d'établissement par kilogramme produit était donc en moyenne de 1 fr. 44.

*Si l'on admet 13 p.o/o, par exemple, à titre d'intérêt et d'amortissement du capital, la charge à ce titre sera par kilogramme de filé produit de 0,19.

*A ce prix, il convient d'ajouter le prix de la main-d'œuvre, du charbon et des frais généraux, enfin les avances en banque pour fonds de roulement.

*Le prix de la main-d'œuvre pouvait être de 0,17 avant la guerre, vers la fin des hostilités, il pouvait s'élever de 0,35 à 0,40.

*Les frais généraux pouvaient être de 0,10 à 0,12 avant la guerre. Vers la fin des hostilités ils pouvaient s'élever à 0,35 environ. Les avances en banque pour fonds de roulement pouvaient s'élever à 0,02.

*Quant à la quantité de combustible utilisée, elle peut varier suivant qualité de 1 kilog. 800 à 2 kilog. 200 environ. En admettant le chiffre de 2 kilog. 200 et un prix de combustible de 220 francs par tonne, la charge de ce chef était de 0 fr. 48 environ.

*Au total on pouvait, vers la fin des hostilités, compter sur un prix de revient de 1 fr. 40 au kilogramme pour la filature du numéro 16.

*En comptant le coton à 300 francs, le prix de revient du numéro 16 pouvait ressortir ainsi à 6 fr. 66 + 1,40 = 8 fr. 06.

*Tissage. — Pour le tissage on peut en partant du coût d'établissement d'avant guerre et de la production moyenne, admettre à titre d'intérêt du capital engagé et d'amortissement, comptés comme précédemment à 13 p. 0/0, une charge de 0,02 environ par mètre.

*La seule matière première utilisée pour le tissage en dehors du combustible est la fécule pour l'encollage de la chaîne. On peut admettre en moyenne un emploi de fécule de 10 p. 100 environ du poids de la chaîne.

*Les quantités de combustibles utilisées en moyenne pour la fabrication de 1 mètre de tissu ont été données plus haut.

*Quant à la main-d'œuvre de tissage elle comprend deux parties bien distinctes :

1° La main-d'œuvre de tissage proprement dite;

2° La main-d'œuvre de préparation du tissage (ourdissage, encollage).

*a. La main-d'œuvre de tissage proprement dite peut se déduire du salaire journalier moyen de l'ouvrière et du nombre de coups battus par les métiers si l'on connaît approximativement ces deux éléments.

*Par exemple, pour des métiers battant 200 coups par minute au rendement utile de 0,70, soit 140 duites par minute, le nombre de duites fournies par jour et par ouvrière soignant deux métiers sera par journée de 10 heures de :

$$400 \times 0,70 \times 60 \times 10 = 168,000 \text{ duites.}$$

*Si on connaît le prix de la journée d'ouvrière on pourra en déduire le prix de la duite. Il suffira pour avoir le prix de tissage des différents tissus de multiplier ce prix par le nombre de duites.

*On pourra plus simplement obtenir directement le prix du tissu si l'on connaît le salaire payé à l'ouvrière aux 1,000 duites.

*Ajoutons qui si l'usine utilise des métiers automatiques, la même ouvrière pourra soigner beaucoup plus de deux métiers, et le prix de revient du tissage sera diminué dans les proportions considérables.

*b. À titre d'approximation moyenne on pourra admettre environ pour la main-d'œuvre de préparation du tissage 40 p. 100 environ du prix de tissage proprement dit.

*Vers la fin de la guerre on pouvait arriver ainsi comme prix total moyen de main-d'œuvre de tissage à des chiffres variant de 11 à 14 centimes environ suivant les articles.

*Les frais généraux paraissaient dans les mêmes conditions s'élever à 6 centimes par mètre environ.

*Apprêts, teinture. — Si les tissus destinés à l'Administration doivent être apprêtés (grattage de la flanelle et du tennis) ou teints, il faudra ajouter aux prix de revient de la filature et du tissage, tels qu'ils ont été calculés plus haut, le prix de ces opérations supplémentaires.

REMARQUE.

*Les prix de revient établis, comme il est dit précédemment, s'appliquent à une usine en production normale. Si pour une raison quelconque, manque de matières premières ou de combustibles, grèves prolongées, etc., la fabrication vient à diminuer, le prix de revient peut augmenter dans des proportions parfois très considérables.

APPENDICE AU TITRE VI.

RÉSUMÉ DE LA FABRICATION DU DRAP CARDÉ KAKI DE TROUPE, DU TYPE RÉGLEMENTAIRE ACTUEL.

Nous donnons ci-dessous un raccourci de la fabrication du drap cardé de troupe du type réglementaire actuel.

1° **Laines.** — Avant la guerre, et malgré l'absence dans le texte du cahier des charges de toute clause les y astreignant, les fabricants de drap n'utilisaient guère pour la fabrication du drap de troupe que des laines de France.

Actuellement, dans un but d'économie, ils emploient le plus souvent un mélange de laines de France avec des laines d'Afrique (Maroc principalement) et des laines de Buenos-Ayres.

2° **Opérations préparatoires de la filature.** — La laine en suint est triée, battue, lavée, puis teinte en bourre et séchée. Elle est enfin mise en battue et ensimée (*voir* titre I).

Le lavage s'exécute soit avec dessuintage préalable à la dessuinteuse Malard, soit directement au Léviathan, en effectuant alors d'un seul coup dessuintage et dégraissage.

La nuance kaki réglementaire actuelle est obtenue le plus souvent par un mélange de deux nuances : kaki foncé et kaki clair. Les colorants utilisés pour l'obtention de ces nuances réglementaires sont au nombre de trois : un colorant bleu, un colorant jaune, un colorant brun. Ils appartiennent tous les trois à la classe des colorants azoïques chromatables se développant dans un bain de bichromate suivant le bain de teinture proprement dit. Il ne doit pas être introduit dans le mélange de laines colorées naturellement (burelles) ni de laines blanches. Toutes les laines doivent donc être teintes.

Les laines sont ensimées à l'oléine. La proportion d'oléine utilisée peut varier de 8 à 10 p. 100 du poids de la laine.

En dehors des opérations décrites ci-dessus les laines doivent être échardonnées mécaniquement si elles contiennent trop de chardons. Sinon elles sont simplement épaillées à moins, ce qui arrive fréquemment, que le fabricant ne préfère épailler le drap en pièce.

3° **Filature** (*voir* titre III).

A. *Cardage.* — La laine passe le plus souvent par trois cardes : la briseuse, la repasseuse et la finisseuse. Le dernier appareil livre le *boudin de carde*, qu'il reste à affiner et à tordre pour le transformer en fil.

B. *Filage.* — L'affinage et la torsion du boudin lui sont donnés au métier à filer qui est le plus souvent du type renvideur soit pour la chaîne, soit pour la trame. Une seule maison exécute actuellement la filature de la *chaîne* au métier continu à anneaux.

Les numéros des filés varient de 6 à 7,5 pour la chaîne, de 6 à 7,2 pour la trame.

La torsion varie de 30 à 45 tours par décimètre pour la chaîne, de 20 à 40 tours pour la trame.

4° **Tissage** (*voir* titre IV).

Le tissage s'exécute sur des métiers à tisser à excentriques.

La largeur d'empeignage varie de 2 m. 10 (minimum exigé actuellement par le cahier des charges) à 2 m. 60.

L'armure est soit lisse (uni, drap), soit le sergé de trois, soit, *le plus souvent*, le cuir laine.

5° **Dégraissage, foulage** (*voir* titre IV).

Après tissage le drap est dégraissé et foulé dans des dégraisseuses laveuses et dans des fouleuses à cylindres.

La réduction en largeur, le drap fini ayant 1 m. 40 de laize entre lisières, varie suivant la largeur d'empeignage adoptée, comprise comme il vient d'être dit entre 2 m. 10 et 2 m. 60.

La réduction en longueur est, elle aussi, assez variable, la longueur d'ourdissage adoptée variant suivant les établissements de 120 à 145 mètres (pour 100 mètres de drap fini).

6° **Apprêts** (*voir* titre IV).

Après foulage viennent les apprêts classiques des drap cardés : lainage, tonte (répétés le nombre de fois voulu), ramage (donné en général une seule fois), puis les apprêts définitifs : gitage, pressage, décatissage. Parfois le drap n'est pas décati en usine mais dans les magasins administratifs. Si la laine n'a pas été épaillée, on doit, en outre, procéder à l'épaillage du drap en pièce.

www.ingramcontent.com/pod-product-compliance
Lightning Source LLC
LaVergne TN
LVHW052000060726
842528LV00002B/358